REPÚBLICA BOLIVARIANA DE VENEZUELA
委内瑞拉玻利瓦尔共和国

Presidente Constitucional de la República Bolivariana de Venezuela
Nicolás Maduro Moros

Vicepresidente Ejecutivo de la República Bolivariana de Venezuela
Jorge Arreaza Monserrat

Ministro del Poder Popular para Relaciones Exteriores
Elías Jaua Milano

委内瑞拉玻利瓦尔共和国总统　　尼古拉斯·马杜罗·莫罗斯

委内瑞拉玻利瓦尔共和国副总统　　豪尔赫·阿雷阿萨·蒙特塞拉特

外交部部长　　艾利亚斯·哈乌那·米拉诺

Traducción: Bai Fengsen, Hao Mingwei
Revisión: Xu Shicheng

白凤森　郝名玮　译
徐世澄　校

REPÚBLICA BOLIVARIANA DE VENEZUELA

委内瑞拉玻利瓦尔共和国

汉西对照

SOCIEDADES AMERICANAS

Simón Rodríguez

美洲社会

西蒙·罗德里格斯

CHINA INTERCONTINENTAL PRESS

五洲传播出版社

图书在版编目（CIP）数据

美洲社会 ：汉西对照 ／（委内瑞拉）罗德里格斯著 ；白凤森，郝名玮译.
－－ 北京 ：五洲传播出版社，2014.6
ISBN 978-7-5085-2757-4

Ⅰ．①美… Ⅱ．①罗… ②白… ③郝… Ⅲ．①罗德里格斯，S.R．（1769～
1854）－哲学思想－汉语、西班牙语 Ⅳ．①B777.4

中国版本图书馆CIP数据核字(2014)第101876号

出 版 人：李红杰
策划编辑：荆孝敏
责任编辑：郑　磊
助理编辑：姜　珊
装帧设计：紫航文化

SOCIEDADES AMERICANAS
美 洲 社 会
————————————————————————————————

出版发行：五洲传播出版社
地　　址：北京市海淀区北三环中路31号生产力大楼B座6层（100088）
电　　话：010-82005927

开　　本：185×260mm
印　　张：25
设计制作：北京紫航文化艺术有限公司
印　　刷：北京盛天行健艺术印刷有限公司
版　　次：2014年7月第1版　2016年4月第2次印刷
书　　号：ISBN 978-7-5085-2757-4
定　　价：120.00元

Simón Rodríguez
Sociedades Americanas

Ayacucho 1990
Caracas, Venezuela

INDICE

目录

美
洲
社
会

SIMON RODRIGUEZ: PENSADOR PARA AMERICA

ADVERTENCIAS

1) Para esta obra se ha empleado la edición de *Obras completas* de Simón Rodríguez, en dos tomos, patrocinada por la Universidad Simón Rodríguez, Caracas, Venezuela, 1975.
Tomo I, 521 páginas; tomo II, 550 páginas.
Además se hace en esta obra amplio uso de *Biografía de Simón Rodríguez, Maestro de América*, por el Profesor Alfonso Rumazo González, edición patrocinada también por la Universidad Simón Rodríguez, 1976, 312 páginas.
Para citar brevemente la primera obra se emplearán las siglas *O.C.* Para la segunda, las *BSR*.
2) En las citas de Simón Rodríguez se ha reformado la ortografía para facilitar la lectura actual.
3) Simón Rodríguez trabajó de tipógrafo (de cajista) en Baltimore durante tres años (1798-1801). Tipógrafo, juntó y realzó su pericia artesanal con sus dotes pedagógicas y estéticas. Empleó los diversos tipos de letra para hacer resaltar —que es modo adecuado de *énfasis* en imprenta— ciertas palabras y frases según la importancia conceptual, lógica, sentimental dentro de la *Página*, que es el escenario propio de la imprenta.
La Página, tales páginas, ascienden así desde el nivel del impreso corriente a la originalidad de una *partitura* musical: notas de diversa duración, ocupando algunas compases enteros, en vacío o silencio de otras, a oír solas o acompañadas, con indicaciones de ritmo, énfasis. *La Página*, algunas páginas, cual *constelaciones* astronómicas. Con estrellas de primera, segunda magnitud y luminosidad...: soles, planetas, satélites. Aquí en la *Página*, los tipos de letras y su disposición presentan *constelaciones* de conceptos, su orden, su distribución de valores.

La página: partitura - constelación.

En la edición *Obras Completas* puede el lector ver y admirar la función educativa y estética de la *Página,* tal cual la concibió e hizo imprimir Simón Rodríguez.
Por razones comprensibles, esta edición emplea los recursos tipográficos corrientes actualmente.

西蒙 · 罗德里格斯：美洲思想家

说 明

1）为撰写本书，使用了西蒙·玻利瓦尔大学赞助出版的两卷本西蒙·罗德里格斯《著作全集》，加拉加斯，委内瑞拉，1975 年。

第一卷，共 521 页；第二卷，共 550 页。

此外，本书还广泛使用了也由西蒙·玻利瓦尔大学赞助出版的、由阿方索·鲁马索·冈萨雷斯教授撰写的《美洲导师西蒙·罗德里格斯传记》，1976 年，共 312 页。

在提及第一部著作时，简称《全集》。在提及第二部著作时，简称《传记》。

2）在引用西蒙·罗德里格斯的话时，为便于现在的阅读，修改了字体。

3）西蒙·罗德里格斯在巴尔的摩当过三年（1798−1801）排字工人。

作为排字工人，他综合运用并突显了他的手工技能，以及他的教育和美学天分。他根据概念、逻辑和感情的重要性，在书页（书页是印刷厂特有的环境）使用了不同字体，来突出某些词语和句子——这是印刷中恰当的*强调*方式。

因此，页面——这样的页面就从普通印刷品的水平提高到音乐*曲谱*的独创性；音符长短不一，有的占整拍，有的空拍或休止，在有伴奏和无伴奏情况下，均有节奏感和语气强弱感。*页面*，有些页面，就像天文学的*星座*一样。有一等、二等大小和明亮的星……：太阳、行星、卫星。在这里的*页面*上，字体及其布局展示的是概念的*星座*，星座的等级，星座的价值分布。

页面：乐谱－星座。

在《全集》版本中，读者可以如同西蒙·罗德里格斯构想和让人印刷的那样，看到和赞美页面的教育和美学功能。

由于可以理解的理由，本版本使用了目前通用的字体。

Simón Bolívar llamó a Simón Rodríguez «El Sócrates de Caracas» y «filósofo cosmopolita». (O.C. T. I, pg. 81; BSR, pg. 131, 191).

No se extrañará, pues, el Lector de que un filósofo por vocación y profesión se haya sentido aludido, conmovido y animado a estudiar la personalidad y obras del Maestro del Libertador que tales epítetos le dio.

Añádase que en la carta del 19 de enero de 1824, Simón Bolívar, con el título ganado y afirmado ya de Libertador —respuesta a la de Simón Rodríguez— comience diciendo: «Oh mi Maestro»; y prosiga «Sin duda es usted el hombre más extraordinario del mundo». (O.C., T. I, pg. 69).

¿Qué filósofo y hombre no envidiara a Simón Rodríguez por tales elogios, y por venir de quien venían?

¿Qué hizo Simón Rodríguez para merecerlos, y merecerlos ante una persona que comenzó por ser discípulo suyo y que se hallaba ya en el cenit de una carrera histórica tan esplendorosa que ocultaba su nombre de pila bajo el que le dieron Naciones, y le dan aún Naciones e individuos: «el Libertador»?

¿Qué hizo, en concreto, Simón Rodríguez para merecer ser llamado «Sócrates», «filósofo cosmopolita» y «el hombre más extraordinario del mundo»?

El prólogo presente se divide natural e imperativamente en tres capítulos:

Capítulo primero: *Simón Rodríguez: Sócrates.*

Capítulo segundo: *Simón Rodríguez: filósofo cosmopolita.*

Capítulo tercero: *Simón Rodríguez: el hombre más extraordinario del mundo.*

Y tomando nosotros en serio, como lo hizo el Libertador, la palabra de «Maestro», ¿qué lecciones podemos y debemos aprender de un Maestro que fue en unidad de persona Sócrates, filósofo cosmopolita y el hombre más extraordinario del mundo?

Simón Bolívar —el Libertador— lo llama mi Maestro, con esa palabra de mío *que es, en uno, expresión de cariño, de respeto y de propiedad privada, de una de las poquísimas cosas que como propiedad privada Simón Bolívar conservó durante toda su vida.*

El Autor de este prólogo intenta que Autor y Lectores podamos, al final de ella, llamar a Simón Rodríguez nuestro Maestro.

8

西蒙·玻利瓦尔称西蒙·罗德里格斯为"加拉加斯的苏格拉底[1]"和"世界性的哲学家"。(《全集》，第一卷，第81页；《传记》，第131、191页)

所以，对于一位哲学家凭借天资和职业感到自己被人提及、受到感动和受到鼓舞去研究这样的称呼赋予他的解放者导师的品格和著作，读者不会感到惊奇。

还有，在1824年1月19日的信中——此信是对西蒙·罗德里格斯来信的回复，西蒙·玻利瓦尔以已经赢得和得到肯定的解放者这个称号，一开始就说："啊，我的导师"；接着说"您无疑是世界上最不同一般的人"。(《全集》，第一卷，第69页)

什么样的哲学家和人不会因为这样的赞扬和来自所来之人而羡慕西蒙·罗德里格斯呢？

西蒙·罗德里格斯做了什么竟值得这样的赞扬，并且值得这样一个人赞扬？这个人开始是他的学生，现在已经处于一段历史性人生的顶峰，而这段人生竟如此辉煌，以致把他的洗礼名掩盖在许多国家曾经给予、而且还有国家和个人在给予他的名字——解放者——之下呢？

具体说来，西蒙·罗德里格斯做了什么竟值得被人称为"苏格拉底"、"世界性哲学家"和"世界上最不同一般的人"呢？

本篇前言自然而且必须分成三节；
第一节；西蒙　罗德里格斯；苏格拉底。
第二节；西蒙　罗德里格斯；世界性哲学家。
第三节；西蒙　罗德里格斯；世界上最不同一般的人。

我们像解放者做的那样，很看重"导师"这个词，从一位集苏格拉底、世界性哲学家和世界上最不同一般的人于一身的导师那里，我们可以和应该学习什么教益？

解放者西蒙·玻利瓦尔称他为我的导师，用的是我的这个词，这个词在一个人身上表示亲密、尊敬、私有财产和西蒙·玻利瓦尔作为私有财产一生保存的为数不多的一种东西。

在本前言结束时，前言作者想让我们作者和读者可以称西蒙·罗德里格斯为我们的导师。

---

[1] 苏格拉底(公元前469－前399)，古希腊著名的思想家、唯心主义哲学家，教育家，他和他的学生柏拉图，以及柏拉图的学生亚里士多德被并称为"古希腊三贤"，更被后人广泛认为是西方哲学的奠基者。被奴隶主民主派控以传播异端，判处死刑。好谈论而无著述，其言行大多见于柏拉图的一些对话，如《自辩篇》、《克里多篇》、《拉基斯篇》、《卡米底斯篇》、《斐多篇》等。——译注

SIMON RODRIGUEZ. SOCRATES

En carta del 20 de mayo de 1825, Bolívar, refiriéndose a los años, ya remotos, de su estadía en París, dice: «Ciertamente que no aprendí la filosofía de Aristóteles... pero he estudiado a Locke, Condillac, D'Alembert, Helvetius... todos los clásicos de la Antigüedad, así filósofos...».

Que tal estudio le fue aconsejado y dirigido por *su* Maestro, es deducción bien fundada que hace el Prof. A. Rumazo (*O.C.* T. I, pg. 5; *BSR*, pg. 71).

Bolívar no aprendió la filosofía de Aristóteles, ni Simón Rodríguez debió poner especial interés en enseñársela y hacerle estudiar sus obras, —ni aun su «Política».

Pero, al estudiar Bolívar cualquier clásico de la antigüedad: clásico filósofo, como Platón, historiador y un poco chismógrafo cual Diógenes Laercio, Bolívar debió sentirse impresionado por la semejanza, desde física, entre Sócrates, el maestro de Platón, y Simón Rodríguez, su maestro en Caracas. Mas ni Platón ni Aristóteles... ni Plutarco, ni Voltaire, ni Locke... merecieron de parte de Bolívar, lo de *mi* Platón, *mi* Locke...

¿En qué se parecían Sócrates de Atenas y Sócrates de Caracas? Tanto tanto se parecían a los ojos de Bolívar que son una frase *mi* Maestro y *mi* Sócrates. Sócrates de *mi* Caracas: *mi* Sócrates.

Sócrates de Atenas fue el hombre más extraordinario de Atenas, y aun del mundo pasado y futuro. «Extraordinario» se dice en griego «atopótatos»; y es el calificativo que el joven Fedro —inmortalizado por Platón en el diálogo que lleva su nombre— da a Sócrates (*Fedro,* 230 c). Sócrates, por su parte, trata a Fedro no de joven, sino de «jovencito» (de neanía, 257 c). Debía pues, tener Fedro más o menos la edad de Bolívar. Fedro, por las fechas de diálogo (416 a.C.), Bolívar hacia el 1804, —Fedro, Bolívar, unos 21 años. París, la llamada a veces y por los tiempos de Bolívar, merecidamente, la Atenas de Europa. Atenas de Sócrates, Fedro, Platón: la Atenas de la Grecia clásica.

Sócrates y Fedro en paseo extramuros de Atenas.

西蒙·罗德里格斯。苏格拉底

在1825年5月20日的信中，玻利瓦尔在谈到他逗留巴黎的早年岁月时说："我确实不是从亚里士多德[2]那里学的哲学……可是我学习了洛克[3]、孔狄亚克[4]、达兰贝尔[5]、爱尔维修[6]……他们都是古代经典作家，也是哲学家……"。

要说这样的学习是由他的导师建议和指导的，这是 A. 鲁马索教授做的颇有根据的推测（《全集》，第一卷，第5页；《传记》，第71页）。

玻利瓦尔没有学习亚里士多德的哲学，西蒙·罗德里格斯可能也没有特别的兴趣教他他的哲学，和叫他学习他的著作——甚至他的《政治学》。

但是，玻利瓦尔在学习任何一位古代的经典作家时，例如，像柏拉图[7]这样的经典哲学家，像第欧根尼·拉尔修[8]这样的史学家和有点爱讲闲话的人，可能对从身体方面来说，柏拉图的老师苏格拉底与他加拉加斯的老师之间的相似之处感到印象深刻。可是，无论柏拉图和亚里士多德……还是普鲁塔克[9]、伏尔泰、洛克……都不配从玻利瓦尔方面得到*我的*柏拉图、*我的洛克*……这样的称谓。

雅典的苏格拉底与加拉加斯的苏格拉底有何相似之处？在玻利瓦尔看来，他们两人相似之处太多太多，所以说*我的*导师就等于说我的苏格拉底。*我的*加拉加斯的苏格拉底：*我的*苏格拉底。

雅典的苏格拉底是雅典最不同一般的人，甚至是过去和未来世界上最不同一般的人。"不同一般的"在希腊语中是"atopotatos"；是青年时的

---

2 亚里士多德（前384－前322），古希腊哲学家、科学家。柏拉图学生，亚历山大大帝老师。他是古希腊哲学家中"最博学的人物"（马克思 恩格斯选集，第三卷，人民出版社，1972年版，第59页）。——译注

3 洛克，约翰（1632－1704），英国哲学家。主要著作有《政府论》、《教育漫话》、《人类理解力论》等。——译注

4 孔狄亚克，艾蒂安·博诺特（1714－1780），法国启蒙思想家，感觉论者。主要著作有《人类知识的起源》《论感觉》等。——译注

5 达兰贝尔，让·勒·邦（1715－1783），一译达朗伯、达朗勃，法国数学家、启蒙思想家、哲学家、数学家。提出数学原理"达兰贝尔原理"，著有《哲学原理》、力学原理、《数学论文集》——译注

6 爱尔维修，克洛德·阿德里安 （1715－1771），法国启蒙思想家、唯物主义哲学家。著有《精神论》、《论人的理智能力和教育》——译注

7 柏拉图（前427－前347），古希腊客观唯心主义哲学家。苏格拉底学生，亚里士多德老师。在《理想国》、《法律篇》等著作中阐述了他的道德、政治和教育理论。主要著作还有对话《斐多篇》、《巴门尼德篇》、《泰阿泰德篇》、《智者篇》、《蒂迈欧篇》和书信13封。——译注

8 第欧根尼·拉尔修（约200－约250），古希腊史学家。古希腊哲学史料《名哲言行录》编纂者。——译注

9 普鲁塔克（约46－约120），古希腊传记作家、散文家。代表作《列传》，共50篇，为研究古希腊、罗马历史和名人提供了重要资料——译注

Bolívar y Rodríguez de seguro saldrían a pasear frecuentemente extramuros de la Atenas de Europa.

Tema del diálogo entre Sócrates y Fedro: el de la Belleza y la Retórica. Durante la estancia común en Europa, Rodríguez y Bolívar «empezaron a entrar a la casa de hospedaje de Bolívar los libros que éste no había leído y que tenía que conocer, estudiar y asimilar; el consejero, el presionante, era Robinson, ¿qué otro podía orientarle? Pasados los años, Bolívar le escribía a Santander lo que había captado en aquella estada en París» (*BSR*, pg. 70-71). «Ciertamente, —dice Bolívar— que no aprendí la filosofía de Aristóteles... mas sí los clásicos de la antigüedad, así filósofos como...» (*O.C.* T. I, pg. 51-52).

Temas de conversación entre Rodríguez (Robinson) y Bolívar, no los conocemos documentalmente. Mas no se lee, estudia y asimila filósofos, clásicos de la antigüedad sin «captarlos», como dice Bolívar a Santander. Leer, estudiar, asimilar, captar, y no hablar de lo leído, estudiado, asimilado y captado resulta irreprimible en todos, y más entre jóvenes: Rodríguez de 33 años, Bolívar de 21. Maestro aquél y discípulo éste, aunque Rodríguez diga «aseguro que fui discípulo, pues por adivinación él sabía más que yo por meditación y estudio» (Simón Rodríguez, *Escritos sobre su vida y obra,* pg. 187, T. I, pg. 56).

El colombiano Uribe Angel, quien conoció a Rodríguez en Quito, de ya setenta y nueve años (1850), lo describía así: «Sin ser muy alto de cuerpo, tenía aspecto atlético; sus espaldas eran anchas y su pecho desenvuelto; sus facciones angulosas eran protuberantes; su mirada y su risa un tanto socarrona: ¡el volteriano esencial! Mira de frente; emplea incluso el desplante. No pide sino por hambre o miseria; ni se queja, más bien sonríe; ni se muestra nunca sentimental. En sus obras no hay referencia alguna a las mujeres. Parece hombre frío, aunque enérgicamente apasionado por sus ideas; su orgullo manteníale erguido aun en las mayores pobrezas. No tolera que se le contradiga en sus opiniones; discute, refuta, apabulla con argumentos, pero como varón culto que es, respeta el criterio de los demás; tolera sin ceder, sonríe a veces con mordacidad. Ni enfático ni obseso, sábese muy seguro de sí» (*BSR*, pg. 55-56). «Aunque nacido en humilde esfera» —atestigua O'Leary— «tenía alma orgullosa» (*BSR*, pg. 56; *O.C.* T. I, pg. 47).

Tal es el Sócrates de Caracas; *mi* Sócrates, del Libertador.

El Sócrates de Atenas:

Teodoro el matemático viejo dice a Sócrates —en el diálogo *Teeteto*— que Teeteto, joven discípulo suyo en matemáticas, no es bello; y que se parece a él, a Sócrates, en fealdad: nariz chata, ojos saltones. Sócrates se

12

斐多[10]（柏拉图在以他的名字命名的对话中使他成为不朽）给予苏格拉底的形容词（《斐多篇》[11]，第230页C）。而苏格拉底不把斐多称为年轻人，而称为"小青年"（de neania，第257页C）。所以，斐多可能和玻利瓦尔年龄不相上下。斐多在对话那些日子（前416年），玻利瓦尔在1804年前——斐多，玻利瓦尔，21岁左右。有时候而且在玻利瓦尔时代被称为欧洲的雅典的巴黎，苏格拉底的雅典，斐多，柏拉图：古希腊的雅典。

苏格拉底和斐多在雅典的郊外散步。

玻利瓦尔和罗德里格斯肯定经常到欧洲的雅典的郊外散步。

苏格拉底和斐多对话的话题：美和修辞。在共同逗留欧洲期间，罗德里格斯和玻利瓦尔"开始把玻利瓦尔还没有读过、但必须要了解、学习和吸收的书送进玻利瓦尔住宿的房子；建议和强迫这样做的人是鲁滨逊[12]，别的什么事会引导他呢？数年后，玻利瓦尔把在那次停留巴黎期间领悟到的东西写信告诉了桑坦德"[13]（《传记》，第70—71页）。玻利瓦尔说："我确实没有学亚里士多德的哲学……不过确实学了古代经典作家，也是哲学家，例如……"（《全集》，第一卷，第51—52页）。

罗德里格斯（鲁滨逊）和玻利瓦尔交谈的话题，我们在文献上无从得知。可是，如同玻利瓦尔对桑坦德所说，阅读、学习和吸收了哲学家和古代经典作家，并领悟到了他们。阅读、学习、吸收、领悟，但对阅读、学习、吸收和领悟的东西避而不谈在所有人身上是压制不住的，在青年人中尤其如此。33岁的罗德里格斯，21岁的玻利瓦尔。前者是老师，后者是学生，尽管罗德里格斯可能会说，《我肯定我是学生，因为看得出来，从思考和学习来说，他比我知道得多》（西蒙·罗德里格斯，《关于他的生活和事业的著作》，第187页，第一卷，第56页）。

哥伦比亚人乌里韦·安赫尔是在基多认识的罗德里格斯，已经79岁（1850年），他这样描述罗德里格斯："他身材不太高，样子像个运动员；肩膀宽阔，胸部发达，五官突出，棱角分明；目光和笑容略显狡黠；本质上的怀疑主义者！他总是目视前方，甚至言行粗暴。不是因为饥饿和穷困不求人；不抱怨，更多时以微笑相对；从来不表现出感伤的样子。他的著作里没有一处提到女人。虽然对他的思想充满激情，但像个冷漠的人；即使在一贫如洗的时候，他的高傲也让他始终挺胸昂头。他不容别人反驳他的见解；他争论，反驳，用他的观点让别人哑口无言，但作为本质上是个有文化的人，他尊重别人的观点；他容忍，但不让步，有时会刻薄地微

---

[10] 斐多（前4世纪），古希腊哲学家，苏格拉底学生。——译注

[11] 《斐多篇》是柏拉图的第四篇对话录，内容为苏格拉底饮下毒药前的对话。斐多篇当中的叙事者为斐多，一个曾受过苏格拉底帮助的年轻人并成为其弟子，在苏格拉底死亡当年亦跟随在他身旁。斐多的对话对象为弗里乌斯的伊奇，一个同是哲学家的朋友。 在对话中，苏格拉底从多方面试图证明人灵魂的存在。——译注

[12] 西蒙·罗德里格斯在流亡国外时，常常使用化名萨穆埃尔·鲁滨逊（Samuel Robinson）。——译注

[13] 桑坦德，弗朗西斯科·德保拉（1792-1840），哥伦比亚将军，独立运动领导人之一。——译注

felicita por poderse ver a sí mismo en otro, cara a cara. (*Teeteto*, 143 c, 144 d). Y se felicita Sócrates de disputar con dos matemáticos las entonces nacientes matemáticas, y discutir sus pretensiones de ciencia; los apabulla con argumentos, a veces mordaces, culto siempre y respetuoso para con los viejos: Teodoro, Protágoras.

En el elogio que de Sócrates hace Alcibíades en el *Banquete* nos lo describe cual de robusta arrogancia —¿de alcatraz?: brenthyos— mirada torva, forzudo (221 b).

Ante la indecisión de Sócrates de criticar un discurso acerca del amor, compuesto por el famoso orador Tisias, improvisando él, Sócrates, otro y contrario, cual se lo exige Fedro, recuérdale Fedro: «fuertes somos los dos; mas yo lo soy más que tú; que soy más joven; estamos solos y en desierto; sabes bien lo que quiero decir; no llevemos las cosas por violencia; improvisa de buena gana» (236 c).

Critica Sócrates ferozmente a Lisias y a todo tipo de la usual oratoria. No cede. Contra la oratoria exhibicionista, populachera o erudita, pública o privada, enfrenta Sócrates su oratoria dialéctica: la que él, Sócrates, estaba estrenando e inaugurando en Atenas. En esto no cede: disputa, refuta, apabulla. Tolera sin ceder.

El Sócrates de Caracas es el «volteriano esencial» (Uribe l. c.).

Una de las acusaciones contra Sócrates —tal como consta en su *Apología:* la defensa oficial y pública que él mismo hace ante sus jueces— fue la que se hace a todos los filosofantes: «no creer en los dioses en que cree la Ciudad» (*Apol.* 23 d). «Extravagantes en sumo grado eran las ideas religiosas de Rodríguez, en pugna completa con la fe cristiana» (O'Leary, *Memorias,* T. I, pg. 5-6; Cf. *BSR,* pg. 43).

Condenado a muerte el Sócrates de Atenas propone a sus jueces —lo que estaba permitido por la ley— qué otras penas podrían sustituir a ella, y que pudiera pagar él en compensación aunque no se merece pena alguna. Entre ellas ¿pagar una cierta suma de plata? A sus setenta años, confiesa Sócrates (38 b) no disponer sino de una *mina* («mina» de plata: moneda de valor aproximado a medio kilo de plata). ¡Tal insignificancia para compensar la significación decisiva, imponderable e incalculable de la pena de muerte! Sócrates no quiso aceptar la notable suma que sus amigos ofrecían, cual garantes.

Murió pobre en prisión pública.

El Sócrates de Caracas murió en Amotape (Perú) en una «destartalada habitación» (*BSR,* pg. 90) que es, en realidad de verdad, y llegada la hora de la verdad, el tipo de prisión de los pobres de por vida cual Rodríguez: «Créame usted, —escribe el Libertador a Cayetano Rodríguez, hermano de Simón— querido amigo; su hermano de usted es el mejor hombre del mundo pero es un filósofo cosmopolita; no tiene patria ni hogares ni fa-

14

笑。他不爱用强调语气，也不纠缠死理，对自己非常自信"（《传记》，第55—56页）。奥利里作证说："他虽然出生于寒门，但有着高傲的心灵"（《传记》，第56页；《全集》，第一卷，第47页）。

加拉加斯的苏格拉底，解放者的*我的*苏格拉底就是这样的人。

雅典的苏格拉底：

（在《泰阿泰德》这篇对话中）年迈的数学家特奥多罗[14]对苏格拉底说，他年轻的数学学生泰阿泰德长得不漂亮；在丑陋方面像他苏格拉底：鼻子扁平，眼睛突出。对能从别人身上面对面地看到自己，苏格拉底感到很高兴（《泰阿泰德》，第143节，第144对话）。对于和两位数学家辩论当时刚诞生的数学和讨论他的科学幻想感到很高兴。他用他有时尖刻的论据使他们哑口无言，但他总是很文雅和尊重老人：特奥多罗、普罗塔哥拉[15]。

亚西比德[16]在《宴会》中对苏格拉底表示的称赞中，把他描绘成非常果敢——像鲣鸟一样（？）——，目光凶狠，有力气（第221页B）。

面对苏格拉底对批评著名演说家吕西亚斯[17]撰写的一片关于爱的演讲的迟疑态度（苏格拉底像菲多要求的那样，临时撰写了一篇相反的演讲），菲多对他说："我们俩都强壮，不过我比你还强壮；我比你年轻；我们孤立无援，没有别人参加；你很清楚我要说什么：咱们干事儿别强迫，你痛痛快快地当场写吧！"（第236页c）。

苏格拉底猛烈地批评吕西亚斯和通常的演说术。他不让步。苏格拉底用自己雄辩的演说术，反对公共和私人的好表现自己的、庸俗和学究式的演说术。那是他，苏格拉底正在雅典首先使用和开创的演说术。在这种事情上，他不让步。他辩论，反驳，叫人哑口无言。他容忍，但不让步。

加拉加斯的苏格拉底是"本质上的怀疑论者。"（乌里韦[18]第I节C）。

如同在他的《辩护词》，即他本人在法官面前做的正式和公开辩护中看到的那样，对苏格拉底的指控之一，就是对所有推究哲理的人提出的指控："不相信城市相信的神。"（《辩护词》23 d）"罗德里格斯的宗教思想极度离奇古怪，完全与基督教信仰相对抗。"（奥利里，《回忆录》，第一卷，第5—6页；前引《传记》，第43页）

雅典的苏格拉底被判处死刑后，他向法官提出（这是法律允许的），别的什么刑罚可以代替死刑，虽然他不该受到任何刑罚，但作为补偿，他

15

---

[14] 特奥多罗·德西雷内（前465—前398），古希腊数学家和哲学家。——译注

[15] 普罗塔哥拉（前481—前411），古希腊智者派哲学家。认为"人是万物的尺度"，著有《论神》、《论真理》等，现仅存若干断片。——译注

[16] 亚西比德（前450—前404），雅典将军、政治家。——译注

[17] 吕西亚斯（前445年—前380年），古希腊雅典十大演说家之一。——译注

[18] 是指曼努埃尔·乌里韦·安赫尔（）所著的《解放者、他的家庭教师和神父》一文，载《哥伦比亚纪念解放者诞生100周年（1783—1883）文集》，波哥大，1884年，第72—74页。

milia ni nada. Este dinero jamás lo ha poseído hasta ahora porque es tan desinteresado que ni quiere ni pide cosa alguna. Se ha puesto a trabajar por ganar esa cantidad (tres mil pesos) y me ha rogado que la adelante a usted con el fin de aliviar a su infeliz mujer que aún ama entrañablemente» (Carta del 27 de junio de 1825).

«Simón Rodríguez no le escribió a su esposa: dejó que hablara únicamente Bolívar. A veces parece que en este educador hubiese muerto la mayoría de los sentimientos, por dejar vigente sólo la razón. Se le ve duro, hasta inflexible» (*BSR.* pg. 131).

Sócrates de Atenas, en su prisión y en el día último de su vida, unas horas antes de beber la cicuta, se despide de Jantipa su mujer que, llevándole el hijo menor, había acudido a despedirse de él. «A las maldiciones y palabras en que profiere Jantipa al ver entrar a los amigos de Sócrates», —ya la conocemos cómo es, dicen los amigos— «Sócrates dice nada más: 'Critón, acompáñala a casa'». (*Fedón*, 60 a).

Y Sócrates dedica las últimas horas de su vida a dialogar con sus amigos sobre la vida, la muerte, la inmortalidad, el otro mundo... en diálogo inmortal, inmortal él, consuelo inmortal también para los moribundos de todos los siglos futuros que se propongan morir lúcida, tranquila, dignamente, —desconsuélense quienes se desconsolaren—: mujeres, hijos, curas...

«Don Simón tan luego lo vio» (al cura Don Santiago Sánchez) «se incorporó en la cama; hizo que el cura se acomodase en la única silla que había, y comenzó a hablar algo así como una disertación materialista». «Era yo (Camilo Gómez, amigo de José Rodríguez, hijo de Simón) muy joven y no comprendía el alcance de lo que decía Simón. Sólo recuerdo que manifestaba al cura que no tenía más religión que la que había jurado en el Monte Sacro con su discípulo» (*BSR*, pg. 89).

«A las doce de la noche —aquel 28 definitivo— comenzó la agonía; a intervalos exclamaba '¡Ay, mi alma!'. Expiró, y permanecí cerca del cadáver hasta la madrugada» (Camilo Gómez) (*BSR.* pg. 90).

«En esta destartalada habitación no hay, esa medianoche del 28 de febrero de 1854, sino un cadáver, un acompañante que llora —Camilo Gómez ha llegado al llanto— y dos cajones con manuscritos y libros» (A. Rumazo; *BSR,* pg. 90).

16

Cadáver del Sócrates de Caracas

Ultimas palabras del Sócrates de Atenas, a su amigo Critón: «Debemos a Esculapio un gallo; no os descuidéis de pagarle tal deuda». Junto a él quedó un diálogo: un libro inmortal, el *Fedón*. Quedó, entonces, de manuscrito copiado, vuelto a copiar... por siglos, hasta que se lo imprima cual libro en el Renacimiento. E impreso ya desde el Renacimiento se lo

可以付钱。在那些刑罚中，有付某些数额的钱这种刑罚吗？苏格拉底那时已经 70 岁，他说他只有一个米纳，（银"米纳"：希腊古货币，价值大约相当于半公斤白银）。用这点儿价值不大的东西来补偿死刑那决定性的、不可估量的和不可计算的意义！苏格拉底的朋友想拿出一大笔钱做保证金，但他不愿意接受。

他在国家监狱中悲惨地死去。（上午）

加拉加斯的苏格拉底死在(秘鲁)阿莫塔佩一间"乱糟糟的房间里"（《传记》，第 90 页），一点不假，像罗德里格斯这样终生贫穷的人被关押的那种监狱。解放者对西蒙的弟弟卡耶塔诺·罗德里格斯写道："请相信我，亲爱的朋友，您的兄长是世界上最好的人，是一位世界性的哲学家：他没有祖国、家庭和家人，他一无所有。这笔钱在此之前他从来没有过，因为他极其慷慨，什么都不想要也不要。他开始工作要挣这个数（三千比索），请求我提前支付给您，以便宽慰他依然深深爱着的不幸的妻子"（1825 年 6 月 27 日的信）。

"西蒙·罗德里格斯没有给他的妻子写信，他让玻利瓦尔单独去说。有时候好像为了只让道理有效，大部分感情在这位教育家身上已经死亡了。人们见他能够忍耐，甚至不屈不挠。"（《传记》，第 131 页）

雅典的苏格拉底在牢房里，在生命的最后一天，在喝下毒药前几个小时，告别他的妻子赞西佩 [19]，妻子是带着他的小儿子去送别的。"看见苏格拉底的朋友们进来时，赞西佩连咒带骂说了很多话"——朋友们说，我们早知道她是怎样的人——"对此，苏格拉底只是说：'克里多，陪她回家'"。（《斐多篇》，第 60 页 a）

苏格拉底用他生命的最后几个小时跟学生进行关于生命、死亡、不朽、阴间的对话……在不朽的对话中，他不朽，对于想要明明白白、安静自若、大义凛然地死去的所有未来世纪的垂死者来说也是不朽的安慰——难过的人们就难过吧——女人们，孩子们，牧师们……

"唐西蒙一看见他"（唐圣地亚哥·桑切斯牧师），"就在床上坐起来；叫牧师坐在那里所有的唯一一把椅子上，开始说了点什么，以及一篇唯物主义演讲。""我（何塞·罗德里格斯的朋友、西蒙的儿子卡米洛·戈麦斯）年纪很轻，听不懂西蒙说话的意思。只记得他对牧师说，除了跟他的学生在萨克罗山（圣山, Monte Sacro）发誓信奉的，他没有别的宗教信仰"（《传记》，第 89 页）

"（在那个最后的 28 日），夜里 12 点，临终时刻开始了；他断断续续地喊道：'哎呀，我的灵魂！'他咽了气，我守在尸体旁边，直到凌晨"（卡米洛·戈麦斯）（《传记》，第 90 页）。

"1854 年 2 月 28 日那个午夜，这个乱糟糟的房间里什么也没有，只有一具尸体，一个啼哭的陪伴者（卡米洛·戈麦斯哭了起来），和两个装

---

[19] 赞西佩（又译詹蒂碧、桑提婆、香蒂琵）是哲学家苏格拉底之妻, 他们生有三个儿子。传说她比苏格拉底年轻约 40 岁, 她以其尖锐的舌头闻名, 据说是唯一在辩论时能胜过苏格拉底的人。——译注

reimprima, vuelva a reimprimir, y así; ¿hasta cuándo? ¿Hasta los siglos de los siglos?

Cerremos este punto de comparación, de igualdad de comportamiento en vida y en muerte, entre el Sócrates de Atenas y el Sócrates de Caracas.

Bolívar va teniendo, y reteniendo, razón al llamarlo así.

El Sócrates de Atenas, consta documentalmente, iba casi siempre descalzo y sencillamente vestido (*Fedro,* 229 a); mas para asistir al Banquete que el joven dramaturgo Agatón organizó para celebrar su triunfo escénico, Sócrates, invitado, acudió «bien bañado y calzado de sandalias, cosa que raramente hacía. E interrogado a dónde iba tan bellamente arreglado, respondió: me acicalo así para ir bello a casa de un bello» (*Banquete,* 174 a.).

Sabía el Sócrates de Atenas distinguir casos, lugares y tiempos. Traje «de diario» para estar en gimnasios, campaña militar, visita a amigos, disputas con sofistas, diálogos en plaza pública, coloquio con jóvenes sencillos e inteligentes, cual Fedro y Teeteto, o aristócratas inteligentes, pretenciosos y ricos, cual Alcibíades, discusiones con generales, cual Laques, a cuyas órdenes luchó cual soldado raso. Es el Sócrates «de diario». En traje griego corriente.

Del Sócrates de Caracas, maestro de escuela primaria, cajista de imprenta en Baltimore, profesor de lenguas en Francia, Italia, Alemania, Rusia, Polonia, Inglaterra, y vuelto a América, en Colombia, Ecuador, Perú, Bolivia, se ha conservado un retrato de Simón Rodríguez vestido «de diario»: cómodo, sencillo. (Retratado por su discípulo A. Guerrero, en Latacunga, Ecuador, hacia 1850).

El Sócrates de Atenas y el Sócrates de Caracas son modelos de sencillez, popular en vestimenta para trabajos, sencillos también y populares. Cada uno en su época.

Mas el Sócrates de Caracas, cual el de Atenas, sabía cuándo y cómo vestirse de etiqueta. El de Atenas, «túnica solemne, bien bañado, calzado de sandalias» es el mismo que el «de diario». Ahora «bello para ir a donde un bello». (A base de la estatua fotografiada por Anderson).

Del Sócrates de Caracas se conserva un retrato en la Academia Militar de Quito, vestido de etiqueta. Tenía setenta años. El Sócrates de Atenas, acicalado para el famoso Banquete contaba unos cuarenta y cuatro.

着手稿和书的箱子"（A. 鲁马索：《传记》，第 90 页）。

加拉加斯苏格拉底的尸体

雅典的苏格拉底对他的朋友克里多[20]说的最后的话是："我们欠埃斯库拉皮奥一只鸡；别忘了还他这笔债。"跟这句遗言一起的，还有一段对话：一本不朽的书，即《菲多篇》。那时是抄写的手稿，后来又重新抄写……历经几个世纪，直到文艺复兴时印成书。从文艺复兴时印成书，就一再重印，直到如今；重印到什么时候为止？要千秋万代印下去？

让我们把雅典的苏格拉底与加拉加斯的苏格拉底之间生前死后表现一致的比较这部分内容讲完吧。

玻利瓦尔称他为加拉加斯的苏格拉底是有道理的，而且一直有道理。

文献显示，雅典的苏格拉底总是赤脚，衣着简朴（斐多 ,229 a）；但是，在应邀参加青年剧作家阿伽同为庆祝其作品演出成功而举办的宴会时，苏格拉底却是"精心沐浴，脚穿凉鞋"欣然前往，"他很少这样做。当人们问他，打扮得这样光鲜到哪儿去是时，他说：'我这样打扮，是美美地去一位美男子的家'"（《宴会》，174 a）。

雅典的苏格拉底善于区分情况、地点和时间。"日常"衣着用来做体操，参加军事活动，访朋问友和诡辩学家辩论，在公共广场对话，和像斐多、泰阿泰德这些天真的和聪明的青年、或像亚西比德这些聪明的、有雄心的和富有的贵族谈话，和像拉克斯这样的将军讨论（他作为普通一兵，曾在他的号令下战斗）。这是"日常"的苏格拉底。穿着普通的希腊衣着。

说到做过小学教师、巴尔的摩印刷厂排字工、在法国、意大利、、德国、俄罗斯、波兰、英国、回到美洲后在哥伦比亚、厄瓜多尔、秘鲁和玻利维亚做过语言教师的加拉加斯的苏格拉底，保存着一幅西蒙·罗德里格斯的肖像，他穿着"日常"衣着：舒服，简朴（他的学生 A. 格雷罗 1850 年在厄瓜多尔拉塔昆加画的肖像）。

雅典的苏格拉底和加拉加斯的苏格拉底是朴素的典范，衣着通俗，干着也是朴素和通俗的工作。

不过，像雅典的苏格拉底一样，加拉加斯的苏格拉底也知道什么时候和怎样穿礼服。"庄重的长衫、精心沐浴、穿着凉鞋"的雅典的苏格拉底，与"日常"的苏格拉底是同一个人。现在是"美美地到一个美男子所在的地方去"（根据安德森拍摄的塑像）。

基多军事学院保存着一幅加拉加斯的苏格拉底身穿礼服的肖像。那时他 70 岁。雅典的苏格拉底打扮停当参加著名的宴会时是 44 岁左右。

---

[20]　克里多（未详），希腊哲学家，苏格拉底学生。——译注

SIMON RODRIGUEZ. FILOSOFO COSMOPOLITA. DIOGENES

En Simón Rodríguez vio el Libertador, además del Sócrates, el filósofo cosmopolita (*O.C.* T. I, pg. 81; *BSR.* pg. 131-191).

Del Sócrates de Atenas consta documentalmente que nunca salió de Atenas sino por obligaciones de servicio militar, y éstas reducidas al Atica. No fue cosmopolita en sentido geográfico estricto. Otros cual Solón, Tales, Platón... visitaron algunas partes del entonces conocido cosmos: Egipto, Asia Menor, Sicilia, la Magna Grecia...; fueron cosmopolitas reales por viajeros o peregrinos; fueron espectadores del mundo en cuanto «teatro», que eso significaba su palabra «teatro»: espectáculo, y peregrinación se decía «teoría». Teatro y teoría la misma palabra en raíz. Salir a ver, cual Solón y Tales, viajar para ver todo cual espectáculo para espectadores; mas no viajar para tomar parte en el espectáculo. Nada de vivir cosmopolíticamente cual ciudadanos del universo. El filósofo comenzó por ser y definirse como «amigo de mirar». Literalmente «filo-theamón»: amigo de contemplar el mundo y todas las cosas cual espectáculo teatral (theatron, theamón, theoría, teatro). Así define Platón al filósofo en el diálogo *República* (476 a, b). El filósofo es cosmopolita espectador; no ciudadano del mundo.

Ni la palabra cosmopolita ni la frase «filósofo cosmopolita» son clásicas griegas.

Polis, Politeía, Polites, Política son inventos griegos de vida colectiva. Ciudad (Polis), ciudadanos (Polites), Régimen ciudadano político (Politeia): Arte-ciencia de gobernar Ciudadanos (Política) y virtudes humanas necesarias para sentirse los hombres ser y vivir cual ciudadanos, todo ello, dicho condensadamente, es invento griego.

En rigor, según tal criterio, los bárbaros, los demás hombres, no tienen Ciudades —por grandes que, cual Babilonia, sean sus aglomeraciones hu-

西蒙·罗德里格斯　世界性的哲学家　第欧根尼

　　除了苏格拉底以外，解放者还将西蒙·罗德里格斯看作世界性的哲学家（《全集》。第一卷，第81页；《传记》，第131-191页）。

　　文献表明，雅典的苏格拉底只是因为服兵役义务离开过雅典，而兵役义务也仅限于阿蒂卡（Atica）一地。从严格地理意义上说，他不是世界性的。像梭伦[21]、塔莱斯[22]、柏拉图等其他人到访过当时已知世界的一些地方，例如埃及、小亚细亚、西西里，大希腊（Magna Grecia）等；因为旅行和朝圣，他们是世界性的；他们是作为"戏剧"（teatro）世界的观众，"戏剧"一词的意思就是：表演，而朝圣又说成"宗教游行"（teoría）。戏剧和宗教游行在词根上是同一个词。像梭伦和塔莱斯那样出去看看，去旅行看看作为为观众准备的表演；但旅行不是为了参加表演。根本不是像世界公民那样在全世界生活。哲学家一开始是、而且把自己说成是"观看的朋友"。"filo-theamon"字面上的意思是：像看戏剧表演（theatron,theamon,theoria,teatro）一样观看世界和各种事物的朋友。柏拉图在"共和篇"（第476，a,b）对话中就把哲学家说成这样的人。哲学家是世界性的观众：不是世界的公民。

　　"世界性的"这个词和"世界性的哲学家"这个短语都不是希腊的经典。

　　Polis、Politeis、Polites、Política　是希腊人对集体生活的发明。城市（Polis）、市民（Polites）、市民政治制度（Politeia）：统治市民的艺术－科学（Política）和人们感到自己是市民和像市民那样生活所需的人的品德，总之一句话，所有这些都是希腊人的发明。

　　按照这样的标准，严格说来，野蛮人、其他人没有城市——像巴比伦那样，不管它的人和石头集群有多大，那里的人也不是市民，而是臣民、属民或奴仆；也没有政治制度，只有专制制度或绝对王权。大王就是典型。他的统治者不是根据科学－艺术、而是根据"命令和号令"来统治。

　　雅典的苏格拉底是雅典市民，树立了市民品德的最好的、而且是引人注目的和具有教育意义的榜样。他认为雅典是极好的城市，他不离开雅典

---

[21] 梭伦（前640？－前558？），雅典立法家，"希腊七贤"之一。——译注

[22] 塔雷斯（前640－前547），希腊数学家、天文学家、哲学家。提出"水是万物之源"。——译注

manas y pétreas— ni sus hombres son ciudadanos, sino vasallos, súbditos o siervos; ni hay Regímenes políticos, sino Tiranía o Realeza Absoluta. El Gran Rey es el modelo. Sus gobernantes no gobiernan según Ciencia-Arte, sino según «orden y mando».

El Sócrates de Atenas fue ciudadano de Atenas y dio los mejores, más espectaculares y edificantes ejemplos, de virtudes ciudadanas. Que no saliera de Atenas, para él la Ciudad por excelencia, fue natural secuela de su carácter ciudadano. No fue, por obligación de conciencia ciudadana, filósofo cosmopolita. Fue el Sócrates de Atenas; de Atenas, nada más.

El Sócrates de Caracas fue realmente filósofo cosmopolita. Cosmopolita *geográficamente,* por de pronto: Jamaica, Estados Unidos, Francia, Suiza, Austria, Polonia, Rusia, Italia, Prusia, Inglaterra (*BSR,* pg. 55-95); y en América, Venezuela, Colombia, Ecuador, Perú, Chile, Bolivia. Y no de espectador curioso, sino de conviviente en vida, lengua, magisterio, penurias, goces, acontecimientos históricos en muchas de tales Naciones; mas de ciudadano en otras, sobre todo y ante todo en la Gran Colombia.

26 años de cosmopolitismo real fuera de América.

El Sócrates de Caracas fue, además, cosmopolita *lingüísticamente.* «En la población de Azángaro, en la ruta de Oruro a Arequipa, Rodríguez hace alto; necesita ganar algún dinero para proseguir; quizás se quedó unos meses. Allí fue visitado por un viajero francés, Paul Marcoy, quien dejó en su obra *La Tierra y sus habitantes* (T. II, pg. 391) el siguiente relato:... «al darle (a Simón Rodríguez quien le invitó a cenar) las gracias por su bondad contestóme con acento afectuoso en mi lengua natal:

—Sois francés, según veo y hasta aseguraría que de la parte meridional.

—Sí, le contesté con la sorpresa que se comprenderá fácilmente, pero también vos sois francés.

—Lo mismo que inglés, alemán, italiano o portugués, aunque hablo estas lenguas tan correctamente como la vuestra, sin contar todos los dialectos que de ellas dependen y que me son igualmente familiares.

Miré con asombro de pies a cabeza al singular ''polígloto''» (*BSR,* pg. 171).

El Sócrates de Caracas era, real y asombrosamente, polígloto. *Cosmopolita* por polígloto.

El Sócrates de Atenas no habló más que una lengua —y esa realmente perfecta, y tal vez la más perfecta que haya existido. La habló, la estudió, la perfeccionó, la meditó filosóficamente y la cultivó Sócrates hasta en su forma poética. Puso en verso fábulas de Esopo obedeciendo a inspiración divina, revelada en ensueños. Así lo confesó en el diálogo final de su vida: el *Fedón* (60 c, d).

是他市民性格的自然结果。由于市民意识的义务，他不是世界性的哲学家。他是雅典的苏格拉底；就是雅典的，别无其他。

加拉加斯的苏格拉底真的是世界性的哲学家。首先，从地理上说是世界性的：他到过牙买加、美国、法国、瑞士、奥地利、波兰、俄国、意大利、普鲁士、英国（《传记》，第55—95页）；到过美洲的委内瑞拉、哥伦比亚、厄瓜多尔、秘鲁、智利、玻利维亚。在这麽多的国家中，他不是好奇的旁观者，而是在生活、语言、教学、贫困、乐趣、历史事件方面共同经历过的人；他在这些国家都是公民，尤其在、首先在大哥伦比亚是公民。

在美洲以外，他确实在许多国家住过26年。

此外，从*语言上说*，加拉加斯的苏格拉底也是世界性的。"在从奥鲁罗到阿雷基帕的道路上，罗德里格斯在阿桑加罗村停了下来；他需要挣点儿钱再继续赶路；他大概在那儿停留了几个月。一位名叫保罗·马尔科伊的法国旅行者到那儿去拜访他，在他的著作《地球及其居民》（第二卷，第391页）中留下了这样的叙述：'当我为了他的好意感谢他时（感谢请他吃晚饭的西蒙·罗德里格斯），他用亲切的口吻用我的母语对我说：

——我看您是法国人，甚至敢肯定是南方的。

——是的，——我怀着很容易理解的惊奇心情说，——不过您也是法国人。

——英语、德语、意大利语或葡萄牙语也一样，虽然不算从这些语言产生的方言，我说起来像您的语言一样正确，而且我觉得同样亲切。

我惊愕地从头到脚打量了一下这位罕见的会讲多种语言的人'。"（《传记》，第171页）

加拉加斯的苏格拉底确实令人惊奇地是位会讲多种语言的人。从会讲多种语言来说，他是世界性的。

而雅典的苏格拉底只会讲一种语言，那种真正完美的、而且或许是存在过的最完美的语言。苏格拉底讲、研究、完善、从哲学上思考甚至用他诗歌的形式发展了这种语言。他遵循在梦境中显示出的绝妙灵感，把伊索寓言转换成诗句。他在生前的最后对话即"菲多篇"（第60 c,d）中就是这样说的。

罗德里格斯了解并掌握拉丁语，玻利瓦尔就是跟他学的拉丁语（《传记》，第8页）。关于玻利瓦尔，"托马斯·西普里亚诺·德莫斯克拉将军在他的《回忆录》里说，'胡利奥·塞萨尔的《述评》和塔西佗[23]的《年

23

---

[23] 塔西佗（约55—约120），古罗马史学家。反对帝制，以共和制为理想。这里所说《年代记》记载公元14—66年事，另有其他著作，均为研究西方古史重要资料。——译注

Rodríguez conoció y dominó el latín y de él lo aprendió Bolívar (*BSR*, pg. 8) de quien «el general Tomás Cipriano de Mosquera dice en sus *Memorias* que «'los *Comentarios* de Julio César y los *Anales* de Tácito eran lectura constante de Bolívar'» (*BSR*, pg. 71).

Rodríguez tradujo del francés al español.

ATALA

o

Los amores

de

dos salvajes

en el desierto

(*O.C.* T. II, pg. 433-499).

Lo que Chateaubriand pudo escribir y escribió en el párrafo final de *Atala*, guiado solamente por su imaginación poética y con el colorido y calor de su inspiración romántica, lo pudo decir Rodríguez, el traductor, guiado por la experiencia inmediata de compartida convivencia:

> «¡Indios desgraciados!, que he visto errantes por los desiertos del Nuevo Mundo con las cenizas de vuestros abuelos. Vosotros ejercitasteis conmigo la hospitalidad a pesar de vuestra miseria, y yo no podría ofrecérosla hoy; porque vago como vosotros sujeto al favor de los hombres y menos feliz en mi destierro porque no llevo los huesos de mis padres».
>
> (*O.C.* T. II, pg. 499)

24

Cosmopolitismo geográfico, lingüístico y *social* de Simón Rodríguez.

Rodríguez traduce *Atala* cual acto de agradecimiento «A la juventud de Bayona en Francia» (l.c. pg. 433).

Preguntémonos si Rodríguez —S. Robinson— escogió de entre otras obras, muchas y notables, de Chateaubriand, precisamente ésa, por tratar de un tema cordial para él —pretexto más bien para el romántico Chateaubriand.

En todo caso ¿qué tipo de filósofo afloraba en S. Rodríguez y lo apartaba del de filósofo dialéctico —dechado de él el Sócrates de Atenas— y lo apartaba precisamente a él, al Sócrates de Caracas del Sócrates de Atenas?

¿Afloraba en Rodríguez el cosmopolita social y el político? Sócrates de Atenas no dialogó nunca, fuera de una ocasión, con esclavos o sirvientes domésticos. Y eso que los había, y numerosos. En el diálogo *Menón*, por notable excepción, y para demostrar a Menón —noble y rico— la teoría o creencia mediante la reminiscencia, en la inmortalidad del alma, pídele Sócrates que haga venir un esclavo, criado en su casa desde pequeño, que hable griego, a fin de demostrar a Menón que, aun en el alma del sirviente, está subyacente, subconsciente diríamos, la ciencia geométrica adqui-

代记》是玻利瓦尔经常读的书'"（《传记》，第 71 页）。
罗德里格斯把下面的作品从法文翻译成了西班牙文：

阿达拉

或者

两个野蛮人

在沙漠里

的

爱情

（《全集》，第二卷，第 433–499 页）。

夏多勃里昂[24] 只是在他的诗意幻想引导下，用他那浪漫的灵感能够写出并且写就的东西，翻译者罗德里格斯能够在分享的共同生活的直接经历的引导下讲述出来：

> "不幸的印第安人！我看到了你们在埋着你们祖父骨灰的新大陆的荒漠中流浪，尽管你们贫苦不堪，但仍对我热情款待，而我，今天不能招待你们，因为我承蒙人们的恩惠，像你们一样不幸地在我的穷乡僻壤里游荡，而我又没带着我父辈的遗骨。"
>
> （《全集》，第二卷，第 499 页）

西蒙·罗德里格斯的地理、语言和社会世界主义。

罗德里格斯是作为"对法国巴荣纳的青年"的感谢行动而翻译《阿达拉》的（第一卷 c 第 433 页）。

我们思考一下吧，是不是因为讲到了一个他认为是亲切的话题（而对夏多布里昂来说，那更像一个由头），罗德里格斯（即鲁滨逊）才从夏多布里昂许多杰出的其他作品中选择了这一篇。

无论如何，西蒙·罗德里格斯身上显露出来的是哪一类哲学家，并且使他与那类辩证哲学家（雅典的苏格拉底是这类政治哲学家的楷模）分开，并且恰恰使他，使加拉加斯的苏格拉底与雅典的苏格拉底分道扬镳呢？

罗德里格斯身上显露的是社会和政治的世界人吗？雅典的苏格拉底从来不与奴隶和家仆对话（只有一次例外）。尽管有奴隶和家仆，而且数量很多。在《美诺篇》[25] 这篇对话中（这是一次引人注目的例外），为了借助联想向（高贵又富有的）美诺证明灵魂不朽的理论和信仰，苏格拉底让他叫来一个从小在他家养大的奴隶，让他讲希腊语，以便向美诺证明，即

---

24 弗朗索瓦－勒内·德夏多勃里昂，(1768–1848)，法国作家。主要作品有小说《阿达拉》、《勒内》，散文《美洲游记》等。——译注

25 《美诺篇》，是柏拉图记载的苏格拉底对话录，以苏格拉底对话体写成。其试图确定德行的定义。是德行的本质定义，而非某些特定的美德（如正义与节制等）。——译注

rida en el mundo supracelestial, antes de la venida de su almita a este mundo sublunar en que le cayó en suerte —buena o mala— la de nacer esclavo de señor rico y noble, y de raza griega. Si tal sucede en el alma del criadito ¿qué no pasará en la del noble? El esclavo sirve, una vez más y de otra manera, al Señor, al alma del Señor. Tras breve diálogo, Sócrates despide al criadito quien vuelve a tareas menos metafísicas, más caseras y más serviles.

El Cabildo de Caracas otorga a Simón Rodríguez el título de maestro el año 1791. Los comisionados dijeron: «Que desde luego admitían al dicho Simón Rodríguez para servir la Escuela de Niños de primeras letras... (*O.C.* T. I, pg. 22). A los veintiún años se inicia de maestro de escuela de niños: de ciento catorce niños (*ibíd.*, pg. 29): «blancos, morenos, indios» (pg. 41).

En 1 de diciembre de 1825, Simón Rodríguez es nombrado por Bolívar Director General de Educación para Bolivia.

En 1828 dirá con valentía y sinceridad desafiantes Rodríguez:

«DENSEME MUCHACHOS POBRES

o dénseme los que los hacendados $\begin{cases} \text{declaran libres al nacer} \\ \text{o} \\ \text{no pueden enseñar} \\ \text{o} \\ \text{abandonan por rudos} \end{cases}$

o dénseme los que la Inclusa bota $\begin{cases} \text{porque ya están grandes} \\ \text{o} \\ \text{porque no puede mantenerlos} \\ \text{o} \\ \text{porque son hijos ilegítimos.»} \end{cases}$

(*O.C.* T. I, pg. 313).

Esto es ser maestro y director de Educación con cosmopolitismo social.

¿De quién lo aprendió, o le afloró?; ¿o le salió a flor de palabras y obras de lo profundo de su persona por «filósofo cosmopolita»?

Claro está que Rousseau, Voltaire... debieron influir en él. Pero esa frase *«Dénseme, dénseme, dénseme...»* ni salió ni pudo salir de Rousseau, de Voltaire. *«Dénseme...»* no es una frase; es un insulto, un desafío, inclusive frente a Rousseau, Voltaire.

Sócrates, el de Atenas, dio buenos ejemplos de menosprecio por las convenciones sociales de la clase aristocrática, rica, noble, de Atenas, Tesalia,

使在仆人的灵魂中，在这个灵魂来到他命中注定（无论倒霉还是幸运）的这个人间世界以前，在上天世界得到的准确的知识，即生来就是富有和高贵的老爷的奴隶和希腊种族的知识，就在这个灵魂中潜在着，或者说下意识地存在着。如果仆人灵魂中都会发生这样的事，那么贵族灵魂中还有什么事不会发生呢？奴隶再一次用另一种方式为老爷、为老爷的灵魂效劳。简短对话完了以后，苏格拉底把家仆打发走，家仆又回去做不太难懂、更加简单卑贱的活计去了。

1791年，加拉加斯市议会授予西蒙·罗德里格斯教师称号。委员们说："人们当然同意西蒙·罗德里格斯为初级小学效力……"（《全集》，第一卷，第22页）。他21岁时开始做小学教师：有14个孩子（同上，第29页），"是白种、黑白混血种和印第安种孩子"（第41页）。

1825年12月1日，西蒙·罗德里格斯被玻利瓦尔任命为玻利维亚教育总长。

1828年，罗德里格斯以挑战性的勇敢和真挚说道：

"把穷孩子们给我吧

要么把庄园主 { 宣布生下来自由的孩子们
或者
不能教育的孩子们
或者
因为笨拙而抛弃的孩子们 } 给我吧

或者把育婴堂 { 因为已经长大
或者
因为不能养活
或者
因为是非婚生子女 } *而赶出来的孩子们给我吧。"

（《全集》，第一卷，第313页）

这就是以社会世界主义做了教师和教育总长。

这是他跟谁学的，或者说，从谁那里显露在他身上的呢？要么是因为是"世界性哲学家"从他这人内心深处表现在言行上面的？

当然，卢梭、伏尔泰等人可能影响了他。但是，"*给我吧，给我吧，给我吧……*"这句话不是、也不可能是出自卢梭和伏尔泰。"给我吧……"不是一句话；是一种侮辱，一种挑战，包括在卢梭和伏尔泰面前。

苏格拉底——雅典的苏格拉底树立了蔑视雅典、特萨利亚、克里特

Creta... Contra las convenciones en vestir, calzar, hablar, pensar, obrar.

Siguiendo, y exagerando, tal dirección la escuela llamada de cínicos y cirenaicos que por socráticos se tenían y eran tenidos, proclamarán en palabras expresas y en obras escandalosas el cosmopolitismo y el ascetismo ostentosos.

A la cuenta de Diógenes el Cínico se cargarán anécdotas que historiadores, —más que historiadores chismógrafos, distantes hasta seis siglos de Sócrates, cual Diógenes Laercio— transmitirán complacientemente a la posteridad.

Y el nombre de «cínico» resonará a desvergonzado, disoluto, indecente, impúdico, a pesar de que «cínico» comenzó por designar sencillamente el perro (kyon) que Diógenes llevaba siempre consigo de compañero.

Rodríguez—Diógenes tienen un rasgo común a los dos y distintivo de los demás:

Por los tiempos de Diógenes (siglo IV a. C.), Macedonia, en la persona de Alejandro Magno, había impuesto a Grecia, Asia Menor, Persia, Egipto, Palestina, India... un universalismo político, económico, cultural y lingüístico que, posteriormente, se denominará «helenismo». De Alejandro Magno se cuenta que, atraído por la fama filosófica de Diógenes, por la rareza de su vida —¿por casa un tonel?— y por lo deslenguado de sus expresiones, fue a verlo y creyendo, con la ostentosa fatuidad de Potentado, honrar al filósofo, le preguntó: «qué deseaba». Diógenes le espetó el famoso dicho: «que te quites y me dejes tomar el sol».

Desde el siglo IV a. C. al XIX van bastantes siglos.

28

Bolívar y Rodríguez tendrán la oportunidad de repetir, a su manera y sazón histórica, el gesto y palabras de Diógenes ante Alejandro Magno. Ellos: Bolívar y Rodríguez ante Napoleón.

«El 2 de diciembre de aquel 1804, Napoleón se coronó Emperador en la basílica de Nôtre Dame, con asistencia del Papa Pío VII. Fue un acto teatral, entre grandioso y ridículo. El nuevo monarca se puso a sí mismo la corona y luego colocó la de la Emperatriz en la cabeza de su esposa Josefina en doble acto de desprecio al Papa. En Nôtre Dame, años antes, había sido llevada al altar la Diosa Razón».

«Robinson y Bolívar alejáronse de la multitud que deliraba en aclamaciones; encerráronse en la habitación del primero y hasta cerraron las ventanas por no escuchar el bullicio masivo que discurría por las calles. Toda protesta silente, no espectacular, es más profunda. Comentará Robinson: Sorpresa, no admiración, fue el efecto que produjo en sus compañeros de armas el disfraz del Emperador, dirá Bolívar: Se hizo Emperador, y desde aquel día lo miré cual tirano hipócrita» (*BSR*, pg. 73).

El Sócrates de Caracas, y quien así lo llamó, reasumían ante la actitud petulante, ostentosa, del Alejandro Magno de Europa, la actitud de Diógenes. Sin desenfado en la forma; con franqueza real. «Fortiter in re, suaviter in forma», dirán por norma los romanos clásicos.

Petulancia ostentosa —ascetismo ostentoso— ascetismo modesto.

Cosmopolitismo militar-cosmopolitismo político democrático.

岛……富有和高贵的贵族阶级的社会常规的好榜样。反对穿衣、穿袜、说话、思想和行动的常规。

遵循并扩大了这个方向，所谓犬儒[26]（cínico）和昔兰尼学派[27]（cirenaicos）用明确的语言和令人震惊的行动宣布了世界主义和明显的苦行僧主义。

有些趣闻轶事记在了犬儒第欧根尼[28]的账上，史学家们——可能不仅是像第欧根尼·拉尔修这样距离苏格拉底6个世纪的传播流言蜚语的史学家们，把它们饶有兴味地传到了后世。

尽管"犬儒"这个名词一开始只是对第欧根尼总是当作伙伴带在身边的那只狗（kyon）的称呼，但听起来却显得没羞、堕落、不体面、厚颜无耻。

罗德里格斯—第欧根尼有着这两个人共有、但不同于其他人的特征。

在第欧根尼那个时代（公元前4世纪），马其顿通过亚历山大大帝在希腊、小亚细亚、波斯、埃及、巴勒斯坦和印度等地，强迫推行了一种政治、经济、文化和语言的一致性，后来称为"古希腊文化"。有人说，受第欧根尼的哲学家名声、他生活的怪异（以木桶为家）和他出言不逊所吸引，亚历山大大帝去看他，并且以君主那种明显的自负以为是给这位哲学家赏脸，就问他："您想要什么？"第欧根尼用那句著名的话顶撞他："想叫你走开，让我晒太阳。"

从公元前4世纪到19世纪，经过了相当多的世纪。

玻利瓦尔和罗德里格斯可能有机会按照他们的方式、在他们的历史时刻重复第欧根尼在亚历山大大帝面前的动作和话语。他们：玻利瓦尔和罗德里格斯在拿破仑面前。

1804年12月2日，在教皇庇护七世出席的情况下，拿破仑在圣母岛大教堂为自己加冕。那是一场即盛大又滑稽的戏剧演出。新君主为自己戴上皇冠，接着，把皇后冠戴在他的妻子何塞菲娜头上，两次全都无视教皇在场。几年前在圣母岛，人们把理性之神供上了圣坛。

"鲁滨逊和玻利瓦尔离开痴迷于欢呼喝彩的人群，把自己关进鲁滨逊的房间，甚至关闭了窗户，以免听到游荡在街上的人群的喧嚣声。整个一场无声的抗议，不引人注目，但却更加深沉。罗宾逊可能评论说：奇怪，没有赞美，是皇帝的伪装产生的效果；玻利瓦尔可能说道：他成了皇帝，从那天起，我就把他看成了虚伪的暴君"（《传记》，第73页）。

加拉加斯的苏格拉底和这样称呼他的人，面对欧洲的亚历山大大帝那

---

[26] 犬儒原指古希腊犬儒学派的哲学家。他们提出绝对的个人精神自由，轻视一切社会虚套、习俗和文化规范，过着禁欲的简陋生活，被当时人讥为穷犬，故称。后亦泛指具有这些特点的人。把愤世嫉俗、行为乖张的人格行为称作"犬儒"源于古希腊。把"犬儒"奉为信仰并坚持一定的主张，持有一定的理想，实践一种生活方式则成了一种"主义"。——译注

[27] 昔兰尼加学派由苏格拉底的学生、昔兰尼加城的亚里斯提卜（Aristipo）在公元前5世纪创立的哲学流派，以寻求快乐为人生唯一的目的。——译注

[28] 犬儒第欧根尼（约前404－约前323），古希腊犬儒学派哲学家，生于锡诺帕（Sinopa，今名锡诺普Sinop），属土耳其，故又称锡诺帕的第欧根尼。——译注

De Diógenes el Cínico se cuenta que durante el día, a plena luz, se paseaba por Atenas con una linterna encendida, «buscando, decía, un Hombre». ¿Que no eran hombres tantos y tantísimos como había en el ágora, la ciudad entera y Grecia? No era Hombre natural; era Hombre convencional. Diógenes no hallaba al hombre natural: al hombre que según la clásica sentencia y norma de los estoicos de aquellos tiempos, «viviera en consonancia y concordancia con la naturaleza».

De Simón Rodríguez se ha conservado el retrato hecho por un discípulo suyo: A Guerrero en Latacunga, hacia 1850.

Simón Rodríguez se dirige, al parecer, a casa por la noche, llevando una especie de linterna sujeta en la parte inferior del bastón, para alumbrar el camino.

¿En qué iría pensando Simón Rodríguez?

¿Tal vez en el Hombre Americano?

No es fácil de hallarlo ni de noche ni de día, —ni en Latacunga ni en otras partes de América: Pero Simón Rodríguez sabía lo que buscaba. Y en el capítulo siguiente «El hombre más extraordinario del mundo», S. Rodríguez explicará qué entendía por Hombre Americano; y según tal criterio sabrá si lo que hallaba —de día o de noche— era o no lo que buscaba. Si no lo hallaba hecho, real, existente, al menos sabía Rodríguez lo que debía y podía ser.

¿Iría cual el Diógenes de Atenas, pensando y diciéndose lo que en 1828 escribirá: «o inventamos o erramos»? (*Sociedades americanas, O.C.* T. I, pg. 343).

¿Qué inventa Simón Rodríguez «el hombre más extraordinario que ha conocido y tratado el Libertador»? ¿Qué inventa para el Hombre Americano, para que se realice cual original?

«La América Española es original —originales han de ser sus Instituciones y su Gobierno— y originales los medios de fundar uno y otro».

«O inventamos o erramos». (1.c.Q)

傲慢、张扬的态度，重新采取了第欧根尼的态度。没有不恭的表示，怀着真正的坦率之心。古代罗马人可能会按照惯例说："Fortiter in re sua；viter in forma"（拉丁语，意即"举止文雅，行动果断。"）

明显的傲慢无礼——明显的苦行僧主义——适度的苦行僧主义。

军事世界主义－民主的政治世界主义。

有人说，白天，犬儒第欧根尼在光天化日之下，手拿点着的灯笼在雅典游走，说"是在找一个人"。中心广场、整个城市和希腊不是有那么多那么多人吗？不是自然界的人；是常规人。第欧根尼不是找自然界的人：是找按照那时代禁欲者的古典格言和规则，"与自然界和谐、一致生活的人"。

关于西蒙·罗德里格斯，保存下来他的一个学生画的一幅肖像：A.格雷罗 1850 年在拉塔昆加画的。

看上去是西蒙·罗德里格斯夜间正往家里走，提着一种固定在手杖下部的灯笼来照路。

西蒙·罗德里格斯走着路可能在想什么呢？

或许是在想美洲人吧？

无论白天黑夜，无论在拉塔昆加还是美洲其他地方，都不容易找到他：但是，西蒙·罗德里格斯知道在找什么。在下一节《世界上最不同一般的人》里，西蒙·罗德里格斯将　明美洲人是什么意思；并且按照这个标准，将知道他日夜寻找的东西是不是他在找的东西。如果罗德里格斯发现找的东西还没有成就、不是真实的、还不存在，那么至少他知道，它应该和可能是什么样子。

雅典的第欧根尼走路时想着和自言自语着西蒙·罗德里格斯 1828 年写的"我们要么创造，要么犯错误"（*美洲社会*，《全集》，第一卷，第343 页）吗？

"　解放者认识和交往过的最不同一般的人"西蒙·罗德里格斯创造了什么？为了美洲人，为了美洲人称为独特的人，他创造了什么？

"西班牙美洲是独特的——它的体制和政府必须是独特的——创建体制和政府的方法必须是独特的。"

"我们要么创造，要么犯错误。"　（第一卷 c.Q）

SIMON RODRIGUEZ
«EL HOMBRE MAS EXTRAORDINARIO DEL MUNDO»

No sólo Bolívar notó el carácter extraordinario de Simón Rodríguez. Otros testimonios confirman lo mismo. Dejemos que todos ellos nos persuadan de lo mismo, pues son premisa imprescindible para que eso de «extraordinario» quede documentado históricamente, y no sea cual novela o hijo de buenos deseos.

«Don Simón, con dotes muy altas de intelectualidad, sufría las consecuencias de un carácter altivo, duro e independiente, con ideas y costumbres verdaderamente singulares». Así dice Ramón de la Plaza (1883, *O.C.* T. I, pg. 23-24).

«Bajo la dirección de Simón Rodríguez, hombre de variados y extensos conocimientos, pero de carácter excéntrico, aprendió Bolívar los rudimentos de las lenguas española y latina, aritmética e historia» (Testimonio del General Florencio O'Leary, edecán del Libertador. *O.C.*, T. I, pg. 30).

(El escenario es ahora Lima). «Yo vi al humilde pedagogo desmontarse a las puertas del Palacio, y en vez del brusco rechazo que acaso temía del centinela, halló la afectuosa recepción del amigo, con el debido respeto a sus canas y a su antigua amistad. Bolívar le abrazó con filial cariño y le trató con una amabilidad que revelaba la bondad de un corazón que la prosperidad no había logrado corromper. Rodríguez era un hombre de carácter excéntrico, no solamente instruido sino sabio; tenía el conocimiento perfecto del mundo, que sólo se adquiere con el constante trato de los hombres». (O'Leary, *Narración*, T. II, *O.C.* T. I, pg. 74-75).

«Don Simón Rodríguez era un verdadero reformador, cuyo puesto estaba al lado de Owen, de Saint-Simon y de Fourier. Hombre de genio, independiente y observador, nacido y formado por sí mismo...». Testimonio de J. V. Lastarria, quien conoció a Simón Rodríguez en casa de Andrés Bello, en Santiago (*BSR*, pg. 66).

«A don Simón Rodríguez... Fue mi maestro, mi compañero de viajes, y es un genio, un portento de gracia y talento... Cuando yo lo conocí valía infinito». (Carta del Libertador al general Santander; *BSR*, pg. 107).

西蒙·罗德里格斯
"世界上最不同一般的人"

　　不仅玻利瓦尔发觉了西蒙·罗德里格斯不同一般的性格。其他证言也证实了这一点。现在就让他们所有人说服我们相信这一点吧，因为这对于"不同一般"的说法从历史上得到证实、而不是像小说或良好愿望的产物一样，是不可或缺的前提。

　　"有极高智力才能的唐西蒙，有真正奇特的思想和习惯，经受着一种高傲、固执和独立性格的后果。"这是拉蒙·德拉普拉萨说的（1883年，《全集》，第一卷，第23-24页）。

　　"在西蒙·罗德里格斯——他是个有多种广泛知识的人，但性格古怪——的指导下，玻利瓦尔学习了西班牙语和拉丁语、数学和历史的初步知识"（解放者副官弗洛伦西奥·奥利里将军的证言，《全集》，第一卷，第30页）。

　　（现在地点是利马。）"我看到那谦恭的教育者下马来到宫殿门口，碰到的不是可能害怕来自卫兵的粗暴拒绝，而是来自朋友的亲切迎接，以及对他的苍苍白发和多年友情应有的尊敬。玻利瓦尔用父子般的亲热拥抱他，用一种亲切之情待他，这种亲切之情显示了一颗荣华富贵不曾腐蚀掉的心的那种善良。罗德里格斯是个性格古怪的人，不仅有文化而且博学；他对世界有着透彻的认识，这样的认识只有通过经常与人交往才能得到。"（奥利里，《叙事》，第二卷，《全集》，第一卷，第74-75页）

　　"唐西蒙·罗德里格斯是一位真正的改革者，他的地位与欧文[29]、圣西门[30]、傅立叶[31]同等。他是一个天生和自我教育而成的天才、独立和善于观察的人，……"这是 J.V. 拉斯塔里亚的证言，他是在安德烈斯·贝略在圣地亚哥的家里认识西蒙·罗德里格斯的。（《传记》，第66页）

　　"致唐西蒙·罗德里格斯……他是我的老师，我的旅伴，他是一位天才，一位有天赋和才能的非凡之人。我认识他的时候，他就有着无限的价值。"（解放者致桑坦德将军的信，《传记》，第107页）

　　"有思考力的天才，具有多种知识，有独特和独立性格。"（《秘鲁

33

---

[29] 罗伯特·欧文（1771-1858），英国空想社会主义者。合作社运动创始人，著有《新社会观》等。——译注

[30] 克洛德·亨利·德圣西门，（1760-1825），法国空想社会主义者。著有《人类科学概论》等。——译注

[31] 夏尔·傅立叶，（1772-1837），法国空想社会主义者。著有《关于四种运动和普遍命运的理论》、《普遍统一论》等。——译注

«Genio meditador, de variados conocimientos, y de un carácter original e independiente» (Juicio del editor del *Mercurio Peruano*, n. 570, 17 de julio de 1829, en nota sobre la obra de Simón Rodríguez *Sociedades americanas,* 1888). (*O.C.* T. II, pg. 107).

CARACTERES EXTRAORDINARIOS DE SIMON RODRIGUEZ

Con sentencia del mismo Simón Rodríguez mostrará él mismo —sin proponérselo, naturalmente— lo extraordinario de su carácter. Para ello comencemos por leer y pensar lo que él entiende por *Sentencias y Refranes*.

«*Sentencias y Refranes*

Cuando una verdad llega a obtener el asentimiento de los Sabios, es *sentencia,* porque sólo ellos *sienten* bien su importancia. —Si comprende otras verdades, se llama *sentencia máxima* o *Máxima* solamente, por abreviar—. Si se cita o adelanta en apoyo de una doctrina, es *proverbio.* —Si es muy conocida es *adagio*— y cuando se hace vulgar es *Refrán.* Sube la verdad de sentencia a proverbio y baja de proverbio a Refrán.

Proverbio
máxima   adagio
sentencia   refrán.

La verdad, en estado de refrán, pierde cuanto ganó para
erigirse en sentencia;
porque
en boca de todos no puede conservar los pensamientos que
la compusieron.
Sucede con las sentencias lo que con la aritmética.
Cualquiera saca una cuenta, porque sabe la fórmula;
pero
no fue *un cualquiera* el que hizo la fórmula, para que
saliera la cuenta».
(*O.C.* T. I, pg. 364).

«Compongamos con estos pensamientos
algunas *sentencias Máximas* que se tomen por PROVERBIOS
en la Educación mental,
y que siendo *adagios* de las Escuelas pasen a ser *refranes*
en el vulgo *nuevo*
que las luces del siglo se proponen hacer

水星报》出版者的判断，第 570 期，1829 年 7 月 17 日，见关于西蒙·罗德里格斯著作《美洲社会，1828 年》的按语。）《全集》，第二卷，第107 页）

西蒙·罗德里格斯不同一般的性格

西蒙·罗德里格斯用他自己的格言表现出——当然是无意地——他性格的不同一般之处。为此，我们先来读一读、想-想他对*格言和谚语*（sentencias,refranes）的理解。

《格言和谚语》

当一句实话得到智者的赞成时，就成了*格言*，因为只有他们深刻地感觉到它的重要意义。如果它包括其他实话，那就叫 *sentencia máxima*，或者简短地只叫 **máxima**。如果引用或突出它来支持一种说教，那就是 *proverbio*。——如果非常熟知，那就是 *adagio*。——如果变得通俗，就是谚语（**refrán**）。

实话从 sentencia 升格到 proverbio，从 proverbio 降格到 refrán.

Proverbio

máxima   adagio

sentencia   refrán

处在谚语级别的实话失去了
为升格为格言所得到的一切；
因为
它不能
在所有人的嘴里保存构成它的那些思想。
格言就像数学一样。
随便哪个人都会算数，因为他知道公式；
可是
为了算出数而发明公式的
不是随便哪个人。

（《全集》，第一卷，第 364 页）

"我们用这些思想
组成一些*格言*，让它们在智力教育中
成为 PROVERBIOS。
作为学校的 adagios，
在*新的*大众中转而成为谚语，

35

en el *nuevo* mundo.
Serán los únicos refranes que rueden de boca en boca
sin perder el valor de sentencia».

(*O.C.* T. I, pg. 365).

«Discurso aforístico

A los sabios se debe hablar por sentencias
(*el que las entienda es sabio*)

y se les debe hablar así porque para ellos
las *sentencias* son *Palabras»*.

(*O.C.* T. II, pg. 136).

1. SENTENCIARIO DIGNO DE EDUCADOR EXTRAORDINARIO

«Hace ya 24 años que estoy hablando y escribiendo pública y privadamente sobre el sistema Republicano y por todo fruto de mis buenos oficios he conséguido que me traten de LOCO.
Los niños y los locos dicen las verdades».
(*O.C.* T. I, pg. 225)

36

«Dígase:
La Instrucción pública, en el siglo 19, pide mucha filosofía.
El interés general está clamando por una REFORMA
y... la América
está llamada, por las circunstancias, a emprenderla.
Atrevida paradoja parecerá...
no importa:
los acontecimientos irán probando que es una verdad muy obvia:
La América no debe imitar servilmente, sino ser ORIGINAL».
(*O.C.* T. I, pg. 234)

«De los viejos, nada nuevo puede esperarse.
De hombres puede esperarse algo.
De jóvenes   ''   ''   mucho.
De niños   ''   ''   TODO.

Quien los GUIE, piden los niños.
Quien los DIRIJA, piden los jóvenes.
Que los TOLEREN, piden los hombres.
Que los SOSTENGAN, piden los viejos.

世纪的文明要在*新大陆*
造就出这样的大众。
那将是唯一众口相传的谚语
而又不失去格言的价值。"

（《全集》，第二卷，第 365 页）

"*格言式的论述*
对智者应该用格言讲话
（*理解格言的人是智者*）
应该这样跟他们讲话，因为他们觉得
格言就是一般的话。"

（《全集》，第二卷 ，第 136 页）

1. 堪称不同一般的教育者的
爱讲格言的人

"24 年来我一直在公开和私下里讲述和撰写关于共和制的事情，我费尽力气的结果，就是弄得人们都管我叫**疯子**。
小孩子和疯子说实话。"
（《全集》，第一卷，第 225 页）

"说：
19 世纪，公共教育要求很多哲理。
现在普遍兴趣正在呼吁**改革**
而美洲
由于情况使然，最应该进行改革。
这似乎是大胆的奇谈怪论……
没关系：
重大事件将证明这是非常明显的实话：
美洲不应该亦步亦趋地模仿，而应该有**独创性**。"
（《全集》，第一卷，第 234 页）

"对老人，不能指望任何新事物。
对成人可以有所指望。
对青年可以大有指望。
对儿童可以指望一切。

儿童要求**引导的人**。
青年要求**领导的人**。
成人要求**容忍他们**。
老人要求**赡养他们**。

Dése gusto a todos, que es justicia.
Búsquense medios, que es obligación».
(*O.C.* T. I, pg. 238)

«Leer es resucitar ideas sepultadas en el papel; cada palabra es un epitafio: llamarlas a la vida es una especie de milagro, y para hacerlo es menester conocer los espíritus de las difuntas o tener espíritus equivalentes que subrogarles; un cuerpo con el alma de otro sería un disfraz de carnaval; y cuerpo sin alma, sería un cadáver».
(*O.C.* T. I, pg. 243)

«Es obra de misericordia enseñar al que no sabe,
pero no por cumplir con ella se ha de poner a
enseñar el que no sepa para sí».
(*O.C.* T. I, pg. 247)

«Ni Campanero quiero ser en la América española, porque dirían que las campanas no sonaban, o que me había robado la torre. Tengo el defecto de ser americano; y no se diga que
quien desprecia comprar quiere,

porque, en vida de Bolívar pude ser lo que hubiera querido, sin salir de la esfera de mis aptitudes. Lo único que le pedí fue que se me entregaran, de los Cholos los más pobres, los más despreciados, para irme con ellos a los desiertos del Alto Perú —con el loco intento de probar, que los hombres pueden vivir como Dios manda que vivan— porque Dios, antes de hacerlos sabía

que habían de ser frágiles
que habían de tener pasiones
que serían de carne y hueso
que estarían vestidos de mala carne
que el demonio les había de tentar.

El Redentor pedía Párvulos para enseñarlos; porque quiso hacer ver al mundo que de judíos viejos, poco o nada bueno se podía esperar, y para probarlo les encargó que lo martirizaran. Los muchachos no lo habrían hecho».
(*O.C.* T. I, pg. 255-256)

«Cuántos de los que nos obligan a echar cerrojos a nuestras puertas, no serían Depositarios de las llaves? ¿Cuántos de los que *tememos* en los caminos, no serían nuestros compañeros de viaje? ¡No echamos de ver que *los más* de los Malvados son hombres de talento... *ignorantes* —que los *más* de los que nos mueven a risa, con sus despropósitos serían mejores

　　　　　　让所有人高兴，因为这是公道。
　　　　　　寻找方法，因为这是义务。"

（《全集》，第一卷，第 238 页）

　　"阅读是复活埋葬在纸张里的思想，每句话都是一座墓志铭：召唤思想恢复生命是一种奇迹，为了做到这一点，必须了解死者的精神，或者有相等的精神代替它们。带着别人灵魂的肉体是狂欢节的假面具，没有灵魂的肉体是僵尸。"

（《全集》，第一卷，第 243 页）

　　　　　　"教给不懂的人是仁慈之举，
　　　　　　　　但不要为了行此善举，
　　　　　　　　内心不懂的人硬要教人。"

（《全集》，第一卷，第 247 页）

　　"我在西班牙美洲连敲钟人也不想当，因为人们会说钟不响，要么是抢占了我的钟楼。我的缺点是成了美洲人。不要说
　　　　　　轻视的人想要收买，

因为在玻利瓦尔活着的时候，我可以不超出我能力的范围，成为可能想成为的那样。我对他的唯一要求是把最贫穷、最微贱的乔洛[32]人交给我，让我跟他们一起去上秘鲁——疯狂的意图是证明人们可以像上帝让他们生活的那样来生活——因为上帝在造人之前知道，

39

　　　　　　他们一定身心脆弱，
　　　　　　他们一定有苦有难，
　　　　　　他们会有七情六欲，
　　　　　　他们的肌肉将会腐烂，
　　　　　　魔鬼一定会引诱他们。

救世主要幼儿，是想教育他们。因为他想让世界看到，对年老的犹太人，可以指望的好事很少或根本没有，为了证明这一点，他让孩子们折磨他。孩子们可能没有这样做。"

（《全集》，第一卷，第 255-256 页）

　　"强迫我们给门上锁的人，有几个不会是钥匙保管者？我们在路上*害怕*的人，有几个不会是我们的旅伴？我们没有觉察到：多数歹徒是*无知*的，是有才能的人。——用他们的不切题言辞引起我们发笑的多数人，可能是比占着讲台的*很多*人还好的老师。——我们因为行为不端排除在我们聚会之

---

[32] 乔洛人，指白人与印第安人的混血种人。——译注

Maestros que *muchos* de los que ocupan Cátedras —que *las más* de las mujeres que excluimos de nuestras reuniones, por su mala conducta, las honrarían con su asistencia; en fin, que, entre los que vemos con desdén, hay *muchísimos* que serían mejores que nosotros, si hubieran tenido Escuela».
(*O.C.* T. I, pg. 327)

«El Maestro de niños debe ser sabio, ilustrado, filósofo y comunicativo, porque su oficio es formar hombres para la sociedad».
(*O.C.* T. II, pg. 541)

«Hacer NEGOCIOS con la EDUCACION
      es...

    diga el Lector todo lo malo que pueda
      todavía le quedará mucho que decir».
(*O.C.* T. II, pg. 148)

2. SENTENCIARIO DIGNO DE POLITICO EXTRAORDINARIO

«Para no tener que temer de los diferentes nombres que se dan al que manda

no se le llame
$\left\{\begin{array}{l}\text{Monarca}\\\text{ni Emperador}\\\text{ni Rey}\\\text{ni Déspota}\\\text{ni Dux}\\\text{ni Presidente}\end{array}\right\}$
llámesele Etnarca
(Gobernador nacional)

Y si todavía este nombre es temible, júntense los Representantes del Pueblo... déjense de jefes... y lo que hagan sin ellos, llámenlo (como saben que debe llamarse)... anarquía.
(*O.C.* T. I, pg. 69)

    ¡Empezar una CONSTITUCION POLITICA
en nombre de Dios Todo Poderoso, autor y legislador de
      las Sociedades... HUMANAS...!
¡y creer que con este encabezamiento se convierte un pueblo en otro... DE REPENTE!...

    Pensemos.

En nombre de Dios .... es el *in nomine Patris* de la misa:

40

外的多数女人，可能会因她们出席而使聚会增光添彩。总之，在我们轻蔑地看到的人中，有很多人如果受过教育的话，可能会比我们还好。"

（《全集》，第一卷，第 327 页）

"孩子们的老师应该博学、有文化、有哲理、易交往，因为他们的职业是为社会培养人。"

（《全集》，第二卷，第 541 页）

    "用**教育**获得丰厚**利益**
        是
        让读者说出所能说出的一切坏事
        他还剩很多要说。"

（《全集》，第二卷，第 148 页）

2. 堪称不同一般政治家的爱讲格言的人

"为了不必害怕给予发号施令者的各种称号

| 不要叫他 | { | 君主
皇帝
国王
暴君
最高执政官
总统 | } | 叫他总督
（国家统治者） |

如果这个称号依然可怕，就加上人民代表……别用首脑……若没有他们时人们做的事，叫它（像人们知道它应该叫的那样）无政府状态吧。"

（《全集》，第一卷，第 69 页）

    以上帝全能的上帝、**人类**……社会的创始者和立法者的名义
        开始一部**宪法**！
    并且相信有了这样的开头，一国人民就……突然……变成
        另一国人民！

    我们想想吧。

以上帝的名义……………………是弥撒中的 *in nomine Patris*（拉丁文，意即"以上帝的名义"）。
全能的和创始者………………是教义问答手册里的一个片断。
社会的立法者………………*不是我们了解的社会的立法者，因为上帝没*

Todo Poderoso y Autor .... es un *retazo del Catecismo:*
Legislador de las Sociedades, no será *de las que conocemos,*
                        porque Dios no les ha mandado
                        destrozarse a su nombre
humanas .... está de más, porque sólo los hombres
                        hacen pactos.

Una Constitución es obra del *Libre albedrío:* si, cada vez que usamos de
él, debiéramos implorar la ayuda de Dios, todo el tiempo se nos iría en
pedir *licencias,* y no habría mérito en nuestras obras: reglemos nuestra
conducta por el *entendimiento* que Dios nos ha dado y cada acción será
una invocación *virtual* de sus auxilios.
    En vano invocamos a Dios, si no hacemos lo que Dios manda que es

                    Pensar antes de *obrar*
                            y
            empezar las obras por el *principio.*
(*O.C.* T. I, pg. 384)

            «En *público* ... se discute el mérito de las *Cosas,* y
                privadamente ... el ... de las *Personas.*

    Porque las operaciones del Gobierno Republicano están expuestas a los
ojos de todos, es permitido criticarlas... con *decencia* ...; pero no todos
están facultados para *residenciar* al Gobierno ni a nadie dan las leyes licencias para *insultar* a los Magistrados.
    Si el Pueblo no respeta el puesto en que coloca el *órgano de su autori-*
dad... cada día habrá menos ciudadanos *respetables* que quieran
ocuparlo».
(*O.C.* T. II, pg. 80)

    «Hablar a cada uno en su lengua, es la táctica de la palabra. El pintor
que expone un cuadro al público no llama a los ciegos a juzgar. Juan Santiago Rousseau ocupa un lugar muy distinguido, entre los publicistas modernos, como *sabio* y como *escritor,* y, hablando del

                    Gobierno en general
                        compara
                el Estado y el Soberano

            a los dos extremos de una proporción continua
            cuyo medio proporcional es el GOBIERNO.
Habla de política como matemático, y no es oscuro sino para quien no
sabe aritmética».
(*O.C.* T. II, pg. 82)

有以它的名义命令它们支离破碎。

人类的…………………………这说法多余，因为只有人

才达成协议。

宪法是*自愿结出*的成果；如果每次我们使用这种自愿时都应该恳求上帝帮助，那我们所有的时间就都浪费在要求*准许*上，我们的行为就没有意义了；为了上帝给予我们的*理解力*，让我们的行为符合规定吧，这样，每个行动都会是*实际上*的求助。

　　如果我们不按照上帝的吩咐去做，纵然求助上帝也无济于事。上帝的吩咐是

三思而后行

和

万事从头起。

（《全集》，第一卷，第384页）

"*公开地*……议论东西的优点，

私下里……人的……

　　因为共和国政府的运作都暴露在所有人的目光之下，允许……*适当地*……批评；但并非所有人都有权弹劾政府，法律也不准任何人侮辱行政长官。

　　如果人民不尊重他把*他的权力的机关*置于的职位……那么愿意占据这个职位的*可敬的公民*就会日益减少。"

（《全集》，第二卷，第80页）

　　"跟每个人用他的语言讲话，这是讲话的策略。向公众展示画作的画家，不会叫盲人来评判。胡安·圣地亚哥·罗塞乌作为*博学者*、作为*写作家*，在现代国际法学者中占有非常杰出的地位，他在

泛泛地谈论政府时，

将

国家和最高统治者

比做一个连比的两端，

其成比例的中间是**政府**。

他像数学家一样谈论政治，只有不懂数学的人觉得难以理解。"

（《全集》，第二卷，第82页）

　　"从前人们让人统治，因为他们认为，他们在这个世界上唯一的职责就是服从；现在他们不这样认为了，因此不能阻止他们企图、（……更糟

«Antes se dejaban gobernar porque creían que su única misión, en este mundo, era obedecer; ahora no lo creen, y no se les puede impedir que pretendan, ni (... lo que es peor ...) que ayuden a pretender gobernar».
(*O.C.* T. II, pg. 106)

«Las *Violencias* del Gobierno hacen un Pueblo *astuto*
                        Primer grado de Política Popular.
La *Astucia* del Pueblo hace un Gobierno *suspicaz*.
                        Primer grado de Política *Gubernativa*.
La *Suspicacia* del Gobierno hace un Pueblo *desconfiado*.
                        Segundo grado de Política *Popular.*
La *Desconfianza* del Pueblo hace un Gobierno *Hipócrita.*
                        Segundo grado de Política Gubernativa.
La *Hipocresía* del Gobierno hace un Pueblo *falso.*
                        Tercer grado de Política Popular.
La *Falsedad* del Pueblo hace un Gobierno *arbitrario.*
                        Tercer grado de Política Gubernativa.
La *arbitrariedad* del Gobierno hace un Pueblo *atrevido.*
y se acaba la POLITICA *porque se pierde* el RESPETO.
                        discordancia absoluta entre las partes.
El MIEDO hace al Gobierno TIRANICO
El ODIO hace al Pueblo CRUEL».

(*O.C.* T. II, pg. 174)

«No hay *Prestigio* que sostenga el Poder *Absoluto;*
los Monarcas más *altivos* se MODERAN;
y los que lo son menos... CEDEN.
En lugar de ser ellos, como antes eran.
LAS NACIONES!!
se conforman con representarlas,
sus funciones se han reducido
a las de *tubo* en los *termómetros*
—indicar el *grado de civilización* de cada Pueblo
—el más y el menos de *Barbarie social*
Monarca ABSOLUTO — Pueblo CERO».
(*O.C.* T. II, pg. 177-178)

«*En creer que* Gobierna *porque* manda
prueba ya que piensa *poco.*

的是……）也不能阻止他们帮助别人企图进行统治。"

（《全集》，第二卷，第 106 页）

"政府的暴力造就狡猾的人民。
人民政治第一级。
人民的狡猾造就多疑的政府。
政府政治第一级。
政府的多疑造就不信任的人民。
人民政治第二级。
人民的不信任造就伪善的政府。
政府政治第二级。
政府的伪善造就虚伪的人民。
人民政治第三极。
人民的虚伪造就专断的政府。
政府政治第三极。
政府的专断造就大胆的人民。

这样政治就消亡了，因为失去了尊重。
各方之间绝对不一致。
害怕使政府暴虐，
仇恨使人民残暴。"

（《全集》，第二卷，第 174 页）

"没有支撑专制政权的威望；
最傲慢的君主也有所克制；
不太傲慢的君主……会让步。
他们不再是先前的样子。
国民！
满足于有人代表他们，
他们的职能已经缩减为
温度计里细管的功能
——标示每一国人民的文明程度，
——社会野蛮程度的大小。
专制的君主——无用的人民。"

（《全集》，第二卷，第 177–178 页）

"认为因为他发号施令就是在进行统治，
证明他思想简单。

En sostener que sólo por la ciega obediencia
subsiste el Gobierno
prueba que ya *no piensa*».

(*O.C.* T. II, pg. 181)

«El pueblo no tiene *Luces*
Represéntenlo los que las tengan
sin decir que el Pueblo los ha elegido
porque, en realidad de verdad, *no es así*.

Este solo proceder probará que hay ya *Gran Luz para empezar*
a buscar la *verdad*».
(*O.C.* T. II, pg. 183)

«Todos los militares de talento envainan la *espada* para abrir los
libros, desde el momento en que el enemigo les abandona el campo».
(*O.C.* T. II, pg. 199)

46

«Volver al estado anterior o crear uno semejante es confesar que lo
que abolieron era bueno, o que lo que proponen es mejor *porque
es lo mismo*, con diferencias cuya utilidad está por demostrar. —Todo
esto quiere decir, en forma matemática

Monarquía multiplicada por *República*
y dividida por República, *igual a Monarquía.*

Para reponer las cosas en su primer estado mejor habría sido dejar-
las como estaban, y se habría ganado el tiempo y el trabajo que se
han perdido en alterarlas».
(*O.C.* T. II, pg. 303)

«*Los Pueblos están en minoridad; es menester hacerles bien sin con-
sultarlos; pero no se les puede declarar, sin injusticia, eternamen-
te inhábiles para la Representación. Son menores, no dementes
como los Reyes los consideran*».
(*O.C.* T. II, pg. 351)

认为只是因为盲目服从
政府才继续存在，
证明他没有思想。"

（《全集》，第二卷，第 181 页）

"人民没有想象力，
有想象力的人就代表他们吧，
但不要说人民选了他们，
因为实在说不是这样。

单单这种表现就将证明，已经有极大想象力来开始寻找真理了。"
（《全集》，第二卷，第 183 页）

"从敌人丢弃战场离他们而去那一刻起，所有有才能的军人都把剑
入鞘，翻开书本。"
（《全集》，第二卷，第 199 页）

"回到从前状态或创造一种类似状态就是承认，废除的东西是好的，
或者打算要的东西更好，因为这是一回事，区别在于它们的益处有
待证明。——用数学方式说，所有这一切意思就是：

君主制乘以共和制和除以共和制，
都等于君主制。"

为了使事物回到最初状态，最好是让它们保持原状，这样就赢得了
改变它们浪费的时间和力气。"
（《全集》，第二卷，第 303 页）

"人民尚未成年，必须不用征求意见就帮助他们；但不能不是不公
正地宣布他们永远无资格代表别人。他们是未成年，但不是像国王
们认为的痴呆。"
（《全集》，第二卷，第 351 页）

«¡Militares!

«Acordaos que un filósofo os llamó *Perros de la Nación*, por vuestra fidelidad, vigilancia, docilidad, valor, y sobre todo por vuestra devoción al que os cuida —de todas estas cualidades habéis dado pruebas,

No morder al Amo(a), aunque rabiéis
es lo solo que os recomienda un compatriota, que siente no poder ser *Militar»*.

(Platónica)

(*O.C.* T. II, pg. 355)

«La terquedad pertenece al capricho.
La firmeza es propia de la razón».
«Tan impropio habría sido, el otro día, el *disputar la Independencia* con escritos como ahora *discutir* un código a balazos».

(*O.C.,* T. II, pg. 383)

«Hacer leyes para los Pueblos
no es tan difícil como se cree.
Hacer un Pueblo legislador
es obra muy laboriosa
y ésta es la que ha emprendido la América española.

(*O.C.* T. II, pg. 393)

«Seamos *modestos* y seremos *justos* con los que Gobiernan».

(*O.C.* T. II, pg. 411)

Si el que ha de obedecer no penetra el espíritu del precepto
cumple *mal* con él, si es *dócil,*
lo elude, si es *rehacio*
tergiversa el sentido, si es *sofista,*
intriga para anularlo, si es *envidioso,*
o lo quebranta abiertamente, si es *atrevido.*

Ojalá todos los que mandan estuvieran convencidos de estas verdades».

(*O.C.* T. II, pg. 420)

«Si los salteadores no supusieran a todos los caminantes *persuadidos* de que en los caminos se roba, al salirles al encuentro, emplearían la *persuasión* con cada uno diciéndole: «Señor, necesitamos más que U. de lo que U. lleva; si U. no nos lo da por *las buenas* nos veremos en la precisión de quitarle la vida: escoja U.: y esté *persuadido* de que no nos dejaremos ablandar con ruegos. Pero dan la *persuasión* por hecha y pasan a la fórmula de convicción *La Bolsa o la Vida.* A veces, ni esto dicen;

　　　　　　　　"军人们！

　　要记着，由于你们忠诚、警觉、听话、勇敢，特别是由于你们对照看你们的人的献身精神——你们已经证明了所有这些品德，一位哲学家称你们是*国家的狗*。

　　　　即使你们发火，也不要咬男（女）主人，
　　这是一位同胞对你们的唯一劝告，他对不能成为*军人*感到遗憾。"

　　　　　　　　　　　　　　　　　　　　　　（柏拉图语）

（《全集》，第二卷，第 355 页）

　　　　　　　　　　"固执属于怪癖，
　　　　坚定为理性所特有。"
　　"前些天用文字*争论独立*像现在用开枪争论规则一样不相宜。"
　　　　　　　　　　　（《全集》，第二卷，第 383 页）

　　　　　　　　　　"*为人民制定法律*
　　　　　　不像以为的那么困难。
　　　　　　使人民成为立法者
　　　　　　却是非常费力之事。
　　　　　　这就是西班牙美洲已经开始的事情。"
（《全集》，第二卷，第 393 页）

49

"我们*谦恭*一点吧，这样我们就会*公道*地对待统治的那些人。"
（《全集》，第二卷，第 411 页）

　　　　　　"如果必须服从的人没有吃透命令的精神，
　　　　　　　如果他*听话*，就会错误地执行之，
　　　　　　　如果他*不听话*，就会避而远之，
　　　　　　　如果他*善于诡辩*，就会歪曲原意，
　　　　　　　如果他*心存嫉妒*，就会想方设法废除之，
　　　　　　　如果他*胆大妄为*，就会违犯之。

　　　　　　但愿所有发号施令的人对这些实话确信无疑。"
（《全集》，第二卷，第 420 页）

　　"如果拦路贼不是推测所有路人都确信路上有人抢劫，在迎上前去时，就会对每个人运用*说服*办法，说：'先生，我们比您更需要您带的东西；要是不乖乖地拿出来，我们就必须要了您的命，要死要活您自己挑；*放明白点，*哀求不会让我们心软。'不过一番*说教*之后，就转向了说服的套话要钱还是*要命*。有时候连这话也不说；因为他们推测，路人心知肚明，只要把家伙一

porque suponen, al caminante, tan *convencido*, que con mostrarle las armas basta para que dé lo que lleva y, a más, las gracias por el perdón de la vida. —¿Qué salteador cree que *convence* cuando roba? ¡Extraño modo de *convencer* (se dirá) —más extraño es que un Déspota desde un Palacio, un Mayordomo a nombre del hacendado, un amo en su casa, un maestro en la escuela procedan como salteadores (sin temor al suplicio) y *detesten* a los pobres salteadores que corren tales peligros. —Pero dicen que *mandan* —en las palabras está la diferencia.

Tan cierto es que *las ideas son bijas de la Reflexión*».
(*O.C.* T. II, pg. 425)

3. SENTENCIARIO DIGNO DE FILOSOFO COSMOPOLITA EXTRAORDINARIO

«*La terquedad pertenece al capricho
La firmeza es propia de la razón*».
(*O.C.* T. I, pg. 262)

«No hay vanidad *absoluta:* porque la más calificada tiene *algún poder real en que fundar sus pretensiones* (no olvide el lector esto)».
(*O.C.* T. I, pg. 305)

«Querer perfeccionar a un hombre quitándole el amor propio, es querer blanquear a un negro, raspándole el pellejo;
más valdría *desollarlo* de una vez
pero
ni blanco ni negro quedaría,
porque
la *piel* es de *esencia* en el animal».
(*O.C.* T. I, pg. 307)

«Antes había qué imitar
Ahora hay con quién rivalizar»
(*O.C.* T. I, pg. 310)

«Las cosas no han de estar a medio hacer, sino mientras
se están haciendo».
(*O.C.* T. I, pg. 326)

«La ignorancia es la causa
de todos los males que el hombre hace y hace a otros. (Socrática)
(*O.C.* T. I, pg. 329)

«Es tal la miseria del hombre que hasta la perfección de su industria le fastidia; aburridos de la esplendidez de sus mesas, muchos ricos del continente van al campo a comer, en la choza de un campesino, una mala

50

亮，就会交出带的东西，甚至感谢饶了性命。——哪有拦路贼相信抢劫时劝说人的？（有人会说）奇怪的*劝说*方式！——如果一位专制暴君从皇宫里，一位管家以庄园主的名义，一位主人在自己家里，一位教师在学校里（不怕刑罚地）像拦路贼这么干，还*诅咒*冒这样危险的可怜的拦路贼，那就更奇怪了。——但他们说他们在发号施令——区别是话语不同。

　　*思想是思索的产物*真是千真万确。"
（《全集》，第二卷，第 425 页）

3．堪称不同一般的世界性哲学家的爱讲格言的人

　　　　　　"固执属于怪癖
　　　　　　坚定为理性所特有。"
（《全集》，第一卷，第 262 页）

"没有*绝对*的虚荣心：因为最确凿的虚荣心也有一些支撑其企图的实际能力（读者不要忘记这一点）。"
（《全集》，第一卷，第 305 页）

"想要去掉一个人的自尊心使他成为完美的人，就是想要刮去他的皮，把黑人变成白人；可是那样的话，一下子剥去他的皮岂不更好；
　　　　　　但是，他就既不是白人也不是黑人了。
　　　　　　　　　　因为
　　　　*皮肤*是动物身上本质的东西。"
（《全集》，第一卷，第 307 页）

51

　　　　　　"从前有的可仿效，
　　　　　　现在有的人可竞争。"
（《全集》，第一卷，第 310 页）

　　　　　　"事情不可半途而废，而应正在做着。"
（《全集》，第一卷，第 326 页）

　　"无知是
　　人做的和对别人做的一切坏事的原因。"（苏格拉底语）
（《全集，第一卷，第 329 页》）

　　"人是如此不幸，以致连他们技艺的完美也令他们厌烦；大陆的很多富人厌倦了饮食的精美，到乡下农民的茅屋里去吃粗茶淡饭来换花样——（顺便在途中）用他们的奢侈——用装出来的关心、用他们的嘲笑——用

cazuela, por variar —y (de camino) por humillar a aquella pobre gente con su fausto —con fingidas atenciones, con sus burlas— y con la insolencia de sus lacayos».
(*O.C.* T. I, pg. 343)

«*La enfermedad del siglo es
una sed insaciable de riqueza* que se declara por 3 especies de delirio
traficomanía
colonomanía
y cultomanía.» (A lo Diógenes el cínico).
(*O.C.* T. I, pg. 355)

«De la *Coacción Nace* la *Astucia*;
que sin Coacción, la Astucia no existiría,
porque no tendría objeto;
animal *suelto* no piensa en *soltarse*».
(*O.C.* T. I, pg. 356)

«Las *Cosas* no se dejan persuadir
como se dejan persuadir los *Hombres*» (Socrática)
(*O.C.* T. I, pg. 357)

«¡Admira la facilidad con que... un hombre! (o un corro) dispone de un país entero! con sus Cerros, sus Ríos, sus Arboles y sus Habitantes y se queda tan sereno como si hubiera dispuesto de un Cortijo! ¡A este estado de estolidez reduce el hábito de creer cuanto nos dice el que *dice* que sabe más que nosotros».
(*O.C.* T. I, pg. 361)

«Los Nombres no hacen las Cosas;
pero las distinguen:
lo mismo son las Acciones con las Ideas».
(*O.C.* T. I, pg. 369)

«*La Necesidad* no consulta *voluntades.*
Para conocer esto no basta con ser *Ilustrado:*
es menester ser *sensato* y PENSADOR».
(*O.C.* T. I, pg. 370)

«Acostumbrados a pedir a Dios milagros
cuando buscamos peligros,
le pedimos un Milagro Político
cuando nos juntamos en Congreso a tratar de evitar los males que
nos hace un Gobierno que hemos hecho para que los haga»
(*O.C.* T. I, pg. 371)

他们走卒的骄横来羞辱那些可怜人。"
（《全集》，第一卷，第 343 页）

> "*世纪病是*
> *对财富贪得无厌的渴望，它表现为三种狂热：*
> *买卖癫狂症*
> *开垦癫狂症*
> *和种植癫狂症。*" （犬儒第欧根尼语）

（《全集》，第一卷，第 355 页）

> "*狡猾来自强迫；*
> *没有强迫，就没有狡猾，*
> *因为它没有目的；*
> *没有拴的动物不想挣脱。*"

（《全集》，第一卷，第 356 页）

> "东西不让人劝说
> 人却让人劝说。" （苏格拉底语）

（《全集》，第一卷，第 357 页）

53

"令人惊讶！一个人（或一小撮人）……很容易地拥有整个一个国家，包括它的山峰，它的河流，它的树木和它的居民，而且还像拥有一座庄园似地如此心安理得！相信说比我们多知多懂的那个人对我们说的一切话，这个习惯竟然退化到这种蠢笨状态！"
（《全集》，第一卷，第 361 页）

> "**名称**不成就**事物**；
> 但区分事物：
> **行动**对**思想**亦然。"

（《全集》，第一卷，第 369 页）

> "*需要不向意愿问计。*
> *只有知识不足明白此理：*
> *还需明智和思考。*"

（《全集》，第一卷，第 370 页）

> "我们习惯于求上帝创造奇迹
> 当我们寻找危险时
> 当我们聚在议会，试图防止我们为了让它做坏事
> 而组成的政府对我们做的坏事时，

«La Avaricia ocupa el lugar de las Luces, donde las Luces no han penetrado».

(*O.C.* T. I, pg. 377)

«Las VERDADERAS *ideas sociales*
no están *por formar*, sino *por poner en práctica*».

(*O.C.* T. I, pg. 380)

Comercio
«La Libertad lo ha sacado de Quicios.
El Consumo lo pondrá en sus Límites.

Cultos
La Imaginación los ha multiplicado.
La Reflexión los reducirá».

(*O.C.* T. I, pg. 386)

«No hay peor mal que el que se hace bajo las apariencias del bien».

(*O.C.* T. I, pg. 389)

«Todos saben que lo que no se alimenta no vive; pero no todos conocen las relaciones entre lo físico y lo moral y muy pocos consideran el imperio de las primeras necesidades = el HAMBRE *convierte* los *crímenes en actos de virtud*, por la *obligación de conservarse*».

(*O.C.* T. I, pg. 392)

«No sentimos que tenemos Cabeza, sino cuando nos duele. ... No vemos toda la extensión de nuestra miseria, sino cuando entramos en nosotros mismos».

(*O.C.* T. I, pg. 393)

«No hay cosa que padezca más en el mundo que la Razón; todos la imploran y por una vez que la consultan, la violentan mil; la llaman, la hacen hablar y la despiden tratándola unas veces de *loca*, porque TODOS dicen lo contrario; y otras de *atrevida*, porque tal Personaje o tal Autor es de distinto parecer».

(Socrática).

(*O.C.* T. I, pg. 397)

«La Ignorancia produce las disputas y la malicia
las eterniza».

(Socrática).

(*O.C.* T. I, pg. 397)

我们是在求他创造政治奇迹。"

（《全集》，第一卷，第 371 页）

"在**智力**没有进入的地方，**贪心**占据了**智力**的位置。"

（《全集》，第一卷，第 377 页）

"**真正的**社会主张

不是有待于形成，而是有待于实行。"

（《全集》，第一卷，第 380 页）

贸易

"自由夸大了它的意义。

消费会把它置于它的限度以内。

崇拜

想象使它成倍增加。

反思使它成倍减少。"

（《全集》，第一卷，第 386 页）

"没有比在好事的外表下干的坏事更坏的坏事。"

（《全集》，第一卷。第 389 页）

55

"所有人都知道不吃东西的东西没法活；但并非所有人了解物质上与精神上的关系；而少之又少的人考虑第一需要的强大力量 = 由于保养身体的义务，**饥饿**把犯罪变成了善行。"

（《全集》，第一卷，第 392 页）

"只有在头痛的时候，我们才感到我们长着头。只有在进入自身的时候，我们才看到我们极度贫困的整个规模。"

（《全集》，第一卷，第 393 页）

"没有比道理在世界上更苦恼的东西了；所有人都哀求道理，而求它一次就歪曲它一千次；人们叫它来，叫它说话，然后，有时候叫它疯子，因为所有人都说相反的话；另一些时候说它大胆，因为这样的大人物或这样的著作家持有不同意见，最后把它打发走。"

（苏格拉底语）

（《全集》，第一卷，第 397 页）

"无知产生争端，恶意使其永久。"

（苏格拉底语）

（《全集》，第一卷，第 397 页）

«La *Preocupación*
deja poco lugar para alojar nuevos juicios
y la *Prevención...* ninguno».
(*O.C.* T. I, pg. 403)

«El deseo de *enriquecerse* ha hecho todos los medios *legítimos* y todos los procedimientos *legales*; no hay cálculo ni término en la Industria —el egoísmo es el espíritu de los negocios y los negocios la causa de un desorden que todos creen natural y de que todos se quejan».
(*O.C.* T. I, pg. 405)

«No hay objeto aislado: el más independiente, al parecer, tiene Relaciones. En los esfuerzos que hacemos para aislarlo está el trabajo de ABSTRAER. En no perder contigüidades ni adyacencias consiste la capacidad del sentido —a esto es lo que en los juicios llamamos DISCRECION».
(*O.C.* T. I, pg. 406)

«No hay simpatía verdadera sino entre Iguales. Simpatizan en apariencia los Súbditos con los Superiores, porque el que obedece protege las ideas del que manda; pero la antipatía es el Sentimiento natural de la Inferioridad, que nunca es agradable».
(*O.C.* T. I, pg. 408)

«La verdad no admite ROMANCES».
(*O.C.* T. I, pg. 432)

«Una revolución *política* pide una revolución *Económica*».
(*O.C.* T. I, pg. 469)

«La impotencia mental *somete*.
La impotencia física *esclaviza*».
(*O.C.* T. I, pg. 469)

«El tener miedo no es pecado —por mucha razón que tenga un pastor para vender sus ovejas al carnicero, ellas tendrán mucha más para escaparse, y harían muy bien en defenderse si pudieran».
(*O.C.* T. II, pg. 882)

«Lo nuevo debe ser otra cosa, o hacerse de otro modo que lo viejo».
(*O.C.* T. II, pg. 90)

La curiosidad es el motor del *saber*, y cada conocimiento un móvil para llevar a otro conocimiento... *Adelanta* el que yerra buscando la verdad...; se *atrasa* el que gusta de añadir errores a errores; es disculpable

56

"疑虑
留下很小余地容纳新意见，
　　偏见……一个也不容纳。"
（《全集》，第一卷，第 403 页）

"致富的欲望让一切方法变得*正当*、一切程序合法；这个产业没有慎重和界限——利己主义是商业活动的精神，商业活动是一种人人都认为自然、又人人都抱怨的混乱的原因。"
（《全集》，第一卷，第 405 页）

"没有孤立的目的：最独立的目的似乎也有关联。在我们为孤立它所做的努力中，有着**抽象**这件工作。辨别的能力在于不要失去邻近和邻接关系——这就是我们在判断中所称**谨慎**的意思。"
（《全集》，第一卷，第 406 页）

"只有同等人之间才有真正的好感。属民表面上对上司怀有好感，因*为俯首听命者保护发号施令者的想法；但反感是下级的天然感情，因为它从来不受欢迎。*"
（《全集》，第一卷，第 408 页）

"真理不容许**胡言乱语**。"
（《全集》，第一卷，第 432 页）

"**政治**革命要求**经济**革命。"
（《全集》，第一卷，第 469 页）

"思想上的影响*降服人*，
　　身体上的影响*束缚人*。"
（《全集》，第一卷，第 469 页）

"害怕不是罪过——尽管牧人有很多理由把羊卖给卖肉人，羊也会有多得多的理由逃走，而且如果能的话，进行自卫是很对的。"
（《全集》，第二卷，第 882 页）

"新事物应该是另一件事物，或应该是与老事物相比用另一种方式做的事物。"
（《全集》，第二卷，第 90 页）

"好奇是知识的发动机，每一门知识是通向另一门知识的动机。为寻求真理犯错的人会*进步*，喜欢错上加错的人会落后；努力摆脱第一次错误

el que cae en los segundos, trabajando por salir de los primeros— no lo es el que, por amor a la ignorancia, trabaja en engañarse. *Oponerse*, fundado en razones *erróneas*, es laudable por la *intención. Fundar oposiciones en pareceres* es impertinencia, si los pareceres son propios; y ridiculez, si son ajenos».
(*O.C.* T. II, pg. 118-119)

«No es de admirar que los progresos de las *Luces Sociales* sean tan lentos; todos los conocimientos adelantan... muchos llegan a su perfección... ellas parecen estacionarias. *La Ignorancia*, casi general en que vive la clase inferior del pueblo..., los *caprichos* de la clase media ...y las *pretensiones* de la superior, son la causa y todo es *Ignorancia*».

(Socrática).

(*O.C.* T. II, pg. 119)

«Se ha dicho que la muerte natural de una nación es siempre política; pero su espíritu, como el de los hombres nunca muere —deja un cuerpo que no le puede retener, para ir a animar otro, y reaparecer bajo formas diferentes: esto es, sin duda, lo que los antiguos llamaron propiamente metempsícosis. *Tómese la palabra, en una acepción más lata.* Una nación puede transmigrar (mudando, o no, de lugar).

en espíritu, y no en cuerpo   { *La Rusia nos da un ejemplo,*

en cuerpo y no en espíritu   { *veamos los Estados Unidos*

a transmigrar en cuerpo y alma   { *veamos el resto de la América».*
(*O.C.* T. II, Pg. 124)

«Puede uno fingir que *no se le persuade*
pero
sus sentimientos no tardan en *desmentirlo.*
Puede afectar que *no se le convence*
pero,
Su amor propio no tarda en *traicionarlo.*

La insensibilidad y
la Ignorancia   { no se *aparentan* por largo tiempo».

(*O.C.*, T. II, pg. 153)

时犯第二次错误的人可以原谅——由于喜爱无知而努力欺骗自己的人不可原谅。根据*错误的理由*反对，从*意图*上可以称赞。*把反对建立在看法之上，如果看法是自己的，是自负；如果看法是别人的，则是滑稽。*"

（《全集》，第二卷，第 118-119 页）

"*社会文明*进步得如此缓慢，这不会令人惊讶；各门知识都在前进。很多知识达到完美程度，*社会文明*似乎停滞不前。人民中下等阶级所处的几乎普遍的*无知*，中等阶级的*随心所欲*和上等阶级的*虚荣*是原因，这都是*无知*。"

（苏格拉底语）

（《全集》，第二卷，第 119 页）

"有人说过，一个民族的自然死亡永远是政治上的；但它的精神如同人的精神一样，从来不会死亡——它留下一具不能留住它的肉体去把生命给予另一具肉体，并以不同形式再现出来：这无疑就是我们古人正确地称的转世的情况。*请在更广泛的意义上接受这个词*。一个民族可以移居国外（改变或不改变地方）。

在精神上而不是在肉体上 { 俄国给我们树立了榜样，

在肉体上而不是在精神上 { 我们看看美国吧，

在肉体和灵魂上移居国外 { 我们看看美洲其余地方吧。"

（《全集》，第二卷，第 124 页）

"*一个人可以装作人家没有说服他，*
但是
他的感情很快会戳穿他的谎言。
一个人可以假装人家没有让他信服，
但是
他的自尊心很快会背叛他。

无动于衷
和无知 { 装不了很长时间。"

（《全集》，第二卷，第 153 页）

«Por *afición* a ciertas palabras
se repiten, sin discernimiento
    hasta hacerse favoritas
  y se remudan indistintamente
creyendo que tanto vale una como otra».
(*O.C.* T. II, pg. 154)

«La inmortalidad es una sombra indefinida de la vida
que cada uno extiende hasta donde alcanzan sus esperanzas
y hace cuanto puede por prolongarla.

Se complace, el hombre sensible, figurándose su existencia proyecta-
da en el interminable espacio de los tiempos como se complace en ver,
desde una altura, sucederse los valles, los
            bosques y los montes
      más allá de un horizonte sin fin.
        Ideas, sin duda, y nada más que *Ideas*;
            pero la vida espiritual se sostiene con ellas.

          Son obra de la imaginación,
    como lo eran el néctar, la ambrosía y el humo
      de que se alimentaban los dioses del
                Paganismo».
(*O.C.*, T. II, pg. 169-170)

60

        «La propiedad de las VERDADERAS Luces
              es progresar *lentamente*».

(*O.C.*, T. II, Pg. 176)

      «*El Curso natural* de las cosas es un torrente
          que *arrastra* con lo que *encuentra*
          y vuelca lo que se le *opone*. (Heraclitiana).
        Esta fuerza es la que hace las revoluciones:
            los hombres que figuran en ellas
          son instrumentos de la necesidad.
            Son ACTORES, no AUTORES.
        Abramos la historia; y por lo que aún no
        esté escrito, lea cada uno en su memoria».
(*O.C.*, T. II, pg. 177)

"因为喜欢某些词

不加区分地反复使用，

　　直到变成钟爱的词；

　以为一个词跟另一个同样意思，

不加区分地更换。"

（《全集》，第二卷，第 154 页）

　　"长生不老是生命一个不确切的影子，

每个人都把它扩展到他的希望所及的地步，

并竭尽全力地延长它。

　　敏感的人高兴地觉得他的存在反映在无尽的时间空间中，像高兴地越

过无边的地平线，从高处看到绵延不断的山谷、

　　　　森林和山峦一样。

　　　　无疑是*幻想*，不过是*幻想*；

　　　　但精神生活就靠*幻想*来支撑。

　　　　　　这是想象的产物，

　　　就像非基督教文化中诸神食用的美酒、佳肴和蒸汽

　　　　　是想象的产物一样。"

（《全集》，第二卷，第 169-170 页）

61

　　　　"**真正**文明的属性是缓慢地进步。"

（《全集》，第二卷，第 176 页）

　　　　"事物的*自然进程*是一股洪流，

　　　　它将遇到的东西席卷而去，

　　　将反对的东西*倾覆*过来。（赫拉克利特语）

　　　进行革命的就是这股力量：

　　　　　投身其中的人们

　　　　　是需要的工具。

　　　他们是**行动者**，不是**创始者**。

　　我们翻开历史看看吧；由于尚未书写的东西，

　　　　每个人要在自己的记忆里品读一番。"

（《全集》，第二卷，第 177 页）

«El género modestia tiene tres especies

1ª *creerse con facultades o sin ellas, por ignorar lo que debe entenderse* por facultad — es *inocencia.*

2ª *no poder ejercer una función y creerse capaz de ejercerla o estarla ejerciendo, y decir que no la puede ejercer, sabiendo lo que es* facultad, *es simpleza.*

3ª *saber lo que son facultades, conocerlas y no bacer alarde de ellas,* o temer, *por dudar del buen éxito en una operación difícil, es modestia propiamente dicha.*

Conocerse facultades suficientes o superiores para una empresa y decirse incapaz de emprender, para que se lo contesten y lo elogien, es la modestia de los necios, que ni el nombre de hipocresía merece.

Otro tanto debe decirse del mérito,

Creerse con mérito, sin tenerlo, sabiendo lo que es merecer, es Fatuidad.

Apropiarse el mérito ajeno, es Arrogancia.

Tener mérito y no conocerlo, es Sencillez.

Tenerlo y conocerlo, es Propia Satisfacción,

por consiguiente

Todo hombre vano debe ser fatuo en la ocasión y las más veces Arrogante —el inocente será sencillo; y el simple ridículo. *Sólo el modesto es respetable, porque tiene en qué fundar sus pretensiones. Pretende con orgullo porque sabe que ha de obrar con acierto.*

Esta especie de hombre es la que reúne, de ordinario, mayor número de virtudes y hace más bienes».

(*O.C.* T. II, pg. 210.)

Liberalismo

«Es voz nueva, derivada de *Liberal,* que hasta nuestros días ha significado *dadivoso,* tal vez porque el que da *libra* o *liberta* de una dependencia incómoda; en este sentido decían los antiguos Españoles, poner en libertad. Algunas artes se llaman *liberales* porque teniendo más parte en ellas el espíritu que el cuerpo, parecen descargar a éste de un trabajo.

Es un alivio para el que habla, y una adquisición para el diccionario el poder llamar hoy *liberal,* al que aboga por la Libertad y *Liberalismo* el conjunto de ideas opuestas a la servidumbre, sea la que fuere.

Se hace esta explicación, porque, aunque todos, cuando hablan, sepan lo que quieren decir, no todos saben lo que dicen».

(*O.C.* T. II, pg. 229)

«Tomar informes de informes
e informes de informantes

"谦虚的性质有三种:

第一,不知道职权应该是什么意思,而自认为有职权或没有职权——是头
　　　脑简单。

第二,知道职权是什么东西,不能行使,自认为有能力行使、或正在行使,
　　　却说不能行使——是愚笨。

第三,知道职权是什么东西,了解而不炫耀职权,或怀疑在困难事情中取
　　　得好成绩而害怕——是确切意义的谦虚。

　　　　*知道自己有足够或超级职权来做一件事,却说不能做,好让人家报
　　　答他和赞扬他——是爱虚荣之人的谦虚,这样的谦虚连伪善这个词
　　　也不佩。*

　　　　　　应该说功绩也是这样。

知道功绩是什么,没有功绩,却自认为有功绩——是狂妄。

贪他人之功为己有——是傲慢。

有功绩而不知——是朴实。

有功绩且知之——是自满。

　　　　　因此,

　　　*爱虚荣的人彼时应该是狂妄　,更多时候是傲慢——头脑简单者是愚
笨;愚笨者滑稽可笑。只有谦虚者可敬,因为他有支撑他的奢望的东西。
他骄傲地奢望着,因为他知道他一定会正确地做事。*

　　　这种人是通常集更多品德于一身、而且做更多好事的人。"

(《全集》,第二卷。第 210 页)

63

自由主义

　　这是个新词,由 "自由的"(liberal)派生而来,在今天之前的意思
是慷慨乐施(dadivoso),或许是因为施予者把别人从一种不舒服的依附状
态中解救或解放出来;从这个意义上说,古代西班牙人说 poner en liertad(解
救)。有些艺术品里面精神成分多于肉体,所以也称为自由的,它们似乎
免除了肉体的一些工作。

　　今天,能够把主张自由和自由主义,即一整套反对束缚的思想(不论
是怎样的束缚)的人称为自由派,对于说话者来说是一种思想放松,对于
字典来说是收入了一个新词。

　　虽然很多人说话时知道想说什么,但并非所有人知道在说什么,所以
做出如上说明。

(《全集》,第二卷,第 229 页)

　　　　　　"获取消息中的消息
　　　　　　和消息提供者的消息

y al fin

dar a la casualidad lo que no podía alcanzar».

(*O.C.* T. II, pg. 269)

«El vulgo dice que, cuando el Sol sale, todos los hombres son necesarios en general, y ninguno en particular —esto es cierto, en cuanto que un hombre suple por otro, en servicios que muchos pueden hacer (los productos de artes mecánicas, por ejemplo la renta que se cobra de una mano o de otra por réditos de un capital etc.); pero no es cierto, cuando se pierde un *agente único o raro en su línea».*

(*O.C.* T. II, pg. 75)

«Pensar un hombre en todo exactamente como otro es tan raro que puede negarse suceda. La naturaleza no hace esta especie de gemelos. Luego el no convenir en una idea no es razón para declararse enemigo».

(*O.C.* T. II, pg. 384)

64

«La pobre RAZON se oye invocar sin haber concurrido, y padece inocentemente, sin poder defenderse. Su nombre resuena en las asambleas envuelto en *Opiniones* y en *Pareceres* y con dolor se oye despreciar.

«Esta es mi *razón»*... dice uno, (como si la razón pudiera ser suya).

«No me venga Ud. con *razones»*, dice otro, (como si las razones pudieran ser *disparates*).

La opinión no es sino un *parecer envejecido*; pero nunca la opinión envejecida podrá llamarse *razón*. En dos días pasa un *parecer* al grado de *opinión*; ésta, ni con mil años de servicio asciende».

(Heraclitiana, platónica).

(*O.C.* T. II, pg. 386)

«las razones están en las cosas
y el método en el orden de las acciones».

(*O.C.* T. II, pg. 387)

«La discusión se distinguirá, pues, de la *disputa* en que ésta *sostiene* los pareceres y en aquélla los *rectifica*. Los disputantes claman por *aprobaciones,* y los discutientes por *hechos*.

Siempre habrá razón para calificar de *terca* la *opinión* que se resiste a admitir prueba... por grande que sea el número de sustentantes, por respetables que sean las personas».

(*O.C.* T. II, pg. 391)

　　　　　　　最终
　　　　把不能理解的事情归于偶然。"
（《全集》，第二卷，第 269 页）

　　"凡夫俗子说，太阳出来时，总的来说所有人都有用，无一特殊——如果一个人在很多人能做的服务中（例如，通过取款机，从一人或另一人那里收取一笔资本的利息）代替别人，这话是对的；可是，当那一行唯一的或罕见的代理人消失时，这话就不对了。"
（《全集》，第二卷，第 75 页）

　　"一个人在一切事情上想法一丝不差地和另一个人一样的情况非常罕见，甚至可以否认会发生。大自然不会造出这种孪生现象。所以，不同意一种想法不是宣布为敌的理由。"
（《全集》，第二卷，第 384 页）

　　"听到有人求助于可怜的**理由**，它没有去，它无辜地受着折磨，而不能自我辩护。它的名字包裹在意见（opiniones）*和*看法（pareceres）中在会议上回响，却痛苦地听到为人们所忽视。
　　'这是我的*理由*'（好像理由可能属于他一样）。
　　'你别跟我说什么*理由*'，另一个人说（好像理由可以是*胡说八道*一样）。
　　意见只是经年累月的看法；但经年累月的意见绝对不可能称为*理由*。一种看法两天之内就上升到意见级别；意见辛苦一千年也升不了级别。"
　　　　　　　　　　　　　　　（赫拉克利特语，柏拉图语）
（《全集》，第二卷，第 386 页）

　　　　　　"理由存在于事物之中，
　　　　　　方法存在于行动的条理之中。"
（《全集》，第二卷，第 387 页）

　　"所以，*讨论与争论的区别在于，争论坚持看法，讨论改正看法。争论者要求赞成，讨论者要求事实。*
　　总会有理由把拒绝接受检验的意见评定为*固执*，不管坚持者的人数多么多，也不管那些人多么可敬。"
（《全集》，第二卷，第 391 页）

　　"*夸大其词的公众意见是一种思想病，它像所有疾病一样，知晓容易*

«La opinión pública exagerada es una enfermedad Mental que como todas las enfermedades es más fácil de *conocer* que de *curar.* Tiene sus grados, a imitación de las que afligen al cuerpo».

(Heraclitiana).

(*O.C.* T. II, pg. 391)

> *«El conocimiento de las palabras*
> *es obligación del que escribe*
> *como... del que lee».*

(*O.C.* T. II, pg. 393)

«Si los hombres observaran bien la infancia, no se creerían tan superiores a ella en muchos casos».
(*O.C.* T. II, pg. 394)

Por meterse a espirituales pierden muchos de vista la materia de que han sacado sus abstracciones».
(*O.C.* T. II, pg. 394)

«San Isidro Labrador, *Orando* araba su campo; no habría sido *santo* si se hubiera vuelto *buey* por sacar sus surcos a *compás».*
(*O.C.* T. II, pg. 398)

«Escriban claro para que todo el mundo los entienda.
«Fulano es un ladrón»
es castellano castizo».
(*O.C.* T. II, pg. 400)

«No por contentar el buen deseo de llegar al fin de la jornada, se ha de acortar el camino echando por *atajos:* ganarían tiempo, es verdad, los que conocen el rumbo; pero el común de los viajantes perdería los *puntos de vista* que deben servirle de guía. Por otra parte algunos quisieran detenerse a examinar cada punto, para viajar *solos,* sin extraviarse— ¡Laudable curiosidad!, pero que valdría tanto como alargar el camino por rodeos; el guía tiene mucho que andar en un tiempo dado... *Esto no es lo mismo que aquello,* es cuanto puede exigírsele que diga al pasar».
(*O.C.* T. II., pg. 413)

«El hombre sociable *querría... desearía* todo para sí; pero no lo pretende porque ve que no tendría quien lo ayudase a gozar. El que no lo es, lo pretende porque lo *desea,* y nada más».
(*O.C.,* T. II, pg. 414)

医治难。它像折磨身体的疾病一样，有它自己的级别。"

（赫拉克利特[33]语）

（《全集》，第二卷，第 391 页）

"熟悉话语

是写作者的职责，

就像……是阅读者的。"

（《全集》，第二卷，第 393 页）

"如果大人们仔细观察儿童，很多情况下就不会自认为比他们强那么多。"

（《全集》，第二卷，第 394 页）

"由于钻进精神世界，许多人便看不见他们从中得出抽象的素材了。"

（《全集》，第二卷，第 394 页）

"圣伊西多罗·拉夫拉多尔[34]*一边犁地一边演讲*；如果为了有节奏地犁出垄沟而变成*耕牛*，他就不会成为圣人了。"

（《全集》，第二卷，第 398 页）

"写清楚了好让大家看得懂。

'某人是小偷'

是地道的西班牙语。"

（《全集》，第二卷，第 400 页）

67

"不要为了满足到达旅程终点的愿望而一定要走*捷径*缩短路程：这样的话认识路的人确实赢得了时间；大部分旅行者就会失去可能成为他们向导的*视点*。另一方面，有些人可能想停下来仔细看看每一个点，以便*独自*旅行时不迷路——值得赞美的好奇心！但这样和绕弯子走远路同样有意义；向导在一定时间内有很长的路要走，*这样跟那样不是一回事*，这是可以要求他走过时说的所有的话。"

（《全集》，第二卷，第 413 页）

"容易打交道的人内心里什么都喜爱，都想得到；但不力求得到，因为他看到可能没有人帮助他享用。不是容易打交道的人则力求得到，因为他就是*想得到*，仅此而已。"

（《全集》，第二卷，第 414 页）

---

[33] 赫拉克利特（前 540－前 480），古希腊唯物主义哲学家，爱非斯学派创始人。著有《论自然》，现仅存若干断片。——译注

[34] 圣伊西德罗·拉夫拉多尔（1070？－1130），其出生城市马德里和农耕者的保护神，5 月 5 日为其节日。——译注

«El dogma de la vida social es
estar continuamente *haciendo la Sociedad*, sin esperanzas de acabarla
porque
con cada hombre que nace hay que emprender el mismo trabajo».
(*O.C.* T. II, pg. 418)

«Un buhío estrecho —una casa capaz— o un magnífico Palacio...
Abarcas —zapatos— o ser éstos de seda y bordados...

Andar con zuecos —a caballo— o no salir de casa por no tener coche
y Lacayos etc. etc.
clasifican los medios en Necesarios, Facticios y Ficticios y califican las
personas de Prudentes, Modestas o Vanas».
(*O.C.* T. II, pg. 419)

«Más vale tener un amigo ilustre que muchos ordinarios».
(Heraclitiana).
(*O.C.* T. II, pg. 509)

«El amor es muy delicado —la amistad lo es aún más, y en el hombre
sensible estos sentimientos son de una delicadeza extrema —la menor sos-
pecha es una mancha indeleble. Porque soy incapaz de perdonar una injuria no quiero saber que me han ofendido; es cuanta generosidad puede
esperar de mí una amante o un amigo».
(*O.C.* T. II, pg. 512)

68

Los filósofos europeos
convencidos de la inutilidad de su doctrina, en el mundo viejo, quisieran
poder *volar* hasta el nuevo, a emplear sus últimos días propagándola».
(*O.C.* T. II, pg. 133) (Cf. pg. 137)

«La América está llamada (*si los que la gobiernan lo entienden)* a ser
el modelo de la buena sociedad, sin más trabajo que *adaptar.* Todo está
hecho (en Europa especialmente). Tomen lo bueno —dejen lo malo— imi-
ten con juicio— y por lo que les falte *inventen*».
(*O.C.* T. II, pg. 9)

«Yo no he venido a la América porque nací en ella, sino porque tra-
tan sus habitantes ahora de una cosa que me agrada, y me agrada porque
es buena, porque es lugar propio para la conferencia y para los ensayos,
y porque es U. quien ha suscitado y sostiene la idea».
(Carta a Simón Bolívar. Guayaquil, enero 7 de 1825)
Excmo. Señor Libertador, Simón Bolívar etc. etc.
Amigo:...
Rodríguez
(*O.C.* T. II, pg. 504)

"社会生活的教条是

继续不断地*营造社会*，但不希望最终建成，

因为

必须和出生的每个人一起做这件工作。"

（《全集》，第二卷，第 418 页）

"一间狭窄的茅屋———一座宽敞的房子——还是一座宏伟的宫殿……

⊥制系带凉鞋——鞋子——还是丝绸和绣花鞋子……

穿着木屐走路——骑着马走路——还是没有车子和仆从等等就不出家门，
把工具分成必须的、人造的和伪装的各类，把人分成明智的、质朴的和虚
荣的各类。"

（《全集》，第二卷，第 419 页）

"有一个杰出朋友胜过多个寻常朋友。"

（赫拉克利特语）

（《全集》，第二卷。第 509 页）

"爱情非常棘手——友情甚至更加棘手，这些感情在敏感的人身上极
端棘手——最微小的怀疑都是抹不掉的污点。因为我不能原谅侮辱，我不
想知道人家伤害了我；这是一个恋人或友人能够指望得到的我的全部宽宏。"

（《全集》，第二卷，第 512 页）

"欧洲的哲学家们

确信他们的学说在旧大陆没有用处，可能想能够飞到新大陆来，用他们最
后的日子来传播它。"

（《全集》，第二卷。第 133 页） （参见第 137 页）

"无需其他工作，只要*采用*，美洲注定会（*如果统治它的人们了解这
一点的话*）成为好社会的典型。一切都已现成（特别是在欧洲）。取其精
华——弃其糟粕——清醒地模仿——*缺少什么就创造*。"

（《全集》，第二卷，第 9 页）

"我来到美洲不是因为我出生在这里，而是因为它的居民现在在谈论
一件令我高兴的事情，其所以令我高兴，因为那是好事，因为它是适宜发
表演讲和撰写论文的地方，因为是您引发和坚持这个主张。"

（致西蒙·玻利瓦尔的信，瓜亚基尔，1825 年 1 月 7 日）

尊敬的西蒙·玻利瓦尔解放者先生……

朋友：……

罗德里格斯

（《全集》，第二卷，第 504 页）

5. LO HUMANO DEL HOMBRE MAS EXTRAORDINARIO
DEL MUNDO

«Yo no quiero que me den, sino que me ocupen».
(*O.C.* T. II, pg. 529)
(Carta a Roberto Ascásubi)

«Aquí soy un cero llenando un vacío; al lado de U. haría una función importante, porque U. valdría por 10».
(*O.C.* T. II, pg. 513)
(Carta a Simón Bolívar, 30 sept. 1827)

«Contando con esto, como con cosa hecha pídales U. a cuenta de obvenciones

> azúcar
> café o yerba
> arroz y jamón
> una manilla de papel fino y una botella de tinta extranjera; tengo mucho que escribir, y el papel es malo... la tinta ya U. la ve: si escribo con ella pensará el señor General que le llega correo del cielo, donde, como U. sabe, se despacha todo en blanco.
> Si no hay tinta, que me envíen caparrosa y tara».
> Simón Rodríguez.

(Carta a Bernardino Pradel, agosto 19-1836)
(*O.C.* T. II, pg. 50)

«Estoy tan escamado que, cuando me preguntan
¿qué tiempo hace?
respondo... no sé,
aunque esté lloviendo a chuzos».
(Carta a Bernardino Pradel, 17 abril 1837)
(*O.C.* T. II, pg. 526)

«Deseo a usted como para mí
salud para que no sienta que vive
distracción para que no piense en lo que es
y muerte repentina
para que no tenga el dolor
de despedirse de lo que ama
y de sí mismo para siempre».

Simón Rodríguez
(Carta al general Morán, 6 nov. 1853)
(*O.C.*, T. II. pg. 544)

5³⁵. 世界上最不同一般的人的通情达理之处

"我不想让人家给予我什么，而是想让人家雇用我工作。"
（《全集》，第二卷，第 529 页）
（致罗伯托·阿斯卡苏比的信）

"我在这里是个填补空位的零；我在您身边担任重要职位，因为您的价值十倍于人。"
（《全集》，第二卷，第 513 页）
（致西蒙·玻利瓦尔的信，1827 年 9 月 30 日）

"正因为这样，请您跟他们要下列物品，把帐记在津贴上：

    食糖
    咖啡或茶
    大米和火腿
    一沓薄纸和一瓶外国墨水；我有很多东西要写，纸不好……墨水您已经看见了：我要是用这墨水写东西，将军大人会以为邮件是从天上来的，您知道，那里邮寄的东西都是白纸。
    如果没有墨水，请给我寄送水绿矾和染料云石。"
                  西蒙·罗德里格斯
（致贝尔纳迪诺·普拉德尔的信，1836 年 8 月 19 日）
（《全集》，第二卷，第 50 页）

71

"我疑虑重重，以致人家问我
天气怎样时，
我说不知道，
虽然正在天降骤雨。"
  （致贝尔纳迪诺·普拉德尔的信，1837 年 4 月 17 日）
（《全集》，第二卷，第 526 页）

"像对我自己一样，祝您
健康，好让您不觉得
过着快乐日子，以便不想快乐是怎么回事，
再祝您猝死，
好让您没有痛苦地
永远告别您爱的东西
和您自己。"
                  西蒙·罗德里格斯
（致莫兰将军的信，1853 年 11 月 6 日）
（《全集》，第二卷，第 544 页）

---

³⁵ 原著中没有 4.——译注

FINAL

Simón Rodríguez es un genio, un portento en gracia y talento. Escribía Simón Bolívar a Santander.

Simón Rodríguez: el hombre más extraordinario del mundo. Escribía Simón Bolívar a Carreño C., hermano de Simón Rodríguez.

Simón Bolívar, el Libertador, estaba convencido de ello por trato directo, inmediato, desde la niñez a la muerte: trato de vista, de oído, de lectura, de vida en común, peregrina, vida de unidad compartida de ideales, de vicisitudes, padecimientos y gestas que han hecho Historia universal algunas; otras, historia de América; algunas, personales.

Todo ello *ejemplar* para quienes *leemos* a Simón Rodríguez.

«Conocido» Simón Rodríguez por nosotros; «Conocido» solamente por leído y meditado; no nos es posible más por el irreversible curso de la historia.

Lamentemos no tanto el no haberlo tratado cual Bolívar cuanto el que no sepamos aprovechar lo único que de él nos queda. Lo de los romanos clásicos *scripta manent.* Por suerte, sus obras escritas —no todas, desgraciadamente— nos quedan, *permanecen*; y por ellas merece los títulos

«Sócrates de Caracas»

«Filósofo cosmopolita»

«El hombre más extraordinario del mundo»

......   (Simón Bolívar).

Maestro de América (Alfonso Rumazo G.)

Pensador para América (título que al lector no parecerá ni pretencioso ni exagerado le dé el autor de esta obra).

......

Mi maestro, —lo llamó el Libertador.

Mi maestro, —es deber que lo llame así el autor de esta obra. Nuestro maestro —es deber, segura y apremiantemente sentido, de que lo llamen así los lectores de esta obra y con más razón aún lo llamarán los lectores de *Obras completas.*

«La máxima filantrópica de las monarquías, es la que rige en las nuevas Repúblicas.

'Levantar el palo para mandar
y descargarlo para hacerse obedecer.'

Luego República, entre nosotros, es una Parodia de la Monarquía.
¿No se han de reír los Reyes?... Yo no soy Ministro y los ayudo

EMPRESAS DE EDUCACIÓN»

S.R.

—::—

结　尾

*西蒙·罗德里格斯是位天才，是当之无愧的奇才和能人。*西蒙·玻利瓦尔对桑坦德写道。

*西蒙·罗德里格斯：世界上最不同一般的人。*西蒙·玻利瓦尔对西蒙·罗德里格斯的弟弟卡雷尼奥·C.写道。

由于从童年到故夫的直接和近身交往，解放者西蒙·玻利瓦尔对此确信不疑：那是视觉、听觉、阅读、异国旅行的共同生活、一起经历的有理想的和谐生活、充满波折、苦难和英雄事迹的生活。而这些波折、苦难和英雄事迹中，有些已经成为世界历史，有些已经成为美洲历史，有些已经成为个人历史。

对于*阅读西蒙·罗德里格斯*的我们来说，所有这些都是*典范*。

西蒙·罗德里格斯为我们"所知"；只是因为知识渊博和善于思考为人"所知"；除了通过不可逆转的历史进程，我们是不可能了解的。

我们不要对像没有如同玻利瓦尔一样跟他交往一样，对不知道利用从他那里留给我们的唯一东西感到惋惜。古代罗马人的 Scripta manent（拉丁文，意即"文字留下"）。幸运的是，他的著作——可惜不是全部——给我们留了下来，*依然还在*。就凭这些著作，他无愧于下列称号：

"加拉加斯的苏格拉底"，

"世界性的哲学家"，

"世界上最不同一般的人"。

（西蒙·玻利瓦尔）

美洲的导师（阿方索·鲁马索·G.）

美洲思想家（这是本书作者给予他的称号，读者或许不会觉得虚华和夸大）。

我的老师——解放者这样叫他。

我的老师——本文作者这样叫我的义务。我们的老师——本书读者这样叫他，《全集》的读者甚至更有理由这样叫他是肯定而且迫切地感觉到的义务。

"君主制国家的博爱准则是指导新生共和国的准则。

'举起棍棒发号施令

放下棍棒叫人服从。'

所以，共和制在我们之中是对君主制的戏弄性模仿。国王们不会讥笑吗？我不是大臣，我帮助他们

教育事业。"

西蒙·罗德里格斯

—— ×××× ——

en la
MONARQUIA

en la
REPUBLICA
la
AUTORIDAD

las
costumbres

reposan

reposa

sobre

sobre

la

las

costumbres

AUTORIDAD

ni los niños
pretenden
que un pan de azúcar
se mantenga de punta
sin sostenerlo con las manos.

Sólo por la fuerza física
consigue un Rey
que
sus vasallos le obedezcan.

La fuerza
de la autoridad Republicana
es
puramente MORAL.

Pregunten los Soberanos Congresos a su Poder Ejecutivo, si con la Boca sola da sus órdenes, y si sus Agentes, para hacerlas cumplir, van con las manos vacías.

S.R.

JUAN DAVID GARCÍA BACCA

74

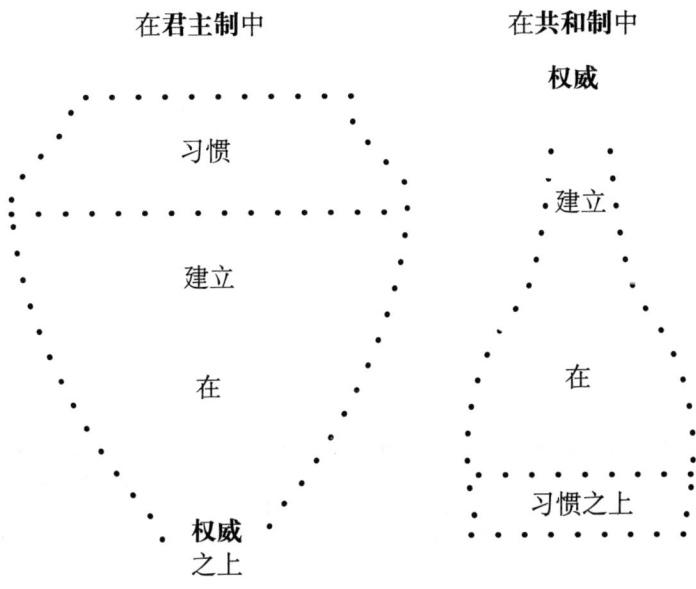

在**君主制**中   在**共和制**中

权威

习惯

建立

在

权威
之上

建立

在

习惯之上

连小孩子
也不希望
让塔糖在不用手
扶着的情况下
尖头朝下立着。

只有通过物理力量
国王
才能使得
他的臣民服从他。

共和制权威的
力量
是
纯粹**道义**上的。

请至高无上的议会问问它的执法权，它是否单单用嘴巴发号施令，还有，为了使人执行命令，它的代理人是否空着双手。

西蒙·罗德里格斯

胡安·戴维·加西亚·巴卡

CRITERIO DE ESTA EDICION

Con el título de *Sociedades americanas* se recogen aquí las dos obras fundamentales de Simón Rodríguez y tres trabajos complementarios sobre educación en los que se repiten y amplían sus conceptos básicos. Todo hace pensar que el mencionado título habría sido el nombre de la obra magna del pensador caraqueño de no haber conspirado contra su publicación las circunstancias de su recepción y la carencia de medios. La cronología de los trabajos, así como la filiación de textos establecida por el Profesor Pedro Grases (*La peripecia bibliográfica de Simón Rodríguez*. Caracas: Universidad Nacional Experimental Simón Rodríguez, 1979, p. 19) lo ratifica así:

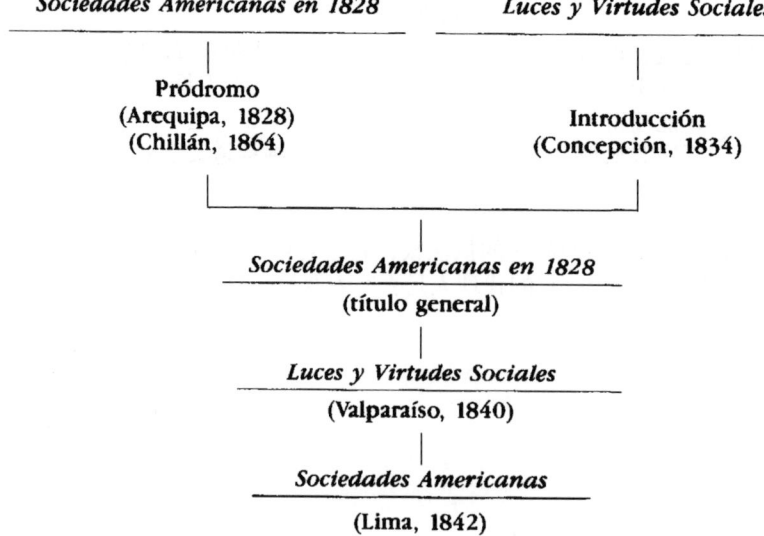

本 版 标 准

本版用《美洲社会》这个书名，收集了西蒙·罗德里格斯的两部主要著作，还有三篇论教育的补充性论文，这几篇论文重申并扩展了他的基本观点。若不是形势不利于他的作品的发表和资金的短缺，以上述书名命名的这部著作本应是这位加拉加斯思想家的鸿篇巨著。著作的编年大事记以及佩德罗·格拉塞斯教授确定的文章支系（《西蒙·罗德里格斯有关书目》，加拉加斯，西蒙·罗德里格斯国立实验大学，1979 年，第 19 页）都认可了这一点：

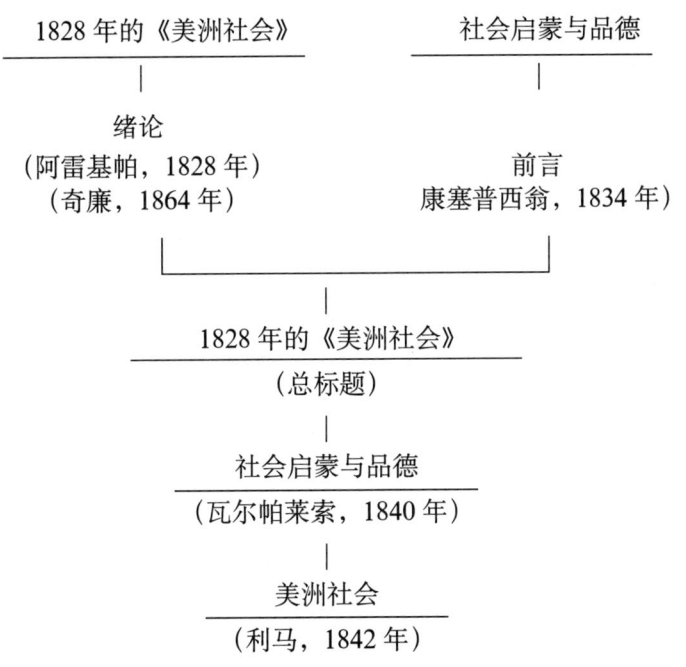

1828 年的《美洲社会》　　　　社会启蒙与品德

绪论
（阿雷基帕，1828 年）
（奇廉，1864 年）

前言
康塞普西翁，1834 年）

1828 年的《美洲社会》
（总标题）

社会启蒙与品德
（瓦尔帕莱索，1840 年）

美洲社会
（利马，1842 年）

Dada la índole aforística de tal pensamiento, el prólogo del maestro Juan David García Bacca responde a la completa naturaleza del autor. Fue publicado inicialmente en Caracas por las Ediciones de la Presidencia de la República en 1978. Al final de éste puede leerse también una selección de brillantes fragmentos o sentenciario de Simón Rodríguez, capaces de actuar como invitación al conocimiento de la totalidad de su obra.

FUENTES

En la presente se sigue como texto base la edición facsimilar aparecida con el título *Escritos de Simón Rodríguez*, compilada por Pedro Grases, prologada por Arturo Uslar Pietri y editada por la Sociedad Bolivariana de Venezuela en Caracas (tomos I y II, 1954; tomo III, 1958). La misma ha sido confrontada en todo momento con los dos tomos de las *Obras completas* (Caracas: Universidad Simón Rodríguez, 1975), también compilada por Grases, liminar de José L. Salcedo Bastardo y estudio introductorio de Alfonso Rumazo González. En el caso de las dos ediciones del libro *Luces y virtudes sociales* (1834 y 1840) se ha seguido el texto de la última, confrontando con la anterior. A pie de página se indican las variantes más notables y se muestran las diferencias. Por supuesto, no se trata de una edición crítica o erudita, sino, por el momento, de los apuntes o ejercicios para ella. Del libro *Sociedades americanas* se publican completa y separadamente las ediciones de 1828 y 1842. De la misma manera, a pie de página se insinúan algunos matices del texto.

78

ORTOGRAFIA

Como es sabido, Simón Rodríguez, al igual que otros hispanoamericanos de su tiempo, era partidario de introducir reformas en la lengua a objeto de acercar la escritura a la pronunciación. En los trabajos que aquí se publican puede leerse directamente su razonamiento. Pero una edición de sus obras en esta época, cuando las normas de la lengua española han cambiado y se evidencia que no prosperaron muchas de las reformas propuestas, postulaba el dilema de optar entre el estricto respeto al texto original —conservarlo tal cual, mantener sus marcas de tiempo— o someter esos trabajos al acicalamiento de los usos actuales. Al respecto fueron consultados los criterios generales empleados en Venezuela por la Comisión Editora de las *Obras Completas* de Andrés Bello, puesta ante un dilema análogo, con el agravante de enfrentar la ortografía diversa de quien, por otra parte, había sentenciado sobre ella y era el autorizado redactor de una gramática para el uso de los americanos. En 1823 y 1844, Bello había discutido al respecto, la última vez en Chile, país que adoptó en esa oportunidad la «ortografía bellista». Las dos fechas de Bello casi son coetáneas de los trabajos de Rodríguez, quien editó en Chile y Perú, donde se hacían presentes tales debates e intentos. Además, según el criterio

鉴于这样思想的警句性质，胡安·戴维·加西亚·巴卡老师的前言完全符合著作者的特点。前言最初于1978年由共和国总统府出版社在加拉加斯发表。在前言末尾，还可以读到一个西蒙·罗德里格斯精彩片段或格言的选辑，这些片段可以起到促使人们了解其著作全貌的作用。

来　　源

　　在本部著作中，以用《西蒙·罗德里格斯文集》（Escritos de Simon Rodríguez）为标题出版的誊写本为基础文本，这个版本由佩德罗·格拉塞斯编纂，阿图罗·乌斯拉尔·彼特里作序，设在加拉加斯的委内瑞拉玻利瓦尔学会（Sociedad Bolivariana de Venezuela）出版（第一、二卷，1954年；第三卷，1958年）。这个版本随时都和两卷本的《全集》（加拉加斯，西蒙·罗德里格斯大学，1975年）做了对照，也由格拉塞斯编纂，何塞·L.萨尔塞多·巴斯塔多撰写卷首语，阿方索·鲁马索·冈萨雷斯撰写介绍性研究文章。至于《社会启蒙与品德》的两个版本（1834年和1840年），是遵照了1840年的文本，并与1834年版本做了对照。在页下指出了最显著的变化，并说明了不同之处。这当然不是一个批评性或学术专业的版本，而暂时是一个笔记和练习性的版本。关于《美洲社会》这部书，分别于1828年和1842年出了全文版本。同样在页下说明了文本中一些微小差别。

书写规则

　　众所周知，西蒙·罗德里格斯与那个时代其他西班牙美洲人一样，主张对语言进行改革，以便使书写接近发音。在这里发表的著作中，可以直接读到他所做的论证。但是在现在这个时代，西班牙语的规则已经发生了变化，而且证明提出的许多改革没有成功。因此，现在出版他的著作就提出了这样的两难选择：是严格遵照最初文本，即和它一模一样、保持时代痕迹呢，还是让这些著作服从当前用法的调整呢？在这个问题上，参考了安德烈斯·贝略[36]《全集》出版委员会在委内瑞拉使用的普遍标准，该委员会也遇到过类似的两难抉择，更为严重的是，它还面临着一个人的不同写法，而另一方面，这个人曾对此做过判定，是获准编写美洲人使用的语法的人。1823年和1844年，贝略最后一次在智利就此进行过讨论，而智利当时是采用了"贝略书写规则"的国家。贝略的这两个日期与罗德里格斯的著作几乎是同时的，罗德里格斯是在有着这样

---

[36] 安德烈斯·贝略（1781—1865）委内瑞拉学者、教育家。被认为是拉美独立后最伟大的学者，所著《拉美人用卡斯提尔语语法》一书被奉为西班牙语语法权威之作。——译注

de Angel Rosenblat, desde el siglo XVIII, cuando se constituyó la Academia española de la lengua, hasta mediados del siglo XIX, la ortografía de nuestro idioma conoció una continua reforma. Se abandonaron en gran parte criterios etimológicos a favor de los fonéticos: renuncia a la *ss*, *j* en lugar de *x* en palabras como *exemplo*, *exército*; supresión de una serie de grupos consonánticos (*accelerar*, *accento*), términos que, por lo demás, aparecen con frecuencia en las ediciones originales de Simón Rodríguez. Toda esta importante elucidación puede leerse en el informe de la comisión bellista (*Revista Nacional de Cultura*, Caracas N° 74, mayo-junio 1949, pp. 151-166). Pero el claro propósito reformador de Rodríguez, coincidente, en parte, con el de Bello, se revela, por ejemplo, en el uso de la *j* en lugar de la *g* cuando la segunda tiene un sonido gutural sordo; en la *i* latina por la *griega* tanto en la conjunción copulativa como en palabras específicas (*lei*, *rei*); en otros casos sustituye la *z* por la *c* suave y muchas otras marcas de su tiempo y de su intención. De ahí pues que se haya corregido según el sistema ortográfico presente. Por la misma razón se eliminan las tildes en los monosílabos y se colocan acentos donde ahora está establecido. Estos pequeños ajustes o cambios tienen el único propósito de facilitar la lectura a quienes podrían desanimarse a causa de unas excepciones accidentales.

LOGOGRAFIA

Por el contrario, se ha respetado estrictamente la forma de sus escritos, la peculiar plástica de sus páginas, su «logografía» o arte de pintar ideas. Se conserva también, en equivalencia, la rica variedad tipográfica de la distribución de frases. Se sigue pues el expreso fin de dibujar con signos palabras que representen la boca y dibujen los pensamientos bajo la forma en que se conciben, a objeto de despertar la atención por la variedad de tonos y tiempos, contra la monotonía y el isocronismo. Los criterios del autor están ampliamente expuestos en el presente volumen y conviene remitirse a ellos para no citarlos ahora fuera de contexto. De ahí también que no se haya alterado el peculiarísimo uso de los signos de admiración, interrogación, suspensivos, esenciales a su logografía. Se han respetado asimismo la abundancia de comas, dos puntos, ausencia de puntos finales. Lógicamente se han corregido las erratas advertidas y al normalizar la ortografía de superficie ha quedado el meollo para que su pensamiento se mantenga como es.

讨论和尝试的智利和秘鲁出版著作的。此外，根据安赫尔·罗森布拉特的标准，从 18 世纪成立西班牙语学院时到 19 世纪中期，我们这种语言的书写规则经历了不断的改革。在很大程度上放弃了词源学标准，而采用了语音学标准：在诸如 exemplo（例子）exército（军队）等单词中 x 的地方放弃了 ss 和 j；取消了一系列辅音组合（accelerar,accento），此外，这些词经常出现在西蒙·罗德里格斯最初的版本上。整个这项重要诠释可以在贝略委员会的报告中读到（见国家文化杂志"Revista Nacional de Cultura"，加拉加斯，第 74 期，1949 年 5–6 月，第 151–166 页）。但是，部分地与贝略不谋而合的罗德里格斯的明显的改革意图，表现在诸如下列方面：当 g 有清喉音时，使用 j 而不用 g；在联系连接词和特殊单词（lei,rei）中用拉丁文的 i 代替希腊的文的 i；在其他场合用轻 c 和许多其他他那个时代和他的意图的痕迹代替 z。因此，已经根据现在的书写系统做出了纠正。由于同样理由，取消了单音节词中的符号，并在现在已经确定的地方标上了重音。这些小的调整或变化的唯一目的，是让由于一些偶然的例外而可能沮丧的人读起来方便。

字谜游戏

相反，严格遵循了其著作的版式、其各页特殊的版面设计、其字谜游戏或描写思想的艺术。也相应地保留了句子分布那种丰富的多样性。这样就遵循了一个明确的目的：用符号描画代表口型和用构思方式描画思想的词语，以便引起对语调和时间的注意，防止单调和等时性。作者的标准广泛地表现在本书之中，最好予以尊重，现在不要脱离上下文引用。因此，书中惊叹号、问号和删节号极其特殊的用法也没有改变，这些符号对于他的字谜游戏具有本质意义。同时，尊重了大量使用的逗号、冒号和没有使用的句号。当然，纠正了发现的印刷错误，还有，为了如实地保持它的思想，在规范表面的书写规则时，保留了它的内容。

SOCIEDADES AMERICANAS
en 1828*

COMO SERAN Y COMO PODRAN SER
EN LOS SIGLOS VENIDEROS

En esto han de pensar los americanos
y no en pelear unos con otros

82

* Este es el texto de la primera edición de la obra, publicada en Arequipa el año 1828. Las notas del autor van numeradas consecutivamente. Las del editor con asteriscos, siempre a pie de página (N. del Editor).

1828 年的美洲社会 *

在未来世纪中它们将是和可能会是怎样?

美洲人必须想这件事
不要想互相争斗

83

Tan EXOTICO debe parecer
el PROYECTO de esta obra
como EXTRAÑA
la ORTOGRAFIA en que va escrito.

En unos Lectores excitará, tal vez, la RISA
En otros . . . . el DESPRECIO
ESTE será injusto:
porque,

ni en las observaciones hay Falsedades
ni en las proposiciones . . . . . Disparates

De la RISA
podrá el autor decir

(en francés mejor que en latín)

Rira bien qui Rira le dernier.

84

这部著作的**计划**
可能显得**奇异**
像它写成的**书写方式**
一样奇怪。

他在一些读者身上，或许引起**笑声**
在另一些…………………………**蔑视**
这不公平：
因为
意见里边没有**虚言假话**
建议里边没有**乱语胡言**
关于**笑声**
作者可能会说

（在法文中比在拉丁文中好）

Rira bien qui Rira le dernier
（谁笑到最后，谁笑得最好）

ADVERTENCIA

El estado actual de la América pide serias reflexiones:... Aprovechen los Americanos de la Libertad de Imprenta que se han dado, para consultarse sobre el importante negocio de su libertad.

El *Poder* de los Congresos está en razón del *Saber* de los pueblos. Por muy bien que desempeñen sus funciones los Representantes de una Nación... de poco o nada sirve lo que hacen si la Nación no los entiende.

En la América del Sur las Repúblicas están

Establecidas pero no *Fundadas*.

Es un deber de todo ciudadano instruido el contribuir con sus luces a *fundar* el Estado, como con su persona y bienes a *sostenerlo*. El autor de esta obra ha procurado reunir pensamientos en favor de la causa social. Muchos de estos pensamientos no serán suyos... los eruditos lo sabrán.

El autor será...

(aquí pondrá cada uno lo malo que le parezca)... pero no se trata de su persona. La *causa social* será siempre respetable ¡Cuántos hombres, tal vez menos recomendables que el autor, no se ponen detrás de las cosas sagradas para valer algo!

Si alguien impugna debe ser con la laudable intención de impedir que los lectores incautos se engañen. Diríjanse pues las impugnaciones a los mismos que hayan comprado la obra: de lo contrario, la buena intención se expondría a no tener efecto.

El Editor recibirá todas las objeciones que quieran dirigírsele-las hará imprimir, y las pondrá en manos de los distribuidores de la obra.

说　明

　　美洲目前的状况要求认真反思……美洲人要利用他们给予自己的印刷自由，就他们的自由这个重要事情进行协商。

　　议会的*权力*与人民的*知识*成比例关系。尽管一国国民的代表们很好地行使职能……但如果国民不理解他们，他们所做的事情也用处不大或毫无用处。

在南美洲，各个共和国已经

建立起来，但没有*根基*。

　　用自己的知识致力于为国家*打下根基*，如同用他的为人和他的财产支*持国家*一样，是所有受过教育的公民的义务。本著作的作者竭力汇集思想来支持*社会事业*。这些思想中，很多不是他的……博学者知道这一点。

　　　　作者可能是……

　　（每个人均可在这里写上他认为合适的坏字眼）……但不涉及他的为人。社会事业永远是可尊敬的。有多少不如作者慎重的人不是站在神圣事务后面要有所作为呢！

　　如果有谁反对，那他应该是怀着防止没有坏心的读者上当受骗的可赞美的意图。那就把反对指向购买本书的那些人本人吧：否则，这良好意图就会冒没有效果的风险。

　　编者将会接受人们想要提给他的任何反对意见——他将叫人把它们印出来，放在本著作的零售商手中。

87

PROFESION DE FE POLITICA

Para evitar juicios temerarios al Lector
mientras llega al fin.

El autor es Republicano, y tanto ! ...que no piensa en ninguna especie de Rey, ni de Jefe que se le parezca.

(sin profesar odio a los Reyes... que son hombres)

No emite su opinión con ánimo de distinguirse por *ideas a la moda,* ni por ser del *parecer del que más puede;* sino porque está persuadido de que...

NI LA MONARQUIA NI LA REPUBLICA
CONVIENEN EN TODOS LUGARES NI EN TODOS TIEMPOS

La causa pública está en ocasión de hacer época, y ésta es la de pensar en un

GOBIERNO VERDADERAMENTE REPUBLICANO

La América es (en el día) el único lugar donde sea permitido establecerlo.

88

Así lo cree el autor; y sostendrá su opinión, mientras el estado de los pueblos no varíe.

Será tenaz, no porque no quiere ceder, sino porque no puede:

La terquedad pertenece al capricho
la firmeza es propia de la razón

公开宣布政治信仰

以免读者读到结尾时
做出鲁莽的判断。

作者是共和派，那还用说！……他不想念任何一种 国王，和任何一种像国王的首领。

（不是对国王怀有仇恨……因为他们是人）

他不是出于因为有*时髦思想*、因为属于*最有权力者的看法*而与众不同的意图来发表意见；而是因为他确信……

无论君主制还是共和制
都不是随地随时都适宜

公共事业开创纪元正当其时，而这个纪元是想到一个

真正共和制政府
的纪元

美洲（今天）是允许建立这样政府的唯一地方。

89

作者相信这一点；只要人民的状况没有变化，他就将坚持他的看法。
他将坚韧不拔，不是因为他不想让步，而是因为他不能让步：

固执属于怪癖
坚持为理性所特有

NOTA

Sobre los Prefacios

La Obertura en las Operas no es una Sinfonía de capricho, sino un Preludio de toda la Obra. Si éste está bien hecho, los músicos de profesión reconocen los principales rasgos de la pieza y entran en la intención del autor.

Así han de ser { el Prólogo de un Drama / el Prefacio de un Libro / el Proemio de un Tratado

que preparan a la Exposición, y, a veces, son la Exposición misma.

Pero, si la materia es complicada por sus ramificaciones, o por la inconexión aparente de los conceptos que la componen, el discurso preliminar es un *Prodromo*, esto es un *Escrito Precursor,* que anuncia el principal, y en calidad de tal, debe presentar el cuadro completo de la idea.

Todo es introducción = = = = = = llevar dentro

pero {

Preliminar / Preámbulo } — que está a la puerta / que va por delante

Prefacio / Prolegómeno / Preludio } quiere decir { que habla primero / que dice antes / que lude de antemano

Prólogo / Exordio } — { discurso anticipado / punto de que se parte

Si es urgente el hacer, desde luego, una fuerte impresión en el Lector...
el Epílogo se pone antes del Exordio

Epílogo es un discurso resumido, puesto *sobre...*
(esto es) ... *después* del discurso principal.

Se dan definiciones, porque esta Obra es para instruir al pueblo; debe, por consiguiente, ser clara, fácil... EXOTERICA, como decían los antiguos, y como nosotros diríamos... EXTERIOR. Si se tratase de entrar en altercaciones con los Sabios, la Obra sería como para ellos,... ESOTERICA*, es decir *interior, recóndita,* y ACROATICA para que les hiciese aplicar el oído a *escuchar;* pero el autor está muy distante de pretender ser maestro del que sabe; y esto lo dice *por modestia,* no *por humildad.*
En materias generalmente debatidas, la verdad tiene la desventaja de parecer vulgar, y su demostración trivial: por eso los médicos recetan *agua*

* En el original aparece la palabra *Ezotérica* (N. del Editor).

按 语

关 于 前 言

歌剧中的序曲不是任意而为的交响曲，而是整部作品的前奏曲。如果前奏曲做得好，职业乐师能够分辨出作品的主要特点，从而进入作者的意图。

一部戏剧的开场白
一部书的序言 ⎬ 必须是这样，
一部条约的绪论

因为它们是为论述做准备，有时候就是论述本身。

但是，如果因为有分枝，或因为组成内容的观点表面上没有练习，因而内容很复杂，那么，预先论述就是一篇*绪论*（Prodromo），也就是一篇*先导性著作*（Escrito Precursor），它预先　明主要著作，而作为绪论，它应该介绍内容的全貌。

都是前言＝＝＝＝＝＝＝＝内中含义

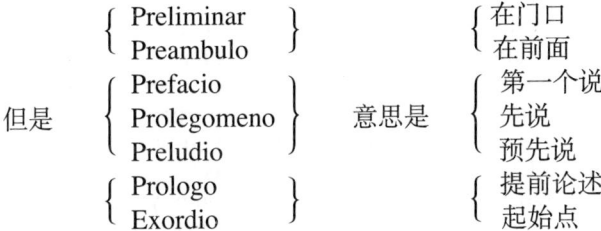

		都是前言		意思是		
但是	{	Preliminar / Preambulo	}	意思是	{	在门口 / 在前面
	{	Prefacio / Prolegomeno / Preludio	}		{	第一个说 / 先说 / 预先说
	{	Prologo / Exordio	}		{	提前论述 / 起始点

当然，如果紧迫需要对读者造成强烈印象……
结语可以放在起始点之前

结语是概括的论述，放在……
（就是）……主要论述之后

以上做出了明确说明，因为本书是用来向人民传授知识的；因此，应该明白、易懂……如同古代人所说，**通俗**，如同我们所说……是**对外的**。如果是试图与博学者争吵，本书对他们就可能是……**隐秘的**，即*内部的、深处的*，而且为了让他们用*耳朵听*，是**不外传的**；但作者根本不想做知之者的老师；他是出于*谦虚*，不是出于*谦卑*才这样说的。

在通常有争论的内容上，真理有着似乎通俗的劣势，对它的证明也似

91

tibia en latín. Sólo para los hombres sensatos es recomendable la claridad: los que aparentan saberlo todo, envuelven en oscuridades lo que saben, y niegan que aprenden, en el acto mismo en que están aprendiendo: sin advertir que lo que saben, lo aprendieron, y tal vez... muy poco de sí — mismos:

De estos hombres dijo Don Tomás de Iriarte*

Tienen algunos un gracioso modo
De aparentar que se lo saben todo,
Pues cuando oyen o ven cualquiera cosa,
Por más nueva que sea y primorosa,
Muy trivial y muy fácil la suponen,
Y a tener que alabarla no se exponen

. . . .

Y luego los hace hablar por boca de una Pulga.

A la Pulga la Hormiga refería
Lo mucho que se afana,
Y con qué industrias el sustento gana,

. . . .

92

A todas sus razones
Contestaba la Pulga, no diciendo
Más que éstas u otras tales expresiones
«Pues ya... sí... se supone... bien... lo entiendo...
Ya lo decía yo... sin duda... es claro...
Está visto... ¿tiene eso algo de raro?»
La Hormiga que salió de sus casillas
Al oír estas vanas respuestillas
Dijo a la Pulga... «Amiga...! pues yo quiero
Que venga Usted conmigo al hormiguero.
Ya que con ese tono de maestra
Todo lo facilita y da por hecho
Siquiera para muestra
    Ayúdenos en algo de Provecho»
        La Pulga, dando un brinco, muy ligera
Respondió, con grandísimo desuello:
«¡Miren qué friolera!
¿Y tanto piensas que me costaría?
Todo es ponerse a ello...
Pero... tengo que hacer... hasta otro día».

Más de una fábula del mismo Poeta podrán citar, los ofendidos, en venganza... ¡Paciencia!... con tal que esté bien aplicada.

* *Yriarte*, en la edición original (N. del Editor).

乎很普通：所以，医生们用拉丁语开温水药方。只对明智之人才建议清楚明白：装作全知全懂的人将他们知道的东西包裹在含糊之中，就在他们正在学习的行为中否认是在学习：却没有注意到他们知道的东西是学习来的，而且，或许……很少是从自己——本身学习来的：

关于这些人，唐托马斯·德伊里亚特[37]曾说过

有些人有一种滑稽方式
把自己装扮成万事皆知，
因为他们听到或看到随便什么东西时，
不管它多么新奇和精致，
他们都认为非常平庸又简单，
因而不会冒险来夸赞
………………………………………

接着，他让他们通过跳蚤的嘴来说话

蚂蚁对跳蚤讲述
它有多么辛苦忙碌
用什么技艺弄到口粮
………………

跳蚤回应它的一番言论
只说诸如此类一些话语
"没错……是的……可以想象……哦……我明白……
我早就说么……毫无疑问……当然……
显而易见……这有什么奇怪的吗？"
走出小房子的蚂蚁
听到这些没用的回答
对跳蚤说……"朋友……！我是想
请你跟我到窝里看看。
因为凭这副腔调，
您觉得什么事都易如反掌、说到做到，
即使为了做做样子，
也请您帮我们干点有益的事。"
跳蚤身子轻轻一跳，
毫无羞耻地回答：
"嘻，什么大不了的小事！

93

---

[37] 托马斯·德伊里亚特 (1750—1791)，西班牙作家。尤其以《文学寓言》闻名。——译注

Por *modestia*, como se ha dicho, teme el autor no haber acertado a llenar su objeto en la introducción, y que los hombres entendidos al leerla, digan.

«Todo puede ser esto;
excepto lo que el autor ha querido que sea»

En este caso, le quedará el recurso del pintor que puso al pie de su cuadro

este es gallo.

Por precaución, dígase desde ahora, que *la introducción que se va a leer es un...*

你以为我会费那么大劲儿?
手到擒来的事……
不过……我得……改天再干。"

受伤害者可以引用这位诗人不止一首寓言进行报复……别急!……只要用得恰当。

如前所述,出于*谦虚*,作者担心没有正确地达到他在前言中所说的目的,明白的人在读到前言时会说:

"*这可以什么都是;
作者想要它是的东西除外。*"

在这种情况下,作者就剩下在自己画作下面写下这句话的画家的办法了:

这是猫。

为谨慎起见,从现在起要说,*要读的前言是一篇*……

PRODROMO.

La Lengua y el Gobierno de los Españoles están en el mismo estado...

necesitando reforma y
pudiendo admitirla } por una parte

Y por otra

los Reformadores } tentando de varios modos,
sin dar con el verdadero.

Toda operación se funda en un DOGMA,
se rige por una DISCIPLINA, propia del *Dogma,*
y se ejecuta con una ECONOMIA propia de la *Disciplina.*

PARALELO entre

la LENGUA	y	el GOBIERNO.
1.		**1.**

la LENGUA

1.

El dogma de cualquier lenguaje es
Hablar para entenderse

Y el de una lengua nacional es que...

todos los
nativos { la articulen
la canten
la construyan
y la escriban } del mismo modo

2.

En la Sintaxis reposa principalmente el Dogma.

la Ortología
y } son de Disciplina
la Prosodia

La Ortografía es de Economía.

3.

Parece que la Lengua no necesita de letras —que

el GOBIERNO.

1.

El Dogma de esta función es...
*Llevar una o más acciones a un fin
determinado.*
Se supone como principio fundamental,
que *gobernar* no es un acto simple; sino
la reunión de cuatro actos contraídos a un
solo objeto.

ordenar
dirigir
regir y
mandar

2.

En el régimen reposa principalmente el Dogma.

La disciplina del Gobierno es...
*mantener en vigor la acción particular
y
en buen orden la acción general.*
Su economía es *proteger la acción.*
No se protege sin *ayudar,* y se ayuda de cuatro
modos.

designando
y
asignando } movimientos

guiando en unos casos
y
conduciendo en otros. } a los agentes.

3.

Parece que *gobernar* es dar órdenes solamente
que como se forman los Gobiernos pueden con-

绪　言

西班牙人的语言和政府处在同一样状况……

需要改革并且
能够容许改革　　　　　　一方面

　　　　　　　另一方面

改革者们　　　　　尝试了多种方式，
　　　　　　　　　但没有找到真正方式。

一切行动都建立在一种**教条**之上，
受到这种**教条**所特有的**纪律**支配，
并且以这种**纪律**所特有的**机能**来进行。

语言　　　与　　　政府
之间的对比

1.

任何一种语言的教条都是
为了沟通而说话。

一个国家语言的教条是……

所有当地人
用它发音
用它唱歌
用它构词造句
用它写作　　用同一
　　　　　　种方式

2.

教条主要在于句法。

正字法
和　　　　属于纪律。
正音法

正字法属于机能。

3.

语言似乎不需要字母——可以像形成那
样保留——*因此语言的机能在嘴上。*

1.

这种功能的教条是……
*把一个或更多行动引向一个
特定目的。*
作为根本原则，认为治理不是一个简单
行为,而是限于单一目的以下四种行为的集合。

下令
领导
统治
指挥

2.

教条主要在于制度
政府的纪律是……
*保持特殊行动的严格性
和
普遍行动的井然有序。*
它的机能是*保护行动。*

没有*帮助*就没有保护,用四种方式进行帮助:

设计
和　　　　运动
分配

有些情况指引
而　　　　　代理人
有些情况带领

3.

*治理*似乎只是发布命令—政府可
以像形成那样保留——因此政府的科

LENGUA

como se forma puede conservarse— por tanto, que la *economía de la palabra* está en la boca.

Piénsese en las funciones de la Escritura, y se conocerá la importancia de la Ortografía.

Todo lo que se confía a la tradición oral, se arriesga.

4.

Si es *berejía* el negar alguno de los principios sentados de una doctrina , ...
Si es *Cisma* el separarse de algún punto de disciplina. ...
Si es corruptela el obrar de un modo contrario al prescrito...

la Lengua de los Españoles modernos padece estos tres defectos.

En Europa, son herejes de lengua los Catalanes, los Valencianos y los Gallegos—son cismáticos los Andaluces—y los Vizcaínos son infieles:

en América se reúnen estas sectas con las de Africa y con las de los indios—forman una Aljamía castellana, y, en algunos lugares de las costas, una Algarabía.

La Ignorancia del arte de escribir, sobre todo entre las mujeres, hizo que en España se perdiesen las dobles letras del latín: tanto mejor. La Academia Española ha publicado varias veces su Ortografía Castellana y siempre alterando.

No hay, como en otras partes, una autoridad constante que consagre los defectos; pero los Españoles no quieren hacer una Ortografía perfecta.

Alegan, contra este proceder, muchas razones; pero ninguna de conveniencia. Quieren, por

GOBIERNO

servarse— por tanto, que la ciencia del Gobierno consiste en *tener sumiso al que obedece.*

Piénsese en el verdadero espíritu de las funciones gubernativas, y se verá cuáles son los deberes del Gobierno.

Confiar la suerte de los pueblos al parecer de uno o de muchos legisladores, traídos por el acaso a la legislatura, es arriesgar la felicidad pública.

4.

Napoleón introdujo un cisma personal en España, haciendo reconocer a su hermano por Jefe de la Nación, y en seguida...

la Nación representada en Cortes, reconoció a su antiguo Jefe, en la persona de Fernando 7°*; pero bajo la dura condición de apostatar si quería ser Rey.

Renegó Fernando Séptimo y se hizo protector de una *fe reformada* a imitación del Monarca Inglés.

El deseo de mandar le hizo olvidar el ejemplo de sus ilustres ascendientes... de aquellos piadosos verdugos del Santo Oficio, que quemaron millares de vasallos por amor de Dios... y que los quemarían ahora *todos* por amor del Trono.

Forman los Reyes Europeos un Consejo de la Suprema, bajo el título de Santa Alianza... El Emperador de Rusia hace de Inquisidor General... y en pleno Consejo, comisionan al Rey de Francia para hacer abjurar a Fernando el Gobierno Constitucional.

Así se ejecuta: la Constitución muere quemada: y la Iglesia política de España... arrepentida... vuelve a la fe de sus padres: pero queda un gran número de pertinaces y de contumaces.

Ya no hay cristianos viejos en España— toda la Nación pecó. El Rey no es ya tan católico como

98

---

* Simón Rodríquez escribía con números arábigos la nomenclatura de los reyes (Fernando 7°, Carlos 3°, etc.). Se mantiene aquí su peculiaridad (N. del Editor).

<table>
<tr><td>

语　言

想一想书写的功能，就会知道正字法的重要性。

</td><td>

政　府

学在于让服从者顺从。

</td></tr>
</table>

<table>
<tr><td>

托付给口头传说的所有东西都是有风险的。

4.

如果否定已经建立的一种学说的某一项原则是*异端*……
如果脱离某一点纪律是*分裂*……
如果以一种违反规定的方式行动是*陋习*……

现代西班牙人的语言有这三个弊端。

在欧洲，卡塔卢尼亚人、巴伦西亚人和加利西亚人是语言的异端——安达露西亚人是分裂者——比斯开人是不忠者。

在美洲，这些派别与非洲派别和印第安人派别汇集一起——形成一种卡斯蒂利亚的阿尔哈米亚语——而在沿海一些地方形成一种无法理解的语言文字。

特别在妇女中对书写方法的无知造成在西班牙失去了拉丁文的双字母：这样更好。西班牙学院多次发表了正字法，而且总是在改。

像别的地方一样，没有一个一贯的权威承认这些缺点；但西班牙人不想制定一套完善的正字法。

他们援引很多理由反对这种做法；但

</td><td>

想一想政府功能的真正精神，就会看到政府的责任有哪些。

把人民的命运托付给偶然聚集在立法机关的一个或多个立法者的看法上，是拿公共幸福冒险。

4.

拿破仑把一种人为分裂引进了西班牙，强使人们承认他的兄长为国家元首，并且随即……

有代表进入议会的国民承认其原来元首费尔南多七世[38]，但苛刻条件是：如果他想做国王，就需改变观点。

费尔南多七世仿照英国君主再次改变观点，成为一种*修改过的信仰*的保护者。

发号施令的欲望使费尔南多七世忘记了对其尊贵的先辈……出于对上帝的爱曾烧死数以千计臣民的宗教法庭虔诚刽子手的惩戒，现在又出于对王位的爱，要把臣民统统烧死。

欧洲国王组成一个最高宗教法庭的法庭，名叫神圣同盟……俄国皇帝成了宗教法庭庭长……他们就在法庭上派法国国王强使费尔南多背叛宪法政府。

这样执行：宪法被烧死；西班牙的政治教会……后悔了……回到其父辈的信仰；但剩下很大一批顽固和固执分子。

西 班 牙 已 经 没 有 老 基 督 徒 —— 全 意体国民都犯了罪。国王已经不再像以前那

</td></tr>
</table>

99

---

[38] 费尔南多七世（1784—1833），西班牙国王（1808，1814—1833 在位）。1808 年 4 月在法国边境城市巴荣纳与拿破仑会见，为其所迫退位 软禁于瓦伦塞的城堡。1814 年 3 月 回国复位，随即废除加 斯宪法和自由主义改革措施，并派大军去美洲镇压独立运动，恢复殖民统治。1823 年乞求法国出兵镇压革命，重建专制制度。——译注

ejemplo, que los signos no tengan valores determinados—quieren escribir más de lo que leen—o escribir de un modo y leer de otro, o distinguir escribiendo lo que no distinguen pronunciando & c.

Limpia, fija, y da esplendor, es el mote de la Academia;

pero no se limpia de signos inútiles el alfabeto, pero no se limpian las cajas de la imprenta de todas las letras viejas, para que no haya especies y variedades de líneas y formas.

Un signo para cada articulación . . . , y siempre el mismo . . . . sería preferible a la profusión de caracteres que lucen en la portada de un libro. Letras cuadradas y redondas, con cola, con pelos y con dientes, unas acostadas y otras de pie, son buenas para ejercitar el buril, no los ojos. Si se *limpiase* el alfabeto, podría *fijarse,* y ya fijo, se conservaría invariable: entonces tendría el esplendor de la claridad.

Si los Españoles no pronuncian ni v... ni h... deberían suprimirlas.
Si tienen un signo de guturación fuerte en la k...., harían bien en desterrar la c... y la qu...
Si tienen otro signo para la guturación suave en la g... sola ¿para qué la acompañan con la u....?
La z.... con todas las vocales ahorraría la etiqueta que guarda con la c....

Se cuenta que después de haber estado por largo tiempo en la escuela una muchachita, sin poder adelantar en la lectura, se la entregaron a una vieja; que ésta la puso a su lado a deletrear y que cada vez que leía

c—e   ze
g—e   je

le daba un coscorrón y le decía

c—e   ke
g—e   gue   } te he dicho

Se burlaban las gentes de la vieja porque tenía razón . . . . .

Si se hiciese una revolución en el alfabeto, se quejarían

la   h

la   v

antes— y aunque la Santa Alianza lo haya absuelto de *cobardía* ad cautelam, no le puede quitar el borrón de penitenciado.

«En el fondo de mi corazón... (dice el Rey Fernando) siempre fui ortodoxo... por razones tuve que disimular».

«No hay disculpa... (le responde la Santa Alianza)»

«Morir por la fe, es obligación de todo buen creyente: ¿con cuánta más razón no estará obligado a morir un Jefe?...

«Las cartas que escribiste, desde Francia, al Rey José, y los exhortos que hiciste al pueblo español te condenan, y ni de unas ni de otros te has retractado».

Mientras Fernando 7° *herejizaba* la España vieja, los habitantes de la nueva
se alborotaron
se afrancmasonaron—y

se dividieron en varias sectas Republicanizantes.

Por todas partes se ven Escuelas Políticas

enseñando a dar otros nombres a las mismas cosas; y a formular, en otro estilo, las órdenes del otro día. Las voces son nuevas, en efecto, y las cosas parecen

语 言

没有一个适当。例如，他们想让符号没有确定意义——想写的比读的多——或者说，用一种方式写，另一种方式读，或者说，用书写方式区分发音时不能区分的东西。

皇家学院的格言是：*清除、确定和增光*。

但为了没有多种多样的排列和字体，
字母表没有清除无用的符号，印厂字盘没有把所有古老字母清除掉。

每个发音一个符号……同一个符号总是好于一本书封面上印的许多符号。有尾巴、有头发、有牙齿的正方形和圆形字母，有的躺着，有的站着，对于练习雕刀是好的，对于练习眼睛却不然。如果字母表清除干净了，就可以*确定*下来，而确定之后，就保存下来不再变了；那样就有了清楚明了的光泽。

既然西班牙人对 v…… 和 h…… 不发音，那就应该去掉它们。既然有了 k…… 这个发强喉音的符号，那就最好去掉 c…… 和 qu…… 既然有了单独 g…… 这个发轻喉音的符号，为什么还要给它加上 u……呢？z…… 和所有元音一起用时，完全可以省去用 c…… 保存的那个符号。

据说一个小女孩上学很长时间后，阅读仍没有进步，于是把她交给一个老太太，老太太让她坐在她身边，一个字母一个字目地拼读，她每次读

c—e ze
g—e je

老太太都打她一下头，对她说

c—e ke ⎫
g—e gue ⎬ 我跟你说过了。

人们都笑那老太太，因为她有道理……

如果对字母表进行一场革命，

字母　　h
字母　　v

政 府

样信奉天主教——虽然神圣同盟宽恕了他的怯懦 ad cautclam，但不能消除他被宗教法庭制裁的耻辱。

"在我心灵深处……（费尔南多国王说）我一直是正统的……我不得不伪装是有道理的。"

"别辩解了……（神圣同盟对他说）"

"为了信仰而死是所有好信徒的义务：一位元首不是有多得多的理由有义务去死吗？"

"你从法国写给约瑟夫国王的信和你对西班牙人民发出的呼吁都判你有罪，而你对信和呼吁都没有收回。"

费尔南多七世在把老西班牙变成*异端*时，新西班牙的居民
惊恐不安起来
纷纷法国化——而且

分裂成好几个拥护共和制的派别。

到处都有政治学校教人们给同一事叫其他名字，和用另一种方式发出前些天的命令。声音是新的，事物好像是新的，可实际上……根本没有变。

la   c
de verse excluidas ¿por qué no emigrarían?
Reclamarían su privilegio
zelo
y zizaña
¿por qué no aguantarían?

¡Cuántos hombres de bien no lloran hoy... (lejos o cerca de sus hogares) sus bienes o sus títulos!

Pero como en todas las revoluciones hay quien llore y quien cante, la x debería volver a lo que era. Ella representaba bajo un solo signo la guturación y el silbo: pero porque se resistía a la división, la descuartizaron.

Padeció por la causa: justo sería que se le repusiese en sus funciones.

¡Así fuera tan fácil hacer reformas en la moral como en la Ortografía!

5.

Es generalmente admitido, por declaración de la Academia Española, el dar tres principios al arte de pintar las palabras.

1.º El origen, para conservar su significación primitiva.

2.º El uso constante, para sujetarse a la práctica de la gente culta.

3.º La pronunciación, para conformarse con la boca, cuando ni el origen ni el uso deciden.

6.

Resúmanse los tres principios en uno, y escríbase como se habla, puesto que, en su origen, los sonidos representaron las cosas, y las letras la boca.

De escribir como se pronuncia en Castilla, resultarían ventajas.... de poner tropiezos al que escribe... ningunas.

serlo; pero en realidad... de plan no se ha variado.

«Yo conservo mis usos y costumbres... (les dice un viejo) *porque me costaria trabajo el mudar, o por que no podría mudar; pero mis bijos se educan por las máximas de su tiempo»*

De esta sensatez se burlan los que creen ser Republicanos . . . . . con sólo decir que lo son . . . . los que, por la inconsecuencia de su conducta, hacen que sus hijos piensen en ser realistas.

5.

A tres principios, como los de la Ortografía, reducen estas sectas, el arte de dibujar Repúblicas.

Origen
uso constante
y genio.

Dividen el origen en próximo y remoto. De éste (el Griego y el Romano) no se sirven sino para sazonar arengas y proclamas. El que rige en todos sus planes es el próximo... (la Inglaterra).

Su *uso constante* lo traen de los Estados Unidos... en láminas.

Y cuando ni el origen ni el uso deciden, ocurren al tercer principio; pero en lugar de consultar el genio de los americanos, consultan el de los europeos.
Todo les viene embarcado

6.

¿No podrían resumir los tres principios en uno?... ¿No podrían formar nuevas costumbres y gobernarse por ellas?

Observando la índole de los nativos, se acertaría a darles el Gobierno que les conviene.— Poniéndolos en contradicción consigo mismos.... nada se conseguirá.

字母　　　c
就会抱怨*自己被排除在外，它们为什么不就此消失呢？*

而
zelo
和 zizana
就会要求恢复自己的特权，它们为什么不能忍住呢？

现在有多少好人不在……（自己家的远处或近处)为自己的财产或封号而啼哭？

可是如同在所有革命中几家欢乐几家愁一样，字母 x 应该会恢复到以前的样子了。它用单单一个符号代表了喉音和哨声，可是因为它拒绝分工，人们就将它分成好几块。

它曾因事业受损：恢复它的职能才是正理。

在道义上改革像在正字法上改革一样容易吗？

5.

由于西班牙学院宣布的内容，普遍同意对书写单词的方法规定三条原则：

起源，以便保住其最初意思

第一，起源，以便保住其最初词义。

第二，经常用法，以便服从文化人的习惯。

第三，发音，以便在起源和经常用法不能决定时，与口型一致。

6.

三项原则概括为一项原则，怎样说就怎样写，因为在起源上，声音代表事物，字母代表口型。

如果在卡斯蒂利亚怎样发音就怎样写，就会产生……给写不出几个字的人……造成障碍的好处。

"*我保住了我的风俗习惯*……（一位老人对他们说），*因为我改起来很费劲，或者因为我不能改；但我的儿子是按他们时代的原则受教育的。*"

自认为是共和派的人嘲笑这种明智……只说，因表现前后矛盾，叫他们儿子想做保皇派的那些人……是共和派。

5.

像正字法原则一样，这些派别把描述共和国的方法归纳为三条原则：

起源
经常用法
特征

他们把起源分成近期和远期。只是为了演说和宣言臻于完美才利用其远期起源（希腊和罗马）。而主导所有计划的是近期起源……（英国）。

他们的经常*用法*……外形上是从美国学来的。

当起源和经常用法不能决定时，就采用第三原则；但不参考美洲人特征，而参考欧洲人特征。

都是从国外学来的。

6.

他们不能将三项原则概括为一项原则吗？……不能形成新习惯并按照新习惯那样做吗？

按照当地人的性情，恰好给了他们适宜的政府——使他们自相矛盾……结果将一事无成。

Pero, ¿qué pronunciación pintaremos (se preguntarán las gentes) si en América no hay ni región ni lugar donde se articule con pureza el castellano?.... ¿Para qué Genio estableceremos Gobierno, si en América hay tantos Genios como razas?

La pregunta pide que se declare el proyecto de esta obra.

SE DEDICA

A los que conocen ya la sociedad— a los que tienen costumbres formadas para vivir *bien* bajo el Gobierno Monárquico en que nacieron.... pero

SE DIRIGE

A los que entran en una sociedad que no conocen —a los que necesitan formar costumbres de otra especie, para vivir bajo un Gobierno diferente del que tuvieron sus padres.

La generación que pasa debe leer esta obra para criticarla. La que empieza su carrera, debe hacerse cargo del plan para ejecutarlo en calidad de ensayo.

Hagan los Padres de familia con los proyectos de Reforma lo que hacen con el alimento que dan a sus hijos....

Examinarlo.... probarlo.... y decir (como dice cada uno en más de un caso).

104

> *«Si yo comiera esto.... me moría*
> *pero.... para muchachos es bueno*
> *come hijo!... ¡quién tuviera tu estómago!*
> *cuando yo era de tu edad.... comía*
> *cosas más pesadas y no me enfermaba...»*

En efecto (podrá decir el que los oiga) ¿quién se tragó la pragmática sanción de Carlos 3° sobre matrimonios?...... y ...... ¡quién se tragaba, algunos años antes, todo un tribunal de la Inquisición . . . . . sin reventar . . . . . .! podría muy bien haberse tragado este proyecto sin hacer gestos.

Enséñese a hablar la lengua de los Castellanos
Enséñese a vivir según los preceptos de la filosofía social

y fácil será pintar } *la boca con las letras*
y
la moral con las obras.

但是，（人们会想）既然美洲没有地区和地方用卡斯蒂利亚人那种纯粹性发音，我们还标什么发音呢？……既然美洲有像种族一样多的特征，我们为怎样的特征建立政府呢？

这个问题要求阐明本著作的方案。

本著作献给

已经了解社会的那些人——献给已经形成习惯在他们出生的君主制政府下*很好地*生活的那些人……但是

写 给

进入一个他们不了解的社会的那些人——写给需要形成另一类习惯，以便在一个与他们父辈有的不同的政府下生活的那些人。

正在经过的一代人应该阅读本著作，以便做出批评。开始其人生的一代人应该理解这个计划，以便作为演习来执行之。

家长们应该用改革方案来做用给儿子的食物时做的事情……

检查……尝一尝食物……并且（像每个人不止一次地说那样）说。

> *"我要是吃了这个……就会死*
> *可是……这个对孩子是好的*
> *吃吧孩子！谁有你这样的胃呀！*
> *我在你这个年纪时……吃的是*
> *更难吃的东西，也没生病……"*

（听见这些话的人可能会说）的确，谁忍受了卡洛斯三世[39]那条对婚姻的实用性惩罚？……还有……几年前谁忍受着宗教法庭整个一套法律……而没有死亡……？谁可能已经毫无不满地很好地忍受了这个计划？

> *教人讲卡斯蒂利亚人的语言*
> *教人按照社会哲理的规定生活*

> *用字母描画口腔*　⎱
> 　　　　　　　　　 ⎰ *将是容易的。*
> *用行动描画道德*

105

---

[39] 卡洛斯三世（1716—1788），西班牙国王。在位期间与英国进行两次战争，驱逐耶稣会教徒，进行多项改革。——译注

Hágase una Ortografía *Ortológica*, es decir, fundada en la *boca*, para los que hayan de escribir después de nosotros.

Aquí debe abandonarse la palabra a la suerte que quieran darle la boca y la mano; pero no debe verse con igual indiferencia la suerte que la palabra está preparando *al que habla*. Para que ESTE goce de los bienes sociales, debe hacérsele.....

Un Gobierno *Etológico*, esto es, fundado en las *costumbres*.

En él serán felices todos los que sean capaces de seguir un nuevo plan de vida.

> Los niños lo pueden
> Los jóvenes... lo quieren
> Muchos hombres... lo desean

Y algunos viejos... lo adoptarán por conveniencia, como adoptan las modas de sus biznietos, cuando las hallan más cómodas que las de su tiempo... ¿por qué no habrá *viejos verdes* en política como los hay en amores?...

Dos cosas notables se observan en las diferentes formas que han dado los republicanos modernos a sus Gobiernos. (Las formas del Sur-América son modificaciones de la forma del Norte).

Se observa en los Congresos.

1.º La confianza de la Sabiduría, mientras están sentando las bases de sus Constituciones.

2.º Una gran desconfianza cuando llegan a su Poder Ejecutivo.

Para no tener que temer de los diferentes nombres que se dan al que manda.

no se le llame
{ Monarca
ni Emperador
ni Rey
ni Déspota
ni Dux
ni Presidente }
llámesele Etnarca
(Gobernador nacional)

Y si todavía este nombre es temible, júntense los Representantes del Pueblo.... déjense de Jefes.... y lo que hagan sin ellos, llámenlo (como saben que debe llamarse) . . . . . anarquía.

Hagan un Congreso para quedarse solos, y el Estado se quedará, sin Jefe... o rebajen a éste, uno a uno, los dictados que le hayan dado o puedan darle.... y el jefe se quedará sin nombre.

Cuando la Francia, recién salida del vasallaje, estaba escrupulizando

106

为了在我们之后必须写作的那些人，制定一部正话法的正字法，即以口腔为依据的正字法吧。

这里应该把单词交给口和手想要给它安排的命运；但不要用同样的冷漠看待单词正在给予*讲话者*的命运。为了让**讲话者**享受社会好处，应该为它建立……

一个*风俗学*的政府，即以风俗为根基的政府。

在这样的政府中，所有能够实行一种新的生活计划的人，都将是快乐的。

> 孩子们能够实行这个计划
> 青年人……想要实行这个计划
> 很多人……希望实行这个计划

而一些老年人……像他们看到重孙们的时髦比他们时代的时髦更舒适，就采而用之一样，会因为适宜而采用这个计划……为什么政治上不会像爱情上那样有老风流？……

在现代共和派给予他们政府的各种形式中，看到两样引人注目的事情。（南美洲的形式是美国形式的变种）

在议会中看到

第一，在他们正在奠定其宪法的基础时，智慧的自信。
第二，当他们掌握行政权时，极大的不自信。

107

为了不必害怕给予发号施令者的各种称号，

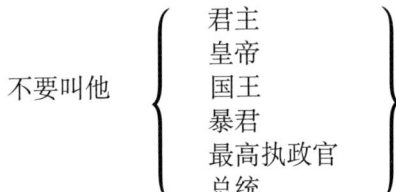

不要叫他 { 君主 / 皇帝 / 国王 / 暴君 / 最高执政官 / 总统 } 叫他总督（国家统治者）

如果这个称号依然可怕，就再加上人民代表……不要叫首脑……而人民在没有首脑时做的事，就（像人们知道该叫那样）……叫无政府状态吧。

成立一个议会，让国家留了下来，但国家没有了首脑……要么把给予或能够给予他的指令逐一降到国家……那样首脑就将没有称号了。（这一段难理解）

当法国刚刚脱离臣属地位疑虑重重时——在法国人称为*恐怖时期*的那

en pelillos, —en aquella época de la Revolución, que los franceses llaman *el Tiempo del Terror*— había centinelas casi en cada bocacalle.

¿Quién vive? (pregunta el centinela, a un pasajero) y éste le responde...
    El Señor de San Lis.

Centinela . . . Ya no hay Señores . . .	¿Quién vive?
Pasajero . . . . de San Lis.	
Centinela . . . Ya no hay Dees. . . .	¿Quién vive?
Pasajero . . . . San Lis.	
Centinela . . . Ya no hay Santos. . . .	¿Quién vive?
Pasajero . . . . Lis.	
Centinela . . . Ya no hay Flores de Lis.	¿Quién vive?
Pasajero . . . pues . . . . . . nadie.	
Centinela . . . pues . . . a la espalda . . . por aquí no pasa nadie.	

No exageremos. El hombre no nace para vivir solo— ni para vivir en sociedad sin Jefe. Hasta el ente de razón de la democracia, tiene que unificarse y decir.

La voz del pueblo . . . . y no las voces.

No hay Revoluciones sin padres; pero no todas las Revoluciones tienen sucesión. La Revolución de América ha sido fecunda, y puede gloriarse de la buena índole de sus hijos; pero . . . . . .

Todas las buenas familias cuidan de sus cabezas, y las lloran cuando las pierden, aunque mueran de vejez.

¡¿Cómo conciliaremos este sentimiento, con el que manifiestan, en conversaciones y escritos, hombres, por otra parte recomendables?! ¡¿Cómo conciliaremos la gratitud que muestran a los autores de su existencia física, con el desprecio que hacen de los que les han dado un ser social . . . . . . que ni en sueños esperaban?!

Los hombres que exponen sus conveniencias y su vida por darnos un existencia política, merecen *mucho más* (... dígase... *otro tanto*, si se quiere...) que los que nos echan al mundo sin proyecto.

Los maestros son respetables, al par de los padres, porque hacen sus veces.

PERSUADANSE LOS REPUBLICANOS,
DE 4 COSAS IMPORTANTISIMAS EN SU CAUSA

1.ª

Que con autoridad, armas y dinero, cualquiera se hace Rey . . . y en poco tiempo . . . si es atrevido: que aunque dejen a su Poder Ejecutivo, en la silla, como se quedó en la calle el Señor de San Lis . . . . sin nombre; él sabrá ponerse el que le parezca, si le dan con qué pagar aclamadores; y de éstos no faltan donde quiera que hay honores y rentas.

个革命时期——几乎每个街口都有哨兵。

（哨兵问一个行人）谁？行人回答……

　　　　（德）圣利斯先生。

哨兵……已经没有先生了……谁？

行人………（德）圣利斯。

哨兵……已经没有（德）了。谁？

行人……………圣利斯。

哨兵……已经没有圣人了。谁？

行人…………………利斯。

哨兵……已经没有百合花[40]了。谁？

行人……那就………没人了。

哨兵……那就……转过身去……这里谁也不许过。

　　我们不要夸大其词。人生来不是要一个人生活——也不是要生活在没有首领的社会。甚至民主制的理性实体也要统一起来，说

　　　　人民的一个声音………………………而不是许多个声音。

　　没有无父亲的革命；但并非所有革命都有子女。美洲革命生育了很多子女，并且可以为自己子女的优秀品质引以为荣；但是……

　　所有好家庭都呵护自己的家长，当失去他们时，尽管他们因年迈而死，也哀悼他们。

　　我们怎样把这种感情，与人们（另一方面他们是值得赞扬的）在谈话和文章中表达的那种感情协调起来？！怎样将他们对其肉体存在的始作俑者表达的感恩之情，与他们对给予了他们……就连做梦也不希望的……社会存在的人表示的轻蔑之情调和起来？！

　　比起没有计划让我们来到世上的那些人来说，为了给予我们政治存在而冒着利益和生命危险的那些人，理应受到多得多的称赞（……如果愿意的话，可以说……加倍称赞）。

　　老师与父亲一样是可尊敬的，因为他们代替了父亲的职责。

109

共和派要确信

他们事业中四件极其重要的事情

第一

　　如果大胆……有了权威、武器和金钱，任何人都可以成为国王……而且用不了多少时间：尽管他们像德圣利斯先生在街上丢了名字那样，把自

---

[40] 百合花：上句中"利斯"（lis）在西班牙语中意思是百合花。——译注

2.ª

Que la autoridad es siempre un *ente abstracto* para quien no puede materializarlo, y nunca es otra cosa que *materia* para quien no sabe abstraerlo. Los *Sabios* están en el primer caso y el *vulgo* en el segundo.

Para *aquéllos*, la Autoridad Pública tiene una existencia real: para el *vulgo* . . . es un atributo propio del que manda.

Los sabios obedecen a la autoridad: *el vulgo* . . . a la persona.

Los unos respetan la Representación, y se conforman con las leyes: *el otro* rinde vasallaje al representante y se somete a su voluntad.

En fin *el sabio* ve, en la sucesión de magistrados, una prueba de la *unidad* y de la *estabilidad* del poder público— *el vulgo* reconoce otros tantos poderes, cuantos magistrados se suceden, y cree *ver expirar y revivir* la autoridad con ellos.

Se deduce, pues, que la autoridad debe ser *constante* para ser generalmente respetada, y que el modo de hacerla *invariable,* en una República, es darla a conocer *a todos.* El Gobierno Republicano no admite vulgo en este punto.

3.ª

Que por más que declamen contra el despotismo, *los pocos hombres que sienten su peso,* tendrán que soportarlo, mientras hagan parte *de un pueblo que lo soporta sin sentirlo.—* Si no pueden dejar de pertenecer al Pueblo, trabajen por sacarlo de la abyección, y ascenderán con él a la dignidad que desean. Siempre habrá un *Pueblo inferior,* compuesto de los hombres que la naturaleza hizo estúpidos; pero no se acrecentará la masa con los que la sociedad embrutece. Aun los estúpidos de nacimiento pueden mejorarse por la educación; y si éstos sirven (como en todas partes) de *peana* a las clases distinguidas, es claro, que mientras más se eleve el *sustentante,* más visible se hará el objeto *sustentado.*

Por distinguirse a poca costa, gustan muchos demócratas que haya *pueblo bajo:* por no conocer sus intereses creen *ensalzarse abatiéndolo.*

Obsérvese que del amor a la *comodidad* nace el amor del *poder,* y que dos afectos tan acordes en el individuo, producen una discordancia en la sociedad— todos se abajan a ser *comunes* por participar de los bienes de la *comunidad*; pero cuando se trata de refundir méritos particulares en la masa, para darle valor, *cada uno se sustrae para hacerse considerar solo.*

Según el sentir general, *Pueblo* es un extraño colectivo: los individuos son todos *bonísimos. . . .* y el todo, *detestable.*

Es el único agregado homogéneo en que las partes sean de distinta naturaleza que el todo.

4.ª

Que por más que se trabaje en desimpresionar a los pueblos de la idea que tienen formada de su suerte, nada se conseguirá, si no se les hacen sentir los efectos de una mudanza.

110

己的行政权丢在椅子上；如果有人给了他用来收买他的欢呼者的东西，他一定会有办法给自己加上适当的称号；而在任何有名有利的地方，都不乏这样的人。

第二

权威对于不能将其物质化的人来说，永远是一个*抽象的实体*，而对于不能将其抽象化的人来说，永远是一种*物质*。智者属于前者，凡人属于后者。

对于*智者*来说，公共权威有实际存在；对于*凡人*来说……是发号施令者特有的标志。

*智者*服从权威；*凡人*……人。

*智者*尊重代表这种行为，服从法律；*凡人*从属于代表这个人，服从他的意志。

总之，*智者*在行政长官的交替中看到公共权力统一性和稳定性的证据——*凡人*承认多得多的权力，陆续出现的所有行政长官，并且认为*看到了权威和行政长官一起死亡和复活*。

由此推断出，权威应该是*一贯的*才能得到普遍尊重，在一个共和国中，使权威永远不变的方式是让*所有人*了解它。在这一点上，共和国政府不接受凡人。

第三

感到专制统治压力的为数不多的人，不管多么激烈反对这种统治，只要他们构成*忍受着这种统治而没有感到压力*的人民的一部分，就不得不忍受它。——既然他们不能不再属于人民，那就努力让人民摆脱这种低贱地位吧，这样他们将和人民一起上升到希望的尊严。总会有一种*低劣人民*，他们由自然变得愚蠢的人组成；但是，这群人不会与社会变粗鄙的那些人一起有所长进。即使生来愚蠢的人也能通过教育有所长进；如果这些人（像各个地方那样）为高贵阶级充当*底座*，那么显然，*支柱*升得越高，*支撑着的物体*就越加清晰可见。

为了不太费力地高贵起来，许多民主派人喜欢有一些*下贱人民*：由于不了解他们的利益，他们认为，*把这些人说成下贱，自己就高贵起来*。

请注意，从爱*舒适*中产生爱*权力*，在个人身上如此一致的这两种情感，在社会上产生一种不一致——为了分享*集体*的利益，所有人都降格到成为一般人（普通人）；可是，当试图把个人功绩合成一体 para darle valor 时，每个人又纷纷回避，让人家把他看成单个人。

根据普遍感觉，人民是一个奇怪的集体：单个个人都是*极好的*……而整体是可恶的。

人民是惟一同一性质的集合体，而其中各部分与整体的性质是不同的。

¿Cómo se hará creer a un hombre, distinguido por ventajas naturales, adquiridas o casuales, que el que carece de ellas es su igual?

¿Cómo, por el contrario, creerá otro que nada le falta, cuando está viendo que carece de todo? . . .

Y ambos, ¿cómo se persuadirán que han pasado a otro estado, si se ven siempre en el mismo?

Se discurre, se promete, se hermosean las esperanzas . . . ¡pero nada de esto se toca! El hombre sencillo no gusta de hipótesis, porque no sabe suplir (. . . tal vez no puede . . .). Procédase de otro modo y se excitará su sensibilidad.

Educación *Popular*

Destinación a ejercicios *útiles*

Aspiración *fundada* a la propiedad.

Son cosas palpables, por consiguiente más persuasivas, que cuantos discursos pueda hacer la elocuencia más vehemente.

No olviden los Republicanos que las Revoluciones son efectos de circunstancias, no de proyectos; y que la mudanza de cosas, que se obtiene por ellas, es debida a los esfuerzos de la juventud, que, de ordinario obra más por pasión que por cálculo: a ella sola es dado el arriesgar, con serenidad, las cosas más importantes; porque le falta experiencia, por consiguiente . . . moderación.

Se ha obtenido ya en América, no la *Independencia*, sino un *armisticio* en la guerra que ha de decidirla . . . (. . . ¡¡¡Vergüenza da el decir, que en el siglo 19, los hombres que se creen más distantes de los errores antiguos, sean los que estén más imbuidos en ellos!!!

¡¡¡El derecho de conquista, de los tiempos bárbaros, es el que hacen valer las naciones cultas!!!

¡¡¡Por el espíritu de dominación, con que se honraban los abuelos, en los tiempos de ignorancia, quieren distinguirse los nietos, en el Siglo de las Luces!!!

¡¿Cuándo harán las Naciones una sociedad de familias? ! . . . ¡ ¿Cuándo se gobernarán las familias por las leyes de la razón, y no por las del fanatismo?!

¡¿Cuándo llegará el día en que los Padres no maltraten al hijo adulto porque pretende hacer lo que ellos hicieron . . . familia?!

¿Cuándo dejarán los hombres sensatos de alegar derechos que existieron *inter-muertos* para autorizar injusticias *inter-vivos*!?

¡¿Cuándo se verán destinados a cosas útiles los Claustros, en que los padres (necios o perversos) encierran las hijas que no pueden o no quieren casar?! . . . ¿donde recluyen a unas, para dar todos sus bienes a otras?!

Pero . . . volvamos al estado actual de la América. (Puede ser que nuestros descendientes sean más cuerdos que nosotros).

El estado de la América no es el de la *Independencia*, sino el de *una suspensión de armas* (se ha dicho).

第四

如果不让人民感觉到改变的效果，那么即使你再努力工作消除他们对自己命运形成的看法，也将一事无成。

怎样使一个由于得到的或偶然的天然优势而出类拔萃的人相信，没有这些优势的人与他是同样的人？

反之，另一个人在看到自己一无所有时，怎样会相信他什么也不缺？

这两人既然总处于原来状态，怎么会相信已经转到另一种状态了呢？

想到希望、许诺希望、希望在变得美好……可所有这些什么也摸不到！普通人不喜欢假设，因为他不会 suplir（……或许是不能……）那就用另一种方式行动，他的感受力就会激发起来。

人民教育

用于*有用的*职业活动

*有根据的*致富愿望。

这些是可以感受到的事情，因此，比最有激情的言词所能做的所有演说更有说服力。

共和派人不要忘记，革命是情况造成的结果，不是计划造成的结果；由于革命得到的事情的变化应该归功于青年的努力，而青年通常更多地凭激情、而非凭计划来行事：他们单独行事时，喜欢拿最重要的事情冒险；因为他们缺乏经验，所以……缺乏分寸。

美洲已经取得的不是独立，是决定独立的战争中的一次休战……（……在 19 世纪，自认为最不会犯错误的人，是犯了最大错误的人——说这话真让人惭愧！！！

野蛮时代的征服权利是文明民族使之有价值的权利！！！

启蒙时代，孙辈人想要通过蒙昧时代祖父辈引以为荣的统治精神来争得出人头地！！！

什么时候各民族才能建立一个家庭社会……什么时候家庭才能用理性法则、而非狂热法则来管理自己？！

父亲不因为成年儿子想做父亲做过的事……家庭（？）而虐待他们那一天什么时候才能到来？！

什么时候明智的人才不会再援引死人之间存在过的权利准许做出活人之间的不公正事情？！

（愚蠢或狠毒的）父亲们幽禁不能或不想嫁人的女儿的修道院，……以及囚禁一些人以便把他们的全部财产给予另一些人的那些地方，什么时

¡Cuánto trastorno! . . . ¡Cuánta sangre! . . . para conseguir tan *poco* . . . y, ¡cuán lastimoso no sería el perder tantos sacrificios!

La época actual, en América, es el tiempo crítico de las revoluciones . . . *tiempo de rivalidades:* porque, (como en todas cosas) la naturaleza quiere perpetuidad de acción, no de personajes. En virtud de esta ley, si un individuo no puede remplazar a otro, por su orden y en su tiempo, trata de suplantarlo.

La *aspiración* es una necesidad conservatriz, como lo es la *adhesión* que retiene al que posee —y estos dos sentimientos mantienen la lucha interminable de un ente con otro. El deseo de cooperar . . . o el de figurar solamente . . . hace que los segundos disputen el puesto a los primeros; nadie ignora cuán contrario sea, a la *aspiración, el derecho de antigüedad* . . . cuán opuesto a sus *pretensiones, el privilegio de posesión.* Los resentimientos que nacen de la *privación* son causa de muchos desaciertos, y no pocas veces . . . de atentados.

El carácter que tome la contienda actual entre los Americanos, será el del acto político que le suceda. Será intermedio solamente el acto, si los ánimos se calman, o será el de la catástrofe si se acaloran.

Desengañémonos: la obra de la Libertad no pertenece a los jóvenes. Con la espada se cortan *dificultades . . . no plumas*; y estas son las armas que han de manejar los viejos. Tan impropio sería el *disputar* la Independencia con escritos, como el *discutir* un código a balazos: La guerra de la Independencia fue contra los soldados del Rey, armados por las preocupaciones—la de la Libertad debe ser contra las preocupaciones, para que no vuelvan a armar otros brazos.

114

«El árbol de la libertad se ha de regar con sangre» es un concepto verdadero, si por *Libertad* se entiende la *Independencia para obrar en favor propio, sin daño ajeno;* pero será un falso concepto, si se cree, que *para entenderse* sobre el modo de obrar, y sentar un principio que regle este modo, sea menester reñir: el resultado sería entonces una guerra perpetua, por consiguiente, la aniquilación.

Por poco que se observe la dirección que van tomando los negocios públicos en América, se advertirán muchas impropiedades, que arguyen un principio de desorden.

IMPROPIEDADES EN LA MASA

Ni el Pueblo sabe lo que ha de hacer, ni sus Directores lo que han de hacer con él: porque hay una clase intermedia de sujetos, únicamente empleada—ya en cortar toda comunicación entre el pueblo y sus representantes—ya en tergiversar el sentido de las providencias que no pueden ocultar— ya en paralizar los esfuerzos que hace el Gobierno para establecer el orden— ya en exaltar la idea de la soberanía para exaltar al pueblo . . . y servirse de él en este estado &c.&c.&c.

候才能用于有益的事情？！

不过……还是回到美洲当前的状况吧。（我们的后代可能会比我们明智。）

美洲的状况不是独立的状况，是一个休战状态（前面说过）。

经历了多少动乱！……流了多少鲜血！……才得到如此之少的东西……失去这么多牺牲难道不非常令人痛心吗？

在美洲，当前时期是革命的关键时期……竞争时期：因为（像在各地一样）自然想要行动持久，不是人物持久。根据这一规律，如果一个个人不能按照顺序适时地取代另一个人，也要试图将他排挤掉。

愿望是一种保守的需要，就像留住其拥有者的粘着力一样（adhesion）——这两种感情维持着一个实体与另一个实体无休止的斗争。……合作的愿望……或只是在场的愿望……使得后面这类人争夺前面一类人的位置：没有人不知道资历的权利与愿望多么矛盾……拥有的特权与他的奢望多么矛盾。从剥夺中产生的气愤情绪是许多谬误，而且不少次……是不法行为的原因。

美洲人之间目前的争斗显现的特点，可能是继斗争之后出现的政治演出的特点。如果情绪平静下来，演出将只是幕间小节目：如果情绪发热，那将是灾难的特点。

让我们领悟到一点：自由事业不属于青年人。用剑可以砍断困难……不能砍断羽毛，而羽毛是老年人必须掌握的武器。用文章来争夺独立，可能像用子弹来争论一部法规一样不宜：独立战争是反对用偏见武装起来的国王的士兵——而自由战争应该是反对偏见，以便使它们不能再武装别人。

115

如果把自由理解为有利于自己、又无损于别人的行动的独立，那么，"自由之树必须用鲜血来浇灌"之说就是一句真正的格言；但如果认为，为了就行动方式达成一致和确立规制这种方式的原则而必须争吵，那就是一句虚假的格言：那样一来，结果将是一场永恒的战争，因此就是毁灭。

尽管对美洲公共事务正在采取的方向观察得很肤浅，大概也可以发现很多不当之举，表明混乱的开始。

民众的不当之举

人民不知道必须做什么，其领导者也不知道拿他们怎么办：因为有一个中间阶层的人，他们只是用来——或者斩断人民与其代表之间的一切沟通——或者歪曲他们不能掩盖的措施的含义——或者让政府为建立秩序所做的努力停滞下来——或者颂扬主权思想，以便在这种状况中颂扬和……利用人民。

Así es que, en varias partes de la América, el pueblo va subiendo por grados al mando . . . sin saber mandar; y los Gobernantes bajando a obedecerle . . . sin poderse someter: —los paisanos haciendo que los soldados falten a la subordinación que deben a sus jefes, y algunos militares enseñando a los paisanos, en conversaciones, a no respetar a sus representantes.

El Pueblo, con manos postizas *hace* la obra sagrada de su Constitución, y con sus propias manos la *rasga*: mientras la está haciendo la *adora*, y después de hecha la *profana*: entre adoraciones y sacrilegios se acostumbra... Iº a no respetarse —después a reírse de sí—mismo, y por último a despreciarse. *Jura* su Constitución y la *maldice* en seguida. Dice que sólo sus representantes *tienen facultades para constituir,* y al mismo tiempo, cada individuo niega *el asenso que dio*—que los representantes son *invulnerables,* y al cesar en sus funciones los *residencian,* los *inculpan* y los *maltratan.* En suma, las funciones se confunden, y clamando *en general* por el buen orden, *en particular* nadie parece quererlo.

Semejante conducta es una Ortografía Inglesa.

$$\text{La A sola} \quad \left\{ \begin{array}{l} \text{es A} \\ \text{o es E} \\ \text{o es O} \end{array} \right\} \quad \text{según ocurre}$$
Y acompañada es lo que le parece.

Hace tiempo que los Ingleses están escribiendo disparatadamente, y no por eso se ha acabado la Inglaterra... es verdad; pero si los Americanos siguen gobernándose como van, es de temer que las Repúblicas se acaben, y si se acaban éstas, no habrá otras... «tanto mejor» (dicen algunos)... no lo sabemos.

Las impropiedades, que acaban de notarse, tienen una causa muy conocida...

El Pueblo Republicano, en la América del Sur, no es el mayor número de hombres, como lo es en otras partes; sino un número muy corto, que asume (porque tiene medios pecuniarios o mentales) no sólo la facultad de *Representar al Pueblo* en Congreso, sino la de *Responder* por él: —no sólo la facultad de *mandar,* sino la de *obedecer* o *resistir* a nombre del Pueblo. No habría mal en esto, puesto que el pueblo no hace nada, porque no sabe; pero la clase de hombres que suple por él (a ejemplo de sus padres) está aún alucinada con el falso brillo de los empleos, y por obtenerlos hace todo género de esfuerzos: el no tener un *destino público, es vivir en la oscuridad.* En la América del Sur no hay artes, y las ciencias, a más de ser improductivas, realzan poco la persona. El solo deseo de saber, hace abrir libros; y todos quieren distinguirse por títulos, no por lo que saben, y mucho menos por lo que hacen.

这样一来，在美洲多个地方，人民在不会指挥的情况下……逐步上升到指挥地位；统治者在不能服从的情况下……逐步下降到服从地位：——平民使得军人缺乏对上司应有的服从，有些军人在谈话中教给平民不要尊重其代表。

人民通过别人的手*制订*其宪法这部神圣著作，又用自己的手*撕毁*它：制订时*崇拜*它，制订完成后亵渎它；在崇拜与亵渎之间，习惯于……第一，不自尊——然后嘲笑自己，最后自轻自贱。*宣誓遵守*宪法，随后就*诅咒*它。说的是只有他们的代表有权制订宪法，同时，每个个人又否认他表示过*同意*——说的是代表不受*侵害*，可一旦停止其职权，就*弹劾*、*指控*、*虐待*他。总之，职能混淆错乱，整体上要求良好秩序，*私下里似乎谁也不想要*。

这样的表现是一条英语正字法。

单独的 A $\left\{ \begin{array}{l} \textbf{是 A} \\ \textbf{或是 E} \\ \textbf{或是 O} \end{array} \right\}$ 根据情况而定

和别的字母一起时，是您认为的字。

117

很久以来，英国人就胡乱书写，但英国并未因此灭亡……这是真的；但如果美洲人继续像现在这样治理自己，那就令人担心共和国会灭亡，如果这些共和国灭亡，就没有别的了……（有人说）"那样更好"……我们不知道。

上面指出的这些不当之举有一个众所周知的原因。

在南美洲，共和国的人民不是像其他地方那样是多数人，而是人数很少，（由于有金钱或思想手段）他们不仅行使在议会中*代表*人民的职权，而且有代其*回答*的职权：——不只是*指挥权*，还有以人民的名义*服从*或*反对*的职权。这或许没有坏处，因为人民不会做，所以什么也不做；但是，（像他们的父亲）代替人民的这个阶级的人，依然迷恋这种职务的虚假光辉，为了取得这样的职务用尽了各种努力：没有公共职务就等于*生活在默默无闻之中*。南美洲没有艺术，至于科学，除了不能带来益处，也不太能提高人的身价。单单的求知欲望使人开卷读书；所有人都想凭头衔，不是凭掌握的知识，更不是凭做的事来出人头地。

IMPROPIEDADES EN LOS JEFES.

1.ª

La confianza, que da el ejercicio de mandar, hace creer a algunos Jefes militares (. . . error disculpable . . .) que pueden mandar civilmente, con la misma facilidad y acierto que mandan militarmente.

Unos quieren dirigirse por sus luces solas y yerran: otros buscan quien los aconseje. . . (laudable proceder . . .) pero dan, o en manos de Realistas disfrazados, o en las de Republicanos, poco o nada versados en los negocios públicos. No es muy común el conocer éstos (esto es, en toda la extensión de sus relaciones) porque, los más de los Americanos despreocupados son desertores, o de las Sacristías, o de las Audiencias, o de las Oficinas Reales donde los sorprendió la Revolución. Si la casualidad quiere que, los que son publicistas o economistas, sean llamados por los Jefes a consejo, al instante la envidia los abate.

2.ª

Apenas empieza un hombre a conocer los negocios públicos, cuando lo despiden, constitucionalmente *o por conviene*, de miedo de que se apodere del mando. Esta precaución ha sido el *considerando* de una Ley (común a todas las nuevas Repúblicas) que prohíbe la reelección por segunda vez.

¿No indica, semejante Ley, más bien manejo que celo? Parece que los legisladores tuvieron presente la etiqueta de los bailecitos del país (estos bailecitos son, con cortas diferencias, los mismos en todas las secciones de la América Española) parece que, deseando divertirse *como otro cualquiera* dijeron.

«Basta con dos veces.....
que él nomás no es gente»

Pero podrían haberse acordado también que cuando, en los mismos bailecitos, lo hace bien el que baila, los espectadores gritan....

Otra! Otra! Otra!

Y a veces gritan hasta que el bailador se cansa, y piden *barato* para que se repita.

3.ª

A imitación de la Inglaterra y de la Francia, se han dividido los Gobiernos de la América del Sur, en Cámaras altas y bajas. Está muy bien la división en países donde hay *pueblo común* y *nobleza* que quieren ser representados, y *Rey* que debe representar. Ya en los Estados Unidos la estructura del Gobierno varía, porque no hay ni nobleza ni rey... ¿qué títulos, ni qué monarcas hay en la América del Sur?.... ¿No obedece, con gusto, la mayor parte del pueblo a la menor?.... ¿Se chocan acaso los in-

118

领袖们的不当之举

第一

发号施令这种做法给予的自信，使得一些军人领袖认为（……可以原谅的错误……），他们可以像指挥军人那样容易又正确地指挥平民。

一些人想单单依靠自己的知识来领导，结果犯了错误；另一些人寻找出谋划策之人 （……值得赞扬的做法……），但落入伪装的保王派手中，或对公共事务知之甚少或一无所知的共和派手中。这类事务（即与其有关的整个领域）不是很普遍地了解，因为最多数不抱成见的美洲人都是在革命发生时他们还在的教堂圣器室、或法庭管辖区、或王室办事机构逃出来的。如果偶尔有一些国际法学者或经济学学者受领袖们召见参政，嫉妒之心也立刻会令他们气馁。

第二

一个人刚开始对公共事务有所了解，就因害怕他掌握指挥权，以宪法或*适宜*为由将其辞退。这种戒备心理是（所有新生共和国共有的）一项禁止第二次连选连任的法律的*前提*。

119

类似的法律不是更多地表明掌控，而不是嫉妒吗？立法者似乎拿着国家舞曲的标签（这些舞蹈在西班牙美洲各地是一样的，只有很小差别），他们想要像任何其他人一样娱乐时，就说：

> "两次就够了……
> 他简直不是人。"

不过也可能他们商量好了，在同样舞蹈中，当舞者跳得好时，看客们高喊……

> 再来一遍！再来一遍！再来一遍！

有时他们会喊到舞者跳得身体疲累，于是就*出点*小钱让他再跳。

第三

南美洲各政府模仿英国和法国，分成上院和下院。在有着想有人代表的普通人和贵族、和有应该代表的国王的国家，这样划分很好。在美国，政府结构就不同，因为没有贵族和国王……南美洲有什么封号、有什么君主？……大部分人民不是心甘情愿服从少数吗？……两部分人的利益冲突吗？……熟知治理之道的人……不是就他们认为合适的人达成一致了吗？……难道法律会有利于一些人而不利于另一些人吗？……

tereses de las dos partes?... Los hombres que entienden de Gobierno....
¿no están de acuerdo sobre el que les conviene?.... ¿Pueden las Leyes fa-
vorecer más a unos que a otros?....

¿Qué necesidad hay, pues, de suponer *partido ministerial* y *partido popular*?

Si el Pueblo elige sus representantes... si les da instrucciones o defie-
re a lo que decidan por él, es evidente que *Pueblo* y *Representantes* son
una misma cosa.

¿Por qué se desconfiará el pueblo de sí mismo?
¿Por qué se precaverá de sus propias acciones?

«Yo, en calidad de mí mismo (dice) me impondré una obligación—
después, fingiré una oposición.... disputaré.... y porque yo me habré hecho la propuesta, sospecharé de mis intenciones—me supondré interesa-
do en engañarme, y al fin, bastará con que...

de mí, como *representante* haya emanado la Ley
para que
yo, como *Senador* la rechace».

A primera vista, este conflicto de jurisdicción parece una jocosidad
de D. Miguel Cervantes de Saavedra; pero no carece de fundamento.

El modo de discutir los proyectos de ley da lugar a la impropiedad.....
refórmese el Reglamento sobre debates.

Las máquinas más sencillas son las mejores. Tenga el Congreso diferentes miembros; pero no diferentes especies de miembros. No se parta
un cuerpo para animar dos, a uso de los pólipos.

Si lo dicho es falso.... sustitúyasele la verdad.
Si es cierto... piénsese en remediar el mal.
Si no se puede . . . . . será menester resignarse a las resultas.

Pero antes de abandonar una causa que ha costado tanto . . . . reflexionen los Americanos . . . . Bien lo merece la suerte de sus hijos, cuando cada uno quisiese prescindir de la suya propia.

Quien los guíe . . . . piden los niños
Dirección . . . . piden los jóvenes
Que los toleren . . . . piden los hombres fuertes
Que los sostengan . . . . . piden los viejos

Dése gusto a todos, que es justicia
Búsquense medios, que es obligación

那么，有什么必要设想有支持*内阁派*和*人民派*呢？

如果人民选举了自己的代表……如果人民给代表发出了指示、或者顺从了代表们为他们决定的事情，那么人民和代表显然就是一回事。

人民为什么不信任自己本身？
人民为什么提防自己的行动？

"（人民说）我以我本人的身份，将为自己规定一项义务——然后，我装作反对派……进行争夺……因为我已经为自己提出了这样建议，我将怀疑我的意图——我将设想自己有意欺骗自己，最后，只要……

法律像*代表*一样从我这儿制定出来
让我
作为参议员否决
就成。"

粗略看来，这种职权范围的冲突似乎是唐米格尔·塞万提斯·德萨维德拉[41]的戏谑；但并非没有根据。

讨论法律草案的方式引起不当之举……那就修改议事规则吧。

最简单的机器是最好的机器。那就让议会拥有不同意见的议员；但不是不同类别的议员。不要像珊瑚虫那样，把一个身体分开给两个身体生命。

121

如果说的话虚假……就用真话取代。
如果是对的……就想制止坏事。
如果不能………就必须甘心接受结果。

但在放弃有过这么大牺牲的一项事业之前……美洲人要思考思考……当每个人都想舍弃他自己的命运时，他们子女的命运很值得思考一番。

儿童要求……有人引导
青年人要求……指导
壮年人要求……容忍他们
老年人要求……赡养他们

让所有人高兴，这是公道
寻找方法，这是责任

---

[41] 塞万提斯·萨阿维德拉，米格尔·德（1547—1616），西班牙著名作家。这句话意思暗指其伟大作品《堂吉诃德》。——译注

INVESTIGACION SOBRE ESTOS MEDIOS

Buscando medios para atajar los males que amenazan a las nuevas Repúblicas, es regular que se presenten tres:

El de volver a la Monarquía
El de seguir la Empresa Republicana
El de mezclar la Monarquía con la República.

En este caso, a poco más o menos, se veía un joven, que estando enamorado de dos mujeres, no sabía por cuál de ellas decidirse. . . . . si por la rubia o por la morena.

Pensaba en la primera y, encantado de sus gracias, la prefería; pero, antes de resolverse, pensaba en la segunda, y la prefería a su turno: hizo varias veces lo mismo, y por no perder lo bueno que hallaba en cada una, resolvió *casarse con las dos* . . . . ¡qué inmoralidad! Y, ¿no hacen lo mismo los que pretenden gozar, a un tiempo, de la Monarquía y de la República?. . . ¿No es tan bigamia una como otra? . . . Aquella era *inmoralidad religiosa* . . . . esta es *inmoralidad política*.

Pero puede considerarse la cuestión bajo otro aspecto. Véanse en los 3 gobiernos, 3 caminos . . . . y esto es exacto.

1.º   el camino Real
2.º   la senda Republicana
3.º   el mismo camino Real, con atajos y desechas.

Por el 1.º . . . llano, ancho, largo y ramificado, se va a todas partes, con los ojos cerrados, como por el *camino de la perdición,*
Por el 2.º . . . escabroso, angosto, corto y sin ramificaciones. . . . con un guía por delante, y abriendo tantos ojos . . . se descarría el más advertido, como en el *camino de la salvación,*
Por el 3.º . . . . empedrado y pedregoso a trechos, en partes espacioso en partes estrecho, cayendo y levantando, se va a salir . . . a corta distancia . . . . al mismo camino Real.

ni los Realistas,
ni los Republicanos,   } tienen hoy un camino abierto y seguro.
ni los Mixtos

1.º

Porque los filósofos modernos . . . con intención de hacer abandonar el Camino Real . . . han puesto en él todos los obstáculos que han podido (entre ellos, muchos de gran peso).

对这些方法的研究

在寻找遏制威胁新生共和国的弊端的方法时，通常有三种方法：

> 回归君主制
> 继续共和事业
> 将君主制与共和制混合一起。

在这种情况下，似乎是看到一个青年，他爱上了两个女子，不知决定选择哪一个……是金发女子还是黑发女子。

他想着金发女子，为她的迷人之处所陶醉，想选择她；可是决定之前，又想到黑发女子，反过来又喜欢她；如此反复多次，因为不想失去在每个身上发现的优点，决定*两个都娶*……多么不道德呀！可是，想要同时拥有君主制和共和制的人不也是这样干的吗？……这样做和那样做不同样是重婚吗？……娶两个女子是*宗教不道德*……实行两种制度是*政治不道德*。

但是，可以从另一个角度考虑这个问题。将三种治理方式看作三条道路……这很准确。

第一条	保皇道路
第二条	共和道路
第三条	同样是保皇道路，有捷径和近路。

123

第一条……平坦，宽阔，长，有分支，走这条路，闭着眼走向四面八方，如同走上了*毁灭之路*。

第二条……坎坷不平，狭窄，短，没有分支……前面有向导引路，睁大了眼睛……好像走在*救赎之路*上，最警觉的人也会走上歧途。

第三条……路面铺着石子，断续有很多石头，有些段宽阔，有些段狭窄，跌倒再爬起来……没走多远……还是走上了那条保皇之路。

无论保皇派
还是共和派 } 如今都没有平坦和安全的道路可走。
以及混合派

第一条

因为现代哲学家……为了迫使人们放弃保皇道路……已经把他们能够放的所有障碍都放在了这条路上（其中很多还很沉重）。

现代哲学家的学生们学着老师的样子 精心地把他们顺手找到的所有

A ejemplo de los filósofos, sus discípulos se han esmerado en acarrear cuanto han hallado a la mano, para ayudar a obstruir.

De suerte que, el camino Real . . . antes tan limpio, tan cómodo y tan generalmente frecuentado . . . está lleno de malezas —sea broza, sea ripio (como algunos dicen) el caso es, que hay mucho en qué tropezar, y en partes . . . tanto! que los pasajeros tienen que salirse y rodear para seguirlo.

2.º

Porque algunos filósofos (. . . de los pocos que gustan aplicarse a hacer lo que aconsejan . . .) asociándose gente emprendedora, empezaron, hace poco, un camino nuevo, sobre planes en parte dados, en parte propios. Apenas han podido abrirse paso por entre breñas —han avanzado poco— y la gente empieza a desmayar.

3.º

Porque varios Sobrestantes en la obra, sea por no trabajar, sea por acabar pronto, proponen . . .

SEGUIR MAS BIEN EL SUELO QUE EL RUMBO.

Aprovechando de todo camino trillado, aunque malo, . . . y no hacer de nuevo sino lo estrictamente necesario para ligar un sendero con otro.

124

«El tiempo . . . . (dicen) . . . . hará el resto . . . .
a fuerza de transitar . . . el talón, el casco y la rueda irán allanando . . .
ya estamos cansados . . . .
nuestros hijos trabajarán, si quieren . . . .
demasiado hemos hecho, para lo poco que hemos de gozar . . . .
a más de qué . . . .»

y siguen citando aquí todos los principios de la sana razón . . . . (esto es . . . de la *santa pereza*). De autoridades no carecen. . . . no necesitan abrir libros para consultar . . .

la pachorra de sus padres
y
la indiferencia de sus hermanos.

REPRESENTEMONOS DE OTRO MODO LA CUESTION
Mientras más se varía el punto de vista, mejor idea se forma del objeto.

Veamos en la causa social un cuerpo inerte, solicitado por dos fuerzas desiguales . . .

障碍物都带了过来，帮助阻断这条路。

这样一来，以前如此干净、舒适和普遍人来人往的……保皇道路……现在已是荆棘丛生——（像有些人说的）要么是枯枝败叶，要么是断墙残瓦，反正是有很多磕磕绊绊的东西，而有些路段……多得不得了！以致行人不得不闪开或绕开才能走下去。

第二条

因为一些哲学家（……他们属于喜欢用心做别人建议的事情的为数不多的哲学家之列……）联合一些有事业心的人，在部分是已有计划，部分是自己计划的基础上，不久前开始了一条新道路，他们在荆棘丛生的悬崖峭壁间还没有打开局面——进展甚微，可人们已经开始泄气。

第三条

因为工程中不少施工人员，或因为不干活，或因为很快大功告成，提出建议……

只看路面，别管方向了。（seguir mas bien el suelo que el rumbo ）

虽然不好，还是利用一切轻车熟路，……只要把严格必须的事情再做一遍，就可把一条道路与另一条连结起来。

125

"其余的事……（他们说）……让时间去干吧……
依靠行走的力量……脚后跟、马蹄甲和车轮子将逐渐踏平
我们已经累了……
如果愿意，我们的儿子会干的……
除了什么以外……
为了我们必须得到的这一点点东西，我们做得太多了。"

他们继续在这里引述善意的原则……（这是……属于*神圣的懒惰*）他们不缺少权威……不需要翻开书本去查……

他们父亲的懒惰
和
他们兄弟的冷漠。

让我们用另一种方式想象问题

观点越多，对目标形成的主张越好。
我们看看社会事业中两个不同等力量吸引的一个惰性物体……

LA MONARQUIA Y LA REPUBLICA.

y pintando éstas, a uso de los físicos, por los *dos lados de un parale-logramo,* uno mayor que otro (sea N la diferencia) es claro que habrá una RESULTANTE, cuya dirección (. . . diferente de la descrita por cada una de las solicitantes . . . .) *se arrimará a la mayor.* Es claro también, que si la menor disminuye hasta cero, *el cuerpo seguirá la mayor.*

Pero, para consuelo de los Republicanos, las fuerzas no están en este caso.

LOS PUEBLOS NO PUEDEN SER MONARQUICOS COMO LO ERAN.
NI
REPUBLICANOS COMO SE PRETENDE QUE LO SEAN.

Hay probabilidades para creer, que su marcha será por una resultan-te . . . . Determinar ésta es lo que importa.

No es regular que los Americanos (si piensan bien) apelen a la Mo-narquía para sostener Instituciones Populares.

La nobleza es la atmósfera del trono: los pueblos Europeos no pue-den respirar fuera de ella: por no asfixiarse, admiten el cuerpo exhalante, y giran alrededor de él. . . . de buena o de mala gana. ¿Qué grandes títu-los ni qué potentados hay en América? Los pocos Americanos distingui-dos por la España con escuditos de caballero y con titulillos de Conde o de Marqués. . . . se han ido con ellos, o los han olvidado: luego no hay necesidad de Rey Constitucional.

126

Piensan muchos hombres de bien (y lo sostienen cuando se ofrece defender la soberanía mitigada) que no es equívoca la generosidad con que los *Reyes populares* protegen unas Constituciones que limitan su po-der . . . . Se equivocan los defensores . . . Un perro de presa, atado, la-me la mano a la persona que se le acerca, no porque la quiera, sino porque lo suelte.

Cinco medios están empleando los Gobiernos Republicanos en favor de su existencia.

1.º Negociaciones de reconocimiento con los Reyes
2.º Concordatos con el Papa
3.º Libertad de cultos
4.º Comercio con todas las Naciones
5.º Colegios para enseñar todas las ciencias

Los tres primeros medios entretienen el Ministerio de Relaciones Exteriores—Los 2 segundos, el Ministerio del Interior.

Ambos Ministerios deberían ocuparse en otra cosa. . . . en buscar *la resultante* que han de seguir sus negocios.

君主制和共和制

按照物理学家的习惯，用一个*平行四边形两边*说明君主制和共和制，一边大于另一边（假设差别是 N），显然得出一个方向（……与每个吸引力描绘的方向不同……）偏向较大力量的**结果**。同样明显的是，如果小边缩小到 0，那么*物体会偏向较大力量*。

可是，令共和派欣慰的是，力不是这种情况。

人民不可能像以前一样拥护君主制
共和派也不能像人们想的那样拥护共和制。

有可能相信，他的进展追求一种结果……重要的事情就是确定这个结果。

美洲人（如果他们仔细思想）借助君主制来支持人民体制，是不符合规律的。

贵族阶级是王位存在的环境：欧洲人民离开这个环境就无法呼吸：为了不会憋死，他们容许了这个出气的躯体，而且不管情愿与否……都围着它转。美洲有什么显赫的封号和侯君？西班牙用贵族族徽和伯爵或侯爵封号使之荣光的为数不多的美洲人……已经随着这些标志走了，或者已经忘记了这些标记：所以，不需要立宪制国王。

很多正直人认为（当有人自告奋勇维护受到削弱的君权时，人们也支持这种想法），*得民心的国王*在保护一些限制他们权力的宪法时怀有的那种宽宏大度是不可怀疑的……是维护君权的人错了 ……一只拴着的猎狗舔走近它的人的手，不是因为喜欢他，而是让他放开它。

127

共和国政府正在利用五种方法维护自己的存在：
        第一种，与国王进行承认的谈判
        第二种，与教皇签订条约
        第三种，提倡信仰自由
        第四种，与所有国家开展贸易
        第五种，开办学校传授各种科学。

前三种方法分散外交部的精力——后两种分散内政部的精力。
两个部应该负责其他事务……负责谋求它们的事务必须追求的*结果*。

1.ʳ MEDIO.

NEGOCIACIONES DE RECONOCIMIENTO
CON LOS REYES.

Cada Nación tiene sus términos favoritos para comparar: los Ingleses refieren todo a la marina, y los habitantes de las llanuras de América, comparan con los toros.

Consideremos, pues, las Repúblicas como Toros, y los Reyes como toreros: todos ellos entienden bien su profesión; pero Fernando 7º es nuestro Romero... nuestro Pepe Illo. Las Repúblicas... matreras... están apuntándole la cornada, y él, con su capita sobre la vaina, ajustándoles la estocada en la nuca.

TOMA RECONOCIMIENTO.

(irá diciendo a cada una, al paso que vayan cayendo).

No digan los dueños de los toros que, pocos toreros mueren en sus camas; porque se les dirá también que, raro es el toro que sale de la plaza por sus pies.

«*Es libre el pueblo que quiere serlo*» (dicen)

El caso es, que no siempre lo quiere, y no siempre que lo quiere, lo puede.

Lo más prudente es *no entrar en tratados con los Reyes*, y lo más seguro . . . . *no acercárseles.* Solicitar reconocimientos, es querer que los Soberanos convengan en lo que no les conviene.

Conduzcámonos bien

Trabajemos en casa, y . . .

Dejemos nacer la conveniencia.

2.º MEDIO.

CONCORDATOS CON EL PAPA.

También entienden los Españoles de rebaños, y mejor que de toros.

¿Por qué los Obispos se llaman *Pastores* y los fieles *ovejas*?. . . . ¿Por qué la ceremonia de la *tradición simbólica* se hace por medio de un *cayado*?

Las ovejas pueden vivir, según su instinto, sin pastor; pero no como el pastor quiere, si no las dirige.

Pastorear, es *cuidar de su grey, no sólo en el pasto, sino en todos casos y lugares*: y entre todas las palabras que expresan las relaciones del Pastor con su rebaño, no hay una que indique otra acción, de parte de las ovejas, que la de . . . *pacer* . . . *Apacentar* quiere decir mucho—*pacer* quiere decir . . . *comer.*

Estos animalillos, dóciles, e inermes, ponen todo su cuidado en obe-

第一种方法

与国王
进行承认的谈判

每个民族都有做比较的优越条件：英国人把一切归功于海军；美洲平原居民跟牛做比较。

那么，我们就把共和国比做牛，把国王比作斗牛士：他们都通晓自己的职业；可是，费尔南多七世是我们的罗梅罗[42]……我们的佩佩·伊略[43]。共和国……很机敏……正瞄准国王，要把角顶过去，而国王用斗篷遮住剑鞘，把剑刺进它们的后颈。

叫你要求承认。

（*在共和国逐渐纷纷倒下时，他对每一个这么说。*）

牛的主人不要说，很少有斗牛士死在自己的床上；因为有人也会对他们说，很少见用自己的脚走出斗牛场的牛。

"*想自由的人民是自由的*"（人们说）。

问题是人民不总是想要自由，而且不总是想要自由就能自由。

最谨慎的做法是不要与国王签订条约，最可靠的做法是……*不要接近他们*。要求承认就是想要君主同意对他们无益的事情。

我们还是好自为之
在家里好好干……
让好事自己出生吧。

第二种方法

与教皇签订条约

西班牙人也熟知羊群，而且比对牛了解还多。

为什么主教称为牧人，信徒称为绵羊呢？……为什么象征性口头传教的仪式通过一根*牧杖*来进行呢？

根据自己的本能，羊可以没有牧人地生活；当如果没有牧人指挥，就不会像牧人想的那样生活。

放牧，就是不仅在草场，而且在任何情况和地点都照看羊群；在表示牧人与其羊群关系的所有词汇中，没有一个是指羊除了……吃草

---

[42] 罗梅罗，佩德罗 (1754—1839)，西班牙著名斗牛士。——译注

[43] 佩佩·伊略 (1754—1801)，西班牙著名斗牛士。真名何塞·德尔加多，绰号佩佩·伊略。——译注

decer, y llegan hasta seguir al dueño. . . cuando éste sabe granjearse su cariño; pero en ninguna parte se ve que

las ovejas busquen al pastor

ni que, abandonadas a su instinto, continúen haciendo rebaño, si son muchas.

Poco a poco se van dispersando. . . .
Cada una con su cría sigue el rumbo que le parece
Se entran en los sembrados
Duermen en el campo
y al fin,
Entre los lobos y los vecinos se las parten.

¡Así se acaban todas las grandes haciendas de ganado!

¿A qué atribuyen los Pastores su pérdida después . . . ? . . . *A todo*, menos a su *desidia*. Y las ovejas !. . . (si pudiesen hablar) ¿a quién se quejarían de sus desgracias . . . ? . . . *Al Cielo*.

Háganlo así las greyes Americanas. Si el Pontífice Romano no tiene a bien el dar, por ahora, providencias oportunas para su organización. . . . así convendrá. Aunque no estén en el gremio de su Pastor, estarán en el de la Iglesia. . . . entretanto—

no importunen con propuestas ni con ruegos.

Es verdad, que las obligaciones de un *hombre* no pueden compararse con las de un *carnero*. . . ; también las obligaciones de un Pastor de *almas* son otras que las de un Pastor de *irracionales*.

Su Santidad no es sólo Jefe de la Iglesia: como Soberano temporal tiene otras cosas qué hacer, y otros respetos que guardar: los Americanos deben tratarlo con política, esto es, con ciertas precauciones—no sea que les diga, cuando menos lo piensen, lo que dijo Bruto a sus hijos. . . .

«*Soy* PADRE; *pero también soy* CONSUL . . . .
Primero me debo a la PATRIA *que a mis hijos*. . . . .
ROMA *pide este sacrificio.* . . .
Resignaos a ser VASALLOS. . . .
YO OS ENCOMENDARE A DIOS».

El Papa vive junto al Capitolio (. . . donde Bruto representó su tragedia. . . .) y todo Italiano es (con muchísima razón) entusiasta de sus antigüedades.

3.ʳ MEDIO.

LIBERTAD DE CULTOS.

De todo entenderán los españoles poco o mucho; pero de *pluralidad de cultos*. . . . nada: porque nunca conocieron sino uno. A costa de mil esfuerzos... y por poco tiempo . . . tuvieron los Constitucionales medio apagada la Inquisición en la Península: —el piadoso Fernando Sépti-

(pacer)……以外的其他动作。*Apacentar* 有很多意思 ——*pacer* 只有一个意思……吃。

这类温顺、无抵抗力的小动物小心翼翼地服从着，甚至在主人知道得到它的亲热时……跟着主人；但在任何地方都看不到

羊寻找牧人

也看不到让它们凭本能生活时，即使是很多只，会继续成群结队。

> 它们渐渐地四处散开……
> 每只带着自己的羔子走自己认为合适的路
> 它们走进播种的田地
> 在田野中安睡
> 　　　　最后，
> 狼和居民把它们瓜分。
> *所有大型畜牧庄园都是这样完蛋的！*

牧人后来把他们的损失归因于什么……？ ……归于一切，就是不归于自己的*懒惰*。那么羊呢！……（如果它们能说话）会对谁抱怨自己的不幸呢……？ ……*对老天*。

美洲人群就这样做。如果罗马教皇眼下不屈尊发布适时的命令让他们组织起来……那就这样吧。即使他们不在自己牧人的怀抱，也会在教会的怀抱里……与此同时——

> *不要用建议和哀求打搅人。*

人的义务确实不能和羊的义务相比较……；人的牧人的义务也不同于*无理性动物*的牧人的义务。

教皇阁下不仅是教会的首领：作为尘世的君主，他有其他事情要做，其他社会常规要遵守：美洲人应该礼貌地对待他，这就是怀着一定戒备心理——别让他在美洲人想不到的时候，对他们说出布鲁图[44]对自己儿子所说的话……

> "我是父亲；可也是最高执政官……
> *我首先对**祖国**、而不是对儿子负有义务……*
> **罗马**要求做这样的牺牲……
> *你们甘心做**百姓**吧……*
> 我把你们托付给上帝。"

教皇住在罗马神殿旁（……布鲁图在那里上演了自己的悲剧……），所有意大利人都对自己的古迹抱有热情（这很有道理）。

131

---

[44] 布鲁图（约前 85– 前 42）古罗马政治家。内战期间追随庞培反对凯撒。公元前 44 年 3 月 15 日与卡西乌等刺杀独裁者凯撒，以恢复共和政体。逃希腊，腓利比战役败于安东尼、屋大维联军，自杀。——译注

mo, temiendo que la España no se quedase a oscuras, le aplicó la antorcha de su fe y la volvió a encender.

En América humea fuertemente,. . . . es menester no acercársele con fuego.

La pluralidad de Cultos es incompatible con el estado político y religioso de las Colonias españolas, y con el carácter de sus gentes. El remedio se ha de adaptar al mal; pero no se han de causar males, sólo por el gusto de aplicar remedios. Fingirse cojo por imitar a un petimetre agraciado, que hace valer hasta sus defectos, no es cosa rara entre jóvenes de poco juicio; pero estropearse las piernas, para usar, por necesidad, muletas, a imitación de ciertos personajes, es una extraña manía.

No por proyecto sino por casualidad, se ha llenado la Europa de sectas religiosas: por espacio de siglos, estuvieron éstas persiguiéndose y matándose; hasta que cansadas de pretender, sin fruto, una dominación exclusiva, vieron que les convenía tolerarse: deben vivir juntas, luego está bien que se entiendan.

En los Estados Unidos no se crearon sectas. . . . hechas vinieron de Europa: está bien que se conserven, porque entre todas componen el Estado.

Pero ¿qué sabe un indio, un negro, y de los blancos. . . . ¡cuántos! lo que es ser Judío, Mahometano, Católico Romano o Protestante? ¿Qué necesidad hay de plantar en el jardín de Colón, árboles que enseñen *la ciencia del bien y del mal*. . . ? . . . ¿Será, acaso, para que haya Evas, Adanes y Serpientes a millares . . .? . . . ¿Ganarían algo en representar este *Auto Sacramental,* . . . unas gentes, que no conocen otras etiquetas religiosas, que las de sus Procesiones y Novenas . . .?

«Para ponernos al NIVEL DE LAS NACIONES CULTAS (dicen algunos Americanos) y sobre todo, para que la INGLATERRA NOS RECONOZCA. . . . debemos admitir la Libertad de Cultos»

Error!!!!. . . *Libertad de conciencia* (querrán decir). El Gabinete Inglés es demasiado ilustrado, para poner semejante condición a su reconocimiento.—Los Ingleses detestan. . . . con razón. . . . el despotismo religioso: y saben, que no es tan déspota el que EN SECRETO, *no admite libertad en la conciencia ajena,* . . . como lo es el que, ABIERTAMENTE, *pretende gobernar a todos por la suya.* Saben—que *conciencia y culto* son cosas tan diferentes, como *pensamiento y obra,* y que no todo lo que se *piensa* se puede *hacer.* Los Ingleses se distinguen por la laudable costumbre de someterse, SIN DIFICULTAD, a las leyes y usos dominantes de los países que visitan. . . . mientras están en ellos. Y ¿será creíble que unos hombres tan sociables, quieran derogar sus principios, sólo con los pueblos Americanos, porque son débiles?. . . ¿Será creíble que vengan a darles una *lección de inconsecuencia,* en lugar de ayudarlos, con su ejemplo, a olvidar *las máximas de arrogancia* con que los educaron sus padres?. . .

第三种方法
提倡信仰自由

西班牙人对任何事情或多或少都有所了解；但对*信仰多样性* ……却一无所知：因为他们一直只知道一种信仰。立宪派费了很大气力……在短时间内……把半岛上的宗教法庭打压成半死不活的状态——：虔诚的费尔南多七世唯恐西班牙不会落入黑暗之中，用他的信仰火炬在它身上点了一把，让它又死而复活。

宗教法庭在美洲冒着浓烟……千万不要拿着火走近它。

信仰多样性与西班牙殖民地的政治和宗教状况、与那里人们的性格是不相容的。药必须对症；但不要只因为喜欢用药，反而给自己造成疾病。为了模仿强使缺欠也有价值的受到奖赏的赶时髦者而装成瘸子，在判断力不强的青年人中不是稀罕事；但是，为了模仿某些人物出于需要使用拐杖而弄伤自己的腿，却是少见的癫狂症。

欧洲宗教派别林立不是出于计划，而是偶然形成的：几个世纪之间，这些派别一直互相迫害和残杀；直到厌倦了企图实行单一统治而无果，才看到最好互相容忍：应该一起活着，于是，和睦相处万事大吉了。

美国没有形成宗派……是形成之后从欧洲来的：相安无事地保留着，因为它们各派组成了国家。

可是，印第安人、黑人知道什么？关于白人……多少白人哪！他们知道犹太人、伊斯兰教徒、罗马天主教徒或新教徒是怎么回事吗？有什么必要在哥伦布的花园里栽种传授*善恶知识*的树木……？……难道是为了有大量的夏娃、亚当和蛇吗……？……一些只知道自己的迎神会和九日祭，而不知道其他宗教礼仪的人……会从演出这种*宗教寓言剧*中得到些许好处吗……？

"为了达到文明国家的程度（有些美洲人说），特别是为了让英国承认我们，我们应该容许信仰自由。"

错！！！……*意识自由*（他们可能想说）。英国内阁太有文化了，不会为它的承认提出类似条件。——英国人有道理地……憎恶……宗教专制主义：并且知道，**私下里**不容许别人意识里的自由的人……不像**公开地**企图用自己的意识统治所有人的人那么专横。他们知道——*意识和信仰*是像思想和行动一样不同的事情，并非所有想的事情都能做。英国人以一种可赞扬的习惯而与众不同：当他们在哪里时……**会没有困难地**遵守做客国家的法律和占主导地位的风俗。一些如此善于交际的人，因为美洲人民软弱，而只想对他们废除自己的原则，这是可信的吗？……他们不用自己的榜样，帮助美洲人民忘记他们父辈用来教育他们的*傲慢原则*，而来给他们上一堂*言行不一*的课，这是可信的吗？……

Y cuando algunos Ingleses quisiesen desentenderse de sus deberes sociales, por sostener derechos favorables *sólo al Comercio*. . . ¿cómo intentaría el Gobierno Inglés desmentir, *a nombre de la Nación*, una virtud nacional?

Las Sectas Religiosas, *separadas,* se conservan en el fervor que les es propio:. . . . *juntas*. . . encienden un fuego que las consume; pero antes de llegar a este término, disimulan sus rivalidades —se concentran— y el trato común se resuelve en *actos de fingimiento.* La indiferencia religiosa pasa a todas las relaciones, y, como un mal difundido en la masa de la sangre, inutiliza al hombre para la *buena* sociedad. . . esto es, para la que reconoce *por principio de confraternidad.* . . . LA FRANQUEZA.

De otro modo. Al paso que las necesidades crecen con el número de individuos, *la protección* (sea dentro o fuera de la amistad), se hace más necesaria: todo se sacrifica por ella—y lo que antes era un deber religioso, en *conciencia,* se reduce a un ceremonial de etiqueta *por conveniencia.*—El amor o la avaricia hace abrazar, al Pretendiente, la Religión de la Pretendida.—Si no hay preponderancia que obligue a ceder. . . ., las ideas religiosas entran en el contrato matrimonial como *parafernales,* y la creencia de los hijos futuros es *adventicia,* porque de ella decide el sexo.—Los varones siguen la condición del padre, y las hembras la de la madre, como entre tributarios o esclavos.

«El Culto no altera los sentimientos . . . . .
La Salvación no depende de opiniones». } (dicen)

Si es así, { ¿por qué hay diferentes comuniones?
¿por qué cada comunión se cree la sola buena o la mejor?

No sólo la Inglaterra, sino todas las naciones, tienen derecho para exigir de los Gobiernos Americanos, un respeto distinguido a la persona del extranjero. . . . vivo o muerto. . . . (y es de admirar, que en cada Constitución no haya un artículo expreso que imponga este deber).

Está en los intereses de la América el tener un trato amigable con todas las Naciones:—éste no lo conseguirá. . . .
aborreciendo y desairando al extranjero,
porque no es Católico Romano
desenterrando su cadáver y maldiciendo su nombre,
porque no lo era.

Por otra parte: conviene a todas las Naciones el hacerse querer en América, para ser bien recibidas:—esto no lo conseguirán, forzando a los Americanos a permitir templos de todas especies, para contrastar con los suyos.

Esperen las *Naciones Cultas,* de una razón ilustrada, el consentimiento que no pueden pedirle ahora. Entonces obtendrán, en lugar de TOLERANCIA. . . . . . INDULGENCIA, que vale más.

134

在一些英国人为了支持*只有利于贸易的权利*，想要装作不懂他们的……英国政府怎么会试图以国家名义否定一种民族美德呢？

各自分开时，宗教派别在它们特有的热情中得以保存：……*聚在一起时*……它们会点燃一把将它们消灭的火；但在到达这个结局之前，它们在掩盖他们的争斗——它们在集中——一般的交往化解在伪装的行为中。宗教的无差别贯穿在各种关系中，犹如一种在整个血液中扩散的疾病，使人不能进入*良好社会*……即不能进入承认……**坦率**……是*兄弟情谊原则*的社会。

换一种说法。在需要随着个人的人数而增加的同时，*保护*（无论在友谊之内或之外）都变得更加必要：为了保护而牺牲一切——从前在意识中是一种宗教义务的事情，为了*合宜而*缩减为一种礼仪程序——爱情或贪心使求婚者信奉被求婚者的宗教——如果没有强迫人让步的优势……宗教思想就像妻子的*私房钱*一样进入了婚约，而且未来子女的信仰是不定的，因为要由性别来决定。——就像纳贡者或奴隶中一样，是男孩随父亲身份，是女孩随母亲身份。

> "信仰不会改变感情……
> 拯救不取决于看法。" 　　 }（人们说）

如果是这样的话 { 为什么有不同派别呢？
为什么每个派别都认为自己是唯一好的或最好的呢？

不仅是英国，而是所有国家都有权要求美洲各国政府格外尊重外国人……不管活人死人……（令人惊讶的是，在任何宪法中，都没有专门条款规定这项义务。）

与所有国家进行友好交往符合美洲的利益：——如果像下面这样，美洲就不会有这样的交往……

憎恶或轻视外国人
因为人家现在不是罗马天主教徒；
挖掘外国人尸体，诅咒外国人名字
因为人家以前不是罗马天主教徒。

另一方面，各个国家应该在美洲让人喜爱它们，以便受到良好接待：——如果它们强迫美洲人允许建各种神庙，以便和美洲人的对比，这一点它们就办不到。

文*明国家*等着一个阐明的道理的赞成吧，现在他们不能向它提出这样的要求。到那时，它们得到的将不是**容忍**……而是更有价值的**宽容**。

如果美洲人问计于他们*有知识的*祭司，祭司会让他们看到，为了圣坛

Si los Americanos consultan a sus *Sacerdotes Ilustrados,* éstos les harán ver cuán necesaria es, *por el honor del Altar,* una reforma en el devocionario de la Iglesia de América.

Un celo pueril ha remplazado el celo religioso, de los primeros propagadores del Cristianismo en el Nuevo Mundo. Los Indios tienen sus Ritos y su Liturgia, y en meras ceremonias consiste toda su Religión. Los Sacerdotes necesitan quedarse a solas con ellos. . . . y por mucho tiempo. . . . para irlos despejando poco a poco. Su trabajo debe reducirse a desterrar abusos de práctica: y bastante tendrán que hacer, sin añadir dificultades con nuevos Ritos, y. . . con nuevos dogmas, que es peor.

Los Reyes halagan a sus pueblos disidentes, con promesas de LIBERTAD.

La Libertad de *adorar* $\left\{\begin{array}{l}\text{Supone la de } pensar,\ creer\ y\ hablar,\ \text{y} . . . \\ \text{promete la de } escribir\end{array}\right.$

Después se verá (dicen los monarquistas) lo que convenga hacer, para borrar *hasta del Diccionario,* una palabra que ha hecho tanto mal a la *Legitimidad.*

Por máxima fundamental. . . . los Americanos deben abstenerse de todo procedimiento que pueda *desunirlos.* . . . DIVERSIDAD DE SENTIMIENTOS RELIGIOSOS, no anuncia CONCORDIA.—Respeten los principios de los Estados Unidos, en esta parte; pero no los adopten por ahora.

136

4.° MEDIO.

COMERCIO CON TODAS LAS NACIONES.

¡Un trato abierto con la madre patria, desde el tiempo de los *Pataches* hasta el de las Saetías Catalanas!. . .

¡Desde el tiempo en que los navegantes, *testaban y se sacramentaban* para embarcarse. . . hasta el en que, *sin santiguarse saltaban a bordo*!. . . ¡desde el tiempo en que, el palo mayor del barco y la mitad de su cargamento, pertenecían, por promesa, al patrón tutelar. . . si lo sacaba a salvamento!. . . ¡hasta el en que, ni una misa le mandaban decir, aunque los trajese a todo paño hasta el puerto!. . .

. . . . . Durante este tiempo ¡cuánto no deben los Americanos haber aprendido en la escuela de . . . . la Compañía de Guipuzcoa y de Filipinas!. . . . y después. . . ¡en el libre comercio con. . . . Cádiz y con el Ferrol!

Pero ¡ya no es aquel tiempo!
¡Ya no hay buques seguros de vender, al contado, su cargamento a bordo!

的尊严，对美洲教会的祈祷书进行修订是多么必要。

一种不近情理的嫉妒心取代新大陆最初的基督教传播者的宗教嫉妒心。印第安人有自己的典礼和礼拜仪式，他们的整个宗教就在于单纯的仪式。祭司们需要单独……并长时间地和他们在一起……才能逐渐使他们明白道理（despejar）。他们的工作应该限于排除过多的方法，必须做相当多的事情，但不要用新典礼和……新教条增加困难，那样更糟。

国王们用许诺**自由**的办法来取悦自己不同政见的人民。

崇拜的自由 {*意味着思想、信仰和讲话*自由，并……
许诺写作自由

以后会看到（拥护君主制的人们说），为了*甚至从字典里删除对正统*造成如此大损害的一个词，而应该做的事情。

从根本原则来说……美洲人应该力避任何可能*使他们不和的作法*……**宗教感情多样性**不表明**和谐**。——在这片土地上，尊重美国原则吧；但目前不要采用之。

第四种方法

与所有国家开展贸易

从*小货船*时代到卡塔卢尼亚三桅船时代！……

从*航海者立遗嘱、做临终圣事*上船时代……到*不划十字跳上船*时代！……从如果正式船长把船救护成功……就根据诺言，船的主桅和一半货物归其所有的时代！……到尽管船长张全帆把他们运到港口，他们并没有命令船长做一次弥撒的时代……一直与祖国进行着公开贸易！

……在这段时间中，有多少东西美洲人可能没有在……吉普斯夸公司和菲律宾……的学校……后来……在和加的斯……和埃尔费罗尔[45]的自由贸易中学习到呢？

但已经不是那个时代了！

已经没有肯定现钱出售船上货物的船舶了！

已经没有价钱固定、没有剩余货物的批发店了！

---

[45] 吉普斯夸、加的斯和埃尔费罗尔：均为西班牙地名。——译注

¡Ya no hay almacenes a precios fijos, y sin rezagos!
¡Ya no hay tiendas necesarias, que se hagan de rogar, para bajar
    un centavo por ciento, de lo que reza la factura!
¡Todo ha variado con la Revolución!

Ya no es ni San Pedro Alcántara, ni San José y las Animas, los que traen géneros de Castilla, de puertos habilitados—es el Bergantín Neptuno, que viene de Londres, o la Fragata Sofía, procedente de Burdeos,. . . . y estos barcos profanos no negocian, sino con dinero contante o seguro.

Nuestros mercaderes, por no tener con qué comprar, se empeñan: apenas salen del puerto para el interior, cuando llega otra embarcación, que da los mismos efectos a menor precio: sus fincas respondieron, y tal vez no alcanzarán para pagar: cada día habrá menos concurrencia a la oferta, y más al pedimento—hasta que, los que tanto declamaban contra las trabas, conozcan la máxima fundamental del comercio. . . .

Para ser negociante   se necesita   crédito, y
para tener crédito . . . . capital. . .

o estar *produciendo y ahorrando* para adquirirlo. . . (comprando y vendiendo no se produce).

Vuelvan nuestros mercaderes los ojos hacia el interior del país, y verán fuentes de riqueza a su superficie. Cuando tengan cambios, comerciarán—y cuando estén en la opulencia, serán mineros. Los cerros prometen grandes tesoros (las más veces imaginarios) a condición de que se gasten gruesos capitales. . . efectivos. . . en buscarlos.

Mucho traen los Europeos a los puertos de América—los retornos no están en proporción. Si hubiera *circulación de capitales* en todos los puntos donde se compra y vende, el *valor de los cambios* haría ver el déficit de las plazas. Los Europeos calculan . . . sobre su *industria,* y los americanos. . . . sobre *comisiones contra sí mismos.*

Los indios y los negros no trabajarán siempre, para satisfacer *escasamente* sus pocas necesidades, y con *exceso* las muchas de sus amos.

5.º MEDIO.

COLEGIOS PARA ENSEÑAR TODAS LAS CIENCIAS.

El instruirse es siempre útil; porque la ignorancia es la causa de todos los males que el hombre se hace, y hace a otros.

Sólo una cosa es bueno que ignore, y es. . . .

138

已经没有为了从货单上降价百分之一而让人恳求的必要的零售店了！

一切都随着革命变了样子！

从卡斯蒂利亚、从装备齐全的港口运来货物的已经不是"圣佩德罗·阿尔坎塔拉号"和"阿尼马斯号"——而是从伦敦来的"内普图诺号"双桅帆船，或者从波尔多来的"索菲亚号"三桅帆船……了。

因为无钱买货，我们的商人都欠了债；他们刚刚离丌港口去内地，另一条船又到了，而且以更低价钱供应同样商品：他们的庄园有收成，但或许不够还债的：买东西的人将越来越少，乞讨的人将越来越多——最后，连激烈反对限制贸易的人也知道了贸易的根本原则……

要做商人需要信誉
要有信誉……资本……

或者一直赢利和节约来获取资本……（做买卖不赢利）。

我们的商人把目光转向国家内地吧，他们会发现地面上的财富源泉。有零钱时做点买卖——钱多时就开矿。只要花大笔……现金……本钱去找，山里可望有大量宝藏（最多次数是虚构的）。

139

欧洲人运到美洲港口的东西很多——运回的东西不成比例。如果在所有进行买卖的地方有资本流通，*兑换值就会让人看到市场的赤字*。欧洲人算计……*自己的产业*，美洲人……*返还给自己的佣金*。

印第安人和黑人不用总干活，就可以稍稍满足自己不多的需要和超额满足东家的很多需要。

第五种方法

开办学校教授各种知识

接受教育总是有益的；因为无知是人对自己和他人做的一切坏事的原因。

最好只有一件事他不知道，那就是……

el mal que no puede evitar.

Pero hay en el *saber,* como en todo, una gradación de importancia. Una cosa es importante porque *agrada* o porque se *necesita.*

Cuando una cosa, puramente agradable en un tiempo, puede hacerse necesaria en otro. . . . es *útil poseerla:* y cuando, a más de poder ser necesaria, promete serlo, la utilidad pasa a ser *conveniencia.*

Está muy bien que los jóvenes se instruyan: pero. . . . *en lo necesario primero.*

¿Qué saben y qué tienen los jóvenes Americanos?[*]

Sabrán muchas cosas; pero no *vivir en República.*

Gozarán algunos de un caudal transmitido; pero no serán todos *capaces de adquirirlo.*

Bueno es que un soldado sea instruido; pero lo que importa a su profesión es la *ordenanza* y el *ejercicio.*

Bueno es que el hombre tenga; pero primero *pan* que otra cosa.

Saber sus obligaciones sociales es el primer deber de un Republicano—y la primera de sus obligaciones es *vivir de una industria que no le perjudique, ni perjudique a otro, directa ni indirectamente.*

«Al que no sabe cualquiera lo engaña» ⎫ deben repetirse
«Al que no tiene cualquiera lo compra» ⎰ con frecuencia...

. . . . . los Directores de las Repúblicas.

Nada importa tanto como el *tener Pueblo:* formarlo debe ser la única ocupación de los que se apersonan por la causa social.

¡Pueblo soberano!. . . . está muy bien
¡Yo lo represento!. . . . cómo?
¡Yo lo defiendo!. . . . con qué?
         ¿Dónde está el Soberano?
¿¡En las calles retozando mientras niño?!
¿¡disipando todo el tiempo de su juventud en placeres?!
¿¡Calculando incertidumbres en su virilidad?!
¿¡Viviendo de una escasa renta, o llorando su miseria cuando viejo?!. . . .

Este Soberano, ni aprendió a mandar, ni manda. . . y el que manda a su nombre lo gobierna. . . lo domina. . . lo esclaviza. . . y lo inmola a sus caprichos cuando es menester.

Redúcese, pues, la idea de la Soberanía de un pueblo ignorante y pobre, a la que cada uno tiene de sí mismo, por miserable que sea su condición.

[*] *Amerianos* en la edición original (N. del Editor).

他不能防止的坏事。

但如同在所有事情中一样，在有*知识*中，有一个重要性的层次。一件事之所以重要，是因为它令人高兴，或为人们所需要。

当一件在一段时间纯粹令人高兴的事，可以在另一段时间变成必要之时……*拥有它就是有用的。*当除了需要之外，还可望是必要时，其用途就进而成为*适宜*。

青年人接受教育，这很好，但是……*首先要在必要的事情方面*。

美洲青年知道什么、必须知道什么？

他们可能知道很多事情；但不知道*生活在共和国里*。

一些人可能享有一笔流传下来的财富；但并非所有人都*能得到*。

一个士兵接受教育，这是好事；但对他的职业来说，重要的事情是*条例和训练*。

人有东西是好的；但要先有*面包*，而不是别的。

知道自己的社会义务是一个共和派人的首要责任——它的首要义务是*靠一种不直接或间接损害他人的职业来生活*。

"无知之人随便什么人都能欺骗
无有之人随便什么人都能收买"　　} 共和国领导者们

　　　　……应该经常、反复对自己这样说。

什么也不像有**人民**那么重要：培养人民应该是从事社会事业的人的唯一职业。

141

　　　　有主权的人民！……很好。
　　　　我代表他们！……怎样代表？
　　　　我保卫他们……用什么保卫？
　　　　最高统治者在哪儿呢？
　　　　　　孩提时在街上欢跳嬉闹？
　　　　青春时光都荒废在娱乐之中？
　　　　中年时算计不确定之事？
　　　　年老时靠一笔微薄收入过活，
　　　　还是哀伤自己的贫困？……

这样的最高统治者没有学指挥，也不指挥……以他的名义指挥的人治理他…统治他……奴役他……必要时，随心所欲地牺牲掉他。

这样一来，无知又贫穷的一国人民的主权思想，就退化成每个人对自己的想法，不管他的身份多么悲惨。

Puede-quiero-debo o me conviene.

$$Y...¿Si\ cada\ uno \left\{ \begin{array}{c} puede \\ quiere \\ y \\ debe \end{array} \right\} a\ su\ modo...$$

o cree que le conviene? . . . . .

Llegado este caso ¿quién hará que las voluntades se pongan de acuerdo?

¿Será aquel sentimiento del *deber,* que coarta las facultades del *poder?*. . .

Este sentimiento nace del conocimiento que cada uno tiene de sus verdaderos intereses; y para adquirir este conocimiento debe haber Escuela en las Repúblicas. . . . y Escuela para todos, porque todos son ciudadanos.

De la combinación de sentimientos forma cada hombre su *conciencia*, y por ella regla su conducta. En sociedad cada individuo debe considerarse como un sentimiento, y han de combinarse los sentimientos para hacer una *conciencia social*.

Ya que tratamos de sistema Republicano, expliquémonos por sus formas.—Los sentimientos, reunidos en congreso, hacen la Sindéresis—la conducta del sujeto es el ejecutivo—y el tribunal de la conciencia. . . el poder judicial.

Si de la concordancia de sentimientos se forma la conciencia, y de la conformidad de conciencias resulta la unidad de acción—para obtener ésta, es menester ocurrir a los sentimientos.

142

El hombre que piensa, procede en todo según su conciencia, y el que no piensa. . . imita. No habrá, pues, armonía social, donde no haya principios que reglen la conciencia pública. Los pueblos monárquicos tienen la conciencia de su nulidad en los negocios del Estado, y obedecen al que los dirige—todavía no se ha empezado a formar la conciencia Republicana, para que los pueblos se sientan capaces de dirigirse por sí.

En general cada cabeza es un juzgado de causas célebres, a cual más peregrinas.

Hagan los Directores de las Repúblicas lo que quieran; mientras no emprendan la obra de la *Educación social,* no verán los resultados que esperan. Nunca saldrán de la fastidiosa repetición de *principios generales,* ni de la interminable disputa sobre *derechos y libertades,* que ¡tanto perjudica al crédito de la causa y a la reputación de sus defensores!

No esperen de los Colegios lo que no pueden dar. . . están haciendo Letrados. . . no esperen Ciudadanos. Persuádanse que, con sus libros y sus compases bajo el brazo, saldrán los estudiantes a recibir, *con vivas,* a cualquiera que crean dispuesto a darles los empleos en que hayan puesto los ojos. . . ellos o sus padres.

A cada noticia que reciben los Reyes del Estado de nuestras Repúblicas, es regular que pregunten

他可以－我想－我应该或者我适宜

如果每个人都 $\left\{\begin{array}{c}可以\\想\\应该\end{array}\right\}$ 按照他的方式……

或者认为他适宜呢?

到了这种情况，谁会使各种意志达成一致呢?

是限制*权力*的职权的那种*责任*感吗?

责任感产生于对自己真正利益具有的认识，为了得到这种认识，各个共和国应该有学校……为所有人开办的学校，因为所有人都是公民。

每个人从整体感觉中形成自己的意识，按照意识规制自己的行为。在社会中，每个个人应该认为自己是一个感觉，这些感觉应该结合成一体，以便形成一种*社会意识*。

既然我们谈的是共和制，那么就从其形式上说说清楚——汇聚在一起的感觉形成判断力——人的行为是行政权——和意识的法庭……司法权。

如果从感觉一致中形成意识，从意识一致中产生行动一致——要想得到行动一致，就必须求助于感觉。

思考的人在各种事情上根据意识来行动，不思考的人……模仿他人。所以，没有规制公共意识的地方，就没有社会和谐。拥护君主制的人民意识到自己在国家事务中无能为力，于是服从领导他们的人——还没有开始形成共和制的意识，所以人民还没有感觉到自己有能力领导自己。

总之，每个人都是著名的、同样不同一般的案件的法官。

143

共和国领导者们想干什么就干什么吧；只要不着手进行社会教育事业，就看不到希望的结果。他们将永远摆脱不了对一般原则的烦人的重复，摆脱不了关于权利与自由的无休止争论，而这对事业的信誉和事业捍卫者的名望是极其有害的!

不要指望从学校得到它们不能给予的人……学校正在造就文化人……不要指望是公民。要确信一点：学生们将夹着书本和圆规走出校门，*高呼着万岁去迎接他们认为准备为他们提供*……他们或他们的父亲已经瞄准的职位的随便什么人。

对我们这些共和国国王得到的每一条消息，通常要问一问

那么……青年人在学什么? 数学? ……历史? ……法学? ……这也学，还有，我们的百姓学……（他们微微一笑，转了话题）。

Y . . . ¿qué están estudiando los jóvenes? Matemáticas?. . . Historia?. . . Derecho?. . . eso también, y más, estudian nuestros vasallos. . . (Se sonríen, y mudan de conversación).

Andan los Republicanos españoles, con la fórmula de hacer Reyes en Aragón, como andaban, hace pocos años, ciertas almas devotas, mostrando el esqueleto de un Santo, desenterrado *intacto* al cabo de muchos siglos ¿Qué ganamos con huesos?. . . Las virtudes de las almas deberíamos exhumar.

«Nos, que valemos tanto como vos

decían los Aragoneses de entonces;

y los Reyes de ahora les responden

«Ya no es así

Aragoneses

Y que podemos más que vos

Reyes

Ahora es al contrario

Aragoneses

Os facemos Rey

Reyes

Ahora nos hace la Providencia

Aragoneses

Si guardáis nuestras leyes

Reyes

Esa condición no es ya necesaria

Aragoneses

Y si no. . . no.

Reyes

Aunque os pese lo hemos de ser».

En efecto: los Reyes debían, en aquellos tiempos remotos, temer a unos aragoneses rollizos. . . peludos. . . testarudos. . .

Los hijos fueron menos fuertes y más tratables. . . y de generación en generación, los verdugos de Castilla han ido suavizando las costumbres.

Convengan los amantes de la libertad en que, los pueblos mismos hacen los reyes, o se los atraen por sus desavenencias. En el calor de sus

像几年前某些虔诚人忙着展示几个世纪后原封不动出土的一位圣人的干尸一样，西班牙共和派在忙着在阿拉贡造就国王的例行公事。我们从遗骨中会得到什么好处吗？……我们或许应该发掘人的美德。

"那时的阿拉贡人对我们说，

我们像你们一样强大；

现在的国王回击他们说

'阿拉贡人

已经不是这样了

我们比你们强大

国王们

现在反过来了

阿拉贡人

我们给你们造就国王了

国王们

现在天意造就我们

阿拉贡人

如果你们遵守我们的法律

国王们

那个条件已经不必要了

阿拉贡人

如果不……那就不。

国王们

尽管你们难受，我们也一定要做国王。'"

的确：在那遥远的时代，国王们可能害怕某些粗壮的……多毛发的……固执的……阿拉贡人。

儿子们不那么强壮，也比较好打交道了……卡斯蒂利亚的刽子手们一代一代地逐渐温柔了风俗。

爱好自由的人们要一致认为这一点：人民自己造就国王，或由于内部不和吸引国王。在他们竞争得如火如荼之时，有一个人站出来为他们和解，

145

disputas se levanta uno que los apacigua, y para que no recaigan en el delirio, se queda apaciguándolos: muere, y encarga a su primogénito que haga sus veces, mientras crea que es necesario: cree cada hijo ser necesario... y necesario se hace el Rey, como un cauterio habitual.

Ya se ha dicho que *Pueblo republicano* es la mínima parte del pueblo; y se añadirá que, *pueblo* es el último nombre de una terna de autoridades, que presenta todo el que quiere mandar.

A nombre de Dios... en 1er lugar
A nombre del Rey... en 2°
A nombre del Pueblo... en 3°

Ciérrase aquí el cuadro de los 5 medios, que emplean los nuevos Gobiernos, en favor de su existencia: observando que... lo mismo es ocurrir a Colegios que a Concordatos, para consolidar Repúblicas.

No hay oveja que busque al Pastor.
Ni muchacho que busque al Maestro.

Si los padres de la actual generación Americana quieren que sus hijos les hagan honor en la carrera social, envíenlos a la Escuela Republicana .... desde temprano, y.... por fuerza.... Así lo hacen para estudios menos importantes, y no se creen déspotas.

¡Entre tantos hombres de juicio.... de talento.... de algún caudal.... como cuenta la América!.... ¡entre tantos bien intencionados!.... entre tantos...¡ patriotas!... (tómese esta palabra en su sentido recto) no hay uno que ponga los ojos en los niños pobres. No obstante, en éstos está

la industria que piden....
la riqueza que desean....
la milicia que necesitan...
en una palabra, la....¡ Patria!...
y a más, una cosa en que no piensan los hombres ilustrados.....

EL HONOR QUE PODRIAN HACER A SUS CONOCIMIENTOS.

Todos están ocupados, o quieren estarlo... en mandar.
Sin temor de los enemigos que tienen fuera, sacan de cualquier cosa un motivo para hacérselos dentro.

Borlas y buena pluma! (dicen unos a sus hijos!)
Filología (les dicen otros).

¡ ES POSIBLE !

¿Y con quién se harán las Repúblicas?
¿¡Con Doctores!? ¿¡Con Literatos!? ¿¡Con Escritores...!?

并且为了他们不再陷入不理智，他留下来为他们和解；只要他认为需要，在他死去时，会托付他的长子代替他：每个儿子都认为自己是必要的……于是，像常用的治疗方法一样，国王就成为必要的。

有人说过，*共和国人民是人民中的最小部分*；似乎还应该说，人民是任何一个想统治的人提出的三个权威候选人中最后的名字。

以上帝的名义……位居第一
以国王的名义……位居第二
以人民的名义……位居第三

新政府用来支撑自己存在的五种方法的状况，到这里阐述完毕：注意……为了巩固共和国，求助学校和求助与教皇的条约都一样。

> 没有寻找牧人的羔羊
> 也没有寻找老师的孩子。

如果美洲当前一代人的父亲想使自己儿子让他们在社会竞赛中享受尊荣，那就……从早期……强制着……送他们去共和制学校。这样做是为了学习不太重要的事情，而且不认为自己专横。

147

在像美洲拥有的这么多明智的……天才的……有一些财产的人之中！……在这么多怀有良好意图的人之中！……在这么多……爱国者（请按直接词义理解这个词）之中！……竟然没有一个人看中穷孩子。然而，下面这些都寄托在他们这些孩子身上：

人们要求的技艺……
人们希望的财富……
人们需要的队伍……
一言以蔽之……祖国！……

此外，还有有知识的人们没有想到的一件事……

人们对于他们的知识可能表示的敬意！

人人都在忙于或者想忙于……指挥别人。

他们不担心外面的敌人，反而从随便什么事中找个借口把他们请进来。

帽缨和漂亮羽毛！（一些人对自己儿子说）

语言学！（另一些人对自己儿子说）。

可能！

用什么人缔造共和国？
用博士！？用文人！？用作家……！？

Estaba un Comisionado Europeo cobrando, hacía tiempo, a varios particulares y al Gobierno (en cierto país de América) y como no le pagasen, decía «Esta es una República de capuchinos . . . todos han hecho voto de pobreza».

Cada cual observa lo que le conviene. El que ponga los ojos en la generación que se levanta, podrá decir
«aquí se van a hacer Repúblicas sin Ciudadanos»

Es muy natural el juzgar de los demás por sí mismo. Los patriotas están viendo pasar sus sentimientos a la posteridad: sin advertir que sus hijos. . . . ¡hoy mismo! los oyen hablar de su revolución, . . . tal vez, . . . con menos emoción que la que sienten cuando leen la Historia Romana.

Del modo actual de proceder en la educación, deben esperarse hombres que ocupen los puestos distinguidos, esto es, quien forme *cuadros* políticos civiles y militares; pero, los tres carecerán de tropas, o tendrán que estar siempre lidiando con reclutas.

Muchos hombres de bien se *entristecen* al ver juntas las dificultades que presenta la empresa—otros se *desesperan*—y arrepentidos todos de haber cooperado o consentido, emplean el tiempo en suspirar y en maldecir. . . . cuales pasajeros novicios, a bordo . . . el día de una borrasca.

«No es tiempo de maldecir su suerte, *sino de pelear contra ella* (les dicen los marineros). *En lugar de echarse, unos a otros, la culpa de haberse embarcado. . . . ayúdennos a maniobrar . . Tirar de las cuerdas o echárse al agua. Mueran, si quieren; pero no nos desanimen».*

148

El Padre Feijoo escribió su *Teatro Crítico*. . .
Voltaire. . . .su *Ensayo sobre las costumbres* . . .
Un médico francés fue el primero que *dudó del Flogístico*. . . .
Cada uno, en su tiempo, escandalizó al vulgo (y vulgo, entonces. . . en la materia de que se trataba, . . . era toda la Europa).

Ya nadie se acuerda del pobre fraile, por quien *los crucifijos no sudan*. . .

Ya empiezan a olvidar al hereje, por quien *los clérigos son hombres*. . .

En el rincón de alguna biblioteca *duerme* para siempre el que *despertó al Oxígeno* . . .

Tiempo vendrá en que. . . ni por tradición. . . se sepa quién fue el primero que se atrevió a decir que. . .

LAS SOCIEDADES PODIAN EXISTIR
SIN REYES Y SIN CONGRESOS.

Esta es la RESULTANTE que debe seguir el Gobierno. . . según el parecer de . . .
el Autor.

从前，有一位欧洲收费官（在美洲某个国家）向几个人和政府收费，因为谁都不交，他便说，"这是个圣方济会修士的共和国……人人都祈求过受穷"。

每个人都观察到适合自己的事情。看中崛起的这一代人的人可能会说"这里要缔造没有公民的共和国。"

从自己角度判断别人是很自然的事。爱国者们正在看着他们的感情流传后世；但没有注意到，就在今天！……他们的儿子在听他们讲到革命时……或许……没有他们阅读《罗马史》时感到的那么激动。

对于现在这种办教育的方式，大概可以指望造就出占据高位的人，就是培养政治、文人和军人*干部*的人；但是，这三种*干部*都缺少军队，或者说，将不得不永远应付招兵问题。

看到事业展现出的困难一起袭来，很多正直人感到悲伤——另一些人*绝望*——像一场大风暴之日……初次乘船的旅行者一样……所有人都为曾经合作或赞成而后悔，无时不在唉声叹气和恶言恶语。

"不是诅咒自己命运的时候，而是与命运抗争的时候*（海员对他们说）。*不要互相指责上了船……快帮助我们操作……要么拉紧缆绳，要么掉进水中。想死就去死吧；不过别给我们泄气。"

费霍 [46] 神父写了他的《批评戏剧》……
伏尔泰……他的《风俗论》……
一位法国医生第一个怀疑《燃素》……
每个人都在他们的时代令凡夫俗子惊愕不止（当时……在涉及的学科上，整个欧洲都是凡夫俗子。）

已经没有人记得*耶稣受难像*不因其返潮的那位可怜修士……

人们已经开始忘记了*中世纪的牧师们*因为他才成为人的那位异端人……

*接触到氧气就苏醒的那个人*永远安睡在某个图书馆的角落……

即使不通过传说！……知道曾敢于说出下面话语的第一人……是谁的时候一定会到来……

没有国王和议会
社会也能够存在。

这就是政府应该追求的结果……这种说法依据的看法属于……

本书作者

---

[46] 贝尼托·赫洛尼莫·费霍修士（1676-1764），西班牙学者和本笃会僧侣。著有一系列涉及多学科文章和《世界批评喜剧》（Teatro Critico Universal）——译注

149

NOTA *SOBRE ESTE PRODROMO.*

Se echarán, tal vez, de menos, en este Pródromo, las *citas de la antigüedad,* que adornan de ordinario los discursos. . .

En lugar de pensar $\begin{cases} \text{en Medos} \\ \text{en Persas} \\ \text{en Egipcios} \end{cases}$ pensemos en los Indios

La decadencia que experimentaron en su propio suelo

$\left. \begin{array}{c} \text{los Griegos} \\ \text{y} \\ \text{los Romanos} \end{array} \right\}$ después de algunos siglos de dominación.

no nos importa tanto como. . . .

la *Decrepitud prematura* en que empiezan a caer. . . . (casi a su nacimiento). . . . las Repúblicas que han hecho, los *Europeos* y los *Africanos,* en el suelo de los *Indios.*

Se extrañará también la falta de exclamaciones contra la tiranía ¡tan comunes en los discursos republicanos!

Se omiten por lo mismo que son comunes.

El que quiera aprender a quejarse, lea al buen Obispo de Chiapas*. . . ¡en el Purgatorio no hay un formulario de lamentos más completo!

El que quiera usar de emblemas para imprecar contra el despotismo, cómprese una colección de gacetas y proclamas. . . ¡en el Infierno no hay un almacén mejor surtido de

Grillos
Cadenas
Hachas
Cuchillos
Yugos
Azotes
Vergas de hierro
y otros instrumentos de sujeción y de martirio!

150

---

* En la edición original dice *Chiappa*; se refiere, por supuesto, al Estado de México, en donde Bartolomé de las Casas fue obispo (N. del Editor).

关于本篇绪论的按语

在本篇绪论中，或许发现少了通常装饰论述的*古代引文*……

不想 ｛ 米提亚人 / 波斯人 / 埃及人 ｝ 我们想想印第安人吧

希腊人 / 和 / 罗马人 ｝ 在统治几个世纪以后，

在自己土地上经历的衰落，
对我们来说，不像*欧洲人*和*非洲人*在*印第安人*土地上建立的共和国……开始陷入……（几乎就在它们诞生之时）的*过早衰落*……那么在意。

人们可能也会对缺少反对暴虐统治的呼声感到惊奇，这样的呼声在共和派的论述中是如此司空见惯！

就是因为司空见惯才忽略不写。

想诉说不满的人，去读善良的恰帕斯[※]主教的著作吧……炼狱中没有更全面的抱怨文集了！
想利用象征物诅咒暴虐统治的人，去给自己买一套报纸和演说集吧……地狱里没有更好地准备了
脚镣
枷锁
斧头
刀
軛
皮鞭
铁棍
和其他束缚和折磨人的工具的仓库了！

151

TRANSICION

AL TEXTO.

Se ha escrito la Introducción a esta Obra EN LA ORTOGRAFÍA CORRIEN-
TE, y se va a escribir el cuerpo de ella EN OTRA. . . : Por la comparación
verán. . .,

LOS JOVENES. . . . (NO LOS VIEJOS)
cuán poco tienen qué alterar *para pintar correctamente su lengua,*

SIN TEMOR DE COMETER YERROS

CON TAL QUE SEPAN PRONUNCIAR.

*Lo mismo verán que puede hacerse con el Gobierno:. . .
por poco que lo modifiquen,*

vivirán los hombres JUNTOS
sin temor de una MALA SUERTE SOCIAL
*con tal que se conduzcan
según las leyes de la* BUENA SOCIEDAD

Observarán también. . . los jóvenes. . . que el arte de escribir se divide en 2 partes.

1.ª Pintar las palabras con signos que representen la boca (de ésta se
ha tratado ya).

2.ª Pintar los pensamientos bajo la forma en que se conciben. . . (en
la estructura de estas páginas se ve el ejemplo).

En el modo de pintar consiste la expresión, y por la expresión se distinguen los estilos.

No se han de ensartar las ideas en un renglón, como las perlas de
un collar—porque todas no son unas.

El que lee debe ver en el papel $\left\{\begin{array}{l}\text{los signos de las cosas y}\\ \text{las divisiones del pensamiento}\end{array}\right.$

Sin esto no lee bien.

Ahorrar papel es ahorrar expresión; y el lector, en lugar de despertar
la atención por la variedad de *tonos* y de *tiempos,* . . . la adormece por
la *monotonía* y por el *isocronismo*[1].

---

1   monotonía = un mismo tono
     isocronismo = tiempos iguales (Nota del Autor).

过　　渡

到　正　文

用常见的正字法撰写了本著作的前言，后面将用**另一种正字法**撰写著作的主要部分……为了比较，您们将会看到……

青年人……（不是老年人）
改变多么少就能正确地写出他们的语言，

只要会发音

就不担心犯错误。

将会看到只要稍作改变……
就可以对政府做同样的事。

人们居住在一起
只要表现符合
好社会的法则
就不担心社会厄运

153

青年人……还将看到……书写的艺术分为两部分。
第一，用代表口型的符号来描绘语言（关于口型前面已经说过）。
第二，用构思的方式来描绘思想……（在这些页面的结构中可以看到例证）。
表达方式在于描绘方式，风格因表达方式而不同。
不必像一条项链上的珍珠那样，把思想串成一行——因为两者不是一回事。

阅读者应该在纸上看到　　　{　事物的符号和
　　　　　　　　　　　　　　　思想的部分

不这样就没读明白。

节约纸张就是节约表达方式：读者不会因为*语调和时间变化*激起注意力……会因为*单调*和*等时性*①而使注意力昏昏欲睡。

---

① monotomía 意即"单调"；isocronismo 意即"等时性"——作者注

Del mismo modo se divide el arte de Gobernar en 2 partes
1.ª Formar hombres sociables por medio de una buena moral
2.ª Destinarlos a la obra social y dirigirlos en la acción

esto es lo que en la milicia $\begin{cases} \textit{el porte de la persona armada} \\ \textit{y las evoluciones} \end{cases}$

En la maniobra de la SOCIEDAD, *como en la del* EJERCITO, *los malos ciudadanos y los malos soldados marchan en desorden, se atropellan y tiran unos contra otros, sin ser enemigos.*

LA OBJECION COMUN . . . .

«NO SE HA HECHO, O NO SE HACE
en ninguna parte»

es razón de muy poco peso.

Lo que se hace por la primera vez
prueba que nunca se había hecho . . .
y nada más.

Cada día notan los observadores
Hechos que no tienen ejemplo en la historia:
y si estos hechos son buenos o malos
no es
porque sean viejos o nuevos
sino
porque producen o pueden producir
BUENOS O MALOS EFECTOS:

No hay cosa peor que la *historia*
en manos de *gente limitada*
ni que la *novedad* entre hombres *imaginativos*

Sólo los **sensatos** ven $\begin{cases} \text{en lo que sucedió} \\ \text{y en lo que sucede} \end{cases}$ lo que $\begin{cases} \text{puede} \\ \text{o debe} \end{cases}$ suceder siempre

Es regular que, con el tiempo, llegue la ortografía a simplificarse y fijarse, . . . puesto que cada año sale una nueva, con algo de más o de menos.

Pero si nada se hace para sacar el Gobierno Republicano de la conformidad de principios que tiene con el monárquico, es probable que vuelva a lo que era en tiempo de Fernando I de Navarra.

Aquel rey, *por escrúpulo de conciencia,* dividió la España entre sus hijos. Su descendiente Fernando 7 °, *por vengarse de sus colonos,* dividirá la América entre sus primos.

治理的艺术同样分为两部分
第一，借助一种良好道德培养社会性的人
第二，派他们去从事社会事业并在行动中指导他们

这就是军队中 { *武装起来的人的表现*
和变化 }

像在**军队**演习中一样，在**社会**演习中，坏公民和坏士兵行进时不守秩序，互相推搡，不是敌人却互相开枪。

共同谴责……

在任何地方
都没有做过或现在没有做

是无足轻重的理由

第一次做的事
证明从来没有做过……
只此而已。

观察家们每天都注意到
历史上没有先例的事情：
如果说这些事是好是坏
那不是
因为他们是新是旧
而是
因为产生或能够产生
或好或坏的后果：

低能人手中的历史
和富于想象力人中的新事物
没有比这两者更坏的事情

只有明智之人 { *在曾经发生的事情中*
和现在发生的事情中 } 看到永远 { *可能*
或应该 } 发生的事情

正字法随着时间推移达到简化并固定下来是正常的……因为每年都出一部新的，其中略有增删。
但是，如果在让共和国政府摆脱与君主制政府具有的原则一致性上无所作为，那么，共和国政府就很有可能恢复到纳瓦拉的费尔南多一世[47]时代的样子。

155

---

[47] 费尔南多一世 (1017? −1065)，1054 年为 (今西班牙) 卡斯蒂利亚、莱昂、纳瓦拉国王，曾大败摩尔人。——译注

Están los Americanos contendiendo entre ellos, sobre si sus Generales son Galgos o Podencos . . .

«En esta disputa
Llegando **OTROS** perros
Pillan descuidados
A mis **SEIS** Conejos»[2]

Hace 6 años que está un buen hombre aconsejando, a los Americanos, *en cuantas partes y ocasiones se ha hallado.* . . .

UNION Y PRECAUCIONES.

Casi cuantos lo han oído, se han burlado de sus temores
. . . *tal vez tienen razón.* . . .
pero
cien años estuvo Noé anunciando el Diluvio,
y al fin . . . . . llovió.

Los Políticos no deben reconocer, en el día, otros partidos que los de la CAUSA SOCIAL

El de la MONARQUIA . . . . que defienden los Europeos.
El de la REPUBLICA . . . . que defienden los Americanos.

ambos con el *laudable deseo,* de ACERTAR,
no. . . . por la *pueril* manía de PREVALECER.
RAZONES deben ser las ARMAS de estos dos partidos,
y por la DECENCIA en manejarlas
se han de distinguir, a *porfía,* las naciones modernas.

LA SOBERANIA $\left\{ \begin{array}{l} \text{sea representada por uno} \\ \text{sea . . . . por muchos} \end{array} \right.$

debe medir sus expresiones, y su conducta
por las leyes del DECORO

156

[2] 1 Colombia
2 Buenos Aires
3 Chile
4 Perú
5 Méjico
6 $\left\{ \begin{array}{l} \text{Bolivia y} \\ \text{Guatemala} \end{array} \right\}$ gazapos al pie de la madre (Nota del Autor)

费尔南多一世*出于顾忌*，把西班牙分给了他的儿子们。他的后代费尔南多七世，*为了对他的殖民进行报复*，把美洲分给了他的堂兄弟。

就自己的将军是大猎兔犬还是小猎兔犬，美洲人之间正在你争我斗……
"在这场争斗中
来了**另外**几只狗
放心大胆地抢掠
我的**六只兔子**[②]。"

六年前到现在，一位善良人在所到之处和遇到的所有场合，一直在劝导美洲人……

团结和戒备

几乎所有听见他这话的人都嘲笑他的担心
……或许他们笑得有理……
可是
一百年前诺亚就在预告洪水
而洪水终于……来了。

*当今之日，政治家们除了**社会事业**的党派以外，不应该承认其他党派。*

欧洲人维护的 …………………………………… 君主制党派。
美洲人维护的 …………………………………… 共和制党派。

157

不是……因为要**出类拔萃**的天真狂热，
这两者有着**命中目标**的*可赞扬的欲望*。
这两类党派的**武器**应该是道理。
而由于运用武器**恰当**
现代国家定会争先恐后地脱颖而出。

主权 { 无论由一个人代表
      还是由很多人……

都应该通过**体面**的法则
权衡他们的言谈和举止

[②] 六只兔子是指：1，哥伦比亚，2，布宜诺斯艾利斯，3，智利，4，秘鲁，5，墨西哥，6，玻利维亚和危地马拉，是趴在母兔脚下的幼兔。——作者注

amenazas
y
dicterios } son BAJEZAS de que deben avergonzarse los Soberanos
traiciones
y
asaltos

Permítase advertir. . . a los que no estudian mucho el valor de los términos. . . . que los Españoles figuran con la palabra DECORO, la *hermosura moral* bajo varios aspectos.

DECORO (para ellos) significa {

honor
respeto   honestidad
reverencia   recato
circunspección   honra
gravedad   punto y
pureza   estimación

Entiéndase por LIBERTAD DE IMPRENTA

La *Facultad* que dan { los *Conocimientos* para *abogar* por el bien común

no

La Licencia que se toman { las *Pasiones* para *Denigrar* al que lo promueve.

Destiérrese de las sociedades cultas el pernicioso abuso de la prensa. . . No se autorice *en público* lo que la urbanidad condena en reuniones privadas . . .

No se permita a un particular la libertad de *insultar* a las Naciones ni a sus Jefes, bajo pretexto *de dar su parecer en favor de los pueblos.* —El Gobierno que consiente estos excesos, los aprueba tácitamente, y se hace responsable de ellos.—Las Guerras actuales se deben, en gran parte, a la *indiscreción* de los diaristas y a la *imprudencia* de los Gabinetes.

En *Público.* . . . . . se discute el mérito de las *Cosas,* y
Privadamente. . . . . .   el . . . . de las *Personas*

Porque las operaciones del Gobierno Republicano están expuestas a los ojos de todos, es permitido criticarlas. . . . CON DECENCIA. . . .; pero no todos están facultados para *residenciar* al Gobierno — ni a nadie dan las leyes licencia para *insultar* a los Magistrados.

Si el Pueblo no respeta el puesto en que coloca el *órgano de su autoridad.* . . cada día habrá menos ciudadanos *respetables* que quieran ocuparlo.

158

$$\left.\begin{array}{c}\text{威胁}\\\text{和}\\\text{辱骂}\\\\\text{背叛}\\\text{和}\\\text{攻击}\end{array}\right\}\quad\text{是最高统治者应当}\atop\text{引以为耻的{\bf 下流行为}}$$

对于没有深入研究词义的人……请允许冒昧地提请他们注意……西班牙人用 DECORO 这个词表示多方面的道德美。

$$\begin{array}{l}\text{（他们认为）}\\\text{DECORO}\\\text{意思是}\end{array}\left\{\begin{array}{ll}\text{honor}\;\;（荣誉）&\\\text{respeto}\;（尊敬）&\text{honestidad}\;（诚实）\\\text{reverencia}\;（崇敬）&\text{recato}\;（端庄）\\\text{circunspeccion}\;\;（慎重）&\text{honra}\;（贞节）\\\text{gravedad}\;（庄重）&\text{punto}\;\;（自尊）\;和\\\text{pureza}\;（纯洁）&\text{estimacion}\;（尊重）\end{array}\right.$$

印刷自由的意思是

$$\left.\begin{array}{c}\textit{知识}为了\\\textit{支持}\\\text{公共利益而}\end{array}\right\}\quad\text{给予的}\textit{技能}$$

不是

$$\left.\begin{array}{c}\textit{偏激}为了\\\textit{诽谤}\\\text{促进公共利益者}\end{array}\right\}\quad\text{擅自攫取的特许，}$$

159

把对报纸的有害滥用赶出文明社会……不要*公开*允许文雅在私人聚会里谴责的事情……

不要允许个人有在*为了有利于人民发表看法*的借口下辱骂国民及其领导者的自由。——容许这种放纵行为的政府，就是默认这类行为并对其负责。——目前的战争很大程度上归咎于报人的*冒失*和内阁的*莽撞*。

公开地 ………………… 讨论事物的长处
　　私下里 …………………………… 人的长处

因为共和国政府的操作暴露在所有人的目光之下，所以它们允许……**恰当地**……批评；但不是所有人都有权*弹劾*政府——法律也不允许任何人*辱骂*行政长官。

如果人民不尊重他们将其*权威机关*置于的职位……那么，愿意占据这个职位的*可尊敬*的公民就会日益减少。

¡¡¡PAZ Y ATENCION!!!

¡AMERICANOS!
Sin la primera   no   os entendéis
Sin la segunda. . . . ¡ . . . . os sorprenden!

A imitación
de los
Cretenses
{
ahogad vuestros resentimientos. . . .
moderad vuestras pretensiones. . . .
reunid vuestras fuerzas contra el enemigo común, y
no penséis sino en defenderos.

El *Descubridor* del nuevo mundo fue COLON:*
COLOMBIA debería ser el *Patronímico,*
y el
Gentilicio . . . . *Colombiano,*[3]
no América ni Americano.

En honor de la Virtud Política de los antiguos *Cretenses*. . . (hoy Candiotas). . . . llamaron los Griegos...

SINCRETISMO,

toda unión que
{
sofocaba los partidos, y
conciliaba las opiniones

Hagan las Repúblicas nacientes de la India Occidental un

SINCOLOMBISMO.

Borren las divisiones territoriales de la Administración Colonial, y no reconozcan otros límites que los del Océano.

¡SEAN AMIGAS SI QUIEREN SER LIBRES!

160

---

* En la edición original aparece *Colomb* (Nota del Editor).
[3] Lo que ahora se llama COLOMBIA podría llamarse VESPUCIA (Nota del Autor).

和平和注意！！！

美洲人！
不和平，你们就不和睦
不注意……就会突袭你们！

要像克里特岛人
那样
$\left\{\begin{array}{l}\text{消除你们的不满情绪……} \\ \text{克制你们的幻想……} \\ \text{集聚你们的力量反对共同敌人……} \\ \text{时刻想着保卫自己……}\end{array}\right.$

新大陆的**发现者**是**哥伦布**
哥伦比亚大概是来自*父名*的名字，
而
说明地域的词汇…………………*哥伦比亚人*[③]，
不是美洲也不是美洲人。

根据古代*克里特岛人*……（今干地亚岛人）……的政治品德，希腊人
将……

扼杀党派，
和 $\Big\}$ 所有联合称为
调和见解的

调和主义

西印度新生共和国搞一个
共同哥伦布主义（sincolombismo）吧。

抹去殖民当局的领土分界，除了大洋的界线以外，不要承认其他界线。

想自由就做朋友！

161

[③] 现在称为哥伦比亚的地方或许能称为维斯普西亚。——作者注

SOCIEDADES AMERICANAS

*en 1828**

Cómo serán
y } en los siglos venideros:
cómo podrían ser

> En ESTO han de pensar los Americanos
> no ....
> en PELEAR unos con otros.

a fines del siglo. 15

COLÓN descubrió un nuevo mundo, para poblarlo { de ESCLAVOS
Y
• VASALLOS:

a principios del. 19,

la RAZÓN lo reclama, para fundar una Sociedad { de hombres LIBRES
sometidos
a sus LEYES.

ni la Monarquía } convienen { en todos lugares pero { la América
ni la República ni es
en todos tiempos en el día

el único lugar donde CONVENGA pensar en un
Gobierno VERDADERAMENTE Republicano.

la *humanidad* pide el ensayo—las *luces del siglo* lo facilitan

* Texto de la segunda edición, publicada en Lima el año 1842. Las notas del autor van numeradas consecutivamente, las del editor, se indican con asteriscos (N. del Editor).

1842 年 [※] 的
美 洲 社 会

在未来几个世纪   { 将会怎样
 和
 可能会怎样：

美洲人应该想**这件事**
 不要想…………………
 互相争斗。

15 世纪末

哥伦布发现了一片新大陆，让它住上了   { **奴隶**
 和
 臣民 ；

19 世纪初

理性呼唤它， 以便建立一个   { 居住服从**理性**
 法则的
 自由人的 } 社会

无论君主制
 还是共和制 } 都不是   { 在所有地方
 和
 所有时代 } 均适合，   但是   { 当今之日
 美洲
 是

唯一**适合**想建立一个
 真正共和制政府的地方。

人类要求这样的试验——***世纪之光***为试验提供了便利条件

※ 1842 年利马出版的第二版文本。作者注按顺序编号，编者注用星号表示。——编者注

163

ADVERTENCIA

sobre la publicación

el Pródromo de esta obra
            se imprimió en Arequipa _____ el año 28

la Introducción al Tratado sobre las
            Luces y Virtudes Sociales
            se imprimió en Concepción
            de Chile _____ el año 34
la misma Introducción, con adiciones,
            se reimprimió en Valparaíso _____ el año 40
ahora se reimprimen el Pródromo y
            la Introducción (por haberse
            agotado los ejemplares) y
            se emprende la edición de
            toda la obra , en Lima _____ el año 42

la Publicación se hará por números de a 10 pliegos
(algo más o menos, por no truncar los capítulos)
y la Publicación será seguida, para que los cuadernos
puedan juntarse, y hacer los volúmenes en que cada
uno quiera tener dividida la obra.

关于出版的

说   明

本著作绪论
    在阿雷基帕印刷————————————————（18）28 年

《关于社会知识和美德
    的论文》的前言
    在智利康塞普西翁
    印刷————————————————————（18）34 年
有增补的上述前言
    在瓦尔帕莱索重印————————————————（18）40 年
（由于所印各册均已售罄）
    现在在利马
    重印绪论和前言
    并着手出版
    整部著作——————————————————（18）42 年

出版将按照 10 个印张进行（为不使章节残缺，略多或
略少一些），为使笔记能够连接起来，和做成每人想要
将著作分成的卷册，出版将继续进行。

165

Los AUTORES , que obtienen privilegio de publicación,
PROTESTAN, en la primera hoja de sus libros,
PERSEGUIR, con todo el rigor de la ley,
a los CONTRAFACTORES de sus obras.

YO NO AMENAZO:

sólo pido, a mis contemporáneos,
una declaración, que me recomiende a la *posteridad,*
como al primero que propuso, en su tiempo,
medios seguros de reformar las *costumbres,*
para evitar *revoluciones—*

empezando

por la ECONOMÍA social, con una EDUCACiON POPULAR,

reduciendo

la DISCIPLINA ⎰ a 2 principios ⎱ destinación a ejercicios UTILES, y
propia de la economía ⎱   ⎰ aspiración FUNDADA a la propiedad

y deduciendo

166

de la disciplina
el DOGMA ⎰ lo que no es GENERAL no es PÚBLICO
         ⎱ lo que no es PÚBLICO no es SOCIAL

Para quien entiende la materia,
el discurso debe ser *aforístico:*
Con los Sabios debe hablarse por *sentencias,*
porque, para ellos, las sentencias son *palabras.*

SIMON RODRIGUEZ.

鉴于作者已取得出版特权，
　　他们在其书中第一页宣布，
　　严厉追究著作 contrtoresafac 的
法律责任。

我不是威胁：

我只要求我的同时代人，
宣布将我推荐给后代，
就像推荐为了防止革命，
第一个在最适当时机，
提出改革风俗之可靠办法的人，这些办法——

首先

从社会**经济**，以及人民教育*开始*

再者

将经济特有的 } *归纳*为两项原则 { 用于**有用的**职业活动和
纪律 　　　　　　　　　　 **有根据的**致富愿望

并且

从纪律中*推断*出
教条 { 不是**普遍的**东西不是**公共的**
　　　　 不是**公共的**东西不是**社会的**

167

理解内容的人认为，
论述应该是*格言*式的；
和智者应该用*格言*讲话，
因为他们认为格言就是*讲话*。

西蒙·罗德里格斯

DOS VENTAJAS

que resultan de publicar, por partes,
las obras voluminosas.

1.ª VENTAJA
en favor del gasto.

Lo que se da por un libro es perdido, si el libro no interesa. Las obras *conocidas* se compran, aunque cuesten mucho, porque se necesitan: las *nuevas* tienen que acreditarse, a costa de los primeros lectores. Si ESTOS pudieran tomar una muestra, *a prueba,* arriesgarían menos: tomarían más, si les agradase; o suspenderían si no: y podrían, con un pequeño gasto, hacer muchos favores— prestando la muestra para que no la comprasen.

2.ª VENTAJA
en favor de la lectura.

Si la obra interesa, la lectura no puede ser seguida: por eso se dividen los escritos en Párrafos, Artículos y Capítulos, que son *reposos de la atención.* PENSAMOS como COMEMOS—tomando tiempo para digerir. No es posible estar, todo un día, leyendo sin cesar; ni, por espacio de una hora, pensando sin distraerse: los ojos se cansan de descifrar, y la mente de comprender. Según la materia es el trabajo—los asuntos públicos tienen *muchos cabos que atar,* y las doctrinas *muchos hilos que seguir.* La lectura de pocas horas, pide algunos días de reflexión, a las personas poco acostumbradas a estudiar; y tal vez más, a las que se proponen impugnar. Con leer el título basta, para despreciar una obra: en pocos minutos se recorre un volumen, si la intención es disputar.

168

一部分一部分地出版
大部头著作产生的

两点好处

第一点好处
有利于花费

如果书无趣，那么为书花出去的钱就等于损失掉了。名著很贵，但人们都买，因为为人们所需要：*新著作必须靠第一批读者赢得声誉*。如果这类读者能够买一本样书*试读*，那么就会有较小的风险；如果喜欢，就会买更多；如果不喜欢，就不再买：他们可以用很少花费做很多好事——把样本书给别人，叫他们不用买了。

第二点好处
有利于阅读

如果著作有趣，阅读就不能持续进行：因此，著作要分成段、节、章，这是让*注意力休息*。我们像吃饭一样思考事情——用点时间消化。不能整天不停地阅读；也不能整个一小时思想，而不分分神；眼睛会因为辨认字迹而疲劳，头脑会因为理解而疲劳。所费的精力因内容而不同——公共事务有*许多短线需要连接*，学说有*许多线索需要跟踪*。对于不太习惯于学习的人来说，短短几小时的阅读需要思考好几天；而对于打算反驳的人来说，或许需要更多时间。不把一部著作当回事，看看书名就行了；如果有意吵架，三五分钟就浏览一本。

169

PRELIMINAR.

El título de esta obra es

SOCIEDADES AMERICANAS en 1828

Conservo la fecha, aunque siga publicando en 42,
porque en 28 empecé a publicar.

Mal Profeta sería el que esperase los acontecimientos, para predecirlos; aunque muchos tienen por Magos, en Política, a los que *adivinan lo que ven* . . y por Visionarios, a los que aseguran que—

las cosas irían de otro modo
si se procediese de otro modo con ellas.

Para predecir lo que las cosas SERAN, basta tener ojos y experiencia: para pronosticar lo que PODRIAN SER, es menester estar acostumbrado a combinar experiencias—

juzgando $\begin{cases} \text{por la naturaleza de los movimientos, y} \\ \text{por la} \quad \bullet \quad \text{de las cosas en que se emplean.} \end{cases}$

La Experiencia es, pues, la Escuela de los Profetas,
en Artes y en Ciencias,
porque cada resultado es una Inspiración.
Quién no profetiza?

Un COCINERO está profetizando lo que será cada plato, al salir de su Cacerola, y el efecto que hará cuando esté sobre la mesa: JUGAR, es estar prediciendo lo que hará el contrario con los naipes, o tratando de adivinar lo que hará la suerte con los dados.

Desde el año 23 empecé a proponer *verbalmente,* medios de aprovechar de las lecciones que dan los trastornos políticos, para evitarlos en lo futuro. Las circunstancias fueron presentando ocasiones de adoptar mis ideas—y yo, temiendo que otro se apareciese primero, en público, con ellas, hice imprimir el Pródromo de mi obra el año 28.

En este Cuadro General se ven tres cosas nuevas:

una, el modo de pintar los pensamientos,
otra, el $\bullet$ de perfeccionar la Libertad de Imprenta

序　言

这部著作的书名是

1828 年的美洲社会

虽然在 1842 年继续出版，但我保留了日期，
因为我是在 1828 年开始出版的。

希望有事件发生以便预言之的人，可能是蹩脚的预言家；虽然很多人将*猜测看见的东西的人在政治上认为是魔术师*……将肯定下面事情的人认为是想入非非——

> *如果对事情采取另一种方式*
> *它们就会是另一个样子。*

要想预言事情将是什么样子，只要有严谨和经验就行；要想预言事情可能会是什么样子，则必须习惯于将经验结合起来——

根据运动的…………性质，和　　　｝来做判断。
根据运用经验的事情的性质

171

> 因此，在艺术和科学方面
> 经验是预言家的学校，
> 因为每一个成果都是一种灵感。
> 谁不做预言呢？

每一道菜出锅时，厨师都在预言它将会怎样，还有摆上桌子时会引起的效应；赌博，就是在预测对手怎样出牌，或在试图猜出命运会怎样支配骰子。

我从（18）23 年开始*口头上*提出利用政治动乱给予的教训，以便将来防止动乱的方法。形势的发展陆续提供了采纳我的主张的机会——而我，担心别人首先带着这些主张公开出现，在（18）28 年叫人出版了我那部著作的绪论。

在这样的大背景下，有三件新事物：

一件，描绘思想的………方式。
另一件，完善印刷自由的方式。

y otra, el pretender que
$$\begin{cases} \text{el PODER de los Congresos} \\ \text{está en razón} \\ \text{del SABER de los Pueblos} = \end{cases}$$

por consiguiente que
$$\begin{cases} \text{la Instrucción SOCIAL} \\ \text{debe ser general } \textit{sin excepción.} \end{cases}$$

Por tomar posesión de las Ideas, en tiempo oportuno, he cuidado más de las materias que de su ordenación—es decir— que he mirado más por mi amor propio, que por la conveniencia ajena: así lo hacen todos = por consiguiente, no puede haber quien no deba perdonarme la debilidad; excepto si, alguna humildad GIGANTESCA, se presenta probando que—

en decirse miserable gusanillo
hay menos amor propio que
en tenerse por GRANDE HOMBRE

Si los Artesanos dieran en apocarse, como se apocan los Autores, llegaría el caso de hacerse moda el apostar, *a quién echaría a perder mejor las obras*—esmerándose, no obstante, en perfeccionarlas para desmentirse: los dueños de las obras las harían valer, a porfía, por acreditarse de *entendidos:* y tanto unos como otros descubrirían, entre mentiras y verdades, el Juez de todo lo que hacemos, el Motor de todo lo que emprendemos.

El amor propio hace alarde de todo, en casos opuestos:

$$\left. \begin{array}{l} \text{se ama y se desprecia la vida} \\ \text{se habla bien y mal del amor propio} \end{array} \right\} \text{ por amor propio}$$

y el que sabe esto lo dice, para que lo tengan por *observador.*

¿Quién habrá visto hombre sin amor propio?
El que tacha a otro de tener *demasiado* amor propio,
¿cómo lo habrá medido sino comparándolo con el suyo?

El amor propio es como las moscas ¿en qué no se meterá cuando se mete en la *ignorancia?*

SOY UN BRUTO, *quiere decir,* SE, sin haber aprendido.

NO TENGO AMOR PROPIO
quiere decir
Tengo la ventaja de conocer que no tengo amor propio,

esto es preciarse de disparatar *mejor que nadie.*

El amor propio es de ESENCIA en el hombre—es el deseo de ser más que

$$
\text{另一件，奢望} \begin{cases} \text{议会的权力} \\ \text{与人民的}\textbf{知识} \\ \text{成比例 ==} \end{cases}
$$

$$
\text{因此} \begin{cases} \text{社会}\textbf{教育}\text{应该} \\ \textit{无例外地}\text{具有普遍性。} \end{cases}
$$

为了适时占有这些主张，我更多关心了内容，而不注重它们的编排顺序——就是说，我更多考虑了我的自尊心，而不太在意适宜别人与否；大家都这么做 == 因此，不可能有人不该原谅我这个弱点：除非如果某种**巨大的**谦卑表现出来证明——

> 说自己是可怜蠕虫
> 比自认为是**大人物**
> 更没有自尊心。

如果手工艺人像作者自卑那样执意自卑，那么，打赌*谁*会更好地毁掉作品成为时髦的情况就会到来——尽管如此，他们还是精心把作品打造的尽善尽美，以便反悔：作品主人会争先恐后地让作品具有价值，以便证明自己是*业内*高手：无论手工艺人还是著作者，都会从谎言和真话中发现我们所做一切的审判官，和我们着手进行的一切的原动力。

在相反的情况下，自尊心炫耀一切：

$$
\text{出于自尊心} \begin{cases} \text{热爱和轻视生活} \\ \text{说自尊心的好话和坏话，} \end{cases}
$$

173

而且知道是这样的人这样说，好让人家认为他是*观察家*。

> 谁可能看见过没有自尊心的人？
> 非难别人有太多自尊心的人，
> 如果不是跟自己的自尊心相比，可能是怎样衡量别人的呢？

自尊心就像苍蝇，既然它钻进无知，那么有什么不能钻入的呢？

我是个笨人，*这话的意思是，没有学会做事。*

我没有自尊心
意思是
我有知道我没有自尊心的长处，

这是自以为比任何人蛮干得好。

自尊心属于人身上的**本质**——是胜过他人，或者他人价值很大也等量齐观

otro, u otro tanto, si es mucho lo que otro vale: y cuando no halla con quien compararse, desea solamente ser más de lo que es, para no exponerse a *dejar de ser,* y quedar en lo *que debe ser*—entonces no se llama amor propio, sino *amor de sí mismo.*

En ambos casos, hay un sentimiento *moderador,* y este sentimiento lo dan las *cosas,* al que las consulta para hacer uso de ellas.

Todos vivimos bajo el dominio de las cosas, esto es, *subsistimos:*

y es Sabiduría

el saber reglar nuestra conducta con ellas, según sus propiedades.

Los antiguos llamaron esto FILOSOFÍA

y entendían que HUMILDAD era

conocer que no somos lo que desearíamos ser, y conformarnos con lo que somos

Conocerlo,
no conformarnos   es hipocresía.
y fingir que nos conformamos

Los moralistas han hecho su clasificación.

poniendo el amor propio POR GENERO $\left\{\begin{array}{c}\text{la emulación} \\ \text{y} \\ \text{la envidia}\end{array}\right\}$ POR ESPECIES

y enredados en las variedades, las han llamado $\left.\begin{array}{c}\text{pliegues,} \\ \text{repliegues} \\ \text{y escondrijos}\end{array}\right\}\begin{array}{c}\text{del corazón} \\ \textit{humano}\end{array}$

El HUMANO debería omitirse, porque se trata del HOMBRE.

Conviene, a mi objeto, determinar aquí el valor de algunas palabras que hacen *juego,* y de que, por lo regular, se abusa. *Orgullo* y *Vanidad* se confunden con mucha frecuencia.

Conocer sus aptitudes,
por haberlas puesto a prueba,   es ORGULLO
y contar con ellas para em-
prender
     El amor propio, en este caso,   es MODESTO

Contar con aptitudes ilimitadas,   es VANIDAD
     El amor propio, en este caso,   es ARROGANTE

Todos los que entienden de pasiones distinguen $\left\{\begin{array}{c}\text{la Emulación de la Envidia} \\ \text{y} \\ \text{la Ambición de la Avaricia;}\end{array}\right.$

174

的欲望：而当他找不到与之比较的人时，就只希望超过自己的实际价值，免得可能*不再是是的样子*，或停留在应该是的样子——那样就不叫自尊心，而叫*自恋*了。

在这两种情况中，有一种可以叫人缓和的感情，对于为了利用事物而求教事物的人，*事物就把这种感情给了他们*。

我们都生活在事物的控制之下，这就是*我们还活着*：

而根据事物的特性，善于用事物规制我们的行为
就是明智。
古代人将这个称为**哲学**，
并且明白**谦卑是**
懂得我们不是我们希望成为的那个样子：和满足
我们现在是的这个样子。

知道这个，
我们不满足 　}　　是虚伪。
和装作满足

道德家们做出了自己的分类。

按类别提出自尊心 {　**好胜心**
　　　　　　　　　　　和　　}　　为了事情
　　　　　　　　　　嫉妒心

根据差别，将它们称为 **人的**心脏的 {　折痕，
　　　　　　　　　　　　　　　　　皱折
　　　　　　　　　　　　　　　　和**掩藏所**。

"人的"这个词大概应该省去，因为说的就是**人**。

为了达到我的目的，这里应该确定*相配的*和通常滥用的几个词的词义。骄傲（orgullo）和虚荣（vanidad）就经常混淆。

由于经过检验，
了解自己的才能，　　}　　是**骄傲**。
并用它们来有所作为
　　　　　在这种情况下，自尊心是**谦虚**。

拥有无限才能，　　　　　　　是**虚荣**。
　　　　　在这种情况下，自尊心是**傲慢**。

　　　　　　　　　　　　　　{　好胜心和嫉妒心
所有熟知激烈感情的人都能区分 {　　　与
　　　　　　　　　　　　　　{　雄心和贪心；

pero lo que no todos observan es que—

la Avaricia
    y   } son sentimientos comunes a todos los animales,
la Envidia

y que sólo por la *Educación* los modifica el hombre { en Emulación
    y
• Ambición.

         Según las facultades mentales,
así son los atributos del amor propio, y los efectos de la educación:
los hombres de talento no pueden ser { Arrogantes ni Vanos
                                       Envidiosos ni Avaros

los Limitados *sin Educación*
        y   } no pueden dejar de serlo.
los Estúpidos

Búsquese una prueba de esto en los Niños: obsérveseles cuando juegan y, sobre todo, cuando apuestan *a cual más corre*—y se verá el amor propio por todas sus *fases,* especialmente por la peor. Habrá niño que, irritado contra el más ágil, le pondrá estorbos para que tropiece, caiga y . . . se mate , si es posible.

       a levantarlo ocurrirán . . . . pocos,
       afectarán que no lo han visto . . . . . algunos,
       celebrarán el accidente. . . . . los más:
uno que otro le preguntará *si se ha hecho mal,* lo acompañará hasta su casa, o irá a dar parte.
En el número de unos y otros se notarán diferencias, según el temple del amor propio, *por la influencia del clima en la sensibilidad.*

No se tome este preámbulo por *disertación sobre la moral:*
apelo a sus principios, porque los necesito.

No hay Ciencia que tenga más *aspirantes* que la Política, porque todos tienen cierta parte en ella. El amor propio hace creer, a cada uno, que puede discutir cuestiones en que tiene interés... sólo porque tiene interés... o porque oye decir que—
       para hacer leyes, en las democracias,
       basta *una mediana razón.*
      y . . . ¿quién no creerá *más que mediana* la suya? . . . .
En nada *brillan* más los conocimientos . . . o se desacreditan. . . . que tratando de las Cosas Públicas:
    La MATERIA recomienda las *cosas,* y la FORMA... las *obras:*

但是，并非所有人观察到的是——

$$\left.\begin{array}{c}\text{贪心}\\\text{和}\\\text{嫉妒心}\end{array}\right\}\ \text{是所有动物共有的感情,}$$

$$\text{人只有通过}\textit{教育}\text{用}\left\{\begin{array}{c}\text{好胜心}\\\text{和}\\\text{雄心}\end{array}\right\}\ \text{来改变这样的感情。}$$

根据头脑的功能,
自尊心的标志和教育的效果是这样的:

$$\text{有才能的人不可能}\left\{\begin{array}{c}\text{傲慢和虚荣}\\\text{嫉妒和贪婪}\end{array}\right.$$

$$\left.\begin{array}{c}\textit{没有受教育的低能人}\\\text{和}\\\textit{愚蠢人}\end{array}\right\}\ \text{不可能不是这样。}$$

在小孩子里找找这种事的证据吧: 他们玩耍时, 特别是他们打赌*谁跑得最快时*, 仔细观察他们——会看到自尊心的各种*表现*, 尤其是最坏的表现。会有孩子对跑得最快的生气, 给他设置障碍叫他绊住腿、摔倒……可能的话会自杀。

走过去扶起他 .... 极少孩子。
装作没看见他 .... 些孩子。
幸灾乐祸 .... 最多数孩子。

一两个孩子会问他, *摔坏了没有*, 把他送到家, 或者去告诉家长。
由于气候对感受力的影响,根据自尊心的温度,这样的孩子的数目会有差别。

177

不要把这篇序言当作*关于道德的论文*:
因为需要, 我借用它的原则。

没有比政治拥有更多*追求者*的科学了, 因为政治里人人都有份。自尊心使得每个人都认为, 他可以对感兴趣的问题进行讨论……只因为他有兴趣……或者因为他听人说——

只要有*一般理由*,
就能在民主国家制订法律。

所以……谁不认为自己的理由*高于一般*呢? ……
知识在任何事情上……也不像在涉及公共事务上……更加*闪光发亮*……或*名声扫地*:

内容推荐*事物* , 形式……*著作*:

No hay MATERIA { más *interesante*, / más IMPORTANTE, / ni de más CONSIDERACION, } que el bien GENERAL,

ni hay OBRA que quiera { más *aptitudes*, / más CONTRACCION, / ni más ESMERO.

las JUNTAS
sea cual fuere su denominación
{
Asambleas o Dietas
Cortes o Congresos
Concilios o Sínodos
Consejos o Concejos
Consistorios o Cabildos
Ayuntamiento o Gremios
el DIVAN, las Cofradías
y hasta los Conciliábulos
}
no son sino TRIBUNALES:

por los hechos de que juzgan se distinguen; y los Jueces se recomiendan por su SABER y por sus INTENCIONES, no por su *representación*
¿en qué OBRA, pues,
se comprometerá más el amor propio, que en la PRESENTE?
No hay Vanidad *absoluta*: porque la más calificada, tiene algún *poder real en qué fundar sus pretensiones* [no olvide el lector esto].

El ENTROMETIMIENTO
que es *meterse dentro* } arguye cierta fuerza para *introducirse*

y

el ENTREMETIMIENTO,
que es *meterse entre* } tiene algunos visos de *derecho*

Se necesita más poder para *penetrar* que para *colocarse:*
según esto,

un AUTOR {
es ENTROMETIDO, porque se mete EN la materia que trata,
o
• ENTREMETIDO, porque se mete ENTRE otros autores:

para meterse EN una materia, es menester que la materia { lo pida / o / lo consienta:

para meterse ENTRE autores basta { llegar a la biblioteca / y / tomar lugar en un estante:

la materia es un INDIVIDUO,

178

没有比普遍利益 { 更*有趣* / 更*重要* / 和更**值得思考** } 的**内容**。

也没有要求 { 更多*才能* / 更多*勤奋* / 和更大**精心** } 的著作。

所有这些
不管它叫什么名称 { 大会或（日本、丹麦等国的）国会 / （西班牙）议会或国会 / 委员会或教士会议 / 理事会或市政会 / 市政会或市议会 / 市府会或同业公会 / （土耳其政府）最高会议，兄弟会 / 甚至非官方集会 } 都不过是

这些**法庭**因判断的事情而不同；而**法官**是根据他的**学识**、根据他的**意向**，而不是根据他的*表现*来推荐，

　　　　　　那么，除了本部著作以外，
　　　　　自尊心将听凭于什么样的著作来仲裁呢？

没有*绝对的*虚荣：因为最确凿的虚荣也有一些*把你的奢望建立在上面的实际能力*［读者不要忘了这一点］。

El ENTROMETIMIENTO,
意思是*进入里面* } 表明某种进入的力量
而

el ENTREMETIMIENTO,
意思是*进入中间* } 有些权利的样子

要像打入而不是置身于，需要更强的能力：
　　　　　　　　根据这一点，

一位作者 { 是**进入里面的人**，因为他进入了涉及的内容里面， / 或者 / 是**进入中间的人**，因为他进入了其他作者**中间**：

要像进入**一项内容里面，必须是内容** { 要求这样 / 或者 / 容许这样；

要像进入作者**中间**，只要 { 去到图书馆 / 并且 / 在书架上占个地方 } 就行了。

179

la República de las Letras, *se puebla y se despuebla* cada día.
Bajo este aspecto,

BIBLIOTECA ES
(al mismo tiempo)
{
Colección de ENTROMETIMIENTOS por orden de materias
y
Lista de ENTREMETIDOS por orden alfabético:

la Colección se ensancha, por la intromisión de nuevas observaciones,

y
la Lista   se alarga, con la llegada de nuevos autores:

Estos, fuera del índice, se distinguen por el modo de presentarse:

Unos se presentan sin título, esperándolo del mérito de su
obra
Otros, con títulos ajenos de la materia que tratan
Otros, recomendados por su nobleza o por sus empleos
Otros,   •   por sociedades científicas
Otros,   •   por el Cura que los bautizó
y otros, agazapados detrás de 2, ó 3 letras mayúsculas,
con estrellitas o sin ellas,

para hacerse buscar, si la obra es bien recibida; y si mal para salvarse entre los muchos que empiezan sus nombres y apellidos con las mismas
letras.

En RESUMEN

Por lo dicho hasta aquí, se descubre—
el primer móvil de esta obra,
el motivo de haberse interrumpido la publicación, y
el   •   de la falta de ordenación en lo publicado
que es = el AMOR PROPIO del autor:

amor propio RAZONADO:
para que
el Crítico que se sienta impulsado por el SUYO,
a tildar defectos,
{
en limar la *obra*
no
en limar al *autor.*
emplee el tiempo
Limando las cosas se *pulen* =
PULIR es figura de PERFECCIONAR.

180

内容是一个个人。
知识共和国每天都有人*住进来*和*迁出去*。
在这种情况下，

图书馆
（同时）**是** {
按内容顺序**进入里面**的文集
和
按字母顺序**进入中间者**的名单。

文集由于新意见的干预而扩展，
而
名单由于随着新作者到来而延长：

除了目录以外，这些新作者因出现的方式而不同：

有一些出现时没有称号，指望从其著作的优长得到称号
另一些带着与他们谈论内容不相干的称号
另一些由他们的高贵身份或他们的职位推荐
另一些由科学学会推荐
另一些由曾经为他们洗礼的教士推荐
还有一些躲藏在两三个大写字母后面，带着或者没有小星号，

这样做的目的是：如果著作受欢迎，让人家寻找他们；如果受冷遇，就在
名字和姓氏开头是同样字母的很多作者中溜之乎也。

总而言之

从到此为止讲的话中，发现了——
这部著作的第一个动机，
曾经中断出版的原因，和
已出版部分没有顺序的原因
那就是 == 作者的**自尊心**：

已经**说明了**自尊心：
以便让
批评家感到在自己自尊心的驱使下，
指摘缺点，

利用时间 {
修饰著作
不是
修饰作者：
经过修饰东西就变得光洁 ==
让它**变光洁**就是**使它完美**的手段。

Querer perfeccionar a un hombre, quitándole el amor propio, es querer blanquear a un negro, raspándole el pellejo:

más valdría DESOLLARLO de una vez;

pero

ni blanco ni negro quedaría,

porque

la PIEL es de ESENCIA en el animal.

想要去掉一个人的自尊心使他成为完美的人，就是想要刮去他的皮把一个
黑人变成白人 ：

一下子**剥去他的皮**岂不 更好；
可是那样的话
就既不是白人也不是黑人了
因为
皮肤是动物身上**本质上**的东西。

183

FISONOMIA

de las NUEVAS REPUBLICAS de América
y de los GOBIERNOS que están en RELACION con ellas

El amor propio es la causa { de todos los YERROS
como
de todos los ACIERTOS.

¡¿Quién sabe?!

si las Observaciones de un Viejo { que está pensando en la GLORIA
en lugar de
• pensar en su ENTIERRO,

no hacen que los Americanos abran los ojos { sobre la suerte de SUS HIJOS
y, en parte,
sobre la SUYA?!

¡¿Cuántas veces
una SOLA palabra
no ha evitado la RUINA de una FAMILIA?!

¡¿Cuántas veces
una SOLA VOZ de alarma
no ha librado una CIUDAD de las llamas?!

¡¿Cuántas veces
el grito de UN SOLDADO
no ha salvado UN EJERCITO?!

Los que han leído la historia dicen que—
al graznido de UNOS GANSOS
debió ROMA!!, una vez,....
TODA UNA CIUDAD DE ROMA!!!.... !... y a unos gansos!
el no haber caído en manos de enemigos, que la asaltaban,
mientras sus soldados dormían a pierna tendida.

美洲新共和国

及其**相关政府**的
特色

自尊是 { 所有**过错**
也是
所有**成就** } 的根由。

如果一个 { 谁知道呢?
仍在想着**荣耀**
而非
其**墓地** } 的老人的意见

不能使美洲人睁开双眼 { 正视**其子孙们**的命运
而在某种意义上是
正视其**自身命运** } 的话,

多少次提醒
也
难使一个**家庭**免遭涂炭!

多少次警报
也
难使一座**城池**免遭焚毁!

士兵多少声喊叫
也
拯救不了一支**部队**!

读过史书的人都说——
几只鹅的叫声
救了**罗马**! 有一次,……
敌人偷袭罗马城,当时守城士兵
正酣睡怡然,……几只鹅!……
全城毫发无损,未遭敌人染指。

185

	no	dice una palabra *sola*, sino MUCHAS!
	en	lugar de una *sola voz de alarma*, predica hace 20 años, y no en DESIERTOS, aunque en América los hay
	no	GRITA, para que los Americanos tomen las armas [demasiado mal se hacen con ellas] sino para que se atrincheren contra un EJERCITO de PREOCUPACIONES, que se les mete, a la sordina, en casa, bajo varios disfraces.
	No	es HIPOCRITA, para compararse con *gansos*,
	N i	es ADULADOR, para poner una *ciudad de América* en paralelo con ROMA!
el VIEJO	Escribe	con *interés...* con ENTUSIASMO, porque *algunos millones de hombres* hacen BULTO en el mundo.
	No	se interesa por los *Americanos,* en calidad de COMPATRIOTA, porque sería poner su amor propio EN EL SUELO—se apersona por ellos en calidad de HOMBRE. El que se interesa por la *Especie Humana*, sabiendo que está dispersa en varios puntos de la tierra, y que ésta es redonda, le parece que VUELA alrededor—esto es poner su amor propio en las NUBES:—y esto es, justamente, lo que cada uno piensa, cuando habla de su *suelo natal...* de *su país...* de su PATRIA!

No es porque haya nacido *en tal parte,* sino porque allí figura o figuraba. El deseo de dominar es tal! que los animales se entristecen y hasta *mueren!* suspirando por el dominio de los campos, de los bosques o de las cuevas que habitaban:—los hombres lloran sus cabañas, no por ellas, si no porque allí tenían quien los considerase, o viese con cariño, a lo menos: se enferman, mueren o se vuelven locos, si no las ven: los médicos llaman esta enfermedad *Nostalgia o nostomania,* que quiere decir *dolor o locura por el retorno* [suplido *al país*]

NAPOLEÓN no suspiraba por la Córcega cuando era General del Ejército de Italia, — mucho menos cuando se

vio de Primer Cónsul,
de *Cónsul Vitalicio!*
de EMPERADOR!!!
de YERNO de un EMPERADOR!!!

y, ni en sueños, se acordaba de los pedregales de su Isla, cuando pensaba en ir, hasta la India! por tierra, subyugando reinos, para fundar su MONARQUIA UNIVERSAL.

老人 {

并非只提醒过*一次*，而是**许多次**！

并非只*报警过一次*，而是报警了整整 20 个年头！尽管美洲有许多**沙漠**，

　　但一次又一次的报警均不是在这些渺无人烟的地方。

并非在**大喊大叫**要美洲人拿起武器（有了武器绝非好事），而是要他们

　　防范各种各样的**思想观念**乔装打扮偷偷溜进家园。

不会**虚伪**地自比大白鹅。

不会**胡乱**将一座*美洲城市*比做**罗马**！

是*兴致勃勃*、**激情满怀**地从事写作的，因为世界上**生活着***许多人*。并不在意同胞*美洲*人，因为他们有**自尊**，爱着**这片土地**——这片土地使他们成为了**人**。老人所关注的是人类；他知道人类分散在地球 的各个角落；他知道地球是圆的，觉得地球在飞速转动——他的自尊亦随之*升华*——而这又正是每个人在谈及自己的*故土*……自己的*家乡*……*自己的祖国*时所怀有的情结！

}

187

不是因为生于*斯*，而是因为长于斯，发迹于斯。控制欲是如此之强——意欲控制田野、森林乃至动物们赖以栖身的洞穴——，以至于动物们皆忧伤，甚至死亡。人们为自己的家乡而流泪，但不是因为家乡本身，而是因为那儿有敬重他们的人、爱恋他们的人；他们如果看不到家乡，就会生病、发疯甚至死亡：医生们称这种病为*思乡病抑或思乡狂*，意思是*极欲返回故乡*。

　　拿破仑任意大利军团司令时不思念科西嘉，——

　　　　　　他在任第一执政时，

　　　　　　　任终身执政时，

　　　　　　　　当**皇帝**时，

　　　　　　　成为**奥地利**皇帝的**女婿**时，

就更不思念科西嘉了！而他打算从陆路进攻印度、沿途征服各王国以建立**世界大帝国**时，连做梦也想不起那出生地小岛上的乱石滩了。

BOLIVAR, nunca olvidó a Caracas, aunque llegó a ser el primer hombre del Sur-América, porque su familia era respetada en el país—porque, si en otras partes lo hacía valer la representación, en Venezuela valía por su persona:—Separado del Servicio, habría dejado de ser Presidente y General —Caracas, entre las ciudades de América, no era retiro oscuro para un Libertador.

NAPOLEON se infló y se elevó como un globo, le faltó el gas y fue a caer en un Islote, en medio de los Mares.

BOLIVAR, por haber querido hacer en América lo que todos no entendían, se hizo de sus Emulos, Rivales, y de sus Rivales, Enemigos:—la historia de Napoleón dio el pretexto— sus Paisanos lo PROSCRIBIERON!— y ya con el pie en el barco lo reclamó Santa Marta; pero fue para ENTERRARLO.

La FRANCIA, al cabo de 20 años [porque antes no se lo permitían], fue LLORANDO a sacar los huesos de su Emperador y se los llevó a París.

VENEZUELA, al cabo de 12, se acuerda de los de Bolívar.

¿Cuál   habrá sido la causa del olvido en tanto tiempo?
¿y cuál será   la •   del recuerdo ahora?

        ¿Esperaba que los huesos estuviesen secos?—
    o   •   que los acabasen de olvidar?

        «Ni uno ni otro» [*dicen algunos*]

        Antes no había qué imitar
        Ahora hay con quién rivalizar

Es menester que Venezuela *gaste,* porque la Francia GASTO,
    y es muy regular que   *llore,* porque la Francia LLORO.

        «No, tan absolutamente [*dicen otros*]
        Habrá de todo un poco»

Sentimientos sinceros en unos —afectados en otros:—un poco de ostentación—orgullo nacional, o VANIDAD; en suma, lo mismo que en Francia; pero lo que NADIE podrá negar es, que—
    Napoleón tenía y tiene más amigos en Francia
que Bolívar   •   •   en América
              y debe ser así, porque
        en ninguna parte vale menos el mérito de un Español que
              en España.

玻利瓦尔虽然成了南美第一人，但永远忘不了加拉加斯，因为他的家族在国内很受尊重——因为他在委内瑞拉是个有尊严的人，而在其他地方只是个社会地位的象征：——他若不再担任公职，也就不再是总统、总司令了——加拉加斯位列美洲各大城市；那儿不是一名解放者默默无闻的隐退之地。

拿破仑自我膨胀，像只气球扶摇直上；但气又不足，结果降落到了一座四周环海的荒岛上。

玻利瓦尔本想干件大事，但人们都不理解，结果招致了许多竞争对手，而竞争对手又成了敌人：——拿破仑的所作所为成了反对他的借口，——他的同胞们**放逐**了他！——他一上船就接到了圣马尔塔的招请，但那是为了**置他于死地**。

20 年后，**法国**才**哭着**收拾他们皇帝的遗骨运到巴黎（因为之前是不准许的）。

189

　　12 年后，**委内瑞拉**才想起玻利瓦尔的遗骨。
　　被遗忘这么长时间的原因是什么？
　　这会儿想起来了的原因又是什么？
　　是要等遗骨干枯吗？——
　　还是要一直等到想起来呢？
　　[*一些人说：*] "都不是。"

　　　　之前没有先例；
　　　　这会儿有了榜样。

　　委内瑞拉必须这么*做*，因为法国**这么做了**。
　　*哭*也是很正常的，因为法国**哭了**。

（*另外一些人说：*）"也不完全都不是，都有那么一点儿。"

有些人是真心实意的——有些人则是装腔作势的：——带点儿炫耀——民族自豪感（或曰**虚荣心**）；总之跟法国一样；但**没有人**会否认的是，——拿破仑以前在法国有许多朋友，而现在朋友更多；玻利瓦尔以前在美洲有许多朋友，而现在朋友也更多；
　　　　应该如此，因为
　　一个西班牙人的功绩在西班牙要比
　　在其他任何地方更受人崇敬。

Por mucho tiempo serán { la madre patria y la hija } una prueba de que

ninguno en su tierra es Profeta.

———

Hemos juzgado de los Vivos, juzguemos también de los muertos.

Si los amigos de Napoleón no lo hubiesen asegurado bien, NA-DANDO se habría vuelto a Francia con su corona *en la boca*.

Si la LENGUA de Bolívar se conservara.... SECA! se movería para regraciar a Venezuela por el ALTO HONOR que se digna hacer a sus pobres huesos.

190

{ 祖国母亲
及其儿女们 } 要过很久才能证实

其土地上谁也不是先知先觉。

————————

我们评说了活着的人，也评说了死去的人。

如果拿破仑的朋友们没有牢牢地看着他的话，他很可能就会
口叼皇冠**游**回法国了。

如果玻利瓦尔的**舌头**还在的话……（肯定**干巴**了！），就会因
委内瑞拉肯收拾其可怜的遗骨所给予的**崇高荣誉**而向其道谢。

191

«AQUI ESTAN BIEN [les diría]

Con el tiempo desaparecerán, *de estos 4 palmos de tierra,* como desparecieron *de la memoria de mis compatriotas,* mis SERVICIOS, y UN AMOR de que les di tantas pruebas: tuve el DOLOR de verlos desaparecer, antes de desaparecer yo: me vi OLVIDADO antes de morir. Pocos hombres habrá habido,
que hayan merecido menos el DESPRECIO que yo,
ni que hayan sentido más la INGRATITUD».

«QUEDENSE MIS HUESOS EN PAZ—

no falta quien los riegue, de cuando en cuando con sus
LAGRIMAS,
mis amigos saben dónde están,
aquí les envían sus SUSPIROS,
y esos no sufren comparación,
con los INSIPIDOS *aplausos* de la VANIDAD».

———

Perdone el Lector la distracción:—las Relaciones arrastran, con tanta más fuerza, cuanto mas íntimas son.

La suerte de mis *compatriotas*
me llevó al   PATRIOTISMO
el   patriotismo a NAPOLEON
                  Napoleón a BOLIVAR
                        Bolívar a Venezuela:

de allí volví a ver la *América*
        y en la América hallo las Repúblicas,
                que son las que me atormentan

        BOLIVAR estaba unido con la AMERICA
                y yo
   con EL   y   con ELLA
El ocupa toda mi MEMORIA y   Ella toda mi ATENCION

[**他会对人们说：**]"遗骨在此很好，

将随时间的推移，会像我曾**为国效力**一事以及我曾多次表白的对
同胞之爱（即我在自己消失之前不忍看着同胞们消失）那样，在
我死之前就被**遗忘**了——会像从*同胞们的记忆中*消失的那样，从
*这四个巴掌大的土地上*消失。
很少有人应该受到比我更多的**重视**，
也没有多少人会比我更能感受到**忘恩负义**之情。"

"**别动我的遗骨**——

会有人时不时来**泪洒**我的遗骨的，
我的朋友们知道我的遗骨所在地，
他们会在此对着我的遗骨**叹息连连**，
而这跟那些**乏味**、**浮华**的赞美之词是无可比拟的。"

————————

我信笔书写，请读者们原谅：——关系越深则越亲密。

*同胞们*的命运
使我心生**爱国主义**，
爱国主义使我走近**拿破仑**，
  由拿破仑而及**玻利瓦尔**，
    由玻利瓦尔而及委内瑞拉：
我又从委内瑞拉看*美洲*，
  我看到美洲有一批共和国，
    这些共和国使我苦恼。

    玻利瓦尔跟美洲连在一起，
      而我
    则跟玻利瓦尔和美洲连在一起。
玻利瓦尔占据着我整个心房，而**美洲**则吸引了我的全部注意力。

en la FISONOMIA de los LOS NUEVOS GOBIERNOS,
las primeras facciones se ven
en la REVOLUCION de FRANCIA,
y las segundas
en el GENIO de los DOS HOMBRES
que, en estos últimos tiempos, han dado
MOVIMIENTO, *a las ideas sociales,*
en mayor extensión de terreno.

NAPOLEON   y   BOLIVAR
en Europa   en América

Napoleón *se encerraba*   *Bolívar quería estar en*
en sí mismo: *todas partes.*

Napoleón   Bolívar
quería gobernar al género humano: *quería que se gobernara por sí*

y YO
quiero que aprenda a gobernarse...

[este sí que es AMOR PROPIO!!]
pues todavía quiero más
quiero que venga a APRENDER A MI ESCUELA...

[ya esto no es nada, porque pasa de raya]

pero puede tomarse un sesgo,
sin perder Yo mi lugar
entre
NAPOLEÓN   y   BOLÍVAR
DENSEME LOS MUCHACHOS POBRES

declaran libres al nacer
o   o
DENSEME LOS QUE LOS HACENDADOS   no pueden enseñar
o
abandonan por rudos

porque ya están grandes
o   o
dénseme los que la Inclusa bota   porque no puede mantenerlos
o
porque son hijos legítimos

194

新政府的特色：
有一部分见诸
法国大革命；
另一部分见诸
两个人的性情：
这两个人之前根据一系列
社会主张
在世界大部分地区采取了**行动。**

拿破仑 ﹜ 而 ﹛ **玻利瓦尔**
在欧洲　　　　　　则在美洲

拿破仑内敛，　　　　　玻利瓦尔外向，
自我封闭；　　　　　　*到处现身。*

拿破仑　　　　　　　玻利瓦尔
想统治全人类；　　　*主张自我管理。*

而我
则希望人们学会自制……

[这就是**自尊！**]
而我还有个希望
希望人们**到我的学校学习**……

195

[这可能做不到，因为希望有点过。]

但可以作为一个方向。
我
位处
拿破仑和**玻利瓦尔**之间。
把穷苦的孩子们送到我这里来吧。

把那些庄园主们 ﹛ 宣称生而自由、
　　　　　　　　　不愿教育　、 ﹜ 的穷孩子们**送到**
　　　　　　　　　因不守规矩而要赶走 　　**我这里来。**

把那些 ﹛ 因长大、
　　　　因难以继续收养、 ﹜ 而被孤儿院赶走
　　　　因是婚生子 　　　的穷孩子们送到
　　　　　　　　　　　　我这里来。

Reducido así mi AMOR PROPIO, a los límites en que debe encerrarse
hará todo el BIEN que alcance a hacer
y los CABALLEROS verán—
lo que sus padres no vieron, y lo que ellos no esperan ver =
que es

un hombre {
que conoce sus *derechos*
cumpliendo con sus *deberes*
} sin que sea menester {
forzarlo
ni
engañarlo
}

dejen dar Ideas Sociales a la Gente Pobre,

y tendrán {
en quien depositar su confianza
con quien emprender lo que quieran
quien los sirva con esmero y
quien cuide de sus intereses
}

y contarán {
con lo que sea suyo
con la palabra que les den
con los informes que pidan y
con el respeto que les deban
}

en fin: tendrán GENTE con quien tratar, y contarán con
AMIGOS

196

la REVOLUCION DE FRANCIA [dice Mignet]
ha empezado la Era de las *Nuevas Sociedades,*
como la REVOLUCION DE INGLATERRA
empezó la de los nuevos *Gobiernos.*

Esta observación hace hacer otra,
y es
que primero pensamos en *mandar*   que en *gobernar,*
y   primero   •   en*gobernar*   que en *ordenar* =
la Guerra precedió a la Jurisprudencia, y ésta a la Administración.
El hombre nace *mandando...* (obsérvese la conducta de los niños)
Va dejando de mandar y entrando a *gobernar,* así como va creciendo (véase
la conducta de los jóvenes)
Va dejando de Gobernar y entrando a *ordenar* hasta que deja de crecer
(véase la conducta de la virilidad)
y sigue ordenando cada vez *más* y cada vez *mejor,* al paso que se acerca
a su fin (véase la conducta de los viejos)

我要充分发挥我所保有的**自尊之情**，
我要**行善**到底。
先生们，看吧——
那些父母不来看望、也不想看望的孩子们
将长大

成人，不用 { 强迫，
也不用
欺骗， } 他们就会 { 知道自己的*权利*；
懂得尽自己的义务。

要用社会观武装穷人。

要 { 信任他们，
懂得他们需要什么，
有人细心照料他们，
有人关心他们的利益。

要 { 考虑到他们的要求，
对他们说话算话，
让他们知道想要了解的信息，
让他们享有应有的尊重。

总之，要把他们当**人**看，要跟他们交**朋友**。

197

[米涅说：]**法国大革命**
犹如**英国革命**
开始了一个*新政府*时代那样
开始了一个*新社会*时代。

这一说法使我有了一种新看法：
亦即
我们首先想要的是*指挥权*，而不是*统治权*，
我们首先想要的是*统治权*，而不是*制定法规*＝＝战争先于统治，而统治又
先于法规。
人生而具有*指挥欲*⋯⋯（请看小孩儿们的行为）
人越长越大，指挥欲日衰，*统治欲*日强（请看年青人的行为）
成人后即看轻统治权，开始*制定法规*（请看壮年人的行为）
随着年龄的增长，法律制定得越来越多、越来越完善（请看老年人的行为）

La *Edad* es emblema de la *Experiencia:* y no hay otro modo de pintar ésta,
y la Vida un CURSO DE ESTUDIOS para aprender a vivir
y cuando ya sabemos vivir nos morimos,
porque ya no hay más que saber

Aunque viviéramos MIL años, no sabríamos más; y aunque fuéramos ETER-
NOS de nada nos serviría la experiencia, si no nos gobernábamos por ella.

«EL QUE MAS VIVE MAS VE»
(hablando de cosas públicas)
no es porque vea cosas Nuevas;
por una, *muy poco diferente,* ve millares de veces *las mismas.*

Estamos *fastidiosamente* citando hechos de la misma especie, y haciendo *por imitación,* lo que otros hicieron *por ignorancia,* para probar que
hemos estudiado bien la historia.

Esta observación hace hacer otras,

1.ª que los niños no testan, porque no tienen $\begin{Bmatrix} \text{ni caudal} \\ \text{ni experiencia} \end{Bmatrix}$ que dejar

2.ª que los jóvenes disponen de sus bienes, y no de su experiencia porque tienen muy poca

3.ª que los hombres [en general] ponen mucho cuidado en disponer de
cosas que no pueden llevar, y se entierran con una experiencia que deberían dejar; no obstante, sin advertirlo y sin formalidades, su vida es un
testamento nuncupativo—cada conversación es un artículo y cada consejo que dan... una cláusula— el que oye es, al mismo tiempo, heredero,
testigo y albacea— no hay ley, no hay rescripto, no hay potestad que anule la tradición.

4.ª que los viejos son los autores de todos los enredos que llenan los ar-
chivos: los Jueces, los Abogados, los Escribanos, los Procuradores, y los
GOBIERNOS! en su *honrosa* calidad de mercaderes de papel sellado, son
herederos forzosos del caudal: y los que llaman LLAMADOS a heredar,
son considerados, en el foro, como PACÍFICOS tenedores, mientras no caen
en la tentación de deslindar desavenencias, o entretanto que algún remoto pariente se presenta alegando derecho a la sucesión, o entretanto que...
cualquiera cosa... de las muchas que arrastran las testamentarías.

5.ª Que los viejos que se meten a escribir, en lugar de buscar dinero, viven emitiendo papel, que nunca llega al par... si es que corre... y mueren
ab intestato, dejando un caudal de experiencia, que sus hijos malbaratan.

年龄是经验的标志：没有别的方式标示经验。
　　生活是个学会生存的学习过程；
　　而到我们学会生存时，我们就死了，
　　　因为已没有什么可学的了。

我们即使活上一千年，也不会学更多；我们即使永生，如果不依经验行事，经验对**我们**也没有什么用。

"活得越长，见识越广。"
（说的是公共事务）
并不是因为看到过多少新事物；
一个人无数次见到*同样的事物*，也就没有什么*新鲜感*了。

我们*讨厌谈及同一事物*；我们讨厌人*云亦云*，更讨厌拿别人*因无知*而说过的话、做过的事来证明自己历史学得很好。

这一说法又使我有了一些新看法：

1．小孩儿们不立遗嘱，因为他们没有 { 财产 经验 } 可留。

2．青年人有财产，但没有什么经验可谈，因为只有很少的经验。

3．成年人［通常］非常认真地处置其不能随身携带的东西，并抽身归隐，也不公开其应该留下的宝贵经验；然而他们的一生就是一份没有通告、没有正式手续的非书面遗嘱——每次交谈就是一则条款。每次忠告……也是一则条款——而倾听者则是继承人、见证人和遗嘱执行人——没有任何法律、敕令抑或当权者能够废止传统。

4．老人们制造的杂物塞满了档案室：享有封存文件掮客这一美誉的法官、律师、法庭书记、检察官以及**政府**是这笔财产的当然继承人：这些**所谓的**继承人在法庭上被视为**中立的**文件持有者，不会在某个远亲跑来声称拥有继承权抑或有*什么事*拖延遗嘱的执行时插手纷争。

5．从事写作而不去挣钱的老人们过着发表文章的生活，而文章发表的速度永远赶不上金钱的滚动……；他们瞑目时未立遗嘱，留下来的是经验；他们的子嗣并不珍惜这些经验，随便加以处置。

Distíngase de experiencias:

las que tocan al *orden público,* se ven, de ordinario, con *muchísima* indiferencia, por los hombres *más* ilustrados—el común de los hombres habla de trastornos políticos como si fueran *pestes* o *terremotos,* sin meterse en *causas.* [Y ojalá nunca emprendieran indicarlas]. Los hombres públicos, de segundo orden, consideran los acontecimientos como si fueran lluvias, favorables o perjudiciales a... *sus sembrados*—y los Jefes de las Naciones, u hombres de primer orden, hacen profesión de ANTICUARIOS. —Tiempo les falta para imponerse en lo que hicieron los Persas, los Griegos y los Romanos: cada anécdota es como una medalla = cuanto más vieja mejor; la citan, la recitan, y se jactan de la riqueza de su colección. —Cada día, después de haber conversado, CON SUS Ministros... UN RATO... sobre los negocios que tienen entre manos, se retiran a sus gabinetes, y al entrar dicen [como por composición de lugar]—

la *Historia* es la *Escuela* de los *Príncipes.*

Esta observación hace hacer otra
y es,

que los Príncipes aprovechan en su Escuela, tanto como los Muchachitos que están aprendiendo... *de memoria*... la Gramática... POR PRINCIPIOS

200

—dime, hijo, ¿Cómo harás, cuando veas un verbo, para conocer si es IRREGULAR?
—*Eso no está en mi Librito,* Señor:

—————————— jn   jn[1]

—y—y—y... ¿Cuántos son los adverbios de LUGAR?
—   *Aquí, allá,* & c. Señor.
—————————————— jn

—y, no hay más?
—*no, Señor, no hay más.*
—————————————— jn jn

—y—y—y... ¿Cuántos son los adverbios de TIEMPO?
—   *ayer, hoy,* & c. Señor.
—————————————— jn

[1] Esta parece ser la Ortografía de una interjección que hacemos con aspiración nasal (Nota del Autor).

要重视经验

一般说来，*最博学的人最不关心公共秩序方面的经验*——大多数人认为政治动乱是*灾难*，是*地震*，并不深究其原因 [但愿永远不要挑明原因] 。第二层级是政治人物：他们认为政治动乱是雨水，……对他们*已播种的土地*有利抑或有害——国家领导人（或曰第一层级的人物）玩**古董**。——他们急于要学会波斯人、希腊人和罗马人干过的事：每件轶事好像都体现着一份荣耀 == 越古老越好：他们引证轶事，宣讲轶事，炫耀他们丰富的收藏。——每天跟部长们谈……**一小会儿**……有关他们要做的工作，然后走回自己的办公室，进门时 [故作深沉地] 说道——

> *历史是王子们的课堂。*

> 这一说法使我有了一种新看法：
> 亦即

王子们在其课堂上受业，犹如孩子们学会……语法**规则**。
  ——告诉我，孩子，你看到一个动词时，
    怎么分辨出它是**不规则动词**呢?
  ——*我书上没有，先生。*
  ——嗯 、嗯④。
  ——那—那—那……哪些是**地点**副词?
  ——*这儿、那儿及其他等等，先生。*
  ——嗯。
  ——没有了?
  ——*没有了，先生。*
  ——嗯、嗯。
  ——那—那—那……哪些是**时间**副词呢?
  ——*昨天、今天及其他等等，先生。*
  ——嗯。

---

④ 这似乎是我们用鼻子呼吸时发出的感叹词的拼写。——作者注

—y, no hay más?
—*no, Señor, no hay más.*
———————————————— jn jn

—y—y—y... ¿Sabes lo que es et cétera
—*Eso,* TOAVIA no me l' han ENSEÑAO.
———————————————— jn jn jn

—Vaya, hijo, aplícate—que, con esos PRINCIPIOS
no habrá cuestión que no resuelvas.

Volvamos

a la REVOLUCION de FRANCIA

y estudiémosla POR PRINCIPIOS,
en el Catecismo de Mignet.

«La Revolución (dice), no sólo ha modificado el Poder Político, sino que ha mudado toda la Existencia Interior de la nación. Las formas sociales de la Edad Media existían aún—el suelo estaba dividido en Provincias enemigas, y los hombres en Clases Rivales. Aunque la Nobleza conservaba sus distinciones, había perdido todo su poder. El pueblo estaba privado de toda especie de derecho—la Autoridad Real no conocía límites—y la Francia, en una entera confusión estaba entregada a la arbitrariedad ministerial, al régimen particular de los lugares, y a los privilegios de cuerpo. La Revolución sustituyó a aquel orden abusivo uno más conforme a la justicia y más apropiado a los tiempos. Reemplazó la arbitrariedad con la ley, el privilegio con la igualdad—abolió las distinciones que separaban las clases, quitó las barreras que aislaban las provincias y las trabas que las corporaciones ponían a la industria—descargó la agricultura del peso del feudo y del diezmo, sacó la propiedad del entorpecimiento de las sustituciones, y redujo todo a un solo Estado, a un solo derecho y a un solo pueblo.

Para hacer tantas y tan grandes reformas, la Revolución tuvo que vencer muchos obstáculos: su acción dio lugar a muchos excesos pasajeros; pero produjo muchos bienes durables. Los privilegiados quisieron poner impedimento y la Europa oponerse a su curso: forzaron la nación a la lucha, y empeñada en ella, no pudo medir sus esfuerzos ni moderarse en sus victorias. La resistencia interior condujo a la Soberanía de la multitud, y la agresión exterior, a la dominación militar; y a pesar de la anarquía y del despotismo, se consiguió el fin—la an-

——没有了？

——*没有了，先生。*

——嗯、嗯。

——那—那—那……你知道 et cetera（及其他等等）吗？

——这……您**还没教过**哪。

——嗯、嗯、嗯。

——好，好，孩子，好好学吧——有了这些**规则**
　　就没有什么问题解决不了的啦。

我们回头再谈

法国大革命。

我们来读一读

米涅宣讲的**规则**吧。

（他说：）" 大革命不仅变更了政权，而且改变了国内的生活方式。这之前存在着中世纪的社会形态——国土分裂为敌对的行省，而人们则分成了对立的阶级。贵族虽然仍保有其地位，但已丧失了全权。平民被剥夺了一切权利——王权至上——法国一片混乱，大臣专权、地方自治、行业公会享有特权。大革命革除积弊，铲除腐朽，秉公依法行事，与时俱进。以法律代替专权，以平等代替特权——废除阶级区分，拆除行省间的壁垒，去除行业公会为产业发展设置的障碍——废除农业重赋和什一税，土地可以自由买卖；国家一统、权利同享、人人平等。

　　大革命进行如此多、如此大的变革，必然要克服许多困难：革命行动导致了一些短暂的过火行为，但带来了许多长久的利益。享有特权者们竭力制造困难阻止革命前进；整个欧洲都反对革命向前推进：迫使法国投入战争；战斗十分激烈，不惜一切代价，速战速决，力求全胜。国内的反抗造就了民众权威，外部的攻击导致了军事统治；虽然出现了无政府状态和专制暴政情况，但还是达到了目的：革命摧毁了旧社会，建立了新社会——不过是实行帝制的新社会。

tigua Sociedad quedó destruida en la revolución, y la nueva se estableció bajo el Imperio.

Cuando una reforma se ha hecho necesaria, y que ha llegado el momento de efectuarse, nada la impide y todo la sirve. ¡Felices entonces los hombres que saben entenderse, cediendo unos lo que tienen de más, y contentándose otros con lo que les falta! Si las revoluciones se hicieran amigablemente, el historiador no tendría que recordar desgracias, y presentaría la humanidad corregida de sus errores, más prudente, más libre, y más dichosa; pero los anales de los pueblos, no ofrecen de estos ejemplos: los que debían ceder rehúsan, y los que pretenden exigen: el bien se obtiene por medios violentos, como el mal se hace por usurpación: todavía no se conoce otro Soberano que la fuerza».

当需要进行一场变革而实行变革的时机已成熟时，其势则锐不可挡，一切得服从大局。有自知之明、洁身自好者——他们中有的人让出自己多余的财物；有的人虽然手头拮据，但怡然自得——是幸福的！如果革命进行得平平和和，历史学家们就没有什么不幸的事件可写了，就会赞美那些改邪归正、比较明事理、更自如、更幸福的人了。然而人类历史上还没有过这样的先例：那些应该让出多余财物的人拒不出让，而那些手头拮据者们则不安分，心怀非分之想；用暴力手段夺取财物，犯下非法侵占罪：还没有见过暴力之外的主宰哩。"

Pintando de otro modo este Cuadro,
para hacerlo más sensible a los ojos,
veamos la FRANCIA
en el desorden de una Revolución
haciendo
una REPUBLICA que, a poco, transformó
en IMPERIO, y luego, el Imperio, en MONARQUIA
constitucional.

la *República*   }   el *Imperio*   }   y   la *Monarquía*
TUVO VARIOS JEFES   un ADVENEDIZO   dos REYES DE RAZA

el 2.do traicionó LA CARTA
y fue depuesto por mañoso.

forma la Francia
un *nuevo gobierno,* compuesto de los 3
y lo llama DEMOCRACIA MONARQUICA

la CLASE MEDIA es }   el REY es }   y el pueblo es
el YEI   un GUARDASELLOS   todo POBRE IGNORANTE

de esta clase   el Rey   y el pueblo es
salen todos los em- }
pleados   *es* 1^r. *funcionario* }   *nada*
y los ministros   y las   y obedece
dan las órdenes   refrenda

206

ESTO { no *es* lo que *será* }
            porque   }   pero!... se acerca mucho
     no es lo que debe ser

          { son CREADORES }
los franceses { porque   } son los GRIEGOS! de nuestros tiempos
          tienen *imagi-*
          nación
                 Pero,

                      { aunque trataran de ella en griego
por buena que sea la INVENCION, y {   para que
                      no los entendieran,
los Zapateros y los Campesinos franceses son el DIABLO! y, entre ellos,
hay muchos que saben las lenguas clásicas— y dirán a sus compañeros
lo que oyen en las conversaciones. Les dirán, que quieren hacerlos trabajar POR POCO, para que no lleguen a RICOS, y tenerlos todo el año ocupa-

换一种方式描述这一情景；
可使人们看得更真切。
我们来看一下**法国**：
身处一场混乱无序的革命中之法国
使

一个**共和国**很快变成了
　　　帝国，而后帝国又变成了**君主**立宪制。

共和国 　　　　　 *帝国* 　　　　　　 而 *君主制*
有若干首脑 } **有一个暴发户** } 　　

　　　　　　　　　　 而有两**个同一家族的皇帝**第二位皇帝
　　　　　　　　　　 背弃**宪法**，被人施计推翻。

　　　　　　　　法国成立
　　　　一新政府，由三个阶层构成
　　　　　　实行君主制民主

资产阶级是 　　　　 **皇帝是** 　　　 平民是
掌权者 } 　　　 **掌玺人** } 　　 **十分可怜**的愚氓

所有的政府官员 　　　 皇帝 　　　 平民
均源自这一阶级； } 是首席官员， } *什么也不是*，
内阁大臣们 　　　 附签 　　　 只有服从
下指令 　　　　 指令

207

　　　　　　　　——————

　　　　　　 { **将**不会 [在美洲] 发生，
这种情况 　{ 因为 　　　　　　　 } 　但是，快要发生了！
　　　　　　 { 不应该发生；

　　　　　　 { 是**创造能手**，
法国人 　　　{ 因为 　　　　　　 　他们是我们时代的**希腊人**！
　　　　　　 { 他们极富
　　　　　　 { *想像力*。

　　　　　　　　但是，

　　　　　　　 { 为了使法国鞋匠和农民
创意再好亦**枉然**， { 看不懂而使用
　　　　　　　 { 希腊文进行了述说，

但鞋匠和农民们很**聪慧机敏**！他们当中有许多人会希腊文——他们将谈到
的内容讲给伙伴们听，告知他们：那些家伙想要让他们干活赚**不了钱**，以

dos, para que no tengan tiempo de aprender *lo que no les toca saber* —
que los tratan de PROLETARIOS, que quiere decir *gente buena para hacer*
CRIA.

La clase media ¡que es tan instruida!

¿no sabe que los franceses tienen MALAS PULGAS?...

Busquen en su diccionario y hallarán refranes equivalentes a los Españoles—

«nos quieren hacer comulgar con ruedas de molino»

a otro perro con ese hueso.

Dejemos la Francia
y veamos la AMERICA

Estamos Perplejos —y debemos estarlo:

Nuevos en la Carrera,

y con tantos ejemplos a la vista—todos dignos de atención,

tomamos, de cada uno, lo que nos parece mejor—

de la INGLATERRA tomamos la ARISTOCRACIA DE NACIMIENTO =

hay, entre nosotros, Familias Enteras!

que en nada ceden a los Lores ni a las Ladies:

de los ESTADOS UNIDOS tomamos la ARISTOCRACIA MERCANTIL =

hay, entre nosotros, negociantes!

que no se rozarían con menestrales

por todos los tesoros del mundo

de la FRANCIA   tomamos   la CLASE MEDIA

a ésta, llevamos muchas ventajas!

a más de la GENTUZA, ocupada en oficios BAJOS

tenemos
{
Huasos, Chinos y Bárbaros
Gauchos, Cholos y Huachinangos
Negros, Prietos y Gentiles
Serranos, Calentanos, Indígenas
Gente de Color y de Ruana[2]
Morenos, Mulatos y Zambos
Blancos porfiados y Patas amarillas
y una CHUSMA de Cruzados
Tercerones, Cuartetones, Quinterones,
y Salto-atrás
que hace, como en botánica,
una familia de CRIPTOGAMOS
}

[2] En la Nueva Granada llaman el poncho RUANA (Nota del autor).

使他们**富**不起来；想要让他们一年忙到头，以使他们没有时间学习该掌握的知识——使他们成为**无产者**，成为*纯然的*生殖机器。

资产阶级受过良好教育！

不知道法国人**脾气不好**吗？……

查查字典吧，将会找到跟西班牙人所说的
                        同样的谚语——

别"想让我们轻易相信" 有不爱骨头的狗。

                    停说法国，
                    来谈美洲。

            我们茫然不知所措——这是必然的：
                    新手上路嘛。
            眼下有那么多样品——个个值得采用。
        我们一个又一个地采用了认为是最好的样品——
                    我们采用了**英国式**的**家族统治**＝＝
                    我们有历史悠久的家族！
                这些家族不那么尊重科学和妇女；
                    我们采用了**美国式**的**商人统治**＝＝
                    我们有商人！
                这些商人不愿跟工匠们联手
                赚取世界各地的财富。

209

我们有 {
我们采用了法国**资产阶级**的统治方式；
比起法国资产阶级来我们有着诸多优越条件！
我们有大批干粗活的**无知群氓**。
乡巴佬、奇诺人和野蛮人
高乔人、乔洛人和墨西哥佬
黑人、深褐色人和异教徒
山地人、铁拉卡连特人和印第安人
有色人和身披斗篷（ruana）者⑤
黑白混血人、穆拉托人和桑博人
老实巴交的白人、黄腿人和混血人
有三分之一非白人血统者、有四分之一非白人血统者、有五分之一非白人血统者和有明显单一血统的混血人——这些人就像是植物园中的**隐花科植物**群落

─────────────
⑤　新格拉纳达的人们称斗篷为 ruana——作者注

Delante de esta GENTE, pueden $\begin{cases} \text{la nobleza,} \\ \text{el comercio,} \\ \text{y la clase media} \end{cases}$

hablar de sus asuntos políticos $\begin{cases} \text{en Araucano} \\ \text{en Pehuenche} \\ \text{en Quichua} \\ \text{en Aimará} \\ \text{en Guineo o} \\ \text{en Ilascalteca} \end{cases}$

tan seguros del secreto como si hablaran
en VASCUENCE.

Vea la Europa cómo INVENTA
y • la América cómo IMITA

El *mérito* de los proyectos está en la PREVISION
= donde no hay *previsión* no hay MERITO

Cuando se han hecho todos los esfuerzos posibles para descubrir, y que
el procedimiento *urge,* viene bien el decir que—

ALGO se ha de dar a la CASUALIDAD;

pero cuando NADA se ha hecho... O MUY POCO... y se dice
lo mismo, debe entenderse que

no es ALGO   sino   TODO!
que la CASUALIDAD suple por la PREVISION =

por consiguiente que
el mérito es de las CIRCUNSTANCIAS, no del que obra en ellas.

Los *esfuerzos* que los Monarcas y los Nobles hacen por *sostenerse,*
y los *arbitrios* de que se valen para *sostenerlos,* los que
se hallan bien con Ellos... son inútiles.

Los *medios violentos* de conseguir la Libertad, poniendo el ejercicio
de la autoridad, en manos de la multitud, es reempla-
zar un despotismo *llevadero* con otro *insoportable.*

排在这些人前面的可能是 { 贵族、
商人和
资产阶级

他们用 { 阿劳科语
佩文切语
克丘亚语
艾马拉语
几内奥语　抑或
伊拉斯卡尔特克语 } 谈论政治问题，

就像是用**巴斯克语**谈论那样，一点机密也泄露不了。

看着欧洲是如何发明**创造**的；
而美洲又是如何学样**仿效**的。

一种想法的价值在于其所具有的**预见性**
＝＝没有*预见性*也就没有**价值**。

为了发明创造已竭尽全力而无结果、且任务又紧迫时，就会说——

有些事儿是有其**偶然性**的；

但**什么也没干**……抑或只出了**一点儿力**时……也会这么说；这就应该理解为：

不是**有些事儿**，而是**所有的事儿**了！
这偶然性也就取代了**预见性**＝＝

211

因而
这想法的价值只取决于**客观条件**，而不取决于在客观条件下的努力了。

君主和贵族们为了*不垮台*所做的努力
和所采取的*手段*——他们以为是很好的手段——是徒劳、
无用的。

使用*暴力手段*获得自由、将权力交与民众，
无异于用一种*难以忍受*的暴政
取代*尚可忍受*的暴政。

Las *medidas* que se han tomado en Europa [y quieren tomarse en América] quitando al rey un poco de autoridad, y a la nobleza algunos privilegios... para cortar abusos... son insuficientes, y dejan campo para volver al *despotismo* o a la *anarquía*.

No hay *proyecto* que resista a los conocimientos difundidos en las masas (pueden decir ESTAS a los reyes y a los realistas).
No hay *experiencia* cruel que no hayamos hecho (deben decir a los demagogos).
No hay *amaño* de que no hayamos visto el resultado (dirán a los constitucionalistas)

no hay LEY, no hay RESCRIPTO, no hay POTESTAD
que anule la TRADICION
[*dirán a los abogados de la* IGNORANCIA].

Las Sociedades tienden a un *modo de existir,* muy diferente del que han tenido, y del que se pretende que tengan.
  Los hombres de estos últimos tiempos—
escarmentados de los trabajos que han pasado en tentativas inútiles—
desengañados de la aparente conveniencia que presentan los Sistemas conocidos—
cansados de oír y de leer elogios pomposos de cosas insignificantes, y a veces, de lo que no ha sucedido—
hartos de verse maltratar a nombre de DIOS! del REY o de la PATRIA—
quieren vivir

SIN REYES Y SIN CONGRESOS,
no quieren tener

AMOS   ni   TUTORES

quieren ser dueños
de sus *personas,* de sus *bienes* y de su *voluntad;*
sin que por eso entiendan
vivir COMO ANIMALES FEROCES,
(que es lo que suponen los defensores del absolutismo manifiesto o paliado)

Quieren gobernarse por la RAZON
que es la autoridad de la naturaleza.

RAZON es figura abstracta de la FACULTAD DE PENSAR

la Naturaleza { de Estúpidos,
no hace Razas { de Esclavos   la Sociedad las hace
{ de Pobres ni   por su descuido, no por su conveniencia
{ de Ignorantes

212

欧洲所采用（美洲也想采用）的办法是削减国王的一点儿权力、取消
　　贵族的一些特权……以此铲除积弊。
　　……这是不够的；这为*暴政*和*无政府状态*的再现埋下了隐患。

（民众可以对国王和保王派说**：**）不要有反对在民众中传播知识的*想法*。
（应该对政客们说：）我们没有自己的*经验*。
（拟对立宪派说：）我们尚未看到阴谋诡计所导致的*恶果*。

[*拟对**愚蠢的**律师们说：*]
没有任何**法律、政令**抑或**统治者**
能够废止**传统**。

社会想要有个完全不同于曾有过和曾力求具有过的*生存方式*。
　　最近一个时期人们——
经过一段时间的无益尝试后*接受了教训*——
对看上去很合适的著名制度失去了*信心*——
不愿再听、再看那些无谓的、无端的、
　　不着边际的吹嘘了——
不愿再受假借上帝、国王抑或**祖国**之名
　　加诸的凌辱、虐待了——

想在**没有国王、没有议会**的情况下
生活，
不想有**主宰**，
不想有**庇护人**。
要自己掌握
自己的*命运、财产和意愿*；

并不认为就此会像（*公开抑或隐蔽的专制主义维护者们所说的那样*）犹如
猛兽那般生活、行事。

要以**理性**进行自我管理；
理性是自然权。

理性是抽象的**思维活动**。

213

| 自然不认为 有什么 | 天生蠢笨的
天生为奴的
天生贫穷的
天生愚昧的 | 种族 | 这种种状况的形成完全是社会之过
——社会未尽到责任，未履行承诺。 |

La Facultad de Pensar... puesta en ejercicio... es la recomendación que presenta, la persona de quien decimos—

«*es hombre o mujer de Razón*»
«*es persona muy Racional*»

Este mérito no se adquiere en el abandono ni en la ociosidad.

Entre los hombres abandonados a su suerte, en la masa del pueblo, ha habido muchos que han conocido la injusticia de los Potentados y de los Poderosos; y algunos han clamado contra ella: HOY!.... el número es.... considerable! y... mucho mayor! que lo que piensan los que andan, de Salón en Salón, ostentando *Luces* y *Riquezas,* y hablando, con el más alto desprecio, de los que les llenan la bolsa o los mantienen de Estudiantes,

«¿Quiere Ud. $\left\{\begin{array}{c} \text{que el hijo de un } Zapatero \\ \text{se eduque} \\ \text{como el hijo de un } \text{NEGOCIANTE?} \end{array}\right.$»

[preguntan, con enfado, al que habla de *Educación Popular*][3]

[3] Es de advertir que EDUCACION, nunca se había visto en *mala compañía*, hasta el año 28, que se presentó, en las calles de Arequipa, con *Popular.* El año 29, se apareció, en las Gacetas, con su Compañero, por un efecto de la *Popularidad* de algunos Soberanos, a solicitud de ciertos escritores filántropos—con el fin de instruir a las masas... descarriadas por la revolución... en sus derechos y deberes, ... no Sociales sino *Morales*; y la *Moral* es, que retrocedan al estado antiguo, de subordinación a sus legítimos Príncipes y Señores. No creyéndose seguros en la *Moral*, pasaron a la Religión, y ya los derechos y deberes no son Morales sino Religiosos:—la Religión, pues, da el derecho de oprimir al prójimo, y al prójimo le impone el deber de aguantar.—Por este principio, los Ministros del altar son, por una parte, sustentáculos de la Vanidad, y por otra instrumentos serviles de Especulación:—su ministerio es andar por los Campos, por las Manufacturas y por los Almacenes, predicando, a todo fiel Cristiano, sumisión a los Hacendados, a los Fabricantes y a los Mercaderes—llamando *Resignación*, la ciega obediencia de los brutos y *Virtud*, la estúpida conformidad con la voluntad del Patrón,—todo respaldado con los altos designios de la PROVIDENCIA, (modo cortés de insultar a la Divinidad) (Nota del autor).

我们所说的思维活动……是

"理性男女"

"极具理性者"

} 倡导进行的。

放荡不羁、好逸恶劳是创造不出什么价值来的。

民众中曾经认命的人里已有许多人认识到了权贵和有权势者们的不公、不正；有些人已提出反对不公、不正的主张；**现如今，**……持有这一主张的人数不少！……且越来越多！他们想到做到；他们奔走呼号，不惜金钱，从事启蒙活动；他们拒绝收受贿赂发财致富，拒绝上大学深造的诱惑。

[权贵们怒气冲冲地向倡导*平民教育*的人问道：]

"你想让*鞋匠*的儿子跟**商人**的儿子

一样受教育吗？"⑥

215

---

⑥ 值得注意的是：从 1828 年起，教育一词有了一个令人满意的形容词相伴；阿雷基帕街头出现的这相伴的形容词是"平民的"。1829 年，"平民教育"一词出现在了政府公报上；这是一些深受众望的最高统治者应某些仁慈的作家的请求提出的。——为的是教育……因革命而步入歧途的民众，教导他们正确认识权利和义务。……不是社会方面的权利和义务，而是道德方面的权利和义务；这道德就意味着复旧，要从属于正统的国君和领主。在道德上感到不保险，就求救于宗教：这权利和义务就不是道德问题而是宗教问题了。——宗教赋予压迫他人的权利，并将承受压迫的义务强加给他人。——有了这些神圣的原理，牧师们一方面宣扬虚幻情境，一方面从事投机活动：——他们的职能是巡回于农村、工场和商店，劝诫虔诚的基督徒服从庄园主、工场主和店主——这称之为顺从（牲口般的盲然依从）和美德（愚蠢地按照主人的意愿办事）。——所有这一切均遵从于上帝的最高旨意。（这是辱骂上帝的客套方式。）——作者注

FIN DE LA SOCIEDAD

Los hombres no están en Sociedad para decirse que tienen necesidades—ni para aconsejarse que busquen cómo remediarlas— ni para exhortarse a tener paciencia; sino para consultarse sobre los medios de satisfacer sus deseos, porque no satisfacerlos es *padecer.*

Para tratar de su bienestar, no deben perder Consultores, ni medios de consultar = cada hombre excluido del Consejo es un voto de menos, y un perjuicio, porque hay que pensar en él, para que no ofenda, y por él cuando lo necesitan. ¡¿Qué mal calcula el que condena a un hombre a la ignorancia, por el gusto de tener quien lo exente maquinalmente del cuidado de su persona?!—de cuántos bienes no gozaría si lo hiciese capaz

---

Los Clérigos vienen a figurar en el proyecto—
como AGENTES DE NEGOCIOS
(mediante una escasa renta)
de todo el que quiera ENGRANDECERSE
y como COMISIONADOS
(mediante un tanto por ciento)
de todo el que quiera ENRIQUECERSE.

A buen estado ha venido a parar la Religión:
Los Ministros deben estar muy satisfechos de sus nuevas funciones,

No se puede esperar más, de quien vuelve las espaldas a la Luz,
para encaminarse a las Tinieblas.

Otro rasgo de celo por el sostén
de las Buenas Costumbres.

Se sugiere a los Gobiernos la Idea de poner, en cada establecimiento rural, un Cura (pagado por el Estado), para que vaya regando la Semilla del Evangelio, al paso que el campesino riegue su trigo... ¡Ojalá fuera la Semilla del Evangelio, y no la que debe salir del *costal de esperanzas* que se piensa poner al cuidado del párroco político! Por uno o por otro, la noticia debe ser plausible para el Estado Eclesiástico. ¡Cuánto Curato vacante! ¡Qué concursos tan lucidos!

Aquí viene bien un trocito de aquel pensamiento sublime, que cita Capmany, en su *Filosofía de la Elocuencia*—
¡La Imaginación se rinde bajo el peso de la
creación!

---

de ser su confidente!?— ¡¿Qué simple es el hombre que siente un placer en verse rodeado de sirvientes que no necesita, y que inventa necesidades para hacerse servir!? ¡¿y qué necio el que afecta disgusto de verse obligado a tener sirvientes, por el *qué dirán si no los tiene*!?

社会的宗旨

人们立足社会并非想要受穷——亦非想要寻求避免受穷的方法——更非想要忍受贫穷，而是要寻求实现自己愿望的方法，因为愿望实现不了就得受穷。

人们想要发财致富，就得向他人求教，并要讲究求教方式 == 一个人没有别人指点就会茫然不知所措，有百害而无一益，要时刻想着求教他人，不要怠慢他人，需要时要想到求教他人。潜意识地不尊重他人、随意

牧师们在社会分工中
充当所有**想要升官者的
代理人**，
只取很少的报酬；
充当所有**想要发财者的
代理**，
（收取百分之几的报酬）。
宗教已有了一个很好的归宿：
牧师们对其新职能很满意。

对弃明投暗者
不能有什么期待。

另外一件事就是竭力维护
优良传统。

建议政府在每个村落派驻一名牧师（由国家支付俸禄），让他们像农民播种那样传播福音。……但愿是传播福音，而不是作为政治牧师进行统治！不管干什么，这一建议必然会受到教会的欢迎。太缺牧师了！多好的建议啊！

卡普马尼在其《*修辞哲学*》中引用的一句哲理深邃的话说得好——
创造力强则想象力丰！

说人家无知，会造成极大伤害！——如果能使他人成为知己，多少财富享有不了呀！——周围有许多不需要的仆人侍候着感到愉悦、变着法子让人侍候者特傻！而如果没有仆人且迫于舆论弄些仆人来侍候又颇感不悦者更显无知！

Se nos amontonan! las Observaciones, si no las ordenamos:
pongámoslas en Escala,
y recorramos ésta, deteniéndonos en cada Escalón,
para reflexionar.

La Escala se divide en 4 partes—

1.ª Infringimos los Preceptos de la HUMANIDAD
2.ᵈᵃ Nos imponemos muchas PRIVACIONES
3.ª Nos hacemos muchos MALES
4.ª Nos PERVERTIMOS.

1.ª Parte

No puede negarse que es *inhumanidad,* el privar a un hombre de los conocimientos que necesita, para entenderse con sus semejantes, puesto que, sin ellos, su existencia es *precaria* y su vida.... *miserable.* La Instrucción es, para el espíritu, lo que, para el cuerpo, el Pan... [no de sólo pan vive el hombre]: y así como, no se tiene a un hombre *muerto de hambre,* porque es de poco comer, no se le ha de condenar a la *ignorancia,* porque es de pocos alcances.

No se negará tampoco que, cuanto mayor sea el número de hombres perjudicados, mayor será el número de actos de inhumanidad = luego las naciones más populosas, son las más inhumanas.

Ver la Ignorancia, la Pobreza, y los Yerros que comete un miserable... por ignorancia —y huir de él— despreciarlo *en su presencia*! —y MALTRATARLO! cuando se nos antoja... no es proceder que prueba Sensibilidad ni Luces.

Alegar, el Gobierno! que.... hay Escuelas, y
descargar, EL y TODOS, su conciencia, con el refrán de los
Egoístas
«Cada uno para sí, y Dios para todos,»
es buscar respuestas desagradables:
el *Dios para todos...* SOCIAL

no es *hacer cada uno su negocio, y pierda el que no esté alerta,* sino
pensar cada uno en todos, para que todos piensen en él.

Los hombres no están en el mundo $\left\{ \begin{array}{c} \text{para entredestruirse} \\ \text{sino} \\ \text{para entreayudarse.} \end{array} \right.$

Servirse del nombre de Dios, para respaldar injusticias,
es BLASFEMIA.
Preguntar al que aboga por la Instrucción General,
con qué títulos lo hace, es el colmo de la INSENSATEZ,
porque,
Pedir *lo necesario,* es de derecho *natural,*

我们罗列了一堆说法；如果不加以整理就成一堆乱麻了：
　　　　　　我们将其归类，
　　　　而后逐类研读、探究、
　　　　　　　思索。

　　　　　分成四类——

　　第一类：我们有违**人类**行为规范；
　　第二类：我们应该多多**自省**；
　　第三类：我们受到了很多**伤害**；
　　第四类：**我们自己害自己。**

第一类

不让一个人学习必要的知识以跟他人和睦相处，无疑是*不人道的*，因为没有知识，他的生存是*危险的*，他的生活……*是悲惨的*。知识对精神而言如同食物之于肉体……【人并非仅靠食物为生】：也就是说，不能说某人像个*饿死鬼*，因为他没有什么可吃的；不能说某人无知无识，因为他得不到什么知识。

　　同样无疑的是：不人道的行为越多，受伤害的人就越多　==　因此，人口最多的国家是最不人道的。

　　将愚昧、贫困和穷苦人所犯的过错……看成是愚蠢——躲着他——*当面羞辱他*——我们随心所欲地**虐待**他，……这些都证明我们是无情、不文明的。

　　　　　　政府认为，……有了学校，
　　　利己主义者们的格言"人人为自己，上帝为人人"
　　　　就使政府和大家有了统一的认识；
　　　　　这是寻求令人不愉快的答案：
　　　　上帝为人人……**社会的人**。

社会的人不能各人自扫门前雪，不管他人瓦上霜，要每个人想着大家，大家才会想着他。

　　　　　　　　　　　　　　要相互拆台，
　　　人生在世不是　{　　而是
　　　　　　　　　　　　　　要相互帮衬的。

　　　借上帝之名，行非正义之实，
　　　　　此乃**渎神**行为也。
　　　问主张普及教育者*该授予*其什么学位，
　　　　　　是十分**愚蠢**的，
　　　　　　　　因为
　　　要求*必需*的东西是**天赋**人权。

219

Reclamar *lo que es debido*, es de derecho *civil*, y...
Interesarse por el prójimo es CARIDAD.
Responda, el que haga la pregunta, ya que dice que
hay escuelas!
Si los pobres no tienen derecho al Saber,
Si se les Enseña....   y qué,
Quién los enseña.... y cómo,
Quién tiene obligación de enseñarlos,
Si se cumple con esta obligación
Si enseñar *a medias* es enseñar
[porque las cosas no han de estar a medio hacer, sino mientras
se están haciendo],
Si es de temer que el pobre que conozca la sociedad, no quiera trabajar,
Si los pobres instruidos están ociosos,
Si todos los ricos instruidos están ocupados, y... en qué,

Si estar ocupado en cosas $\begin{cases} \text{ridículas} \\ \text{inútiles o} \\ \text{perjudiciales} \end{cases}$ es estar ocupado socialmente

Si los que viven en la ignorancia *de todo deber,* saben que de-
ben ocuparse,
Si se podrá hacer entender que la ocupación es una *virtud,*
al quien no sabe lo que es *virtud,*
Si el sirviente que obedece como un bruto, es preferible al que obedece
porque piensa
Si el Labrador, el Artesano, el Tendero han de ser BESTIAS,.... en fin
Si no será por distinguirse, a poca costa, que se aboga por la Ignorancia.

2.ᵈᵃ parte de la Escala
Nos imponemos muchas privaciones

¿¡De cuántas satisfacciones, Espirituales y Corporales, no se privan los
hombres, por el absoluto abandono en que viven los más!?
—Si se hubiera malogrado, en la Ignorancia General, el talento de los Escritores que nos han instruido... qué sabríamos?!.... —Si la Instrucción
se proporcionara a TODOS... ¿¡cuántos de los que despreciamos, por Ignorantes, no serían nuestros Consejeros, nuestros Bienhechores o nuestros Amigos?!... ¿¡Cuántos de los que nos obligan a echar cerrojos a
nuestras puertas, no serían Depositarios de las llaves?!.... ¿¡Cuántos de los
que *tememos* en los caminos, no serían nuestros compañeros de viaje?!
No echamos de ver que *los más* de los Malvados, son hombres de talento... *ignorantes*—que *los más* de los que nos mueven a risa, con sus despropósitos, serían mejores Maestros que *muchos*, de los que ocupan las
Cátedras—que las *más* de las mujeres, que excluimos de nuestras reuniones, por su mala conducta, las honrarían con su asistencia; en fin, que,
entre los que vemos con desdén, hay *muchísimos* que serían mejores que
nosotros, si hubieran tenido Escuela.

要求应该有的东西是*公民权*，而……

关心他人则是**仁爱**。

既然要办学校，提出问题的人又说：

既然穷人无权学习，

如果要让他们受教育，……什么样的教育，

谁教育他们，……如何教育；

谁有义务教育他们。

既然履行了义务，这教育就不能*有始无终*，

【因为做事不应半途而废，应该进行到底】。

即使担心穷人了解了社会后就不愿干活了、

即使受过教育的穷人好逸恶劳了，

也应坚持。

如果说所有受过教育的富人都在干事，……在干什么事?

如果他们在干 ｛ 荒唐事、无益的事抑或有害的事，｝ 充其量是在忙于社交活动。

如果那些对义务浑然不知的人知道必须干活了，

如果能够使一个不知道什么是*美德*的人明白干活是一种*美德*了，

如果一个盲从的仆人比一个自觉自愿服从的仆人更好的活，

如果农民、工匠和店员都一心想**干粗活**的话，……总之，

如果不想努力出类拔萃，就是主张愚昧无知。

221

第二类
我们应该多多自省

极其慷慨地使大多数人好好生活的人，精神和肉体上均颇感愉悦、舒畅！——如果教导我们的作家们的才智在普遍愚昧的状态下得不到充分发挥的话，……我们能学到些什么呢? ……——如果向**所有的人**提供受教育的机会，……说我们愚蠢的人大多不会成为我们的咨询指导者、赞助人和朋友! ……迫使我们锁上门的人，大多不会是钥匙的保管者! ……我们*在路上害怕*的人，大多不会是我们的同路人! 我们发现大多数心地不好的人是有才智者……*蠢货*——大多数胡言乱语逗我们发笑的蠢货比起占据着布道台的人来可能是较好的老师——大多数因行为不端而被排除在我们集会之外的妇女出席集会，使集会增色不少；总之，如果有学上，我们看不起的人中会有*许许多多*的人要比我们强。

nos hacemos muchos males.

¿Cuál es la causa de estar las Naciones... CULTAS! en guerra abierta, sino la *Ignorancia del arte de vivir?* Son Sabias en TODO; pero no han hallado el secreto de entenderse = puesto que, llaman los Cañones a Consejo, en sus deliberaciones— puesto que, sostienen que deben destruirse por el bien de la Sociedad— puesto que, se felicitan del descubrimiento de la POLVORA, como de la invención de la IMPRENTA —puesto que, sabiendo lo que es *prosperar y preponderar,* creen que sólo PREPONDERANDO *prosperan.* En sus conversaciones, no se oye sino CIVILIZACION! En sus escritos, se tropieza, a cada paso, con la CIVILIZACION! y todo es *civilización:* y cuando más...; pero no sigamos:

Un escritor moderno viene a ahorrarnos trabajo:

En 4 renglones pinta la idea dominante de unas naciones que se duelen de la IGNORANCIA! de las pasadas:

«Las Cámaras [dice el escritor]
harán servir la *índole guerrera* de la nación
al bien de la *humanidad* y del CRISTIANISMO!
votarán, cuando sea necesario.... la GUERRA! «pero...
una guerra—
parcial, comercial, bienhechora, civilizadora y... **cristiana**.
qué lección!?....
para discípulos tan aplicados como nosotros!
y qué maximas!?...
tan dignas de la atención de nuestros Próceres!
y de cuánto no pueden servirles!?
en el filantrópico proyecto que están formando...
de Colonizar el país con gente—
laboriosa, industriosa, agenciosa, ingeniosa, **religiosa**

y sobre todo **pacífica!!**

Sigan las preguntas.

¿Cuál es la causa de las revoluciones, sino la *Ignorancia?*

¿Quién comete los atentados que las hacen tan temibles, sino la *Ignorancia?*

Los que creen deber sacrificar a todo el que no sea de su opinión ¿no son *Ignorantes?*

Los que hablan de Confiscaciones, de Prisiones, de Destierros y de Matanzas, cuando no pueden conseguir lo que pretenden ¿saben lo que dicen? y los que las hacen ¿piensan bien en las consecuencias? ¿y piensan mejor, los que se jactan de su sagacidad porque han abusado de la buena fe, sorprendido o perjudicado?

第三类
我们受到了很多伤害

　　除了*不知道如何生活*外，各**文明**……国家公开敌视的原因又会是什么呢？文明国家**什么都明白**，就是不知道如何协商达成一致 == 因为他们决定问题时都让枪炮说话——因为它们都认为，为了社会昌盛必须相互摧毁——因为它们都像庆幸发明了**印刷术**那样庆幸**火药**的发明——因为他们知道何为*繁荣昌盛*、何为**占优势**，认为只有占优势才能繁荣昌盛。它们说的是文明！写的是**文明**！除了**文明**还是文明：只有文明。……但我们不赞同：
　　某位当代作家要我们放弃努力的想法。
　　他在文章中夸大一些国家的主导思想——
　　　　即对从前各国的**无知**感到痛心的思想。
　　　　　　【作家说：】"议院
　　　　　　利用国家*好战*这一特性维护
　　　　　　人类的利益和**基督教**的利益，
　　　　　　必要时，……议院将投票决定进行**战争**！"但……
　　　　　　　　是一场
　　　　　　局部的、贸易的、行善的、传播文明的、……
　　　　　　　　传播**基督教**的战争。
　　　　　　　　　这是
　　　　　　向像我们这样勤奋的学生进行什么样的教育？
　　　　　　　　　这是
　　　　　　什么样的准则值得我们的显贵们如此关注？
　　　　　　　　正在制定的
　　　　　　用勤劳的、能干的、积极肯干的、聪明的、
　　　　　　　　信教的、特别是**心境平和的**人
　　　　　　　移民垦殖祖国大地的慈善性计划，
　　　　　　　难道还不能吸引显贵们吗？

　　　　　　接下来提出一些问题。

除了*无知*，革命的原因又是什么呢？
除了*无知*，谁又会犯下使革命如此可怕的罪行呢？
那些认为应该扼杀所有不合己意的事物者，难道不是*无知者*呢？
那些难以得到想要的东西时就提出没收、监禁、放逐和屠杀的人，明白自
　　己在说什么吗？那些付诸实施的人好好想过其后果吗？那些利用人们
　　的善良干了坏事还吹嘘自己精明的人，又好好想过会令人反感、造成

223

¿Cuál es el motivo de tantos proyectos sobre la forma de Gobierno, sino el miedo que tienen los Publicistas a los *Efugios* de la *Ignorancia?*

Los que negocian Elecciones, a cara descubierta —las obtienen por manejos, o las sacan por fuerza, para representar a un pueblo que no conocen, y en asuntos que no entienden, sólo por darse importancia ¿piensan en el mal que pueden hacer, y en el que puede resultarles del que hagan?

Los que, por fines particulares, hacen Señor de Vidas y haciendas al Jefe de la Nación, sin pensar en *quién le sucederá!*... ¿llevan por mira el bien público?... y si se les reconviene y responden... ¿QUE IMPORTA?... ¿sabrán lo que vale esta expresión ?... y si dicen que lo saben ¿¡qué juicio formará el que los oiga?!...

Los que se dejan elegir por personas que *compran Votos con Votos,* y van, por condescendencia a *hacer leyes de encomienda,* ¿piensan en el bien de los pueblos?

Y los que, por no desobedecer a una ley, que hace Legisladores, como el Señor hizo Apóstoles, *saltan del bote a la playa,* sin preguntar donde van, y se ven de repente en Congreso, sin saber lo que han de decir— esperando que el espíritu de la Constitución los ilumine, ¿harán algún bien a la humanidad?

El que hace mal por hacer bien, o bien por hacer mal ¿sabrá lo que hace?

Los que desde los *Bancos* del Congreso, o desde el *Solio* presidencial, disponen de los cuasi-inmuebles del territorio, como si fueran frutos de sus haciendas, o del territorio mismo, como si fuera Predio que les viniese de sus mayores, por herencia, ¿habrán estudiado bien el Derecho, para ver hasta dónde alcanzan sus facultades?— ¿habrán consultado a sus copropietarios o coherederos, para ver si consienten en la enajenación, o en ser cómplices de un atentado contra la propiedad de sus hijos?

La Ignorancia es la causa
de todos los males que el hombre se hace y hace a otros,
y esto es inevitable,
porque la omnisciencia no cabe en un hombre:
puede caber, hasta cierto punto, en una Sociedad—
(por el más y el menos se distingue una de otra...)
No es culpable un hombre porque ignora—
(poco es lo que puede saber)
pero lo será, si se encarga de hacer lo que no sabe.

4ª parte de la Escala
nos pervertimos

Las cosas obran { unas *con* otras, al   CONTACTO
                            y
                      unas *en* otras, por INFLUENCIA

伤害吗？

除了政论家们对难以掌握的*无知*状况感到害怕外，还有什么*理由*要提出如此多的统治方式呢？

那些公开操办选举事宜——仅仅是为了自我炫耀而耍阴谋施鬼计抑或使用暴力手段赢得选举以代表其并不了解的民众、处理其并不明白的事务——的人，想过他们会造成多大的危害、又会给他们自己造成多大的伤害吗？

那些为了特定目的而让国家元首主宰自己的生活和财产、且不管谁*将接替他*的人，……考虑到公共利益了吗？……他们如果受到责备的话，会回答说……怕什么？……他们明白自己在说什么吗？如果他们说明白，听他们说话的人又会怎么看呢？……

那些让*贿选者*当选并容忍他们制定*庇护法*的人，想过民众的利益吗？

那些像耶稣基督派出的使徒不问前往何方即*弃舟登岸*那样遵守立法者们制定的法律而突然出现在议会大厅、却不知该说什么、只等宪法精神加以指点的人，对人类能有什么用处呢？

以怨报德抑或以德报怨的人，会明白自己在干什么吗？

那些从议员或总统*位置*上随意处置国土上的不动产就像处置自家土地上的产品那样，抑或随意处置国家的土地就像处置继承自自家祖先的土地那样的人，难道不应该好好学学法律以了解自己的权利到底有多大吗？——难道不应该咨询一下其共同拥有者或共同继承人以了解他们是否同意转让抑或是否愿意联手谋取其子嗣们的财产吗？

225

> 无知是
> 人们干坏事、伤害他人的恶行之源；
> 而这是难以避免的，
> 因为一个人不可能无所不知：
> 一个社会在某种程度上可能无所不知——
> （各个社会所知会有所差异……）
> 一个人不能因为无知而受到指责——
> （他能知道的东西很少）
> 但是，如果要他干他不明白的事，就该受到指责了。

第四类
我们自己害自己

各事物 { 接触时会相互**起作用**
并
相互**影响**

Cada hombre pone $\left\{\begin{array}{c}\text{sus ojos}\\ \text{y}\\ \text{sus oídos}\end{array}\right\}$ en contacto con $\left\{\begin{array}{l}\text{los movimientos y con los}\\ \text{efectos de los movimientos}\\ \text{de otro hombre}\end{array}\right.$

= ve lo que hace, y oye lo que dice,
y los que podrían serle propios, si no imitara,
se resienten de la Influencia de los que ha imitado.
Esto bastaría
para que cada uno juzgase de sus movimientos,
esto es,
para que conociese si son suyos, o si los debe a la imitación; pero debe
todavía hacer dos observaciones:

1.ʳᵃ que aunque el clima influye en los movimientos, las variaciones que
él mismo experimenta, permiten que, en sus producciones, haya variedades = los hijos de una familia, aislada en un lugar, tienen el tim-
bre del suelo; pero unos imitan al padre, otros a la madre, y entre
ellos, unos a otros se imitan.

2.ᵈᵃ que donde el amor propio manifiesta más su poder, es en el estado
de *ilusión continua* en que nos tiene, para juzgar de la impresión
que hacen nuestras acciones. Nadie cree desagradables su voz, sus gestos, sus ademanes ni sus actitudes; al contrario, trata de refinarlos por
agradar —y al mismo tiempo, oye y ve con desagrado lo mismo en
otros. Este es el caso de la *paja y la viga,* y el de una
Reflexión que deben hacer
los *Directores de la Instrucción Pública,*

para poner, al frente de los niños, Maestros que enseñen con sus Modales:
buscando en ellos *Gestos, Ademanes y Actitudes decentes*, y sobre todo...
IDIOMA, empezando por la BOCA =
como buscan Costumbres Ejemplares.

Todavía quedan, entre nosotros, expresiones que se resienten de la
idea, que tenían los antiguos, de las cualidades de un Maestro de Escuela.
Pretendía serlo, un buen hombre, que el *hambre llamaba al Magisterio,*
y, para apoyar su solicitud, se valía de un Empeño: la respuesta del Regi-
dor era

VEREMOS LA LETRA

Se esmeraba el Pretendiente en los RASGOS de su memorial —echaba una
firma de a *media hora*— con los Artículos y las Bienaventuranzas salía
del examen— y si pasaba las mañanas en la Iglesia, pidiendo, con el pater
noster, *qué almorzar,* estaba seguro del certificado de su Párroco.

226

每个人都在 ⎰ 观察 ⎱ 其他人的 ⎰ 行动 ⎱
　　　　　⎱ 和 ⎰　　　　　⎱ 及其 ⎰
　　　　　　 听取 　　　　　　　所产生的后果

== 看他在干什么，听他在说什么。
那些可能未模仿他人而是自己行动的人，
也会受到那些模仿他人的影响。
这就可能足以
使每个人对自己的行为进行自我评定了，
亦即
使每个人分辨出是自己的行为还是模仿自他人的行为了；但尚需指出两点：
其一，虽然环境氛围对行为有影响，但不同的环境氛围会导致不同的
　　　结果 = = 独 处一隅家庭的子女们都受着当地环境的影响，但
　　　有人学父亲样，有人学母 亲样，而他们之间也相互学样。
其二，我们一直抱有*幻想*时，自尊会更具影响力，会根据我们的行为所产
　　　生的印象进行评定。谁也不会认为自己的声音、举止、表情和姿态
　　　不雅，并会竭力使之更*形*高雅。——与此同时，却对别人的声音、
　　　举止、表情和姿态怎么听、怎么看也觉得不雅。这是*视自己为宝*，
　　　视他人为草；这是*公共教育的指导者*们在聘用以自己的方式教育儿
　　　童应该好好考虑的问题：要聘用*举止端庄*、*表情丰富*、*姿态高雅*的
　　　人任教，要特别……
　　　　　　　注意他们的**谈吐**，话从**口**出 ==
　　　　　　　犹如培养堪作楷模的习惯。

227

　　我们当中至今仍遗存有令人感觉不舒服的古人对学校老师品质的言
论。适合当老师的人谋求教职时被说成是"饿得没法了只好当老师。"而
为了使请求能顺利获准还得请一名保人：主管的答复却是

试一下吧。
　　求职者搜尽枯肠——*半小时交卷*——拿到了契约和福音——如果他每
天上午在教室里口 "天主啊"乞讨午餐的话，肯定会得到他所在教区的
牧师施舍的。

La *Experiencia* se adquiere a costa de la *Sensibilidad*=
goce continuo acaba en indiferencia—
las funciones más importantes de la vida nos lo prueban=
nadie piensa en lo que hacen el Corazón y los Pulmones. =
con todo hábito sucede lo mismo.

Lo que se ve continuamente hace ley: por monstruoso que parezca, a los principios, desagrada, cada vez menos, y llega a parecer bien: lo que nunca se ha visto de otro modo, así debe ser = por eso la idea de la hermosura varía, según los países. Aplíquese esto, no sólo a las impresiones que recibimos por los ojos y por los oídos, sino al modo de juzgar de lo que vemos y oímos, y a nuestra conducta con las cosas y con las personas: recorramos después las escenas de la vida,

a ver $\left\{ \begin{array}{l} \text{qué hemos aprendido,} \\ \text{de quien} \\ \text{y dónde} \end{array} \right.$ hemos aprendido.

Preguntémonos si lo que hacemos es bueno o malo para nosotros, y si será lo mismo para otros —si juzgamos de las cosas por lo que nos parecen ser, o por el conocimiento que tenemos de ellas —y todavía si el conocimiento nos viene del estudio, o de vanas observancias propias o ajenas.

Preguntémonos si nuestros Maestros *sabían* y... si SABIAN ENSEÑAR.

Preguntémonos si en el lugar donde aprendimos había objetos de comparación:

y después de esta revista
recojámonos a pensar y veremos que—
para juzgar del mérito de nuestras acciones
debemos salir de nosotros mismos,
así como nos suponemos fuera del globo, para estudiarlo
en un mapa.

Figurémonos viendo, desde una altura,
la Sociedad en que vivimos,

y no sabremos por dónde empezar a observar.

El tiempo se nos irá en escoger, entre los caracteres sobresalientes, los que sobresalen más, y, todos sobresalen a un tiempo, porque todo es exterioridad. —Una desconfianza general afecta todas las clases —unas a otras se temen, sin poder determinar la causa, y no es otra que el egoísmo, propio de la Ignorancia en que yacen millones de hombres, por la falsa idea que tienen de la Sociedad, los pocos que la suerte ha puesto a gobernarla.

Estos hombres no advierten, que engañar *por conviene* es creer que *conviene engañar,* y que acostumbrados a traicionar su conciencia, acababan engañándose a sí mismos = llegan a creer que los creen, y que

> *凭感觉取得经验 ==*
> *长期享乐的结果是对什么也不感兴趣——*
> *生活最重要的功能是向我们证实 ==*
> *谁也不会老想着心、肺功能。 ==*
> *谁也不会老想着经验。*

习惯成自然：开头很不习惯，慢慢习惯了，也就不再别扭了；再也不会另眼相看，事情本该如此；因此，各国对美的评价是不同的。这一点不仅适用于我们所见所闻得到的印象，也适用于我们对所见所闻进行评定的方式、我们对人对事的态度。

瞧瞧 {
我们都学到了什么，
我们都跟谁
在哪儿
} 学的。

想想看，我们所干的事对自己有利抑或有弊时，对别人是否也有利抑或有弊——我们是不是根据自己的想法对事物进行的评定，抑或是不是根据我们对事物的了解进行的评定——对事物的了解是否源自深入的研究，抑或源自自己或他人的肤浅看法。

想想看，我们的老师是否有知识，……是否会**教学**。

想想看，我们学习的地方是否有类似的人和物：

229

这番思索后，
我们凝神细想，就会明白——
我们评定自己行为的价值时，
要跳出自我：
就像是我们要在一幅地图上详察地球时，
要从地球之外观之。

我们如果从高空观察
我们生活所在的地球的话，
就不知从何处着眼了。

我们如果在突出的性状中选择一些最突出的性状——但所有突出的性状都是突出的，无所谓最突出、最不突出，——是在浪费时间，因为一切的一切都是外在的。——普遍存在的不信任感影响着各个阶层——相互怀疑又难以确定原因；其实原因就是自私自利；自私自利是无知所固有的特点；而由于有幸控制社会的少数人对社会抱有错误看法，致使许许多多人都处于无知状态。

el *oficio de engañar* no es bajo. Las Ideas Sociales, tocando a este punto, han llegado al último estado de PERVERSION. Una Idea se ha dañado y ha dañado a las demás = todo es falsedad, en el trato con gente ignorante, porque no hay caso en que no se deba mentir, y se miente en todo por costumbre.

Viájese por los países donde hay esclavos, y se verá que los amos han aprendido mucho de lo que han enseñado; pero que sus esclavos conocen mejor que ellos el arte de engañar: los Esclavos nunca creen a sus Amos, y han hecho a sus amos crédulos: afectando sumisión los dominan.

Y ¿sería creíble, si no se viera, que millares de personas, por muchos títulos apreciables, sostienen este régimen de vida?

Es imposible que las más no se avergüencen de verse en la necesidad de *mantener* la esclavitud por *mantenerse*, y que no se entristezcan cuando oyen decir que

la Ignorancia se sostiene por ignorancia

230

这少数人没有注意到：*随便进行欺骗等于是认为应该进行欺骗*，等于是习惯于违背自己的良心，其结果是欺骗了自己 == 自以为别人信他们了；自认为*欺骗行为不下流*。有关这方面的社会思潮是*极其有害的*。持这种思潮的人毒害了自己，也毒害了他人 == 对待无知者时全是虚情假意，因为是随时随地在说谎，说谎已成了习惯。

　　到那些有奴隶的国家走走吧，将发现奴隶主们已从所接受的教育中学到了许多东西；但奴隶们对欺骗术的了解要优于他们：奴隶们永远不会相信他们的主人，但假装顺从，使他们的主人相信他们在乖乖地受其驱使。

　　如果不是亲眼所见，就会相信许多人在其发表的大量文章中对这种生存状态所做的描述。

　　大多数人不会厚颜无耻地认为必须为了*生存*而维护奴隶制，当
听到
　　　　为了愚昧而保持无知状态时，会不悲伤。

Los Franceses se acercan a resolver la cuestión del día; pero no es de esperar que consigan resolverla favorablemente, porque no tienen *dónde* hacer una nueva Sociedad...

Las cosas no existen sin lugar.

Esperando que la *Infima* Clase vaya ascendiendo a la   *Media,*
la *Media*   •   irá descendiendo a la   *Infima,*
y, entre las 2 formarán *una* que será verdaderamente *Media:*
la *Media* actual se hará *Aristocrática,* por sostener al *Rey* contra las 2 —y el Rey gobernará a las 3

no nos alucinemos:
sin *Educación Popular,* no habrá *verdadera Sociedad.*

Es menester que   los Gobiernos   renuncien   el proyecto de
Dominación
y   •   las Naciones   •   el   •   de
Preponderancia.
Vean las plantas.   En los Bosques hay Preponderancia—
en los Verdugales hay Enredo
en los Vergeles hay Prosperidad
en las Huertas hay Simetría

En los Bosques, los Arboles están abandonados a su instinto— en el desorden consiste su hermosura— el dueño no va a visitar su propiedad, sino con el hacha en la mano. ¿Hacen otra cosa los Soberanos con sus Pueblos?

La Misión de un Gobernante *liberal*... LIBERAL, se entiende... es cuidar de *todos* los hombres, en la Infancia...
de TODOS... de TODOS, sin excepción, para que cuiden de sí mismos después, y cuiden de su Gobierno
En su lugar se propondrá el medio de conseguir esto, en
América: ahora ayudemos a los Próceres de las
Nuevas Repúblicas, a pensar.

Se trata nada menos que de la Suerte de una gran parte de la Nación Española,

Separada de la otra   { por la Ignorancia del último Rey de España
y
por la Avaricia del Comercio Peninsular

Considéremosla como se consideran todas las cosas, cuando no se examinan por su *Esencia*: no veamos lo que es *en sí,* sino el estado en que la ponen—

新共和国的土地、处境和行动

　　法国人即将解决当代的重大问题，但恐怕难以如愿以偿，因为没有地方好建新社会。……
　　　　　　　　没有地方就不存在事物。
　　　　　　希望低层阶级上升为*中层阶级*，
　　　　　　　　*中层阶级*下降为*低层阶级*，
　　而在这两个阶级之间形成一个真正的*中层阶级*：这真正的*中层阶级*将成为*上层阶级*；这上层阶级支持国王，反对下层阶级和中层阶级——而*国王*则统治下层阶级、中层阶级和上层阶级。

　　　　　　　　我们不会犯迷糊：
　　　　　没有*民众教育*，就不会有*真正的社会*。

　　　　　　政府应该放弃统治念头。
　　　　　　国家应该放弃称霸念头。
　　看看植物界吧：森林中树木争霸称雄，
　　　　　　灌木丛中荆棘横竖争长，
　　　　　　花园中百花争奇斗艳，
　　　　　　园田中畦畦排列成行。

233

　　森林中的树木舍本逐末，不是整齐向上而是凌乱无序地生长——凌乱中尽显其美——主人不珍惜自家的财物，而是手持利斧相向。那些最高统治者对待民众不也是这样吗？

　　通常认为，*自由派执政者们的使命是关心所有儿童*……所有儿童，无一例外，使他们长大成人后能自己照顾自己，并保卫自己的政府。
　　一定要设法在美洲做到这一点。
　　我们现在来帮新共和国的缔造者们好好想一想。

　　说的是西班牙帝国大部分地区的命运，

　　由于末代西班牙国王的愚蠢
　　　　　　　和　　　　　　　　}　　这大部分地区脱离了西班牙帝国。
　　由于西班牙的贪婪，

　　我们如果不探究事物的实质，就分辨不出其跟其他事物的区别：我们不能*就事论事*，要将其放在一定的条件下进行考察——

el lugar que ocupa
la Situación en que se halla
y   los Movimientos que ejecuta

LUGAR

Dispersa, por pequeños grupos, en un vasto Continente, erizado de altas montañas, y cruzado por ríos caudalosos, que atraviesan anchas llanuras y bosques impenetrables.

SITUACION

Los *Grupos,* separados por las distancias y aislados por los obstáculos, viven casi ignorados unos de otros = por consiguiente, privados de los auxilios que deberían prestarse, y de los socorros que podrían darse.

MOVIMIENTO ECONOMICO

Sin Tesoro— sin medios seguros de formarlo— pendientes de una escasa industria, para los gastos ordinarios, y sin esperanza FUNDADA de poder pagar los que hicieron, en la guerra de su Independencia—contando, por toda renta, con Estancos, y con la precaria entrada de Aduanas, sin considerar que *Recibos por Derechos, son Libranzas contra el Consumidor—* que ADUANA, es una de las muchas TRETAS monárquicas para llenar Cajas, sin que lo sepa el que da = trampantojo del tiempo Viejo, que el Nuevo empieza a conocer.

234

MOVIMIENTO POLITICO

Sin plan de operaciones—sin Consejo que combine los intereses de las Clases— Consultándose con Indiferentes— Perplejos en la elección de un Sistema de Vida Social— Colgados de ejemplos, máximas e instituciones, inadaptables a su suelo, a su genio, a sus costumbres, y a sus circunstancias— conviniendo en el deseo de acertar, pero no en los medios— difiriendo en las ideas, y haciendo partidos que se chocan, a veces con tanta animosidad y acaloramiento, que sólo tratan de aniquilarse.

No obstante, los que no entran en el conflicto, piensan y proponen medios—
unos los hallan en el COMERCIO,
otros •   •   en la COLONIZACION,
otros •   •   en la LIBERTAD DE CULTOS,

Para los habitantes, son 3 proyectos. . . a escoger,
para los extranjeros es un solo proyecto,

所在的地方
所处的处境
和所付诸的行动

地方

辽阔的大陆上高山耸立、水量丰沛的大河奔流、平原广袤、森林繁茂、地广人稀。

处境

人*群*分散，互不往来，几乎不知彼此 == 因而难以得到应有的援助，难以提供可能的救助。

经济行动

没有资金——没有可靠的途径筹集资金——只靠微不足道的工业提供日常开销，难以给参加独立战争的人发放薪饷——用专卖税和不稳定的关税维持花销，全然不考虑"关税的最终支付人是消费者" 这一点——**关税**是君主们为敛财而采用的众多**手段**之一，混然不知这是当时设下的一个圈套；现在人们开始认识到了这一点。

235

政治行动

没有行动计划——没有协调各阶层利益的机构——倾听事不关己者们的意见——不知选择何种社会生活制度——遵循难以适应本土、本身特点、本地习俗和本地环境条件的事例、规则和法制——在愿景上达成了一致，但在实现愿景的手段上难以达成一致——理念不同，形成相互冲突的派别，冲突有时十分激烈、敌意甚炽，全力消灭对方。

但没有卷入冲突的人们在思索并提出解决办法——
一些人提出**贸易**这一办法；
另外一些人提出**移民**这一办法；
还有一些人提出**宗教信仰自由**这一办法。

本地居民有这三种办法可挑选。
外国人只有一种办法，无他可选。

porque su fin es $\begin{cases} \text{subsistir con menos trabajo} \\ \text{o} \\ \text{hacer caudal en menos tiempo} \end{cases}$ que en su país

viviendo como vivían allá.

El *Comercio* está ya establecido, y los *Cultos* empiezan,
los *Colonos* se esperan de un día para otro
    —Cuál será el resultado?...
—El que se está viendo en algunas partes,
    con general aplauso de los habitantes

COLONIAS, que apenas hacían ayer PROVINCIAS
    son hoy NACIONES!
es regular que aspiren a la PREPONDERANCIA

COMERCIO

236

Unas toman por Prosperidad el ver
sus *Puertos* llenos de *Barcos*.................................... ajenos
    que vienen a traer, sin saber lo que llevarán de
    retorno.
Sus *Casas,* convertidas en *Almacenes*
    de efectos.. ajenos
    Sus *Puertas,* colgadas de *Trapos*..................... ajenos
    de venta... sin tener con qué comprarlos,
las *Calles,* obstruidas de *Carretas y Cargadores,*
    traspalando géneros de una tienda a otra,
    a seis meses de plazo, las más veces................ nominales
    y los Campesinos, en el interior..................... durmiendo,
    mientras crece el trigo que ya tienen vendido. en verde,
    por menos de lo que les costó *sembrarlo.*
Faroles, Lámparas y Reverberos en las *tiendas,*
    y en los campos se acuestan.......................... a oscuras
Entre los Coches que se cruzan en las Capitales,
    se ve un hombre cubierto de Andrajos, con
    una Reja a cuestas, y una campanilla en el
    tope, anunciando que van a *azotarlo* en la
    PLAZA MAYOR, por haber robado... tal vez
    un PAN... por no acostarse en ayunas.

«Esta gente es hija del rigor»
[dicen los que lo ven pasar]
como si el hacer perder a un hombre la vergüenza
fuera un medio de hacérsela tener.

Viva el COMERCIO! fuente de toda PROSPERIDAD!

因为他们的目的是 $\left\{\begin{array}{c}\text{比在自己国家生活更容易生存,}\\\text{抑或}\\\text{比在自己国家生活更容易致富。}\end{array}\right.$

贸易已确立；宗教信仰自由亦开始；
移民们有了盼头，

———结果会如何呢？……
———受到 些地方居民的普遍赞扬。

殖民地昨天刚成为**行省**，
今天就成了**国家**！
国家通常是渴望**称霸**的。

贸易

有些国家视本国*港口*停满外国*船*只为繁荣、富足：
这些船运来了货物，但不知道要运走什么。
这些国家的*商号*成了外国货的仓库，
其*门口*搭挂着销售的*洋布*，……不知道是否卖得出去。*街上运货马车、*
*搬运工*来来往往，
一爿一爿店铺送货，
限期六个月付款，多半是象征性的。
而内地农民则稀里糊涂地
将田间生长的小麦卖了青苗，
收入远低于*播种*的费用。
店铺里点着灯笼、煤油灯或酒精灯，
乡下人则摸黑上床睡觉。
在往来川行于首府的马车间
有一衣衫褴褛的人，他
身背铁栅，铁栅顶上有一铃铛，
宣示他将在*市中心广场*受鞭笞，
因为他偷了东西，……也许就偷了
一片*面包*；……因为夜不就寝。

【路过的人都说：】
"此人罪有应得。"
好像这是一个使失去羞耻心的人
知廉耻的办法。

贸易———繁荣、富足之源！———万岁！

237

CULTOS

En otras partes, cantan *progresos!* ILUSTRACION! CIVILIZACION!

porque ya no van a misa ni rezan el rosario
porque ya tienen Iglesias sin Santos
 Clérigos con Peluca y Cherchas
 donde se predica sentado, con el
 sombrero puesto,
porque ya hay familias que se pasman los Domingos,
 y Tabernas, donde no se venden licores
 sino después de los Oficios,
porque ya se disputa, en las tertulias, sobre la venida del Mesías.
 en fin
 porque ya los Negros se circuncidan
 y los Indios se entierran con
 la Biblia en el pecho, en lugar de
 Bula de Difuntos.

Viva la BUENA INTELIGENCIA!... viva la CONFRATERNIDAD!

entretanto,

las Nuevas Naciones... TODAS! se creen

238

HONRADAS $\left\{\begin{array}{c}\text{por las banderas}\\\text{y}\\\text{los Escudos de armas}\end{array}\right\}$ de los Cónsules que vienen
a ... proteger su comercio—

SEGURAS... porque la Madre Patria ha dejado de perseguirlas, y...

FELICES [las más] porque sus acreedores no las importunan.

Este Estado de Cosas
[véase por el aspecto que se quiera]
es PRECARIO:

pensemos.

El Régimen Monárquico, después de una vida cacoquímica, de muchos
siglos, hizo Cama en París, a fines del siglo pasado;
 de todas partes, ocurrieron Médicos Insignes, a...
 DISPUTAR con los de Cabecera, y...
 DISPUTANDO han pasado medio siglo,...
 SIN ENTENDERSE

宗教信仰自由

另一方面，人们歌颂*进步*、**启蒙运动、文明**！
　　因为不用再去做弥撒、作祈祷了，
　　因为教堂里没有了
　　　　　头戴冠冕、
　　　　　坐着以训斥、戏谑的口吻
　　　　　布道、
　　　　　被尊为圣者的牧师。
　　因为有人礼拜日在家醉酒了，
　　　　　而酒店
　　　　　每天祈祷后即卖酒了。
　　因为人们聚会时争论耶稣降临的问题了。
　　　　　最后一点，
　　因为黑人可以行割礼了，
　　　　　而印第安人死后下葬时
　　　　　胸前放的是圣经而非
　　　　　教皇的亡灵训谕了。

智慧万岁！……**兄弟般的情谊**万岁！

与此同时

新国家……所有的新国家
都根据来……保护本国贸易的领事

所持的　$\left\{\begin{array}{c}国旗\\和\\国徽\end{array}\right\}$　认为受到了**尊敬**，

都认为有了**保障**……因为母国不再打击它们，并……甚为**满意**，因为它们的债权人不紧追着逼债了。

【无论从哪个方面看】
　　　这种状况
　　　是**危险**的：

我们得冷静地想一想。

君主制若干世纪以来一直体弱多病，
上世纪末在巴黎卧床不起；
　　　　各地著名医生群起跟……
　　　　主治医生**争辩**，……
　　　争辩了半个世纪，……
　　没有达成一致。

239

Pide uno la palabra.....................................como si fuera a recetar,
y sale haciendo un GRAN DISCURSO, en términos del arte para—
describir la enfermedad.
La pide otro...................................no receta tampoco,
y sale con un discurso, INFLADO DE ERUDICION, para—
hacer la historia del mal,
desde el primer dolor de cabeza,

distinguiéndolo $\left\{\begin{array}{c}\text{en cefalalgía*}\\\text{y}\\\text{en cefálea}\end{array}\right\}$ por no decir $\begin{array}{c}\text{pasajero}\\\text{o}\\\text{continuo}\end{array}$

La pide otro...receta menos,
y sale con un discurso **SEMBRADO DE AUTORIDADES,** para—

indagar las causas de la enfermedad
Ninguno dicta Remedios.

El pobre REGIMEN entretanto, se estira, en encoge, se revuelca en la cama,
quiere incorporarse, se desmaya...

Los Franceses [*que no pecan de pacientes*] se enfadan y
preguntan

«Señores,
Se cura......   o   ..... se Desahucia?
Se hace algo...   o   ..... se deja obrar a la Naturaleza?»

Vuelven los Doctores a sus discursos.

Entonces, los Franceses, sin más preguntar—
Envuelven su enfermo en otros TRAPOS,
le ponen_____otro NOMBRE,
lo sientan
despiden a los padres de San Juan de Dios[4]
y lo ponen al cuidado de las Hermanas de la Caridad[5]
Vecinas Honradas, que no son capaces de
desamparar al Paciente, un instante, no sea que *vuelvan los Padres*
y las echen a pasear
Hace 12 años que los Franceses están observando el semblante de su enfermo —tomándole el pulso— tocándole la lengua— y haciéndole pre-
guntitas sueltas, a ver qué tal le va.

---

* Aparece *cefaljía* en el original (Nota del editor).
4 Duques, Condes, Barones y Marqueses (Nota del Autor).
5 Los Burgueses de la Clase Media (Nota del Autor).

一位医生请求发言，……好像是要开药方，
结果却是用艺术性的**语言长篇大论**——
                        对疾病作了一番描述。
另一位医生请求发言，……也没有开出药方，
而是作了一次尽显博学的演说——
                    从第一次头痛开始，
                对疾病的发展过程作了一通叙述，

分别叙述了 { 头痛* 和 偏头痛， } 但未谈 { 是阵痛 还是 持续疼痛。

又一位医生请求发言，……亦未给出药方，
只是作了一次**极具权威**的演讲——

                    对疾病生成的原因作了探究。
                    谁也没有开出药方。

而这时可怜的病人（**制度**）则在床上一会儿直挺挺地躺着，一会儿身体蜷
缩着，一会儿打滚，一会儿想坐起来，一会儿昏厥不省人事，……

            法国人【并不苛责病人】生气了，
                    问道：
                        "先生们，
                    是治疗……还是……宣布无法医治？
                    干点什么……还是……听天由命？"

            医生又开始喋喋不休。

241

    法国人不再发问了——
替病人换上**新装**，
给他取了**新名儿**，
让他坐稳；
他们辞退了所有的公爵、伯爵、男爵和候爵[⑦]，
将病人交由中层阶级护理[⑧]；
    中层阶级的人忠诚老实，一时还难以
    舍弃病人，但无论如何不能让*爵爷们回来*。
法国人放纵中层阶级，
12 年来一直注意病人的脸色——诊其脉——引他说话——随便问他一些无
关紧要的问题，看他病情咋样。

---
* 在原著中是"头痛（cefaljia）"——编者注
⑦ （原著是"圣胡安·德迪奥斯的父母"（los padres de San Juan de Dios）"——作者注
⑧ 原著是"拉卡里达特姐妹（las Hermanas de la Caridad）"——作者注

Las nuevas Naciones de América quisieran imitar a la Francia; pero les falta lo principal, que es el Sujeto.... les falta el Enfermo.

Sabiendo que los Franceses procedieron por RECETA tomada de los Ingleses [*que pusieron al suyo en cura, con tiempo, y ahora está vendiendo salud.*] Van a verlo: y porque lo hallan *solo*, paseándose en Palacio—sin Médicos, sin Motilones, sin Beatas, y llevando una vida arreglada = piensan que es por virtud *propia*; pero, observan que es porque tiene un *Ministerio* que vale... un PROTOMEDICATO! y que sus *Motilones* y sus *Beatas* están en DOS PARLAMENTOS! compuestos de Sabios!... de Ricos!... de Poderosos!...

Se desengañan y se vuelven:
tienen razón—
Aquello es para visto, y .... nada más.

El LUGAR protege el SISTEMA en Inglaterra;
fuera de allí, se disolvía.

La Inglaterra es un BARCO VARADO en las costas de Europa, después de largas borrascas: allí capituló el Capitán con sus Oficiales, y El y Ellos... con la Tripulación: viven bien porque están A BORDO. Si un volcán submarino pusiera, *en seco*, el Canal de la Mancha, sucedería lo que en el *mar rojo*; pero... a la inversa = cada Monarca del Continente sería un Faraón que, a pie enjuto, pasaría con su ejército, a sacar al Rey de cautiverio— al ruido solo, de los tambores, volaba! la Constitución.

Esto lo negarán [tal vez burlándose] los que crean en la virtud de los Sistemas fundados en la asociación de intereses opuestos— los que crean que la larga duración de las Cosas, en un *estado violento*, es prueba de ESTABILIDAD— los que tienen aprontada la...

INSTABILIDAD DE LAS OBRAS DEL HOMBRE

para disculpar al arquitecto, cuando ven *por tierra* un Edificio, que desde sus Cimientos estuvo *fuera de la Vertical*.

La Naturaleza no se desmiente en sus obras; los hombres son sus Agentes; y si les permite errar, es para que la Experiencia los *corrija* = la prueba es *que se corrigen*... veamos las reformas: nunca se retrocede en ellas, al punto donde se emprendieron; pero no llamemos *reformas* los esfuerzos inútiles que hacemos, por reponer las Cosas, en el estado violento en que las pusieron otros, *por error*, a luchar con la naturaleza. Esas Reformas son *rodeos*, para volver al punto donde debemos desengañarnos... SI PENSAMOS! porque *pensar* para ACERTAR, es propiedad tan natural en el hombre, como *engañarse* para ERRAR.

美洲新国家想仿效法国，但她们缺少最主要的东西——即自身问题：……她们没有病人。

【*英国人及时对其病人进行了医治，病人现在十分健壮。*】法国人看到他时，他是一个人*独自*在宫中漫步——身边没有医生、信男和信女，生活清闲安逸 == 认为他乃其*自身能力*之体现，遂欲采用英国人的药方；但他们进而观察发现，他是因为有个*内阁*充当……**御医团**，他的*信男*和*信女*在**上议院**和**下议院**！上、下议院由智者、……富翁、……有权势者……组成！

他们明白过来了，遂改变了想法：

他们有理——

那不过是只花瓶，……摆摆样子的。

制度因地而易，

走出英国则水土不服。

英国是一艘经历了一场大风暴搁浅在欧洲海岸边的大船：船长跟高级助手们协商、而后他们……又跟船员们协商，一致认为：**待在船上会生活得很好**。如果海底火山突然喷发填平了拉芒什海峡的话，红海也会填平，但什么也没有发生；如果真发生了什么的话，大陆上的君主们就会成为法老，不费吹灰之力即率军救出囚禁中的国王——战鼓冬冬，宪法应声而出！

下列三种人将否定【也许是嘲笑】这种假设：一种是认为以不同利益集团协商一致为基础的制度具有优势的人；一种是认为事物长期处于*强制*状态下才能确保**稳定**的人；一种是对**人造工程**不稳固有思想准备、从而当看到建筑物因*地基*不平而倾倒时原谅建筑师的人。

243

大自然鬼斧神工，从不自我否定；人是大自然的代理人；如果出现差错，会有经验对之加以*纠正* == 确凿的实证即可纠偏，……我们来看一下改革吧：改革从来不会回到原点；但我们不会称我们所做的无用之功（重犯以强制手段违抗大自然的错误）为改革。这种改革是走弯路，我们应该有所醒悟。……**思考方能成功**；思考跟犯错一样都是人的天然禀赋。

Hay una Verdad

que las Luces del Siglo van descubriendo

pero,

el mundo *moral*, tiene sus asperidades como el... *físico*: la Luz, en su progreso, alumbra primero las Cimas que las Simas: en éstas, quedan, por algún tiempo, SOMBRAS.

Cuanto más vieja es la *opinión* que protege un error, más resiste a la evidencia que *la* condena—el amor propio halla siempre razones para *justificarla*, y la mejor es que *el hombre no es infalible* = esta máxima es el sostén de los errores vulgares. El hombre sensato, confesando sus yerros, pone su amor propio en saber conocerlos y en ser capaz de enmendarlos: a este amor propio NOBLE se deben las reformas—

su distintivo es

un ardiente deseo de ACERTAR,

el del amor propio vulgar es

una pueril manía de PREVALECER.

Las Instituciones Sociales no se sostienen por las *tramas y artimañas*, que hasta ahora se están llamando POLITICA; sino por el conocimiento *general* de sus fundamentos y de su estructura, y por el convencimiento... *general también*... de su utilidad.

no arguye *conocimiento*

ni es prueba de *convencimiento*

el estar persuadido de que—

es una ventaja $\left\{\begin{array}{l}\text{el } \textit{ser esclavo,} \text{ para no servir en la milicia} \\ \text{el } \textit{no tener voluntad,} \text{ para no responder de sus acciones} \\ \text{el } \textit{ser despreciado,} \text{ para despreciar}\end{array}\right.$
(por ejemplo)

Estas máximas se inculcan, desde muy temprano, en las masas, como haciendo una especie de almácigo, para cultivarlas después, por clases y por géneros. Con el mayor número se abulta la opinión favorable al SISTEMA, y, en el menor, tiene un *cuerpo de atrevidos* para defenderlo.

Salir bien lo que se hace

no porque *lo entienda* el que lo hace

sino porque el que lo mandó hacer *lo entiende*

es el caso en que están *los más de los obreros*, en toda especie de *oficio*, y *los más de los operarios* en toda especie de *profesión*.

Se engríen con los Elogios que se hacen de las Obras, y llegan hasta apropiarse el mérito de los maestros y el de los autores =

«—Eso se hace $\left\{\begin{array}{l}\text{en mi Casa} \\ \text{en mi Taller} \qquad \text{(dicen)} \\ \text{en mi País}\end{array}\right.$

启蒙运动思想在揭示

一个真理；

但是，

*精神*世界跟*物质*世界一样有起落变化：太阳升起时首先照亮的是高处而不是低处：

低处还有段时期处于**昏暗状态**。

为谬误辩护的*主张*越古老，就越能抗拒批判它的言词——自尊心总能找到理由*证明*其正确性，而最好的理由是"人是一贯正确的"== 这一准则是庸人所犯错误的护身符。明智者承认自己的错误，为了自尊而知错改错：改革应该体现这种**高贵的自尊心**——

其特色就在于

*有种**获取成功**的热切愿望*；

而庸人的自尊心则是

种流行的幼稚病。

社会制度不靠至今一直被称之为**政治**的*阴谋和诡计*、而是靠其被普遍认可的基本原则和结构以及靠坚信⋯⋯*也是普遍深信*⋯⋯其好处维系。

普遍的认可没有争议，

普遍的坚信不用*证实*，

深信不疑的——

好处是（*例如*）$\left\{\begin{array}{l}\text{当奴隶不用服兵役，}\\ \text{没有志向就对自己的行为不负责任，}\\ \text{被蔑视者蔑视他人。}\end{array}\right.$

这些谚语早就在群众中扎根，犹如秧畦中的秧苗，后来以各种方式、不同形式进行栽种。绝大多数人都表示赞同**制度**，而只有少数*勇敢的*人全力捍卫制度。

所干之事的结局很好，

不是因为干事者*明白道理*，

而是因为指使他干的人*明白道理*。

大多数各行各业的工人和大多数各行各业的技术工人都是这种情况。

工人们对所干之事受到表彰甚感骄傲，甚至将师傅和创造者的功劳据为己有 ==

（他们说：）这是在 $\left\{\begin{array}{l}\text{我家}\\ \text{我家作坊}\\ \text{我国}\end{array}\right\}$ 制造的。

—Y... ¿por qué se hace así?

—No sé; pero lo que aseguro es, que en ninguna otra
parte se hace *tan bien* ni *tan bueno.*»

Así van muchos hombres, hasta hacerse valer por el terruño.

«No hay Patatas como las de mi tierra»

Hace tiempo que se disputa sobre Libertad, Igualdad, Derechos & c. y después de largos rodeos, se ha venido a quedar en que, no siendo los hombres iguales en APTITUDES no pueden serlo *políticamente*— que lo único
que PUEDE, hacer la Sociedad, en favor de los que *quieran hacerse ap-
tos*, es, poner a la disposición *de todos* la Instrucción =
tómela el que quiera, o no la tome.

Esto es dar, a las aptitudes *adquiridas* preferencia
Sobre las   •   *naturales*
Concédase que así deba ser

—¿Cuáles son las APTITUDES?

—La determinación no es fácil.

Dense por determinadas

—¿Con qué estudio se adquieren? y dónde?

—Para todo hay   Escuelas en Europa, y
para muchas cosas   •   en América;

en ninguna parte se oye hablar de ESCUELA SOCIAL.

Es regular que la Clase Gobernadora tenga Escuelas Privadas—la otra debe conformarse con el destino que la *Providencia* le da, al nacer = el
cual, en buen Francés, Inglés o Castellano no es otro que—

trabajar CORPORALMENTE $\left\{ \begin{array}{l} \text{en lugar} \\ \text{a favor} \\ \text{o} \\ \text{por cuenta} \end{array} \right\}$ de los que

la misma *Providencia* [Sabia en todo] creó para
gobernar el mundo... HABLANDO.

Es verdad que, los Derechos de Hombre, en cuanto a regir la Sociedad,
no son los de su *persona*, sino los de sus APTITUDES; pero... NATURALES,
que consisten en sus FACULTADES... MENTALES.

la SOCIEDAD,
para aprovechar de estas facultades, debe,
no sólo poner a la disposición de todos la Instrucción,
sino dar medios de adquirirla,
tiempo para adquirirla,
y *obligar* a adquirirla.

Hay un modo de proceder, en esto, que facilita las operaciones y
asegura el resultado.

——可……为什么这么干？

——不知道；但肯定的是，没有任何一个地方能出这么好、这么漂亮的产品。

许多人都是这样，就连土地也是自家的强：

"没有那家的马铃薯有我家地里长的好。"

长期来一直在争论着自由、平等、权利等问题；转了一大圈得出的结论是：人的**能力**有强有弱，政治上不可能平等——社会唯一**能做**的是帮助*那些具有能力的人*，亦即普及教育 ==

让愿意和尚未接受教育的人受教育。

这就使获得的能力优于*天生的*能力。

普遍认为应该如此。

——**能力**是什么？

——做出界定不容易，

必须做出界定。

——接受什么样的教育？在什么地方接受教育？

——欧洲有教授一切知识的学校，

而美洲则有教授一些知识的学校。

但任何地方都未听说过**公立学校**。统治阶级通常有私立学校，——另一阶级应该接受上帝在其出生即为之确定的命运 == 不管是讲法语、英语还是西班牙语的人都是代替、帮助这同一个*上帝*（他洞悉一切）创造来统治世界的人（他们只动嘴）并根据其意愿从事体力劳动的人。

主导社会的人权实际上不是个人的权利，而是其**能力**的权利；但是……**天赋**人权就是**智力**……**功能**。

社会

要发挥这种功能，不仅应该

使所有人接受教育，

而且应该采取进行教育的措施，

保证进行教育的时间，

*强制*进行教育。

在这方面，有一种易于操作又确保成效的措施。

Se propondrá en el lugar que corresponde.

ESTADOS UNIDOS.

Los consideramos como el País Clásico de la Libertad: nos parece que podemos adoptar sus Instituciones, sólo porque son *Liberales* = lo son en efecto; pero...
el Suelo?... su Extensión?... sus Divisiones?... su Situación?...
los Hombres?... sus Ideas?... sus Costumbres?...
las Razas?... las Clases?... las Creencias?...
las Necesidades?... la Industria?... la Riqueza?...
dónde están?
Digamos lo que de la Inglaterra—Aquello es para visto y... nada más.

El que visita los Estados Unidos, cree hallarse en Inglaterra, en tiempo de una Feria, a que han concurrido todas las Naciones Europeas. Cada una conserva su carácter; pero el dominante es el Inglés.

Los Hijos de los Españoles, se parecen muy poco a sus Padres: la Lengua, los Tribunales y los Templos engañan al viajero; no es España; aunque se hable Español— aunque las Leyes y la Creencia religiosa, sean las mismas que trajo la Conquista. La única analogía que hay, entre las dos Américas, es
la NOBLE idea, que ambas tienen,
de la *utilidad* de la ESCLAVITUD.

248

Los Angloamericanos han dejado, en su nuevo edificio, un trozo del viejo— sin duda para contrastar— sin duda para presentar la rareza de
un HOMBRE
mostrando con una mano, a los REYES
el gorro de la LIBERTAD,
y con la otra,
levantando un GARROTE sobre un NEGRO,
que tienen arrodillado a sus pies.

Los Ingleses gustan mucho de antigüedades— a veces imitan *ruinas*, por adorno —sus jardines tienen siempre algo de *rústico*— bosquetes, cascadas, rocas cubiertas de musgos, grutas?...

Un tronco viejo, cariado, torcido, cavernoso, con uno que otro vástago, arrastrándose en un pantano artificial... es pieza del jardín del Soberano o de un Lord, por lo menos. Es tal la miseria del hombre que hasta la perfección de su industria le fastidia = aburridos de la esplendidez de su mesas, muchos ricos del Continente, van al campo a comer, en la choza de un campesino, una mala cazuela, por variar —y [de camino] por humillar a aquella pobre gente con su fausto —con sus fingidas atenciones, con sus burlas— con las impertinencias de sus Señoritos— y con la insolencia de sus lacayos.

必须因地制宜

美国

我们视美国为典型的自由国家：我们认为可以采行美国制度，只是因为美国制度体现了*自由主义精神* == 实际上也是如此；但是……

土地？……其面积？……其区划？……其状况？……人口？……其思想观念？……其风俗习惯？……种族？……阶级？……信仰？……生活必需品？……工业？……财富？……

位置？

我们认为这都来自英国——这是显而易见的，……

仅此而已。

走访美国的人在欧洲各国参加的商品交易会期间以为自己身在英国。各国都有其自身特色，但最突出的是英国特色。

西班牙人的子孙们似乎不那么像他们的先辈：语言、法律和教堂使旅客们产生错觉；虽然讲西班牙语——虽然法律和宗教信仰是征服活动带过来的那一套，但那不是西班牙。两个美洲间唯一的相似点是

双方都有着

"奴隶制好" 这一**高尚的**思想。

美国人在其新建筑物上嵌有一块旧建筑物上的饰品——无疑是为了进行对照——无疑是展示**一个人**的

卓绝，

他一只手持象征**自由**的软帽

向**国王们**弯腰致敬；

而另一只手则高举**大棒**砸向

跪在他脚下的一名**黑人**。

249

英国人十分喜欢古玩——有时会仿制*遗迹*以作装饰——他们的花园里总有那么点*乡间气息*——树林、小瀑布、长满青苔的石块、人工岩洞？……

国王抑或贵族花园中至少有一段年代久远、腐迹斑斑、弯弯曲曲、蛀洞累累、长出几支新枝的木头横在人工沼泽里作点缀。人们多可怜啊，就连十分发达的工业也令其厌倦了 == 他们餐桌上丰盛的肴馔比大陆上丰美多了；但吃腻了，于是下农村到农家草屋中就餐，就着大砂锅吃乱炖，以改变一下——（顺便）以其奢华、虚伪的关照和愚弄的态度作践一下那儿的穷苦人——以改变一下少爷、公主们的专横霸道——以改变一下其仆役们的骄横无礼。

Aun conviniendo los hijos de los Españoles con los de los Ingleses, en la *Idea madre* de ser necesarios los Esclavos para cultivar la tierra, y en las *Ideas hijas* sobre cuáles deben ser los medios de animar al trabajo, todavía difieren en algo. Los Angloamericanos tienen a sus Esclavos *a distancia*— los Suramericanos se *rozan* con ellos, y con Ellas... se casan.

Dónde iremos a buscar modelos?...

—La América Española es *original* = ORIGINALES han de ser sus Instituciones y su Gobierno = y ORIGINALES los medios de fundar uno y otro.

O Inventamos o Erramos.

COMERCIO, COLONIAS Y CULTOS

no son medios de destruir errores, sino de confirmar los que hay, y de añadir otros. *Error* se toma aquí, por todo lo que significa ERRAR =

$$\text{que es} \begin{cases} \text{no dar con el punto o con el fin} \\ \text{no tener lugar fijo} \\ \text{desviarse} \\ \text{vagar} \\ \text{falso concepto} \end{cases}$$

COMERCIO. Todos los que compran y venden son Comerciantes; pero los Gobiernos deben considerar el Comercio de otro modo que el Mercader.

El Mercader observa las necesidades, y para satisfacerlas calcula sus ganancias.

El Gobierno considera las conveniencias económicas, morales y políticas del Comercio, para no exponer los intereses del productor, del consumidor y del propagador mismo.

COLONIAS. Todos los que cultivan la tierra son Colonos porque cultivan [aunque esta palabra se toma por los nuevamente establecidos]; pero los Gobiernos deben considerar la Agricultura, de otro modo que el Labrador.

El Labrador busca su conveniencia en la tierra.

El Gobierno considera los productos de la Industria, el número de Agricultores, y sobre todo, su condición. Sin estas consideraciones, la Colonización puede ser perjudicial al país y a los que se establezcan en él.

CULTOS. Todos los que hacen sectas o las encabezan son *Sectarios*, y los que las siguen.. *Secuaces*; pero los Gobiernos deben considerar que la pluralidad de Cultos no es admisible en todos *lugares*, en todos *tiempos* ni en todas *circunstancias*.

CIVILIZACION COMO INSTRUCCION, son dos Universalidades que nada dicen, si no se determinan.

$$\text{Habrá Civilización} \begin{cases} \text{Mercantil,} \\ \text{Colonial,} \\ \text{Religiosa,} \end{cases} \text{esto es,}$$

西班牙人的后代虽然跟英国人的后代在需要奴隶耕种土地这一主要观念上*相同*，但在应该用什么方法鼓励他们从事劳动这一次要观念上*有点不同*。美国人跟其奴隶*保持一定距离*——南美人跟其奴隶亲密接触，并跟女奴……结婚。

我们到哪儿去找这样的范例？……
——西班牙美洲人是*独特的* == 他们的制度和政府也必须是**独特的** == 成立政府的方式也应是**独特的**。
我们要*发明创造*，也许会出差错。

贸易、移民和宗教信仰自由

不是消除错误的办法，而是确认现有错误和增加*错误*的办法。这里所说的错误系指出现的**差错** ==

亦即
{
没有针对性抑或达不到目的；
没有确定空间；
偏离正道；
不贴切；
不符合实际的想法。
}

贸易：所有从事买卖的人都是商人，但政府应该以有别于商人的方式考虑贸易问题。
商人注重的是需求；而他们为了赚取利润才满足需求的。政府考虑的是贸易在经济、道义和政治上的好处，以使生产者、消费者和做广告者的利益免遭损害。

251

移民：所有耕种土地的人都是移民，因为他们致力于发展种植业（而这个词是新定居从事垦殖的人们使用的）；但政府应该以有别于农民的方式考虑农业问题。
农民从土地上获益。政府要考虑工业产品、农民人数、特别是他们的状况。不作这样的思考，移民活动会对国家造成伤害，亦不利于定居的移民。

宗教信仰自由：所有组成教派、领导教派的人都是有着**强烈派别观念**的人，而追随教派的 人则是……*追随者*，但政府应该考虑到多元相信仰并不是所有*地方*、所有*时间*和所有*情况*下都允许存在的。

文明和**教育**是两所大学校，如果不做出正确决定，则一事无成。

有
{
商业
移民
宗教
}
文明，也就是说，

Se entenderá la gente bien en asuntos $\begin{cases} \text{de comercio,} \\ \text{de comunidad,} \\ \text{de conciencia,} \end{cases}$

y cada $\begin{cases} \text{Gremio,} \\ \text{Corporación} \\ \text{o Secta} \end{cases}$ tirará, por su lado, para sí;

sin consultar el INTERES GENERAL, que es el que constituye la *Civilización Social* = única mira

de los Gobiernos Liberales—
Esto tiene mucho que estudiar

No basta $\begin{cases} \text{tener caudal en giro,} \\ \text{ser agricultor} \\ \text{o teólogo} \end{cases}$ $\begin{array}{l} \text{aun sabiendo} \\ \text{cuanto hay qué saber} \\ \text{en estas materias} \end{array}$

para ser *buen Ciudadano*,
que también es derivado de *Ciudad,* como lo es *Civilización:* porque se supone, que, en CIUDAD, aprenden los hombres a vivir en buena inteligencia.

País Civilizado no quiere decir
país donde se malbarata el producto de la Industria ajena pidiendo... un sentido! por los primeros efectos que llegan, y llamando HUESOS los últimos. Los fabricantes Europeos no pagan sus obreros con HUESOS.

No es *País Civilizado* tampoco
el que recibe, sin examen, a cuantos llegan a sus Puertos, a darse *en prenda* por el pasaje, sin saber dónde los llevará la suerte a servir.

Tampoco es *País Civilizado*
aquel donde se cruzan los Ministros de varios Cultos, saludándose con el mismo *afecto y ternura*, con que se saludan los litigantes que se encuentran en las puertas del Tribunal.

Si debe llamarse *Civilizado* el país donde cada uno hace lo que quiere, con tal que los habitantes crean que así se llama el *desorden,* dígase—
que hay civilización en las Ferias,
que la había_____ en las Behetrías,
y que la hubo_____ en Babel

EL COMERCIO $\begin{cases} \text{Importa} \\ \text{y} \\ \text{Exporta} \end{cases}$ los Barcos... Cosas, y
los Comerciantes Opiniones

Llegará la Salida de cosas, a equilibrarse con la Entrada, si el pedimento protege la industria rural; pero el comercio de opiniones será siempre pasivo. ¿Qué opiniones llevarán los Comerciantes de América a Europa, en retorno de las que traen?
Atestarán los cerebros de Ideas— unas de difícil expendio, como las

人们非常了解 { 贸易 社会 观念 } 问题，

各 { 同业公会 组织机构 抑或教派 } 都是自顾自，

不顾及**总体利益**——亦即构成*社会文明*的总体利益 == 自由派政府的
唯一目的——
这应该大力加以研究。

要想成为*好市民*，

光有周转的资金、
当农民
抑或成为神学家 } 是不够的，即便是掌握了应该掌
握的相关知识亦枉然。

市民一词衍生自*城市*，文明一词也派生自城市：因为人们认为**城里人**
聪明会生活。

文明国家不是
外国工业品倾销的地方！外国工业品倾销是有……目的的：首先是打
开市场，而后是敲骨吸髓。欧洲厂主是要有钱支付给工人的。

253

对所有运抵其港口的货物不检查悉数照收、只知道收取过境费、不知
道会对本国有什么影响的国家，
也不是*文明国家*。
各种教派的牧师在其境内随意穿行，相遇时亲切、*和蔼*地打招呼——
诉讼当事人在法庭门口相遇时互相致意的国家
也不是文明国家。
如果人人自行其是、而居民们认为这是一团糟的国家应该称之为*文明
国家*的话，想想看——
嘈杂的集市上、
混乱的中世纪自由城市里、
喧闹的巴别城中也有文明了。

贸易 { 进口 和 出口 } 船只……物品和贸易主张：

如果要求保护本国工业，进出口就得平衡；但贸易主张总是顺从他人的。
美洲商人带到欧洲的是什么主张？带回来的又是什么主张？
满脑子的主张——有些主张难以实现，譬如宗教信仰自由的主张；

de Cultos, y otras de que está abarrotado el casco, hace tiempo. ¡Traer Ideas Coloniales a las Colonias!...

es un Extraño antojo.

—¿Estamos tratando de *quemar* las que tenemos? —¿y nos vienen a ofrecer otras?—¿creyendo que porque están *adobadas* a la moda, no las hemos de reconocer?? —¿Estamos tratando de *sosegarnos*, para entendernos en nuestros negocios domésticos?—¿y vienen a proponernos *cargamentos de Rubios...* en lugar de los de *negros* que nos traían antes?— ¿para alborotarnos la conciencia, y hacernos pelear por *dimes y diretes,* sacados de la Biblia??....

qué COMERCIO!—válganos Dios.

COLONIZACION. Que se descarguen barcadas $\begin{cases} \text{de pulperos,} \\ \text{de mandaderos,} \\ \text{de mozos de cordel} \\ \text{y de otros oficios} \end{cases}$

en que brillan $\begin{cases} \text{la } \textit{Educación!} \\ \quad \text{y} \\ \text{el } \textit{Ingenio!,} \end{cases}$

para enseñarnos $\begin{cases} \text{a regatear,} \\ \text{a correr,} \\ \text{a pujar,} \\ \text{a renegar en varias lenguas} \\ \text{y a emborracharnos a la Europea.} \end{cases}$

254

no deja de contribuir en algo, a la propagación de las LUCES.

Con este socorro se ha conseguido ya—

Lo 1.ro dar al agua el olor de aguardiente.

Lo 2.do aumentar el consumo de Palo de Campeche, vinagrillo y melaza, para hacer vino de Burdeos abocado—y VINAZAS de Jerez, de Oporto, de Carlon y otras, desconocidas en el comercio mazorral de los Catalanes.

Lo 3.ro aprender a hacer *Vino Doncel,* con vinagre y albayalde

Lo 4.to sustituir el frijol tostado, la cebada, el trigo y el pan quemados, al café.

Lo 5.to aumentar la masa de azúcar en polvo, con sal o con arena fina, según el precio corriente.

En fin: la Albacería se ha hecho un arte, con los conocimientos que se difunden en los Zaguanes y en las Esquinas, antes ocupadas por Españoles rancios, campesinos ciudadanizados y negros bozales.

Los *Puestos* antiguos, que después se llamaron TIENDAS, después ALMACENES, y que ahora se llaman ESTABLECIMIENTOS van, por *derecho de aluvión,* ganando terreno a las antiguas *boticas,* que después se llamaron

其他一些主张很早以前就有了，已根深蒂固。移民主张是带到殖民地来的！……

移民主张是种外来的主张。

——我们在力图*毁掉*我们已有的东西吗？——移民们来向我们提供别样东西吗？——认为这些东西是*时兴货*、我们不用加以检验吗？——我们在竭力*使自己平静下来*，以处理我们国内的事务吗？——移民们来向我们*推荐白人*……而不是以前那样运来黑人吗？为了扰乱我们的思绪、使我们为出自《圣经》的一些鸡毛蒜皮的小事争斗不休？……

天哪——这是什么样的贸易啊！

移民：运来一批批 $\begin{cases} 杂货店主 \\ 帮工 \\ 搬运工 \\ 和其他行业的人 \end{cases}$

其中出众者，当数从事 $\begin{cases} 教育 \\ 写作 \end{cases}$ 的人。

他们来教我们 $\begin{cases} 倒卖物品， \\ 做中间人， \\ 竞价拍卖， \\ 用各种语言讨价还价 \\ 和醉心于欧洲生活方式 \end{cases}$

255

也做了一点好事：传播了文明。

这文明的传播已有了收获——

其一，用水兑酒；

其二，用大量洋苏木、香醋和糖蜜制做味醇的波尔多红酒——卡塔卢尼亚人拙劣的贸易中没有过的欧波尔图、卡尔洛等地的**雪利酒**；

其三，学会了用醋和碳酸铅白制做*非烈性葡萄酒*；

其四，用烤菜豆、大麦、小麦和烤面包代替咖啡；

其五，根据现下的价格，用食盐抑或细沙掺进蔗糖以增加其重量。

总之，早先年老力衰的西班牙人、成了市民的农民和西班牙语讲得不好的黑人在栖身的城门洞里和街角边传播的知识，使城堡外墙成了一种艺术品。以前的*货摊*，后来称之为**店铺**，再后来称之为**百货公司**，现在称之为**企业**；

FARMACIAS y que ahora se llaman LABORATORIOS. En estas *tiendas mestizas* [como decían nuestros abuelos] u *Omnibus* [como debemos decir nosotros] se venden Cosméticos para mudar la piel— polvos para descubrir la raíz de los dientes sin dolor —aceite criollo en botellas Italianas— tinta en botellas opacas, a medio llenar, para que el comprador las haga sonar, como cuando compra nueces —y frasquitos de Panquimagogo para desacreditar a Le Roi.

En breve se verán paquetitos dorados, con las armas de la Corona, CONTENIENDO greda preparada *por un nuevo proceder*, para los muchachos acostumbrados a *comer tierra*.

Ya nuestros Sastres se ocupan en echar parches y remesa de ropa hecha, y hasta de gorras para los Indios.

No faltarán (tal vez) especuladores que piensen en establecer, en Londres o en París, fábricas de Chicharrones, tamales y maíz cocido, para desbancar el comercio de las negras.

Y si ven [como es de esperar] que los Gobiernos Republicanos toman la Sabia Providencia de arcabucear ladrones, para *depurar* la Sociedad = por seguro que el comercio piensa en traer surtidos de dogales, con sus correspondientes cajetitas de sebo de olor, y modo de usarlo, para todo grado de desesperación.

El pobre Castellano, al Cabo de 3 siglos y medio de guerra abierta, con los Indios y con los Negros (en la que ha padecido... lo que Dios sabe) ve llegar, de mar afuera, un refuerzo de enemigos que inundan el país y le toman las mejores posiciones.

En los Escritorios han prohibido *despachar el correo*
para que se *expida la mala*
en los libros no ha de haber *obligaciones por cobrar*
sino *Billetes a recibir*

y se ha mandado que en ningún caso se *den cuentas*

sino que *se rindan*
En las Escuelas se ha prohibido decir que se *dan* premios
se ha de decir que se *acuerdan*
y no a los niños más *aprovechados*
sino a los más *avanzados*

Por orden del día, se han mandado despedir, de los Cuerpos del Ejército, a todos los *Médicos* y *Practicantes* para reemplazarlos con *Físicos* y *Oficiales de Salud*.

Que los oficiales no se pongan *al frente* de sus Soldados sino *a la Cabeza*, y que, en lo sucesivo, no salgan de *medio uniforme*

sino de *Peti*.
Se han mandado cerrar todas las *fondas*
para abrir *hoteles*
y que no se venda *Carne frita*
ni *estofado*
sino *bisteses*
y *bofe a la moda*

与此同时，以前的*药房*后来称之为**药店**，现在称之为**药厂**。在【像我们祖先所说】的*杂货店*抑或【我们应该称之为】*百货店*里出售护肤品——洁齿粉——意大利瓶装的本地产食品——不透明瓶装的墨水，只是半瓶装，以使购买者能像买坚果那样一摇就响——以及使国王丢脸的细口小瓶装的包治百病的药品。

我们一眼就能看到金黄色纸包装的药包；药包上印有王冠；包中**装有**漂白土，其*新用途*是医治那些*嗜土*的孩子。

我们的裁缝忙于为印第安人批量生产成衣及帽子，并爱在衣服和帽上添点缀饰物。

（也许）还有一些有头脑的人想在伦敦和巴黎开设烤肉厂、蕉叶玉米粽子店或煮玉米店，以改善不利的贸易状况。

人们如果（像希望的那样）看到共和国政府采取英明措施处决盗贼以净化社会的话＝＝贸易肯定会想到要运来绞索和劣质棺木（及其用法）等货物以供发生种种令人发指的事件之所需。

可怜的卡斯蒂利亚人在跟印第安人和黑人进行了三个半世纪的公开交量（斗争中受到的伤害……只有上帝知道）之后，眼看从海外来了一批敌对势力；这批敌对势力遍布各地，并占有强势地位。

办公室里禁止寄发*邮件*，必须发送*邮袋*。

书中不得含有索要*债券*的内容，
接收*现金*的内容可以。

还规定无论如何不得*报账*，
只能*报收益*。

学校里禁止提出给*最用功*的孩子奖励，
必须协商一致给*优秀*的孩子奖赏。

根据规定，辞退军中所有的*医生*和*助理医生*，代之以*保健医*和*医官*。

军官不站在士兵的*最前列*，而是*引导着士兵*；
从此后，士兵们不得穿*制服*出营，
只能穿*平民服装*。

规定关闭所有*小客栈*，
开建*旅馆*；
不得出售*煎肉*，
不得出售*炖肉*，
只能出售*牛排*和*时兴的牛肺*。

Que cuando los muchachos vayan a la pulpería
no pregunten *po'er Gayego*
sino *po'ño* Bachicha
y que no pidan *queso*
sino *formayo*
& c.

No se pasa mes sin que se vean salir *familias enteras* de palabras, bajo partida de registro, para España: y se dice, que la Academia les hace hacer Cuarentena, desde un día en que, estando el verbo DOLER quejándose de las persecuciones que había sufrido en el Sur, se le escapó decir DOL-DRA. Dicen también que *recién* y *bueno* estuvieron presos porque, al desembarcar—

dijo el uno que había llegado *recién*
y el otro que había tenido un tiempo *¡qué bueno!*
«Para otra vez (les dijeron al soltarlos), vean ustedes dónde se ponen—sobre todo Ud. señor RECIEN».

Con el mayor descaro se habla ya, en nuestras tertulias, de la llegada de una Colonia de Maestros, con un cargamento de *Catecismitos* sacados de la Enciclopedia por una sociedad de *gentes de letras* en Francia, y por *hombres aprendidos* en Inglaterra. El fin es, no sólo desterrar el Castellano, sino quitar a los niños hasta las ganas de preguntar por qué piden pan. Todo ha de ser *puro*

matemáticas *puras*
gramática *pura*
mitología *pura*
y todo Gía y FÍA... sea el que fuere... *puro*:
porque está demostrado que eso de andar *materializando* las cosas, es cortar el VUELO! al espíritu.

Entretanto, los niños van olvidando lo poco que dicen en su lengua: desde muy tiernos los ponen en *Colegios* [porque ya no se dice *Escuelas*] donde no se les permite hablar sino Inglés, y Francés, y una que otra palabrita en CAJTEYANO, para que se entiendan con sus madres los domingos. Las buenas Señoras se bañan en agua rosada, cuando los oyen hablar *serrao* y decir a cada instante

jarirú, yesar, coman bú porté bú y ui mosiú

> 小伙子们到酒馆去，
>
> 不要加利西亚酒，
>
> 而要意大利酒，
>
> 不要奶酪，
>
> 而要干酪；等等。

每个月都有全家人成群结队、吵吵嚷嚷离开前往西班牙：据说是王家语言研究院要他们进行隔离，因为动词 **doler**（疼痛）在南美洲遭到了打击，被说成了 **doldra**。还听说，*recien*（刚刚）和 *bueno*（好的）也遭到了绑架（烂用），某人下船时——

> 说他*刚到*，
>
> 说他过得*真好*！

"（使用这些词时就说）下次就看如何用你们了——特别是你 **recien** 先生。"

在我们的恳谈会上极其无耻地宣告来了一批大师，说他们带来了由一法国文人协会和一批英国学人摘自《百科全书》的要义。其目的不仅是要废掉西班牙语，甚至是要让孩子们不想再问为什么要吃面包。一切的一切都是*纯正的*——

> *纯正的数学，*
>
> *纯正的语法，*
>
> *纯正的神话，*
>
> 上至**天文**、下至**地理**……通通是……**纯正的**！

因为这是要使一切事物物质化，要**抑制**精神。

与此同时，孩子们将逐渐忘却讲用的一点点母语：从小就将他们送进 *colegio*（寄宿学校）【因为现在不叫 *escuela*（学校）了】；他们在那里只允许讲英语和法语，学一点点**西班牙语**，为的是礼拜天回家好跟母亲交流。妈妈在撒有玫瑰花瓣的热水中沐浴时，就听孩子们在说一些*不像是西班牙语的话*，令她一头雾水。

————

Si se ha conseguido ya tanto! con el poco Comercio que tenemos, y con los pocos Colonos que nos han llegado... ¿qué será cuando se realice el gran proyecto? que se está sugiriendo a los Reyes de Europa, especialmente a los que *reinen* en Francia... (a los que REINEN, porque el proyecto es vasto y largo). La Imaginación alborotada, h.ᵃ hecho un

TORBELLINO DE PROYECTOS!

$$\text{Comercio} \begin{cases} \text{de Colonos} \\ \text{y} \\ \text{Cultos} \end{cases} \text{Colto} \begin{cases} \text{a las Colonias} \\ \text{y} \\ \text{al Comercio} \end{cases} \text{Colonias} \begin{cases} \text{mercantes} \\ \text{y} \\ \text{catequizantes} \end{cases}$$

he aquí el fondo del Proyecto

Las Grandes Naciones (se dice) no pueden subsistir sin Colonias.
La Conquista es un medio violento, que la humanidad reprueba... es verdad— no obstante,
si es menester usar de alguna violencia, no se deberá omitir una que otra guerrita, por el bien de la humanidad misma.

$$\text{Establézcanse primero 2 } \textit{propagandas} \begin{cases} \text{una de fide} \\ \text{y} \\ \text{otra de scientiae} \end{cases}$$

donde se formen Misioneros de ambas especies

Habrá cuantiosos capitales afectos a su Sostén, y una Escuadra, costeada por el Erario, para llevar a todas partes, Predicadores y Maestros,
de modo que
no quede, en toda la redondez del Globo, un solo SEGLAR enseñando.
Se empezará por los países *Bárbaros y Semibárbaros* [*es regular que entre éstos estemos nosotros, y que nuestros Clérigos desciendan a Catecúmenos*]

¡Qué civilizado no debe ser
el hombre que abriga estas Ideas!

A los principios ¡qué Primores de Castellano en los Púlpitos!...
y ¡qué Ginebra en los Confesonarios!
Las mujeres confesándose en Francés!
y los Misionerós absolviendó pecadós en Castellanó!

Para animar al Rey de Francia a proteger la empresa, se le hace ver que, sin ella, no está, seguro en el Trono.
Para interesar a la clase reinante, se le dice que, si no coopera, pierde su Influencia Política.
A la Infima Clase se amenaza con un descenso de *tantos puntos* del cartabón en que se mide su *Estatura Política,* que vendrá a ser, como en el termómetro, a *tantos grados* debajo de CERO.
El fin es que *todos* propendan a propagar el *Comercio,* el COMERCIO!... el

我们才有这么一点点贸易，只来了这么一点点移民，就成了这个样子！……
如果像向欧洲国王、特别是法国国王提议的那样……（之所以向他们**提议**，
是因为要进行大规模贸易、大量引进移民）大规模进行贸易、大量移民到
来的话，会是什么样子呢？这一草率的想法导致了**一批计划**的产生！

<pre>
移民
  和   的贸易，宗教信仰自由
宗教信仰自由

                从事贸易活动
移民留居地   和
                从事传教活动
</pre>

<pre>
到移民留居地
       和
从事贸易活动，
</pre>

计划的实质是——

（据说）大国没有移民难以维持，
征服是种暴力手段，遭受人类的谴责……尽管如此——征服活动依旧。
如果必须使用暴力手段的话，为了人类自身的幸福，偶尔也得进行次把战斗。

<pre>
                信仰宣传
首先要进行两项宣传   和
                知识传播。
         得培养这两方面的人才！
</pre>

261

要有大量资金作后盾；要国库出钱组织传教士和教师派往各地；
                  因此

全球同此凉热，**无人**不受教育。从野蛮和*半野蛮国家*〔*一般说来我们国家
位列其中；我们的牧师和学人成了初学者*〕开始。

有着这些思想的人该有多文明啊！
起初传教时用西班牙语多美啊！
忏悔室里真乱！
女信徒们在用法语忏悔！
传教士们在用西班牙语宣告饶恕罪过！
为了促使法国国王保护企业，要他明白：没有企业，他的王位不保。
为了使统治阶级头脑清醒，就说：如果不合作，就要失去政治影响力。
对下层阶级以使其丧失*政治保护*相威胁。

COMERCIO! (gritan) y ya les parece ver, con esta sola palabra, alborotados los pueblos como se alborotan los avisperos—haciendo en cada ensenada un Astillero— saliendo sin saber a dónde van—cruzándose los barcos en los mares, y saludándose los Capitanes como en las calles de los puertos...

Qué hermosura!
[*Exclama enternecido un Orador de la Empresa*]

Cuando se vea la Ilustración! la Virtud! las Buenas Costumbres! la Moral! la Filosofía! la Civilización! y... ¿quién sabe qué más? porque le faltan las palabras.

y sigue discurriendo

Esos CAMPOS! cubiertos de *honrados* y HUMILDES Labradores, encorvados, cobrando al suelo el tributo de los sudores con que lo riegan.
Esos montones de frutos! dones preciosos de la PROVIDENCIA, que van a esparcirse en los *Poblados*

POBLADOS! donde la infatigable

industria del hombre [CIVILIZADO] hará crujir los *talleres*!

TALLERES!

donde el *laborioso* fabricante, ayudado por VIRTUOSOS obreros, devuelve al seno del Comercio, las primeras materias que le confió; no ya en un estado informe, sino convertidos en útiles *artefactos*

ARTEFACTOS! que adornando

la suntuosa morada del rico, y cubriendo la desnudez del PROLETARIO, establezcan un perpetuo equilibrio entre las fuerzas productoras y consumidoras, hasta los últimos rincones del *Globo*

GLOBO*! que exhalando, por ca-

da poro, torrentes de *propiedad, virtud y civilización*! llegue un día a verse cubierto de *Almacenes*

ALMACENES!...
[aquí pierde aliento el orador]...

El deseo es *bueno,* y la intención MEJOR, falta sólo que ...
los Reyes se vuelvan locos.

COLONOS

Para ahorrar preámbulos y tiempo, figurémonos estar en las playas, viendo desembarcar Colonos (y haciéndonos a un lado, antes que nos hagan apartar por los marineros)
No se presentarán [por cierto] los Colonos en nuestros puertos, como se presentan en los de los Estados Unidos. Allá se quedan, a bordo, hasta que los Capitanes han dispuesto de ellos, por el pasaje, y saltan a tierra siguiendo, en silencio, a sus Patrones: acá, sin saludarnos, pasarán los Em-

---

* En el original aparece *GLOCO* (N. del Editor).

其目的在于使*所有人*推助*贸易*，**贸易**！……（大叫）**贸易**！从大叫"贸易"
这个词的喊声中似乎看到了人们像嗡嗡乱飞的马蜂群那样群情激奋——在
每个港湾都建有船舶修理厂——船舶出海不知驶向何方——船舶漂洋过
海，船长们就像在港口街上相遇时那样相互致意。……

〔*企业的宣讲人*〕看到启蒙思想、美德、好习惯、道义、哲学、文明（以及……
谁知道还有什么东西？因为想不出适当的词语了）时，
〔激动地赞道：〕
多美啊！
并继续关注

农村！农村中*诚实*、**谦恭**的农民辛勤劳作，汗滴禾下土，收获满满。小山
似的劳动果实！那是**上帝**的恩赐。上帝恩赐的果实传运到*城镇*，
城镇！那儿〔**文明的**〕有技术的人们在工场里辛勤劳作！
工场！那儿勤劳的工场主在**技术高超的**工人帮助下将原材料制成*工艺品*投
向市场进行交易。

263

工艺品用来装饰富人的豪华住宅，卖来的钱供养**穷人**，在生产者和消费者
间建立一种长期的平衡。全球每个角落都是如此。
全球到处滚动着*财富*、展示着*美德*、传播着*文明*！直至有一天到处是*仓库*、
百货店。
　　　　　仓库、百货店！……
〔*至此企业宣讲人默然了*〕……
　　　　愿望是*好的*，打算就**更好了**，只是……
　　　　　　国王们晕头转向了。

移　民

闲话少说。设想我们站在海滩上，观看移民下船上岸（让我们靠边站，让
道给水手们通过）。
这些移民（肯定）不愿在我们港口上岸；他们愿意到美国港口上岸。他们
待在船上不动弹，直到船长向他们收路费，他们才默默地跟着老板上岸：

presarios preguntando por el HOMBRE, que debe estar allí para recibirlos...

—Oiga Ud. [le dirán] es Ud. el Gobernador?

—Sí, señor: un servidor de Ud.

—Bueno: se necesitan alojamientos cómodos

para esta *gente,* y decentes para nosotros—
víveres para tantos días, cabalgaduras,
y demás— y despache Ud. inmediatamente
estas comunicaciones a su Gobierno.

Ya estarán allí los Cónsules respectivos, apretando manos, dando enhora-buenas, y ofreciendo las mejores casas del puerto, a sus recomendados. Tal vez [y sin tal vez] habrá entre nuestros espectadores, alguno que, vien-do los equipajes en el muelle, ofrezca sus servicios llamando al primer *pobre* que esté cerca y diciéndole

«Oyes!
toma ese baúl y llévalo donde este Caballero te diga»

Los Empresarios se pasearán con sus Esposas, de bracete, por 2 o 3 calles, y entrarán a descansar en casa de los Señores Cónsules.

Al siguiente día, el Gobernador echará el resto en un convite, duran-te el cual, las Señoras se harán guiñadas, y al salir, se irán burlando de él, de su mujer, de sus hijas, de sus criadas, y hasta de las cucharas con que comieron la sopa.

Mientras se evacuan las primeras diligencias, se agolpará la gente al muelle, y no faltarán algunos Españoles de gorro calado, envueltos en sus capas, que se hagan encontradizos con los conocidos, y con Sorna les digan—

«Qué bien va, Señor D. Pedro?

Estos no son aquellos Gallegos brutos, hambrientos, que venían de la Península a tiranizar a ustedes y a llevarse el dinero: esta es gente que trae ideas *liberales,* trabajadora, civilizada, —vamos, gente de moda-les y todo lo demás, para adelantar el país en daca las palas: en breve se las tendrán ustedes duras con... todo el orbe, si es menester, en de-fensa de su Patria, de su Independencia, de sus sagrados derechos y de otras yerbas. Vaya en hora buena, amigo: que disfruten ustedes de todo eso en gracia de Dios, hasta que su Divina Majestad disponga otra cosa».

«Y Ud. Señor D. Juan, ¿qué dirá Ud. de estos Agricultores? Según no-ticias, entre ellos hay Dinamarqueses*, Suecos y hasta Lapones, que vie-nen a enseñar a cultivar Camotes, Caña Dulce, Algodón, y sobre todo el Cacao! que se da tan frondoso en las Riberas del Báltico».

«Godos habían de ser estos diablos [dirá algún joven] les duele el ver

264

---

* En el original aparece *Didamarqueses* (N. del Editor).

老板理都不理我们，径直向**一个人**（此人应该是在那儿迎接他们的）发问：
——〔对他说：〕喂，你是政府代表吗？
——是的，先生，我愿意为您效劳。
——那好：给这些人安排舒适的住处，给我们安排整洁漂亮的房子——若
　　　　　干天口粮、马匹等——请你立即将这些信件送给你
　　　　　的政府。
各国领事将聚集那里，握手言欢，互致问候，向他们的委托人提供港口最
佳的住房。我们这些看热闹的人中也许（抑或肯定）会有看到堆放在码头
上的行李就招呼身边的来人，跟他说：
"喂，
拎起你的箱子，放到这位先生指定的地方！"

老板们挽着他们的太太步行两、三条街，走进各国领事先生的府邸休息。
第二天，政府代表设宴款待贵客；席间太太们挤眉弄眼；用完餐出门时还
嘲笑政府代表、他的妻子、他们的女儿、他们的佣人、乃至她们喝汤时用
的汤匙。
　　办理手续时，人们聚集码头；其中有那么一些西班牙人，头戴饰花便帽，
身裹披风，碰到熟人，用讥讽的口吻打招呼——
　　"您好吧，佩德罗先生？
　　这帮人不是那些粗鲁、贪婪的加利西亚人；加利西亚人从伊比利亚半
岛来是为了统治你们、搜刮钱财；这帮人带来的是*自由*思想、勤劳理
念和文明观念——啊，他们是些有风度的人，完美无缺；他们来是为
了促使国家进步的；你们如果需要保卫祖国、独立、神圣的权利等等，
就得强硬地跟……全球对话。好吧，朋友：感谢上帝，都来享受这一
切吧，不要等上帝做出其他安排！"

　　"啊！您，胡安先生，您觉得这些农民怎么样？听说他们中有丹麦人、
瑞典人，还有拉普人；他们来教授种植甘薯、甘蔗、棉花，特别是可
可树！这些作物在波罗的海沿岸长势很好"。

　　"［会有年青人说：〕这些鬼东西自视清高，看到我们进步了心有不甘；

que adelantamos: me alegro que vean la diferencia que hay, entre su tiempo rancio y el nuestro: déjalos que rabien».

Viendo el zafarrancho de botes, sacando cajas, colchones y trapos sueltos, y oyendo las carcajadas de las Colonas, no dejará de haber algún Americano [*Godo a medio limar*], que diga, al que tenga al lado [*en voz baja*]—, «Amigo: *si nuestros padres eran... éstos son: está de Dios que esta tierra ha de ser.... lo que ha sido: nuestros abuelos acabaron con los Indios— éstos acabarán con nosotros— y con los hijos de éstos, los hijos de los que quedan allá = allá en el país clásico de las Luces... de la Civilización*, & c.

Los Reyes están Capitaneando estas Empresas, por complacer a su nueva nobleza [un poco más atrevida que la antigua]. Unos por no dejar la casa de sus Padres, y otros por sentarse en tronos de Alquiler, entran por todos partidos— no consultan a sus Filósofos, a esos filántropos que piensan en el Orden Social, no en Comerciar con la Religión, para apoderarse de los hombres, haciendo de la conciencia un Cabestro —no ven que tienen hijos— que sus hijos les darán nietos —y que, entre ellos, podrá haber algunos, que salgan, de este mundo, por la ventana de Luis 16, a darles las gracias por su previsión».

La introducción de CULTOS en Suramérica es intempestiva. ¿Qué vendrán los Misioneros a enseñar, que nuestros Clérigos no estén ya cansados de saber? Estos han estudiado, meditado, elegido, adoptado... ¿No saben los Misioneros que la América Española, está ocupada, hace tiempo, por Católicos Romanos?—¿y que los Ministros de este culto cuidan de propagarlo entre los Indios? Si lo saben y vienen debe ser, o con el fin de establecer nuevos cultos, o con el de usurpar destinos en el servicio del altar: lo uno es introducir la discordia entre los fieles— lo otro es tratar de ineptos a nuestros sacerdotes: perdonen los señores Misioneros, su empresa anuncia algo de terrestre — algo de Soberanía temporal.

Si el fin es facilitar al comercio, el ejercicio público de su culto, la empresa es entonces Mercantil— es un medio de atraer el mercado— es una condición puesta por los comerciantes a su permanencia en el país.

El comercio no puede hallarse sino en uno de tres estados =
en exceso de oferta,
en exceso de pedimento,
o en equilibrio de uno y otro.

¿En cuál de estos tres está el Comercio extranjero en América? —Hasta los Cargadores saben que está en el primero, y ninguno de ellos ignora, a quién toca poner condiciones, cuando se ofrecen Cosas que no se han *pedido*, aunque se necesiten—No es regular que los Comerciantes ignoren esto. Y ¿será posible que unos hombres que dejan su país, sus conveniencias, sus placeres, y hasta sus mujeres y sus hijos, por salir a buscar la vida,— no puedan privarse, por algún tiempo, de sus *Ceremonias*? [porque la creencia no consiste en ellas] ¿Quien les impide que hagan priva-

我很高兴看到他们的过去跟我们的过去不一样：让他们受受罪吧"

看到清理船舱，扔出空盒、坐垫、破布片、碎纸屑，听到女移民们爽朗的笑声时，总有个把美洲人【有那么一点自视清高地】对站在旁边的人【低声说．】——"哥儿们，如果我们的父辈是……这些人是……这片土地注定要成为……原先那样了：我们的祖先消灭了印第安人——这些人将要消灭我们——留在那边 == 那边富有启蒙思想……文明等等的优秀国家的人的子孙们将消灭这些人的后代。
国王在指挥着这些活动，为的是取悦于他们的新贵族【新贵族比起老贵族来有那么点儿胆大妄为】。他们中有些人不愿意离开祖屋，另外一些人则出租祖屋，四处奔走——不咨询有学问的人，不咨询心想社会秩序、不想跟宗教有来往、意欲控制人们及其思想的社会活动家——他们不想有儿子——不想儿子给他们生孙子——他们中会有人挥霍无度、惨败而终。"

在南美洲引进宗教**信仰自由**是不适宜的。我们的牧师们一直在勤勉学习、研究、思索、选择、实践……这些传教士来教什么？传教士们难道不知道西班牙美洲早已被罗马天主教徒占领了吗？——难道不知道这一教会的牧师们在悉心向印第安人传布天主教吗？如果明明知道还要来，那就是要建立新教派、抢占牧师的职业了：这一是要在信徒中制造不和——二是要使我们的牧师无法开展活动：对不起，传教士先生们，你们的使命有点牵涉到世俗问题——牵涉到世俗权力问题了。

267

如果你们教派公开活动的目的是为了便于进行贸易，那你们的使命就是商业性的——是种打开市场的手段——是为商人们长驻该国创造条件。

贸易只能是在这三种情况之一下进行 ==

大量的供应

大量的需求

抑或供需平衡

外国贸易在美洲的情况是这三种中的哪一种呢？——就连码头工人都知道是第一种情况；他们都知道：如果提供没有*提出*要求的东西，即使有需求，也会有人提出条件来的——商人们通常是知道这一点的。一些离开本国、放弃舒适安逸生活、乃至抛妻弃子出外讨生活的人难道不会一时不顾礼仪？［因为宗教信仰中没有这一条］谁会阻止他们偷偷摸摸地干一些他们想干的事呢？潜水员在潜入水中摸珍珠时屏住呼吸，商人就不会为了捞钱

damente lo que quieran? Los Buzos aguantan resuello mientras están zabullidos buscando perlas, y ¿no podrá un Comerciante abstenerse de algunas exterioridades, por ganar dinero? Se encierra en su escritorio, a ajustar sus cuentas de comercio ¿y no podrá encerrarse en su cuarto, a ajustar las de su conciencia?

Perdonen los Señores Comerciantes: su exigencia peca contra la *urbanidad*, y su especulación contra el *cálculo*. Su exigencia es incivil, porque un DUEÑO DE CASA, aunque *pobre*, aunque *ignorante*, aunque *incivilizado*, merece atenciones, sobre todo de quien se da por Rico, por Sabio por Ilustrado—*el honor es de quien lo da, no de quien lo recibe*. Peca su especulación contra el cálculo, porque, traer surtidos de dogmas, ritos y liturgias, a donde no *se usan, vale* tanto como *llevar Rosarios a Berbería*.

Tráiganlos de Contrabando,
pásenlos por alto
y encarguen su expendio.... a la MODA

no les faltará quien los compre; aunque no sepan lo que significan ni cómo se usan: y sírvales de gobierno la ocurrencia siguiente:

Estando *cierta* persona en *cierta* parte del mundo, y oyendo a una Aya de Niñas decir, con mucha frecuencia,

MI COMUNION

y que viniera o no al caso,

MI COMUNION

le preguntó, un día, cuál era su COMUNION, y respondió:

no sabré decir a Ud. cuál es;
sólo sé que es la misma que profesa mi Señora.

虚情假意一番？关在办公室里结账，就不会关在自己的房间里动歪脑筋？

请原谅，商人先生们：你们的非分之想有违*礼数*；你们的投机交易欠*慎重*。你们的非分之想不文明，因为本地人虽然穷、虽然*无知无识*、虽然*粗鄙*，但应该受到照顾，特别应该受到使他们致富、受教育、学文化者们的照顾——*荣誉是争取来的，不是强求来的*。你们的投机交易欠慎重，因为将教义、礼节和礼拜仪式这样一些商品带到了*不使用*这些东西的地方，犹如将念珠带到柏柏尔人居住地一样。

这些东西是走私来的，
装着不在意通关的，
时兴的做法是……委托零售店代售。

不会没有人买；虽然不解其意，也不知道如何使用：但下述说法使他们长了见识：

某人在世界某地经常听到女孩子们的家庭女教师说：

我的圣餐；
且不分时间、地点张口就来：
我的圣餐。

某日，有人问她的圣餐是什么，她回答道：

对您说吧，我也不知道是什么；
我只知道我的女东家就是这么说的。

la ENFERMEDAD DEL SIGLO es

una sed insaciable de riqueza, que se declara por 3 especies de delirio
traficomanía,
colonomanía
y cultomanía.

El *Comercio* se asocia con las *Ciencias*, para que le cuiden las *Artes*, que son sus fuentes de producción, y como estas fuentes no serían perennes, si la clase productora se desmembrase, busca en los Reyes un prestigio que no tiene, para hacerse respetar del Ignorante, y vincular el trabajo material en la pobreza—quiere tener Vasallos, y ocurre a quien sabe manejarlos, para que se los mantenga sumisos. Un Rey, para estas funciones, no necesita de progenie ni prosapia—su *Cuna* está en la Voluntad de un Congreso, que hace de *Consulado* cuando trata de *asuntos mercantiles*, y de *Consejo de Estado* cuando trata de expediciones exploradoras.

Los *Cultos* como las *Ciencias*, son auxiliares en la Empresa—*ellos*, al exterior, protegiendo la producción de Materias Primeras, y *ellas*, al interior, cuidando de la confección de productos comerciales.

el plan es GRANDE, y al parecer, BIEN CONCEBIDO:
para la realización
se cuenta con la *fuerza*, si la *seducción* no basta.

270

Sometamos el proyecto a la Crítica—
el Siglo tiene su *enfermedad*; pero también tiene su *Genio*: hay *fuerzas* en el Sujeto, y éstas consisten en sus LUCES.

ORDEN Y CONVENIENCIA.

La mala inteligencia de estas 2 palabras es la causa de todos nuestros desaciertos; aun cuando, separados de nuestros semejantes, limitamos nuestras relaciones, a las que debemos establecer con las cosas, que nos alimentan y nos abrigan.

Todo lo que nos agrada, nos parece estar *en el Orden*, y en todo lo que se presta a nuestros deseos, vemos una *Conveniencia*, —Este sentimiento, hijo del amor propio y de la tendencia al bienestar [o amor de sí mismo] es lo que llamamos EGOISMO—

Yo solo soy
  y   } Son ideas del niño
solo para mí

El hombre que atraviesa la vida con ellas, muere en la Infancia; aunque haya vivido cien años.

世纪病是

对财富的难以满足的贪婪，表现有三种病候：
> 贸易狂，
> 移民狂
> 和宗教信仰自由狂。

*贸易*是跟*科学*联系在一起的，为的是使*技术*对之加以关照；技术是生产之源；而由于这生产之源是会枯竭的，生产集团如果面临解体的话，就会寻求国王设法挽救，声称要为下层阶级着想，并将物质生产跟贫困联系起来——要有附属国；而为了使附属国俯首贴耳，还得要有知道如何控制附属国的人。干这种事的人，国王不问血统、门第——人选由议会定，处理*贸易*事务有领事，远征讨伐事宜由*内阁*定。

　　*宗教信仰自由*跟科学一样是贸易活动的助手——*宗教信仰自由*到国外保护原材料的生产；科学在国内关照用以贸易的产品制造。

> 计划十分**宏大**，看上去是经过**深思熟虑**的：
> 实行起来，
> 如果*谈判*不成，就得*动武*了。

> 我们来对这一计划作一评论——

本世纪有*病*，但也有其*特点*：人自身有了力量，而这力量就是**知识**。

秩序和协商一致

对这两个词语的错误理解是我们所有错误言行的祸根；我们不涉及他人，仅就我们应该跟吃、穿等事所确立的关系谈一谈。

　　我们倍感高兴的是好像已有了*秩序*；就我们的愿望而言，我们力求*协商一致*——这种感觉源自自尊自爱和对富足的想往［或曰爱自己］，我们称之为**利己主义**——

只有我才是
　　和　　 ⎫
只为我自己　⎬　 成了孩子们的信念。

一生持有这种信念的人即使活到一百岁，也早就夭亡了。

271

Sin moderar este sentimiento, el hombre no es sociable— los Sentimientos se moderan rectificando las Ideas: y como las Ideas vienen de las Cosas

TRATAR CON LAS COSAS
es la primera parte de la Educación
y TRATAR CON QUIEN LAS TIENE
es la segunda

Tómese, de paso, por máxima, según este principio,
que más aprende un niño, en un rato, labrando
un Palito, que en días enteros, conversando
con un Maestro que le habla de abstracciones
superiores a su experiencia.
Sigamos.

Porque nos es natural el creer, que lo que se presta a nuestros deseos nos conviene = creemos también, que lo que nos conviene *debe* o *puede* convenir a otro.

El trato con las cosas nos desengaña, en cuanto a ellas; pero no en cuanto a nuestros semejantes. Nos *parece* que concurren a nuestros goces por *conveniencia* cuando no es sino por COACCION, y nos alucinamos hasta el punto de no ver, que

272

de la *Coacción* nace la ASTUCIA.
que sin Coacción, la Astucia no existiría,
porque no tendría objeto:
animal *suelto* no piensa en *soltarse*.

Confiese el amor propio [mal que le pese] que—
más conocemos las propiedades del PERRO, *que las nuestras*...
digamos.... EN GENERAL...

Este *en general*, es como *tabla en naufragio*, para que salven en EL su amor propio, los que disponen de la suerte de los Pueblos; pero hagan por agarrarse bien, no sea que tratando del *Bien Público*, se les escape la tabla y se ahoguen.

No llegarán a ese caso, si tienen presente, en sus deliberaciones, la máxima siguiente
Ordenes para ejecutar lo DIFICIL, se desobedecen con *Pretextos*,

y • para ejecutar lo IMPOSIBLE paoducen $\begin{cases} \text{desprecio} \\ \text{o} \\ \text{desesperación,} \end{cases}$

aunque, en algunos casos, lisonjeen con resultados felices, debidos a infuencias inobservadas.

这种感觉不变，是难以跟他人交际的——感觉一变，信念遂正：由于信念来源于实实在在的事物，

探讨这事物
是教育的首要内容；
探讨这事物的拥有者
是教育的次要内容。

顺便说一则警句吧：
让孩子动手加工小木棍一小会儿
要比成天聆听老师讲那些令其一头雾水的
抽象道理学得多。
继续我们的话题：

因为我们认为，符合我们意愿的事物就是我们需要的事物 == 我们还认为，我们需要的事物也应该抑或*可能*是别人需要的事物。

至于这事物，我们探讨后就会有所醒悟；但对其他人就不好说了。我们认为，只有用**强制手段**才能使我们*协商一致*。这使我们看不到：

273

*强制*导致**狡诈**；
没有强制就没有狡诈，
因为没有由头儿：
自由自在的动物想不到自由。

自尊自爱者［尽管不愿意］也不得不承认——*我们对**犹太人**财富的了解要比对我们自己财富的了解来得多……*
我们是说……**总的说来**……

这一"*总的说来*"犹如一根*救命稻草*，使决定着民众命运的那些人在自尊自爱中得以**保全自身**；但得抓紧，不要在处理*公共利益*时松手淹死。

如果考虑问题时记住下述原则，就不会发生这种事：
执行**困难**任务的命令不容*借口*拒绝，

执行难以完成的任务的命令会
{
招人蔑视
抑或
导致绝望；

但有时也会因受某种无形因素的影响而取得圆满结果的。

Las *Cosas* no se dejan persuadir
como se dejan persuadir los *Hombres*.

Un Barco, considerado por las miras que se tuvieron en su construcción, es un admirable! conjunto de *Previsiones*,... mejor dicho... de actos de *Obediencia* a la voluntad de los elementos —no hay en él una sola cosa que no sea una *Prevención*, para cumplir con las condiciones que el Agua, los Vientos, las Rocas, la Arena y el Fuego, quieran poner a la conservación, de navegantes y cargamentos. =

Lo mismo se observa en los Ejércitos y en los Talleres, con las cosas que les son propias.

En Sociedad es al contrario: ORDEN Y CONVENIENCIA son *refranes*, y CIVILIZACION una especie de *aliño* de todos los Proyectos, de todos los Mensajes, de todos los Elogios y de todas las Providencias.

poner orden	por convenido
llamar al orden	cuando convenga
establecer el orden	no conviene
conservar el orden	por conviene
estar en el orden	así conviene
orden público	*conveniencia pública*

Estas Expresiones

Se tienen prontas { unas para Eludir
otras para Exigir
otras para Emprender
otras para Disculparse

274

Deberían ponerse en un Estuche de 2 hojas, como hacen los cirujanos con sus Instrumentos.

CONVENIENCIA

Promete el Gobierno algo, y firma........	*por Convenido*
Se lo recuerdan, y lo difiere para..........	*cuando Convenga*
Le instan, y se descarga con................	*no Conviene*
Le requieren, y falta a su palabra...........	*por Conviene*
Se le quejan, y se disculpa con que.......	*así Conviene*
Le reclaman perjuicios, y se hace sordo por..	CONVENIENCIA PUBLICA

事物是不像人那样
听任摆布的。

按照一定尺寸在建造的船令人赞叹！所有的设计都是*预先定好的*，确切地说……都是根据自然条件设计好的——为了应付水情、风情、礁石、沙滩和火情，什么情况都考虑到了，要确保航海者和货物的安全。==

军队和工场的情况也是这样，因为事关自身。

社会则正好相反：**秩序和协商**一致是*众所周知的*，**文明**是所有计划、信息、颂词和措施的*点缀品*。

确定秩序	*是协商一致了的；*
维护秩序	*旨在协商一致；*
建立秩序	*若不能协商一致；*
保持秩序	*为了协商一致；*
有秩序	*就能协商一致；*
公共秩序	*公众协商一致。*

275

这样一些词语

很快就有了 { 一些词语表达避免、
一些词语表达要求、
一些词语表达着手进行
另外一些词语表达请求原谅。

应该像外科医生摆放其手术器具那样，将这些词语分别装在有夹层的盒子里。

协商一致

政府作出某种许诺并签发命令……*是协商一致的结果*，
记住，推迟一点时间，为的是……*协商一致*，
提出要求，寻求他途………………*若不能协商一致*，
　防止受伤害，装聋作哑，为了……**公众协商一致**。

Meter a uno en la Cárcel, porque se queja..	es	*poner Orden*
Imponer silencio......................................	es	*llamar al Orden*
Revolver un vecindario............................	es	*establecer el Orden*
Se destituye, destierra o mata..................	por	*conservar el Orden*
Todo el mal que resulta..........................		*está en el Orden*
y el fin que se lleva en todo....................		*es el Orden Público*

—¿ *Qué se dice por ahí?* [pregunta un Empleado]
— Que todo va mal... que hay muchos abusos
mucha miseria, mucho descontento...
—*Eso...........ya se sabe; pero.....*
HAY ORDEN, *que es lo principal*
[y es porque, de miedo, nadie chista]

—¿Qué dice Ud de este Gobierno? [preguntan a un mercader]
—*Que todo marcha en buen orden...*
la venta no puede ir mejor

A celebrar la Elección, se reunió el vecindario en la casa de un Diputado, y estaba ya tan ebrio! uno de los concurrentes, que no se movía de un rincón. Los que servían los licores pasaban y no hacían caso de él:

——SEÑORES! SEÑORES! dijo, en voz alta, muchas veces, hasta
que obtuvo silencio.
El Diputado, creyendo recoger elogios, se le acercó

—BEBER CON ORDEN [gritó el borracho, y dejó caer
la cabeza]
No puede ir más lejos la idea del *buen orden*, en una democracia MONARQUICA.

De todo se han hecho Diccionarios — hasta de *Rimas*; el de Etimologías
contribuye mucho a fijar significaciones:

el más importante de todos sería el de la propiedad { de *voces*
y
• *términos*

Los Publicistas deben hacer el Político
empezando por la C, y por la 1ª palabra...
CONVENIENCIA: subst. fem. tener pueblos ignorantes que no sepan quién
los manda ni por qué—ni lo que se hace con ellos— y que se junten en
las plazas, a gritar Viva *sea quien fuere*, cuando oigan que los caballeros
gritan.

秩 序

因为乱告状，将其收监……是　　　确定秩序
下令保持安静……………………是　　　维护秩序
查户口………………………………是　　　建立秩序
撤职、流放抑或处决………为了　　　保持秩序
所有弊端的治理要…………　　　有秩序
总而言之………………………　　　是公共秩序

　　　　　　——[职员问道：] 这儿怎么样?
　　　——一团糟……存在着种种流弊、不幸事件、不满情绪……
　　　　　　——这……知道了；但……
　　　还有秩序；这是主要的。
　　　[那是因为谁也不敢吭声]。

　　　　　　——[问一名商人：] 您对现政府有什么看法?
　　　　　　——一切的一切井然有序……
　　　销售情况好得不能再好了。

庆祝选举获胜时，选民们齐聚议员家，喝得酩酊大醉! 有位醉卧在墙角，端酒的仆人们走来走去，理都不理他：

277

　　——他一次又一次地大声喊道：**先生们，先生们**! 直到人们安静下来。
　　　　　　议员以为要听到赞美之词了，走近他；
　　——[醉鬼大叫一声] **喝酒要有秩序**! [而后垂下了头]。
　　君主制民主政体下的 "*良好秩序*" 这一形象也就是这样了。

字典各种各样——甚至有*抒情诗*字典；词源字典确定词的含义，很有帮助：

最重要的应该是 { 呼声 和 话语 }　　　的确切含义，

广告员应该成为政治家，
　　　　首先要讲……
"协商一致"：(阴性名词) 民众愚昧无知，不知道谁在统治他们，也不知道为什么要统治他们——更不知道为什么要支持统治者——聚集到广场，听到贵族们喊万岁，也跟着高呼万岁，*不管对象是谁*。

CONVENIENCIA: ajuste, concierto o convenio, entre los vecinos de un lugar y un Conde o Duque, para que los haga marqueses o barones, si ellos lo hacen Rey.

CONVENIENCIA: acomodo que busca uno al lado de otro, que vale más que él, para valer él más que sus iguales.

CONVENIENCIA: ser considerado como *gran negociador*, por haber ofrecido lo que no era suyo, a quien podía tomarlo sin que se lo ofrecieran.

CONVENGA O NO CONVENGA MARIDO VENGA: refrán que *denota*, que *enseña* o que *da a entender* que, el que se desvive por títulos, no repara en lo que cuestan—ni en el *por qué* se los dan—ni en el caso que han de hacer de él porque los tiene: aunque lo cubran de injurias y maldiciones, no importa; con tal que le digan Marqués.

Veamos lo que debe entenderse por

ORDEN Y CONVENIENCIA.

ORDEN

Están las cosas *en orden*, cuando están unas después de otras —y si no están así, están *inordenadas:*
Si estaban y, no están en orden, están *desordenadas:*
Estar en un orden necesario o determinado es estar en EL *orden*: haber estado y no estar en EL orden, es estar *fuera del orden*: un Hecho o un Dicho, fuera de *Razón o Regla* es DISPARATE, y si no tiene *pies ni cabeza.......* es DISPARATON ¡¿Cuántos de éstos no se cometen por imitar a los GRANDES!?

El *tiempo* es el *lugar* de la *acción*
y como

la extensión del tiempo se compone de cantidades $\left\{ \begin{array}{l} \text{sucesivas} \\ \text{continuas} \end{array} \right.$

las acciones están siempre EN ORDEN
porque
no pueden menos que caer unas *después de otras*.

Las cosas obran por *sí solas*, cuando no intervenimos en su movimiento, y caen en el tiempo, como la naturaleza quiere.
Aun en este caso decimos que—
Vienen antes de tiempo, porque no las esperábamos,
y... *fuera de tiempo*, porque las vemos cuando no acostumbran venir.

278

协商一致：某地居民跟某位伯爵抑或公爵之间达成的协议、协定或曰协约，为的是如果他们推选他为国王，他就让他们都弄个侯爵、男爵当当。

协商一致：某人谋求在另一位高权重的人身边工作，以使自己比其他人更体面。

协商一致：某人被视为*谈判高手*，因为给了对方不是自己的东西；如果不给对方，对方是不会弄到这些东西的。**偷鸡摸狗，屡屡失手**：这一谚语*说明、指出、使人明白*，追名逐利者不考虑代价——不考虑为什么给谈判对方——不考虑后果，因为有东西：尽管遭责骂、诅咒，那也无所谓，侯爵说了算。

我们来考虑一下，这"秩序和协商一致"
到底应该怎么理解。

秩序和适宜

秩 序

东西整齐有序，一个挨着一个——如果不是这样，那就是*凌乱无序*；
如果曾经整齐有序，现在不是了，那就是*凌乱无序*；
处于必要的抑或确定的整齐有序状况就是处于秩序状态：曾经处于而现在不再处于秩序状态了，那就是无序了：说话没有道理，那就是胡言乱语；
做事不按规矩，那就是**胡闹蛮干**；如果没头没尾一团糟……那就**太过分**了。
仿效那些**伟大国家**时出了多少这样的状况啊！？

279

> *时间是行动的空间，*
> 而由于
> 时间长度是由连续量组成的，
> 所以行动总是**井然有序**的；
> 这是原因
> 行动不能不是一个接着一个的。

如果我们不干预事物的运动而由事物随时间自然地运动的话，事物是*自行其是*的。
即使是这种情况，我们还得说——
> 事情是在我们盼望发生的时间之前发生的，
> *那就是提前发生了*；
> 而……事情不是在通常发生的时间发生的，
> *那就是不合时宜了*。

Las lluvias, por ejemplo, = poco antes de su Estación,
o en Estación que no es la suya.

Para expresar esto brevemente tenemos 2 palabras

EXTEMPORANEO por *antes de tiempo*
INTEMPESTIVO por *fuera de tiempo*

—¿Si esto decimos de las acciones de la naturaleza?... ¿qué deberemos decir de las nuestras?

Nos jactamos de tener una voluntad... un libre albedrío!
¿Qué disculpa daremos de nuestras LICENCIAS?

—¿obrar $\left\{\begin{array}{c} \text{extemporánea} \\ \text{o} \\ \text{intempestivamente} \end{array}\right\}$ ¿no probará falta de reflexión?

—¿Y si hemos tomado a cargo $\left.\begin{array}{l} \\ \text{el } Pensar \ por \ otros... \end{array}\right\}$ será perdonable la falta?

—¿Y que responderemos a nuestros Comitentes o Representados?... ¿sobre todo, cuando el yerro es irremediable?... Sí: irremediable (pongámonos en el caso) o pongámonos en el de ver a nuestros hijos *padeciendo*, para rescatar su Independencia, mil veces más, que lo que hemos padecido o visto padecer—no olvidemos la Revolución de Francia.

¡Admira la facilidad con que... un hombre! (o un corro) dispone de un país entero! con sus Cerros, sus Ríos, sus Arboles y sus Habitantes, y se queda tan sereno como si hubiera dispuesto de un Cortijo!— ¡A este estado de estolidez reduce el hábito de creer, cuanto nos dice el que *dice* que sabe más que nosotros

CONVENIENCIA.

Aunque signifique *venir con...*
no expresa la idea de venir *a un mismo tiempo*,
sino   la   •   de venir a propósito.

Venir $\left.\begin{array}{l} \\ \text{a un mismo tiempo} \end{array}\right\}$ —y— convenir

son cosas tan diferentes como

convenir   ___y___ $\left\{\begin{array}{l} \text{estar} \\ \text{en el orden} \end{array}\right.$

例如，下雨 == 雨季到来前一点时间下
抑或不在雨季下。
　　我们有两个词语简洁地表达这一现象：
extemporaneo *表达提前发生了，*
intempestivo *表达不合时令。*

——＝　如果说我们说的是自然界的现象，……那么我们该如何表述我们自己的表现呢？
　　我们炫耀自己的意愿……一种自由意志！
我们**恣意**而为会有人原谅吗？

——提前
抑或
不合时宜地　　　　行动不就表明欠考虑吗？

——而如果我们能
替他人着想……　　　欠考虑可以原谅吗？

——我们怎么对我们的委托人（或曰议员）们说呢？……特别是过失难以弥补时我们怎么说？……肯定的是：过失难以弥补（我们就先这么说吧）抑或倘若我们意识到我们的子孙们会*遭罪*；而为了拯救独立，我们经受了无数次苦难——我们不要忘了法国大革命。
　　某人（抑或某群人）轻易地就享有了整个国家，包括其山川、森林和居民，并显得那么心安理得，就像是在享有自家的一片庄园，多让人惊讶啊！这种愚蠢状态使人们不再认为向我们*说教*的人比我们知识丰富了。

协商一致

协商一致虽然很重要……
但并不意味着*同时*行动，
只是表明一种意图。

同时
行动　　和协商一致

跟
协商一致——和——　　有
　　　　　　　　　　　秩序

是极其不同的两码事。

$$\text{Venir a un mismo tiempo} \Big\} \text{——es—— coincidir}$$

$$\text{Venir a propósito} \Big\} \text{___es___ conformarse}$$

estar en el orden

es

deber ocupar un lugar fijo entre otros.

Esto no necesita de más explicación; no obstante, se confunden, a veces, las ideas, y en asuntos de gravedad—dando por autoridad los Refranes

«no hay mal que por bien no venga

y... todo es para bien»

de ahí siguen varias máximas, aconsejando conformidad, a tiempo en que el mal pide un pronto remedio, o, a lo menos, que se tomen lentas providencias contra él.

Es menester (dicen)

«que los pueblos hagan Crueles Experiencias, para que lleguen a conocer el bien:

Es menester

que esta generación desaparezca, para que otra mejor la reemplace».

Y al mismo tiempo, se quejan del que hace hacer las crueles experiencias—lo destestan, lo persiguen, lo matan!

¿Cómo se harán las experiencias?

Esperando que la generación desaparezca, le ponen discípulos

para que sigan su ejemplo—

¿Cómo desaparecerá la generación?

¡Ojalá fueran estas solas las inconsecuencias!

hay otras peores

—«Empiecen [se les dice] a Instruir en la Infancia, para que

la Juventud se Ilustre.

—*No: dejemos que las Luces penetren.*

—¿Qué Luces, si no las hay?

—*Esa gente debe estar, por largo tiempo, en las tinieblas.*

—Por qué?

—PORQUE ASÍ DEBE SER — PORQUE ESTÁ EN EL ORDEN—

PORQUE NO CONVIENE INSTRUIRLA.

—¿Podremos asegurar que, de esa masa de Ignorantes, no se levanten muchos, *por un medio saber?*...

—¿Y si las circunstancias favorecen a algunos, y los ponen a mandar?... ¿no será peligrosa su influencia?

—*Ya eso es mucho suponer».*

¡¿Cuánto no hay que considerar antes de pronunciar *orden y conveniencia,* tratándose de la Propiedad, de la Libertad o de la Vida de una persona?!... ¡¿y cuánto más, si es la Propiedad, la Libertad o la Vida Social la que se versa!?

$$\left.\begin{array}{l}\text{同时}\\\text{行动}\end{array}\right\}\;\text{——是——一致行动}$$

$$\left.\begin{array}{l}\text{表明}\\\text{意图}\end{array}\right\}\;\text{——是——同意行动}$$

有秩序
意味着

应该在其他事物中占有一个固定的位置。

这是不言自明的，但有时也会混淆概念；在重大问题上——谚语更能说明问题：

"善恶并存，
……人心向善。"

由此引出一连串警句，劝导协商一致，及时惩恶扬善，抑或至少是采取措施慢慢除恶趋善。

（常言道：）"人们要从善，

必须经历苦难：

这一代人

必须消失，下一代人才能生活得更好。"

与此同时，人们对苦难经历不满——相互不理采、相互迫害、相互杀戮！！

经历起什么作用呢？

希望这代人消失，让下一代继续他们那样的生活——

这代人怎么消失呢？

但愿这是仅见的轻率说法！

还有更糟糕的说法：

——"[有人说：]从儿童抓起，使他们长大后有文化，接受启蒙思想。

——*不，我们不能让文化、启蒙思想进来。*

——什么文化、启蒙思想？根本没有那回事儿！

——*这些人应该长期处于混沌状态。*

——为什么？

——**因为就应该这样——因为这是秩序——**

因为不需要让他们有文化、有启蒙思想。

——我们能保证这些愚昧无知的大众中不会有一些*一知半解*的起来叛乱吗？……

——如果一些人有了机会，这些愚昧无知的大众不会听他们指挥吗？……这些有影响的人不危险吗？

——*这不过是设想而已。"*

谈论"秩序和协商一致"前，不应该太多考虑个人财产、自由和生命问题！

应该更多地考虑所熟知的社会财富、自由和生活。

283

No es tan difícil ver si las cosas o las acciones están en su orden, como lo es descubrir el fin con que las acciones concurren—prever los efectos de su concurrencia—y las consecuencias que pueden tener los efectos.

La suerte futura de las Naciones, no está confiada al modo de pensar DE UN HOMBRE NI DE MUCHOS, sino al de LOS MAS. El Interés Social es un compuesto de muchos intereses.

$$\text{intereses} \begin{cases} \textit{económicos} \\ \textit{morales} \\ \textit{civiles} \\ \textit{políticos} \end{cases}$$

Cuando hay que tratar del Interés General de una SECTA se llama a Concilio Ecuménico = el Interés SOCIAL pide que la Nación esté en Congreso perenne

sin *Elecciones*,
sin *suplentes*,
sin *recesos...*
en una palabra, sin *farsas*

sobre todo sin esa *cómica*,	*facultad ordinaria*
de Imponer Silencio... al SOBERANO! para	*llamarlo al orden*
echarlo de su Palacio por	*conservar el orden*
cerrarle las puertas y dejarlo en la calle	*por conviene*
hasta que habiendo cesado el motivo de	*conveniencia pública*
que obligó al Ejecutivo a usar del	*alto poder*
que la Constitución Política del Estado	*puso en sus manos*
y	*confió a su prudencia*
para conservar el	*sagrado depósito*
de las	*Leyes patrias*
y mantener, a todo trance, el	*orden público*
las garantías, la paz interior y...	
quién sabe hasta dónde va la	*jerigonza...*

Parecerá absurdo el pretender que la mayoría de una nación tenga Ideas Sociales; pero será a quien esté acostumbrado a ver a los hombres que componen un pueblo, como a los árboles que componen un bosque.
A quien crea muy natural [por consiguiente necesario] que el caudal debe ser la medida de los derechos políticos—que el mayor número no debe pensar sino en buscarse el pan—que por el traje y el oficio debe juzgarse del talento, y que si el talento llegara a hacerse común, las personas de familia o caudal no sabrían qué hacer con el suyo...
En fin, quien vea la Sociedad pintada en un cuadro, cuyo fondo es *crasa ignorancia*, haciendo resaltar un corto número de SABIOS, rodeados de un reflejo de MEDIO TINTE —o un teatro en que aparece una infinidad de Títeres Sucios, ejecutando diversidad de movimientos, y unos pocos, muy pulcros, arrellanados en sus poltronas, mano sobre mano «mirando» o paseándose, de dos en dos, con los brazos colgando

要看出事物抑或行动是否井然有序，并不那么难；要看出采取行动的目的亦然——能预见到采取行动的后果——而后果会产生一定的作用。国家未来的命运不靠**某人抑或某些人**的想法，而是有赖于**大多数人**的想法。社会利益是众多利益的综合体：

经济
合乎道德的　　｝ 利益。
巾民
政府

必须商讨**某教派**的总体利益时，就得召开全体教士会议 == **社会利益** 要求国家有个永久性的议会，

不经选举，

不换人，

总而言之，不玩*虚的假的* ；
要特别认*真严肃*　　　　　　　　*一般职能*
下令**国王保持安静！** 为了　　　*维护秩序*
将他逐出王宫，　为了　　　　　*保持秩序*
将他关在门外，让他流浪街头　　*为了协商一致*
由于停止了　　　　　　　　　　*公众协商一致*
迫使政府使用　　　　　　　　　*最高权力*
国家宪政大法　　　　　　　　　*将最高权力赋予政府，信任其*
　　　　　　　　　　　　　　　会审慎行事。

285

为确保　　　　　　　　　　　*祖国法律的*
　　　　　　　　　　　　　　神圣地位，
坚定地维护　　　　　　　　　*公共秩序*
　　安全保障、国内和平以及……
　　　　谁也不知道发生什么样的*荒唐事儿*……

企图使全国大多数人具有社会观似乎不现实；但像通常视树木构成森林那样视众人构成民族是合理的。

人们合情合理地认为财富应该成为享有政治特权的尺度——大多数人只应该想如何挣口饭吃——以穿着打扮和职业评定才能——如果人人都有才能，名门望族家的人和财主家的人怎么办，……

总而言之，人们视社会为一幅画，其底色是"极其**愚昧**"，突出极少数智者，其周围是**中间色**——抑或视社会为一舞台，台上有无数衣衫褴褛、灰头土脸的人做着种种滑稽动作，另有少数衣着整洁、举止优雅的人或舒舒服服地坐在安乐椅上，手叠着手东瞅西望，或两两结对挽臂蹀步而行。

No es absurdo el pretender que los que viven en *Comunidad* sepan lo que es *comunidad*: no hay Lego por poco que sepa... que no sea Sabio en la Regla = el Prelado que más se parece al Lego, es el más digno de mandar, y en punto a regla, todo Lego ha de poder ser Prelado. Sólo la Ignorancia puede perdonar la Contradicción de *quejarse de los efectos de la Ignorancia, y querer que haya ignorancia.*

SENTENCIAS Y REFRANES.

Cuando una Verdad llega a obtener el asentimiento de los Sabios, es SENTENCIA, porque sólo ellos *sienten* bien su importancia —Si comprende otras Verdades, se llama *sentencia máxima*, o MAXIMA solamente, por abreviar— Si se cita o adelanta, en apoyo de una doctrina, es PROVERBIO— Si es muy conocida es ADAGIO —y cuando se hace vulgar es REFRAN.

Sube la verdad de sentencia a proverbio —y baja de proverbio a refrán

$$\text{sentencia } \text{máxima } ^{\text{proverbio}} \text{ adagio } _{\text{refrán}}$$

La Verdad, en estado de refrán, pierde cuanto ganó para erigirse en sentencia;
porque,
en boca de todos, no puede conservar los pensamientos que la compusieron.
Sucede con las sentencias, lo que con la aritmética =
Cualquiera saca una cuenta, porque sabe la fórmula;
pero,
no fue *un cualquiera* el que hizo la fórmula, para que saliera la cuenta

«LA OCIOSIDAD ES MADRE DE LOS VICIOS»

es refrán muy *Vulgar*, y muy *Viejo*; no obstante,
Todo ocioso lo cita, y no tiene la ociosidad por vicio.
NO HAY OCIOSIDAD MAS PERNICIOSA QUE LA DEL ESPIRITU
[Ojalá pudiera esta *Sentencia* llegar a hacerse *refrán*]

Un hombre que trabaja todo el día, no puede creer que está *Ocioso*: pero es *Ignorante*, y no lo conoce = no sabe lo que dice, y da su voto en todo = yerra, y culpa con todo, menos con su ignorancia.

企图使生活在*社会*上的人都了解什么是*社会*，是合情合理的：没有一个凡夫俗子没有知识，……智者亦非什么都懂 == 高级神职人员很像普通信徒，他只是适合当指挥；合乎情理的是，所有普通信徒都可以成为高级神职人员。只有愚昧无知者才会不重视"不满愚昧无知的影响"和"愿意保持愚昧无知状态"这种矛盾心理。

格言和谚语

某一真理得到智者们的认可后，就成了**格言**，因为只有他们才深感其重要性——如果这一真埋还包括其他真理的话，就称之为**警句**了——如果将其引用来证实某一学说的话，就成了**箴言**——如果人们共知的话，即为常言——如果通俗化了，就成了**谚语**。

格言上升为箴言——而箴言则下降为谚语。

箴言
警言　　　　　常言
格言　　　　　　　　谚语

谚语中的真理成分比格言中的少了，
因为
人们传来传去，就难以保全原本的含义了。
跟格言一样，算术亦如此 ==
谁都会计算，因为知道公式；
但
并非谁都会列出公式，以便进行计算。

"懒惰乃万恶之源，"

是句非常*通俗*、十分*古老*的谚语；但
查遍了懒惰者，没有发现恶迹。
"没有比思想懒惰更有害的了。"
［但愿这句格言能成为*谚语*。］

某人成天干活，不能说他*懒惰*：但他*愚昧无知*却不知情 == 不懂人们说的话，什么都举手赞成 == 错了，埋怨这埋怨那，就是不埋怨自己的愚昧无知。

287

El peor de los votos—
el que ha perdido siempre al mundo—
el que lo tiene perdido— y
el que lo está echando a perder, para siempre—
ES
el que se da en cosas que no se entienden, porque se entienden otras,
sobre todo
cuando el *votante* goza de la reputación de *sabio* en cualquiera cosa,

Compongamos, con estos pensamientos,
algunas *sentencias* MAXIMAS que se tomen por PROVERBIOS
en la Educación Mental,
y que, siendo los ADAGIOS de las Escuelas, pasen a ser *refranes*
en el vulgo NUEVO,
que las Luces del siglo se proponen hacer
en el NUEVO mundo.
Serán los únicos refranes, que rueden, de boca en boca,
sin perder el valor de sentencia.
Digamos, pues, a los muchachos,
[*cuando estén en estado de entendernos*] que—

los vicios son HIJOS   de la *Ociosidad*
y   •   •   • NIETOS de la *Ignorancia*

que el refrán
«*la ociosidad es madre de los vicios*»
es el Padre de los refranes—
que
todo argumento en favor de la Ignorancia, pertenece a la familia— y el que lo sostiene es Pariente, en el grado en que esté su argumento,
Afín, Agnado, Colateral o en Línea Recta.

288

MODO DE PENSAR

La mayor fatalidad del hombre, *en el estado social*, es no tener, con sus semejantes, un *común sentir* de lo que conviene a todos. La EDUCACIÓN SOCIAL remediaría este mal; pero nos entendemos poco sobre el sentido de la palabra, y se oponen al establecimiento de la Educación dificultades que un poco de reflexión harían desaparecer.

Creemos que el modo de Pensar es Libre,
estamos viendo los millones de hombres que componen las grandes naciones, tan conformes en ciertas ideas, que parecen

选举最糟糕的情况——
必然是失去一切——
失去一切者——
必然会永远失去——

这是
因为一心只想要自己不了解的东西，舍弃了自己已了解的其他东西，
特别是
选举人享有了解一切的声誉时也是如此。

我们根据这些思想
提出一些警句；这些警句在心理教育中
成了箴言。
有关学校的**常言**在平民大众中
成了*谚语*。
启蒙思想一定会在**新世界**
出现。
将只有谚语口口相传，
不失格言价值。
因此我们要对孩子们说：
[*你们如果懂得我们所说的话*]——
万恶源自**懒惰**，
万恶更源自**愚昧无知**。

289

谚语
"懒惰乃万恶之源。"
则是谚语之源——
所有赞成愚昧无知的主张都在于家庭——支持这一主张的主要是
父母；他们的姻亲、父系亲属、旁系亲属和直系亲属
也支持他们的主张。

— — — — — — — — —
思想方法
人在*社会生活*中的最大不幸，就是跟其他人没有"众人协商一致"
这一共识。**社会教育**可以纠正这一点；但我们对社会教育知之甚
少，不愿开办教育机构，最后连一点想法也没有了。

我们认为思想方法是不受约束的。
我们看到先进国家的许许多多人对某些主张有着共同看法，似乎
天生就是如此的；但从社会层面上看，这些主张是有害无益的；

serles innatas; no obstante, vistas socialmente, les son perjudiciales o inútiles, y entre ellos mismos hay muchos que lo conocen. Sirva de ejemplo la idea de la *Preponderancia* entre las perjudiciales—y la del *Jurado* entre las inútiles. *[Calificar de inútil* ESTA, *debe parecer* BLASFEMIA. *Suspéndase el juicio mientras se reflexiona].*

El modo de pensar se forma
del modo de SENTIR
el de *sentir* del de PERCIBIR
y el de *percibir,* de las Impresiones que hacen las cosas, modificadas por las Ideas que nos dan de ellas los que NOS ENSEÑAN.

$$\text{Las}\begin{cases}\text{calidades,}\\\text{propiedades y}\\\text{relaciones}\end{cases}$$ de cosas y acciones son las mismas; pero el hombre, perspicaz y sensible, aprende solo [si las ocasiones lo favorecen] y los demás necesitan siempre de maestro.

Si no quieres ser gente [decía un Caballero a uno de sus hijos, que no quería ser abogado]
te haré aprender un oficio.
¿Qué idea se formaría de los oficios, el Joven?

La lectura del *Eusebio* hizo hacer muchos Canastos y muchos Chalecos a los Jovenes, y a las Niñas muchos zapatos.
Mi Juanito no se morirá de hambre [decía una Señora] *si llega a verse en la miseria.*

Es regular que Juanito creyera que el último recurso del hombre, es ocuparse en cosas materiales.

他们中有许多人是知道这一点的。*称霸*主张就是众多有害主张之一——*陪审团*主张也是众多无益主张之一。[*说**这一主张**无益，可能有点儿**不恭**。三思而后放弃这一观点吧*]

思想方法导致

意识方法，

意识方法导致**理解**方法；对事物的印象受*理解*方法的影响有所改变，然后再将事物**向我们展示**。

事物和行动的 $\left\{\begin{array}{c}性质\\特性和\\关系\end{array}\right\}$ 是相同的；但脑袋灵光、明白事理的人自己学 [如果条件允许的话]，而其他人则总是需要老师教。

[贵族对他的一个不愿当律师的儿子说：] "*你如果不想做人的话，我就让你学门手艺。*"

年青人，手艺意味着什么？

尤西比乌斯的讲经使年青人学会了制筐和坎肩，使女孩子们学会了做鞋。

[女士说：] "*我儿子如果陷入贫困的话，饿不死了。*"
她儿子通常会想，人的最后一手是从事物质生产。

CONCLUSION

De discurso en discurso, hemos venido subiendo al punto de vista, en que debemos considerar la cuestión SOCIAL, que el siglo somete a la decisión de los Americanos.

La variedad de hechos, reflexiones, y principios contenidos en este Preliminar, hasta aquí, presenta materia bastante, para ayudar a fijar la atención en lo que falta.

Veamos
a los europeos,
inventando medios
de reparar un edificio
viejo, por no tener
dónde hacer uno nuevo.

Veamos
a los americanos,
en un país vacío,
perplejos, o imitando
sin necesidad, lo que
hacen los Europeos.

Ambos perdiendo el tiempo
en hacer, con palabras
compuestas, nuevas com-
posiciones, para nombrar
las mismas cosas

292

en EUROPA
Monarquía constitucional
o
Constitución monárquica
Democracia monárquica
o
Monarquía democrática

en AMERICA
cansados de la
República aristocrática
o
Aristocracia republicana
quieren { República Real
o
Real República }

Por otra parte
los Comerciantes, los Proyectistas y los Clérigos

Componiendo { Traficracias
Colocracias
Culticracias } y para erigirlas en { Trafagarquías
Colonarquías y
Cultarquías }

al cabo, todo viene a ser
forte-piano
o
piano-forte,

结束语

通过不断思索，我们得出这么一个观点：即我们应该视社会问题为本世纪交由美洲人解决的问题。

至此，上文提及的种种行为、想法和原则表明，已有充分证据提醒我们要密切关注尚未引起重视的问题了。

<table>
<tr><td>我们看到
欧洲人
在无处修建
新建筑物的情况下
创新了修缮
旧建筑物这一办法。</td><td>我们看到
美洲人
在一穷二白的国度里，
困惑，犹疑，要么就
无谓地仿效
欧洲人的所作所为。</td></tr>
</table>

欧洲人和美洲人都在用复合词
进行全新组合，
以命名同一事物：
这是在浪费时间。

<table>
<tr><td>**在欧洲**</td><td>**在美洲**</td></tr>
<tr><td>君主立宪制
　抑或
君主立宪政体
君主民主政体
　抑或
民主君主制</td><td>令人厌倦了的
　贵族式共和政体
　抑或
共和贵族统治制
希望实行 { 君主共和制
　　　　　抑或
　　　　共和君主制 }</td></tr>
</table>

另一方面，
商人、移民和教士

形成 { 商人集团
移民集团
教士集团 }　　以建立 { 商人统治
移民统治
教士统治 }

最终这一切演化成了
一架钢琴。

y no es poco parecida la historia de este instrumento a la historia del Gobierno.

El CLAVE era muy ruidoso, porque hería las cuerdas con *plumas*: para apagar el sonido, se pensó en poner *tiras de paño* a las cuerdas, pero dejando las *plumas*, y el CLAVE se llamó MONACORDIO —después se pensó en sustituir *martinetes* a las plumas, y hacer por medio de registros, fuertes o suaves los sonidos = entonces el CLAVE se llamó forte-piano o piano-forte, en honor de la lengua Italiana, que está en posesión de la *Música*— Después viendo que para tocar FORTE, no es menester estudiar, porque cuanto menos entienda de música el Músico, más FORTE toca, convinieron en llamar el instrumento PIANO solamente, y entenderse con la gente del arte, sabiendo que, para sacar sonidos suaves, es menester tener *oído y buen gusto*— Así estuvo el Piano, por muchos años, siendo el primer mueble en los Salones y las delicias del Estrado— en todas partes se construían, *mejorando las formas*, y llegó a extenderse tanto el uso, que hubo [entre otras] una *Compañía de fabricantes* en Londres y en París, bajo el nombre de Erard.

¿¡Se creerá que en medio de tan quieta y pacífica posesión, hubo quien pretendiese restablecer el CLAVE!? Así fue, pues. Un fabricante apurado que *no sabía arreglar sus negocios*, intentó echar abajo al PIANO, con un gran cajón trapezoide *mixtilíneo*, a imitación del CLAVE antiguo [él solo ocupaba el lugar de tres Pianos, y algo más] pero no se atrevió el fabricante a ponerle plumas, esperando, sin duda que el Cajón las pidiera; porque *Clave perfecto* pide PLUMAS.— Al verlo, en su Sala, una Señora anciana, se dirigió a sus hijas con el discurso siguiente.

«Este sí que es CLAVE—aunque le faltan las *lengüetas*, ya vendrán:—es el instrumento de nuestros padres, el que todos conocen; y no ése de moda, que ni es *espineta* ni es *clave*: en el de mi tiempo aprendí yo—aquel clave se oía de todas las distancias, y aun junto al campanario durante los repiques. —Dejémonos de invenciones, que al cabo, y por más que se diga, al clave volveremos, por mil razones =
Si se echa a perder, cualquiera lo compone
Si se destiempla, fácil es hallar la clavija
Tiene *buenas voces*
Cualquiera se las saca, *si aprieta bien la mano*
En un baile, si el clavista es bueno, *no se oyen los pies*
En fin, *mientras yo viva*, en casa no habrá Piano sino
Clave —*y el que no esté contento, que se vaya.*
Eso he dicho yo siempre, mi Señora, y a esta niña se lo he estado diciendo [aprobación de un joven que está *negociando casamiento con la hija*.]

而这一乐器的沿革史很像政府沿革史。

击弦古钢琴声音太高，因为是用*羽毛*弹拨的：为了降低音量，打算用*布条*弹拨；由于不用*羽毛*了，**击弦古钢琴**遂改称**古钢琴**——*木槌*代替羽毛，用调音器调节音量 == 从而根据意大利语（意大利享有音乐之乡美誉）将击弦古钢琴改称钢琴——后来发现要弹出**强音**，不必学习，因为乐手越不懂音乐越会弹**强音**。于是一致称这一乐器为**钢琴**；音乐家们一致认为，要弹出柔和音色，得有*乐感*——因此若干年里钢琴一直是客厅里的首选家具、女会客厅的赏心乐事——到处制作钢琴，其*造型越来越美*，使用得越来越普及，伦敦、巴黎等地成立了*制琴公司*，巴黎的制琴公司以埃拉尔的名字命名。

你会相信就在恬静、平和的乐声中会有人力图重新制作**击弦古钢琴**吗？还真有人。有位*不知如何打理自己买卖*的困顿制造商想要压垮**钢琴**，用一大型不规则四边形的杂线共鸣箱仿制**击弦古钢琴**[比三架钢琴还大]，但他不敢用羽毛。——他知道要用羽毛，因为一架*完善的击弦古钢琴*必须用*羽毛*。——有位上了年纪的女士在他的客厅里看到这架击弦古钢琴时，对她的女儿们说了下述一席话：

295

"这是一架**击弦古钢琴**——虽然缺少簧片，但会装上的：—— 谁都知道这是我们父母那个时代的乐器，不是什么时兴玩艺儿，也不是我小时候学过的那种*小型击弦古纲瑟*和*击弦古钢琴*——那种击弦古钢琴的声音大老远就能听 见，就是在教堂钟楼敲钟时也能听到。——不要玩什么发明、创造那一套了；不管怎么说吧，说到底，我们要回到击弦古钢琴时代，理由有千百种 ==

> 如果让其消失的话，总会有人使其恢复原状的；
> 如果失调了，找到弦轴很容易，
> *声音很好听*；
> *如果弹拨得当*，任何人都可以弹出好听的音乐
> 舞会上，如果弹拨手很优秀，*连舞步的声音都听不见*；
> 总而言之，只要活着，我家就不会有钢琴，只有击弦古钢琴——
> *谁不高兴，走人。*"

" 我也总是这么说的，太太；我一直对这个女孩儿说（我赞同任何一个小青年*跟女儿谈婚论嫁*。）"

Y Ud., Señor, qué dice?
(pregunta la Señora a otro joven que está allí de visita, porque
  ya tomó Estado)

Yo, mi Señora, no soy del parecer del Señor ni del de Ud.: el Clave no
vuelve: el gusto por el Piano es decidido: el *estilo del Piano* está unido
con el *estilo músico* del día: si porque el piano se destiempla, o porque
el que lo toca no es músico, se ocurre al *clave* = el remedio es peor que
el mal, porque enseñando *música* habrá MUSICOS y los músicos sabrán
templar. Ni Cimarosa ni Paisiello* ni... Rossini se harían oír con gusto en
el clave: *el proyecto de emplumar martinetes*, no tendrá el suceso que
se espera

Se harán $\left\{\begin{array}{l}\text{Clavicímbalos}\\\text{Claviórganos}\\\text{Clavicordios}\end{array}\right\}$ que serán claves con azúcar, para
hacerlos pasar sin repugnancia;
pero *clave solo*, no pasa.
Con todo,
podemos asegurar, según el estado actual de la música

que $\left\{\begin{array}{l}\text{ni con címbalos}\\\text{ni con órganos}\\\text{ni con cordios}\end{array}\right\}$ lo tragan.
Se acabó el Clave, mi Señora.
el que lo toque en SALA, espere que lo SILBEN
y si lo toca en PLAZA, lo APEDREAN».

*El que no vea la historia del Gobierno en la del Piano, será porque
no conoce el Piano — o porque no conoce el Gobierno— o porque...
ni uno ni otro. Obsérvense las palabras notadas con diferente letra, y
háganse aplicaciones = las más estan hechas.*

Los Nombres no hacen las Cosas;
pero las distinguen:
lo mismo son las Acciones con las Ideas.

296

---

* En el original aparece *Cimarrosa* y *Paesielo* (N. del Editor).

"您，先生，有何高见！"
（女士问在那儿参观的另一青年人，因为他已婚）

"太太，我不同意这位先生的意见，也不同意您的看法：击弦古钢琴回不来了：人们对钢琴的喜好是坚定不移的：*钢琴的格调是跟当今的音乐风格相吻合的*：如果说因为钢琴失调抑或弹奏者不是音乐家就否定钢琴的话，*击弦古钢琴*也会发生这种事的 == 这个药方比疾病本身还要糟糕，因为教授音乐应该是**音乐家**，音乐家知道如何调音。不管是西马罗莎、帕埃谢洛还是……罗西尼都不会爱听击弦古钢琴的声音：*用羽毛代替木槌*的想法不是人们想要的。

制作 { 一种式样的击弦古钢琴；
　　　击弦风琴；
　　　另一种式样的击弦古钢琴。 } 这些都是击弦古钢琴，只是换了一个好听的名字，为的是使其受欢迎：*击弦古钢琴*，不受欢迎。
据此，
我们可以肯定，根据音乐的现状，

297

不管 { 是一种式样的击弦古钢琴、
　　　击弦风琴还是
　　　另一种式样的击弦古钢琴 } 人们都不会接受。

　　太太，击弦古钢琴完了。
谁要是在**客厅**里弹拨，就等着**埃嘘**吧；
要是在**广场**上弹拨，就等着**挨石块**吧。"

　　不能从钢琴沿革史中看清政府沿革史的人，是因为不了解钢琴——抑或是因为不了解政府——抑或是因为……既不了解钢琴，也不了解政府。注意一下用不同字体（系指原文中的字体——译者注）标明的词语并应用这些词语 == 大多是不成问题的。

　　　名称并不等于事物，
　　　　但使其有区别：
　　　行动跟思想亦然。

Echan a los Reyes por Malos, y los llaman por Buenos. Siempre serán Monarquistas las Naciones que no *pueden* o *no saben* gobernarse sin Reyes =
las Europeas   están en el primer caso
las Americanas   •   en el segundo
     Las unas deben componer su Clave
     Las otras deben templar bien su Piano

Erudición y Habilidades
Profesiones y Oficios, en tumulto,
Herencias, Privilegios y Usurpaciones =
es la divisa de las Monarquías

la de las Repúblicas debe ser
Educación *Popular*
Destinación a Ejercicios *útiles*
aspiración *fundada* a la propiedad
Si es quimérica *ésta*, desprécienla como tal y digan
la MONARQUIA
es el Gobierno natural de...
la IGNORANCIA
el más legítimo, el más sencillo, el más durable que se conoce;
Pero,
No podemos volver a él, porque las Luces del siglo no lo
consienten.
Perderemos el tiempo en tentativas inútiles,

y qué haremos?
ERRAR Y PADECER
hasta que haya quien conozca
QUE LA NECESIDAD no consulta VOLUNTADES

Para conocer esto, no basta ser *Ilustrado:*
es menester ser SENSATO y PENSADOR.
Cualidades que pueden hallarse en un Sujeto
pero cuya reunión es rara

Sólo los hombres dotados de las 3 $\begin{cases} \text{ven las cosas como son en sí} \\ \text{y trabajan por hacerlas conocer} \end{cases}$

推翻坏国王，扶植好国王。没有国王就*不能*抑或不会当政的国家永远是君
主制国家 ==
欧洲国家　　是第一种情况；
美洲国家　　是第二种情况。
　　欧洲国家应该恢复击弦古钢琴；
　　美洲国家应该调好钢琴的音。

－－－－－－

　　　　　　博学与才干，
　　　　混乱时期的职业和手艺，
　　　继承权、特权和篡位 ==
　　　　是君主制的特征。

　　　　共和制的特征应该是
　　　　　　民众教育：
　　　目的在于进行有益的培训，
　　　　主要在于*谋求财富。*
如果这是不切实际的、又颇遭蔑视的话，人们会说**君主制**
　　　是愚昧无知状态下……
　　　　合乎情理的政府，
　　是已知最正统、便简单、最牢靠的政府；
　　　　　　但是，
我们不能恢复君主制，因为这与本世纪的文明发展不相容。
　　我们做无益的尝试，是在浪费时间；

　　　那么我们该干什么呢?
　　　　犯错，受难，
　　　　直至有人认识到
　　必然性不以人们的**意志**为转移。

要认识到这一点，光有*知识*还不行：
　　必须**明智而审慎、深思且缜密。**
　一个人身上可能会有这种品质或那种品质，
　　但能三种兼备者实乃凤毛麟角。

只有这三种品质兼备者　$\left\{\begin{array}{l}\text{能正常地看待事物，}\\\text{并能努力了解这些事物。}\end{array}\right.$

Ellos han hecho la Cartilla siguiente —examínese con atención, y se verá que hay 2 especies de Política

Popular y Gubernativa $\}$ y que primero son Políticos $\{$ los Pueblos
que
sus Gobiernos

resultará que

2 Gobiernos no pueden simpatizar, si los 2 pueblos no simpatizan,
y esto se está viendo—

Los Gobiernos de América no pueden simpatizar con los de
Europa
porque
los Pueblos Americanos, en NADA se parecen a los Europeos.

La Cartilla demuestra
la influencia de las Costumbres en el Gobierno
y la • del Gobierno en las Costumbres.

El punto de partida indeciso
sobre $\{$ si es el Gobierno el que influye $\}$ no lo será para quien piensa
o si son las Costumbres

y ya muchos lo han decidido.

En el Sistema Republicano $\{$ el Gobierno forma las Costumbres
porque enseña a formarlas.

En los demás, sean cuales fueren $\{$ las Costumbres forman al Gobierno
porque cada uno hace de sus hijos lo que quiere

En vano se atormentan, pues, queriendo que donde cada uno, en su casa, está disponiendo del Gobierno, haya Gobierno que influya en las Costumbres

Acostumbrados a pedir a Dios milagros
cuando buscamos peligros

le pedimos un Milagro político,
cuando nos juntamos en Congreso, a tratar de evitar los males que nos hace un Gobierno, que hemos hecho para que los haga.

他们已经做了下述记录——进行了仔细检验，发现有两种政治：

民众政治和
政府政治 } 政治家首先是 { 民众
政府

结果是
如果双方民众不互有好感的话，两种政府亦不会相融；
这见诸
美洲的政府不会相融于欧洲的
政府，
因为
美洲的民众**一点儿也**不像欧洲的民众。

记录显示着
习惯对政府的影响
和政府对习惯的影响。

是政府的影响
还是习惯的影响 } 这一模糊不清的原点，

301

不是谁能想见的，
是靠许多人做出决定的：

共和制 { 政府培养习惯，
　　因为教导习惯的培养。

其他种种制度 { 习惯造就政府，
　　因为人人都按自己的意愿培育子女。

然而想在人们于自己家里要得到政府帮助时让政府影响习惯，是徒劳的，是自寻烦恼。

每当我们遇到危险时，
总是祈求上帝会有奇迹发生。

每当我们聚集在议会力图消除政府（这政府是我们组建来干坏事的）给我们造成的伤害时，
我们总是祈求政治奇迹发生。

CARTILLA

El Gobierno de un pueblo *Bárbaro* es GROSERO
y el • del • *Feroz* es BRUTAL

en este estado, la ***Concordancia*** entre $\left\{\begin{array}{c}\text{las costumbres}\\ \text{y}\\ \text{el Gobierno}\end{array}\right\}$ de uno y otro
es perfecta

pero el Gobierno no dura, y la razón es que $\left\{\begin{array}{c}\text{el bárbaro se instruye}\\ \text{y}\\ \text{el feroz se humaniza}\end{array}\right.$

La MUERTE aleja a los Pueblos de su origen, cada día—
y la EXPERIENCIA los lleva, de la mano, por 2 caminos
paralelos

por el uno marchan ELLOS
por el otro • sus GOBIERNOS.

302

纪　录

野蛮民族的政府是粗俗的，
而*凶狠*民族的政府是**残忍**的。

在这种情况下，$\left\{\begin{array}{c}习惯\\和\\政府\end{array}\right\}$ 间的*和谐*一致

是完善的，

但政府长久不了，理由是 $\left\{\begin{array}{c}野蛮人需要接受教育\\而\\凶狠者则需要有人性。\end{array}\right.$

死神每天都使人们远离故土——
而**经验**则领着人们走上两条平行的
道路

他们走一条，
他们的**政府**走另一条。

303

Camino del Gobierno   y   Camino del Pueblo

Un Gobierno grosero, o brutal, no puede tener Política: para todo ocurre a la Fuerza, y los
atrevidos lo ayudan.

Sus *Violencias* hacen al pueblo ASTUTO .... la ASTUCIA

es el   1er grado de Política Popular;
pero
la *astucia* del pueblo hace al Gobierno
SUSPICAZ (a)

(a)

la SUSPICACIA

es el 1.er grado de Política Gubernativa,
pero
la *Suspicacia* del Gobierno hace al Pueblo
DESCONFIADO .... la DESCONFIANZA

es el 2do grado de Política Popular;
pero
la *desconfianza* del pueblo hace al Gobierno
HIPOCRITA (b)

304

(b)

la HIPOCRESIA

es el 2do grado de Política Gubernativa;
pero
la *hipocresía* del Gobierno hace al Pueblo
FALSO .... la FALSEDAD
es el 3er grado de Política Popular;
pero
la *falsedad* del pueblo hace al Gobierno
ARBITRARIO (c)

(c)

la ARBITRARIEDAD

es el 3er grado de Política Gubernativa;
pero
la *arbitrariedad* del Gobierno hace al Pueblo
ATREVIDO .... NO HAY 4to GRADO,
porque
el Pueblo PIERDE EL RESPETO al Gobierno

Discordancia absoluta, entre las 2 partes, entonces =

el MIEDO hace al Gobierno TIRANICO y el odio hace al Pueblo CRUEL

政府行为　　　和　　　民众行为

一个粗俗抑或残忍的政府
不可能有政治：一切的一切全靠暴力，而胆大妄为者则助其为虐。

*其暴力行为使民众***精明能干**………**精明能干**

是民众政治的第一性；
但
民众的*精明能干*使政府**疑神疑鬼** (a)

　　(a)
　　　　　疑神疑鬼
　　是政府政治的第一性
　　　　　　但
　　政府的疑神疑鬼使民众
　　　　对之**不信任**………………………………**不信任**
是民众政治的第二性，
但
民众的不信任使政府
虚伪 (b)

305

　　(b)
　　　　　虚伪
　　是政府政治的第二性；
　　　　　　但
　　政府的*虚伪*使民众
　　　　弄虚作假………………………………**弄虚作假**
是民众政治的第三性，
但
民众的弄作假使政府
横行霸道 (c)

　　(c)
　　　　　横行霸道
　　是政府政治的第三性
　　　　　　但
　　政府的*横行霸道*使民众
　　　　胆大妄为………………………………**没有第四性了**，
因为
民众**不再尊敬**政府。

　　在这种情况下，双方之间绝对不一致 == **担惊受怕**使政府专横霸道，
而仇恨则使民众残暴。

Aquí entran las Intervenciones. Los Gobernantes hacen destrozar a los pueblos por *sostenerse,* bajo pretexto de sostener sus Gobiernos, y causan un mal irreparable a la humanidad... un mal, origen de muchísimos males = el ODIO ETERNO! que se profesan las naciones, y que sus Jefes protegen para fomento de sus guerras: lo honran con el nombre de *espíritu nacional,* con el de *rivalidad conservadora,* y hasta *emulación* se atreven a llamarlo.

El espíritu nacional   es   el fundamento de la Milicia
la rivalidad conservadora   es   su sostén

y la emulación   es

$$\text{el refinamiento} \begin{cases} \text{de los medios} \\ \text{y} \\ \bullet \quad \bullet \;\; \text{modos} \end{cases} \text{de destruirse}$$

$$\text{«El Soberano N} \begin{cases} \text{tiene, en pie de guerra } \textit{tantos} \text{ mil hombres} \\ \text{y} \\ \text{puede poner hasta } \textit{tantos,} \text{ cuando quiera»} \end{cases}$$

es la expresión con que los Estadistas miden el respeto que
merecen las naciones

$$\left.\begin{array}{l} \text{cómo se levantan} \\ \text{cómo se mantienen} \\ \text{cómo se tratan} \\ \text{y cómo se emplean} \end{array}\right\} \text{estos hombres} \begin{cases} \text{es el oprobio del entendimiento} \\ \text{no digamos } \textit{humano} \\ \text{porque los Leones no mandan tropas} \end{cases}$$

Por *irrisión* invocan a la DIVINIDAD! mientras pelean, y
por *hipocresía* estrechan VINCULOS DE AMISTAD! mientras descansan.

Si con esto prueban las naciones *cultas* SU ALTA *civilización* = los pueblos bárbaros hacen lo mismo, y no profanan los nombres:

$$\text{los Bárbaros} \begin{cases} \text{Invaden por Dominar} \\ \text{Destruyen por Vencer} \\ \text{y Saquean por Enriquecerse} \end{cases} \text{pero...}$$

$$\text{no dicen al vencido} \begin{cases} \text{que lo toman bajo su Protección} \\ \text{que lo despojan, por socorrer a sus Defensores} \\ \text{que lo venden, por el bien de su Alma} \\ \text{que lo matan, por regenerarlo} \\ \text{ni que se lo comen, por hacerle honor} \end{cases}$$

这时开始了干预行动。执政者们为了*自保*得镇压民众，借口是维护他们的政府；其结果是对民众造成了无可挽回的伤害……伤害——万种伤害之源 == 没完没了的仇恨！国家心怀仇恨；执政者们以保卫国家之名发动战争，还美其名为*民族精神*、*永恒的竞争*，甚至称之为*争强完胜*。

民族精神	是	军队之根本
永恒的战争	是	军队之支柱
争强完胜	是	

优化自我毁灭的 { 手段 和 方式

"国家最高统治者 { 处于临战状态时会有成千上万的支持者，并 可以随意加以调动。"

是政治家们衡量国家应受到的尊重时所做的表述。

如何动员
如何供应
如何对待
和如何使用
} 这些人 { 不用多考虑，
我们不谈*仁慈*，
因为名人学士指挥不了军队。

战斗时祈求**上帝**十分*可笑*！休战时畅谈*友谊*十分*虚伪*！

如果以此证明文化发达的国家具有**高度**文明的话 == 野蛮人也会那么干，并不辱其名：

野蛮人 { 侵略为了统治
摧毁为了胜利
而抢掠则是为了发财
} 但是……

不会对战败者说 { 统治你，是为了保卫你；
剥夺你，是为了惠及保卫者；
卖掉你，是为了拯救你的灵魂；
杀了你，是为了使你再生；
吃了你是为了尊敬你。

«Así ha sido el mundo y así es» [se dirá]
pero
no se crea que *así será,* porque no debe ser así.

Esto lo saben hoy muchísimos, y cada día es mayor el número.

Hoy *se piensa,* como nunca se había pensado—
se oyen cosas, que nunca se habían oído—
se escribe, como nunca se había escrito—
y esto va formando opinión en favor de una *reforma,* que nunca se había intentado = LA DE LA SOCIEDAD.

Se objetará [con razón] que *la voz del pueblo no es la del cielo,* porque sea *verdad* lo que el pueblo dice; sino porque la voluntad de *muchos* vale más que la de *pocos*

Se distinguirá (con razón también)
$\begin{cases} \text{el } \textit{todos lo dicen} \\ \text{del } \textit{todos lo quieren} \\ \text{y del } \textit{todos lo pueden} \end{cases}$

haciendo ver
$\begin{cases} \text{que el } \textit{todos lo dicen,} \text{ es prueba de } \textit{número,} \text{ que no arguye} \\ \qquad\qquad\qquad \textit{razón} \text{ sino para } \textit{estúpidos.} \\ \text{que el } \textit{así lo dice el S.D. Fulano,} \text{ es prueba de } \textit{autoridad,} \end{cases}$
que no arguye *razón* sino para *limitados,*
y se alegará que, siendo la *fuerza moral* el signo de la *fuerza física,*
en vano se quiere lo que no se puede.

Pero
los Pueblos de hoy
$\begin{cases} \text{quieren mejorar su suerte, porque es mala, pue-} \\ \text{den mejorarla, porque nada se opone, y dicen} \\ \text{[con mucha razón] que a la Instrucción todos tie-} \\ \text{nen derecho —y que el fin de la Sociedad es opo-} \\ \text{nerse al abuso de la fuerza física.} \end{cases}$

308

[有人会说：]"这就是世界；事情就是这样。"
但
不要认为就只能这样，因为不应该是这样。

现在许许多多的人都明白这一点；而明白这一点的人还会一天一天地多起来。

现在*所想的*，是以前从未想过的——
现在*所闻之事*，是以前闻所未闻的——
现在*所写的*，是以前从未写过的——
现在的所想、所闻、所写*遂渐次形成了支持改革*这一主张，而以前从未想到要进行改革 == **社会改革**。

[根据理性] 提出：*民众的呼声不是上帝的呼声*，因为民众所言实乃*真理*，并因为大多数的意愿要比少数人的意愿更重要。

[同样根据理性] 要看重 { 众人所言，
众人所愿，
众人所能。

309

要人们明白 { 众人所言只是个数量问题，没有说明理由，*是糊弄傻瓜笨蛋的*。
某某先生所言才具有*权威性*，没有说明*理由*，是糊弄低能儿的。

并争辩道：*精神力量是物质力量的体现*，想干力所难及的事是徒劳的。

但现在的民众 { 想要改变自己的命运，因为他们的命运太惨了；他们能够做到，因为谁也阻挡不了；他们 [理由充分地] 说：人人都有受教育的权利——而社会的宗旨是反对滥用物质力量的。

EPILOGO

CLASE INFLUYENTE.

Esta Clase se distingue, en gran parte, y en todas partes, por conocimientos ajenos del arte de vivir, conocimientos que en nada contribuyen al *bienestar social*—todo lo que se sabe rueda sobre la Administración, o sobre el curso de negocios establecidos = y estos negocios son, en suma, el *aumento de comodidad de las clases ya acomodadas*: las que no lo están, aspiran a elevarse por el caudal— ¿quién no lo buscará en todos los rincones de su país, o no saldrá a buscarlo por todos los del mundo? La Avaricia ocupa el lugar de las Luces, donde las Luces no han penetrado.

INFIMA CLASE.

Esta, por salir de la Inferioridad, abusa de la impotencia del pobre de espíritu, o de medios, y es más injusta con ÉL, que la influyente lo es con ELLA: sin advertir que *nadie quiere ser menos*, y que la estupidez no se hereda como la pobreza.

EL REY

Moderno o Constitucional, que ve ultrajada su dignidad con la dependencia, emplea la *astucia* para recobrar sus derechos—poco a poco desaparece la clase que lo oprime—va ganándose, con honores, la que le sucede—y al fin, adquiere una fuerza moral, signo de la fuerza física de un gran número de hombres, acostumbrados al trabajo y al manejo de las armas.

MASA DEL PUEBLO.

Millones! de hombres se pierden en la abyección, por no conocer los medios de elevarse—o por no poder adquirirlos—o porque la pereza mental los abate—o porque no se les permite aspirar a ser más de lo que son: de los Sabios mismos se hace poco caso si son pobres.—Se cubren los campos de gente ociosa, porque la cultura no los ocupa—las ciudades del interior se llenan de mendigos—y en los barrios de las grandes capitales, pululan los miserables.—Cinco necesidades... fundamento del derecho natural.... persiguen al hombre, en todos los instantes de su vida, y por satisfacerlas expone su vida misma... ¿cómo no le harán faltar a los tres respetos que debe a sus semejantes?

跋一

有权有势的阶级

各处的这一阶级在很大程度上均不谙生存之道；这一阶级的知识一点也不*能造福社会*——这一阶级只知道政权更迭抑或只知道既定的交易流程 ==总之，这些交易是为了*增加已然富足者的财富*；那些尚不富裕者渴望拥有财富——有谁不在其国家四处寻找财富抑或到世界各地去寻找财富的吗？贪婪挡住了启蒙思想；启蒙思想尚未进入贪婪主导的地方。

下层阶级

这一阶级极欲摆脱卑微地位；有权势者利用其精神的贫困和物质的匮乏，对之备加欺凌；这对妇女很不公平，对男人尤甚。他们没有注意到：谁也不愿低人一等；愚钝和贫困一样都不是代代相传的。

国王

现代（或曰）宪政国王眼见其尊严不再，沦为依附屈辱地位，遂施诡计收回自己的权利——压制他的阶级逐渐消失——一点一点赢得了后续阶级的尊敬——最终保有了精神力量：这体现了惯于劳动和使用武器的大多数人的物质力量。

民众

许多人惰性十足，不知上进，——抑或难以掌握上进的方法——抑或因为不动脑子甘心堕落——抑或因为不允许他们想改变自己的地位。——农村地区满是好逸恶劳的人，因为那儿缺乏文化。——内地城市满是乞丐。——大都市郊区成了贫民窟。五大需求……自然权利之本……时刻困扰着人们；为了满足需求要冒生命危险。……如何能使人们明白应该尊重他人呢？

Respeto a la vida
Respeto a la propiedad
Respeto a la Reputación, y de la reputación pende el crédito.

Todos necesitan $\left\{\begin{array}{l}\text{alimentarse}\\ \text{vestirse}\\ \text{alojarse}\\ \text{curarse y}\\ \text{distraerse}\end{array}\right\}$ y, en lugar de contar con

las facilidades que promete la Sociedad, cada uno teme por su vida; porque posee lo que otro busca, o le sirve de estorbo para adquirirlo—teme el engaño, la usurpación, el robo, la rapiña—teme la envidia que mueve la lengua a la detracción y a la impostura—perdido el buen concepto que necesita para obtener confianza, se abandona—desprecia a todos, porque todos lo desprecian, y acaba haciéndose despreciable. ¡Quién creería, si no lo viese, que la Sociedad tiene leyes para castigar crímenes que protege?—¿que hace de ellas una Ciencia, y la manda estudiar para aplicar penas?—¿que estas penas están en un Código = colección de recetas burlescas, o bárbaras a cual más crueles?... [por ejemplo] Reconocer por natural... por sagrado! el derecho a la Libertad—y por irresistible la tendencia a buscarla, y sacar de este argumento, RAZON, para redoblar las penas e imponer nuevos castigos al pobre preso, que aprovecha de la ocasión para evadirse!—Reputa la *Idea Fija* (con intervalos o sin ellos) por LOCURA, y la *Premeditación* (que prueba lo mismo) por CORDURA.—Perdona, al Loco, los mayores atentados, y castiga cruelmente el menor crimen cometido *de hecho pensado;* como si el haber estado, *por largo tiempo,* pensando en hacer un gran mal, no fuera prueba de no poder prever las consecuencias = como si la incapacidad de raciocinar, no fuera demencia = como si los dementes que asisten a ver morir a uno de su especie, pudieran hacerse cargo del considerando de la sentencia, para escarmentar en cabeza ajena = como si los hombres sensatos necesitaran de escarmientos = como si los imaginativos no hallaran mil razones para disculpar al paciente, probando que la premeditación no es premeditación, sino inadvertencia, y que la inadvertencia no es inadvertencia sino premeditación.

Instituye la Sociedad un Gobierno, para velar sobre el orden y cuidar de la conveniencia pública... ¡y abandona los pueblos a su instinto!... Cuando ve que el número de vagos, POR GRANDE! estorba o perjudica, llena con ellos Barcos y Cuarteles, y el sobrante lo echa a presidio!— Del mismo modo procede su Policía con los Perros.— Hace azotar, arrastrar por las calles, colgar a una argolla, marcar o mutilar al *Pobre,* por acciones que

尊重生命，

尊重财产，

尊重荣誉，而信誉则有赖于荣誉。

人人需要 ⎰ 吃饭 / 穿衣 / 住房 / 治病和 / 娱乐 ⎱ 而每个人不是想到

社会承诺的方便条件，而是担心自己的性命，因为拥有别人寻求的东西，抑或成了别人获得这东西的绊脚石。——担心受骗、被侵害、被盗、被抢；——担心有人心生妒忌嚼舌诽谤、诋毁。——放弃取得信任所需的好思想，——蔑视所有人，因为所有人都蔑视他，从而使自己令人蔑视。如果不是亲眼所见，谁会相信社会有法律惩罚其所保护的罪犯呢？——谁会相信社会使法律成为一门科学并下令学习这门科学以施行惩处呢？——谁会相信这些惩处入典了呢？ == 古怪、野蛮又残忍的手段集录呢？…… [例如] 根据自然法，……圣典认可自由权——以一种不可抗拒的态势追求自由，并从中提出**理由**对逃跑被抓回来的可怜犯人加重惩处、追加新的责罚！——视坚持*自己的看法*（偶尔的抑或始终如一的）为**疯狂**；视*预先考虑*（证实考虑得对）为**慎重**。——宽恕犯下最最严重罪行的疯子；严厉惩罚思想上犯下*最轻罪过*的人；好像他*长期*来一直在想要干件极其严重的、但未经证实、更难以预见其后果的坏事；== 好像难以推断其为痴呆，但不能说是痴呆；== 好像使痴呆者看到处死另一名痴呆者时能够明白判决的理由，从而会引以为戒，== 好像聪明人需要吸取教训；== 好像富有想像力的人说"预先考虑不是预见考虑，而是疏忽大意；疏忽大意不是疏忽大意，而是预先考虑" 时把思想迟钝者弄晕了还不原谅他。

社会组建政府，目的在于维护秩序和使公众能协商一致，……并让民众自行其事！……当看到**大批**流浪者妨碍交通抑或造成伤害时，遂将其押上船、关进兵营，将余下的人投入监狱！——警察以同样的方式对待流浪狗。——当街鞭打、拖曳这些穷苦人，将其环首示众，在其脸上打烙印抑或使其残废，以惩治其所谓的犯罪行为；富人犯下同样的罪行，则**另眼相看**，为了照顾其家族的颜面而加以遮掩！有钱有势者有尊严——穷苦人不配有

313

llama DELITOS, y las mismas, en el *Rico*, son DEBILIDADES, que disimula por respeto a la familia! La gente Pudiente tiene *Honor*—la infeliz no debe tenerlo—y la Sociedad no tiene Vergüenza de hacer estas distinciones!

El Gobierno ve brotar la generación, como la yerba en el campo, y cuenta, para cuidar de los individuos, con la frágil existencia de unos Padres que los abandonan [en la Infancia muchos... en la Pubertad los más] por muerte, por desidia, o por no tener qué darles: entretanto, la instrucción está encargada a la Ignorancia, y la dirección confiada al capricho de personas que, porque se enamoraron se casaron, porque se casaron procrearon y porque procrearon adquirieron una potestad paterna, que les enseñó la Urbanidad, la Moral, la Religión, la Economía, la Política... y no les enseñó más, porque no era menester saber más, para hacer buenos ciudadanos.—Los niños Pobres se insinúan en la masa, como larvas de polilla, y los que heredan algo (que son muy pocos) caen en manos de administradores, por el resto de su minoría: al salir de ella se encuentran con un cortejo de Abogados, Procuradores y Escribanos, que los llevan al *Tribunal*, como a la primera visita de ceremonia que deben hacer para entrar en el mundo: allí dejan una gran parte [cuando no el resto] de lo que salvaron de la Administración.

Acostumbrados, durante el pupilaje, a la adulación que los Tutores dan, en razón del caudal, entran en el mundo creyendo que todo se les debe, porque traen con qué pagar los servicios:—se divierten—hacen mil daños— y mueren, dejando su vida empatada con la de sus hijos, por un testamento igual al que les dio el carácter social, con que pasaron sus días......

Suspendamos. Esta es la Sociedad *Monárquica*, *Aristocrática*, *Oligárquica*... y... según se quiere... REPUBLICANA pero ninguna de éstas es la que conviene restablecer en nuestro siglo.

Debemos considerar estas combinaciones de Intereses, como ensayos que se han estado haciendo, de varios modos y por largo tiempo, para trazar el plan de un edificio, o como los andamios para levantarlo.

LAS **VERDADERAS** IDEAS SOCIALES

No están *por formar*, sino *por poner en práctica*; pero no hay Resolución o no hay Constancia, y sin uno y otro no hay empresa—

尊严。——社会做出这等区别委实无耻之极。

政府就像看到田间青草萌生出土那样眼见一代人的出生；而为了照管这些人，靠的是一些处于贫困状态的父母；[许多孩子一出生就] 被父母遗弃，[十来岁上] 被遗弃的[更多]；有的因病夭亡，有的是因父母不愿抚养，有的是因父母贫困无力抚养：这时，教育要对愚昧无知负起责任来；教导也要对人们的随心所欲加以管束。这些人相爱结婚，婚后生育，生育后就有了抚养权，要教育孩子讲礼貌、有道德、信仰宗教、懂经济和政治，……不用再教什么了，因为要成为好公民，他们不用知道更多的东西了。——穷人家的孩子犹如蛆虫那样成团成堆；而有所继承的人（极少数）则因尚未成年遂由遗产管理人抚养：及至成年，就会有一千律师、代诉人和公证人将他们带上法庭；这是为进入社会而必须进行的初次礼节性拜访：大多数摆脱监护者（少数有问题者除外）踏上了社会。

因为有钱，他们受监护期间一直受到监护人的恭维奉承；及至踏上社会，认为他们拥有一切，因为有钱说话：——花天酒地，——为非作歹；——死后，他的子女根据一纸遗嘱继承他的生活，并依社会常规度日。……

就此打住。这是*君主制社会*、*贵族制社会*、*寡头制社会*，……愿意的话……也可说是*共和制社会*，但这些社会中没一个适合在我们这个时代重新建立。

315

————————

我们应该视这种利益的结合为正在做的一种不同方式的长期演练，目的是设计出建设一座大厦的方案抑或搭建修筑大厦的脚手架。

符合实际的社会思想。

不仅要有*思想*，而且要将其付诸实践；但没有决心，也没有恒心。而既无决心又无恒心，则将一事无成——

la irresolución no empieza
la inconstancia no acaba
Unos se quejan, otros lloran, otros maldicen, y todos se desesperan.

Se quejan unos de otros
Lloran lo que han perdido
Maldicen las mudanzas
Desesperan de ver el fin

Quéjense de las Constituciones
Lloren su Indiferencia
Maldigan su Egoísmo
y desesperen de conseguir la paz, matándose.

Viven encerrados en sus casas, *murmurando*:
Salgan, júntense, rodeen al Gobierno, traten con EL del bien
    común, y hallará cada uno el suyo.
Dejan al Presidente solo, con facultades para hacer lo que quiera—
    ¿qué hará sino lo que le parezca conveniente?—
    ¿Lo critican con buena intención?... El la lleva en todo lo que hace.
Deseando todos lo mismo, disconvienen en los medios.

La Independencia no se disputó con plumas = *un Código no se
discute a balazos.*

Quejas infructuosas son *quejidos* = consuelo del dolor; pero no remedio.
Con reniegos se desahogan enfados; pero no se reparan pérdidas
La desesperación es un extremo, no un medio

y si $\left\{\begin{array}{l}\text{por único consuelo}\\\text{por todo remedio}\\\text{por toda reparación y}\\\text{por último recurso}\end{array}\right\}$ nos pusiéramos a LLORAR

correrían *torrentes* de lágrimas, más abundantes que *los* de sangre que han
corrido en las *batallas,* desde que los hombres empezaron a apedrearse,
hasta que inventaron la *Bala Roja,* y en los *patíbulos,* desde que empezaron a ahorcarse, hasta que inventaron la *Guillotina* = porque, no se muere
más que una vez, y se puede llorar muchas veces al día—2, por lo menos,
si se come a la Inglesa (mañana y tarde) o 3, si se come a la antigua Española (mañana, tarde y noche) o 4, si se merienda. Los Ejércitos se componen de pocos, y una bala mata a pocos, aunque acierte, los pue-

316

没有决心则开不了头，

没有恒心则干不到尾。

一些人不满，一些人哭泣，一些人咒骂；所有人都倍感绝望。

相互不满，
为自己的所失哭泣，
咒骂时代的变迁，
看到结局倍感绝望。

对宪法不满，
为宪法的冷漠而哭泣，
咒骂宪法只代表少数人利益，
对和平难以实现倍感绝望、痛苦。

人们幽闭家中*喃喃自语*：

都出来吧，聚拢来，包围政府，跟**它**讨论公共福利问题，各方找出各自利
　　益的所在。

不要烦扰总统，让他想干什么就干什么吧！ ——他除了认为合适的，还能
　　干什么 呢？ ——批评他是好意？……他干什么都会受到批评。人人
　　都这么做， 只是方式不同罢了。

文官不谈独立 == 武将不说法典。

徒劳的不满是无病呻吟 == 忍住疼痛，但无良方治愈。

咒骂一阵气消了，但与事无补。

绝望是种偏激行为，不是解决问题的办法。

而如果 { 为了一时之快， 为了一了百了， 为了能弥补一切 只是最后一招 } 我们还不如**哭泣一场**。

泪水*哗哗流*，比从人们开始相互扔石块一直到发明了*红热燃烧弹*所进行的
战斗中和从吊死一直到发明了*绞刑架、断头台*上流淌的鲜血还要多 == 因
为人只死一次，而一天可以哭上许多次。——如果吃英（国）餐，至少是
（上午和下午）两次；如果吃古西（班牙）餐，至少是（上午、下午和晚间）
三次；如果加上午后点心，至少是四次。军队人数少，枪炮即使命中率高，

blos se componen de muchos—la injusticia hecha a un particular, alcanza a muchas familias, y si es Pública... a toda una Nación.

El *Gobierno* pide OPINION para *Gobernar*:

FORMESE   y   la SEGUIRA:

para formarla siéntense los principios siguientes:

Sociedad	significa	Unión INTIMA
República	•	Conveniencia GENERAL
y General	•	lo que conviene a TODOS

por consiguiente,
SOCIEDAD REPUBLICANA
es
la que se compone de hombres INTIMAMENTE unidos, por un común sentir de lo que conviene a TODOS—viendo cada uno en lo que hace por conveniencia propia, una parte de la conveniencia GENERAL.

Principios viejos ⎫
⎬ en obras?... ⎰ ni se han visto
en Libros y en Bocas ⎭ ⎱ ni se ven

se verán, si se inculcan, en la Infancia, por una

EDUCACION SOCIAL.

⎧ que la Canalla NACE
El que lo dude, pruebe ⎨ y
⎩ que la Educación no HACE.

No puede haber hoy quien pretenda... *con razón*... que debe haber Clases Ignorantes y Pobres
No serán ciertamente hombres imparciales los que lleven la contraria: serán los que... por error... vean su interés en la existencia del despotismo: los que crean haber aprendido, en la historia, el arte de gobernar *hombres libres:* los que no adviertan que lo que saben de Sociedad, lo deben al crepúsculo de las Luces Sociales que empieza a rayar.

⎧ de nuestras Instituciones Liberales
Hablamos ⎨ de nuestra Constitución Política
⎩ de nuestro Sistema Representativo

打死的也只是少数；民众人数多——对一个人的不公，会影响到许多家庭；而对公众不公则……影响到整个国家。

*政府为治国*征求**意见**：

提出 和 **执行**：

提出意见要考虑下述原则：

社会　　　意味着　　　**精诚**团结；
共和　　　意味着　　　**全体**协商一致；
而这全体则　意味着　　　适合**所有人**。

因此，
共和制社会
是

精诚团结的人们组成的社会，他们一致认为这社会适合**所有人**——每个人视自己的利益为**整体利益**的一部分。

古老的原则
在书籍中、口头传说中、 ﹜ 在学术著作中 ？ ﹛ 从前没有见过，
现在也未见。

如果从小进行**社会教育**，
　　　　　　　　就会看到。

怀疑此说者认为 ﹛ 恶棍属**天生**，
而
教育亦**枉然**。

现在不可能有人会……*理直气壮地*……认为应该有愚昧无知、贫穷困顿的阶层了。
持相反看法的人肯定不是持公正立场的人：他们是错误地对专制主义的存在感兴趣的人，是自以为从历史上学会了统治*自由人*的人，是尚不了解其所看到的社会、尚未注意到社会文明之光已开始显现的人。

我们说的是 ﹛ 我们的自由体制，
我们的宪政，
我们的代议制。

Instituir significa
establecer en... } ¿en qué, si no hay Costumbres?

Constituir significa
establecer con... } ¿con qué, si no hay qué juntar?

Sistema significa
poner junto... } pero, no todo conjunto es Sistema:

esta palabra encierra la Idea de—

un conjunto de agentes
obrando de acuerdo } para producir { un efecto determinado
no
un efecto *cualquiera*.

En el Sistema REPUBLICANO

las Costumbres que forma
una Educación Social } producen { una autoridad *pública*
no
una autoridad *personal*

una autoridad sostenida *por la voluntad de todos,*
no
la Voluntad de uno solo, convertida en Autoridad

o de otro modo,

la autoridad se forma
en la EDUCACION } porque { educar es
CREAR VOLUNTADES—

se desarrolla
en las COSTUMBRES } que son { efectos necesario
de la EDUCACION

y vuelve a
la EDUCACION } por { la tendencia de los Efectos
a reproducir la AUTORIDAD

es una circulación de la *autoridad* en el Cuerpo Social
como • la • de la *Sangre* en el • Animal

No habrá jamás *verdadera* Sociedad, sin *Educación*
ni autoridad *Razonable*, sin costumbres *Liberales.*

320

建立意味着
依……制定 } 如果没有习俗，依什么制定？

创立意味着
用……组建 } 如果没有团结一致，用什么组建？

制度意味着
同心同德 } 但并非大家同心同德就构成了制度。

制度这个词具有下述含义——

一群人
共同行动 } 以求 { 达到一特定目的，
而不是
随便哪个目的。

依共和制，

具有社会教育
这一习俗 } 导致 { 民众权威
而非
个人权威。

*民众意志维护权威，
个人意志不可能成为权威。*

或者说

教育
造就权威 } 因为 { 教育
培养意志——

教育依**习俗**
发展 } 习俗是 { **教育**的
必然结果

权威又反作用于
教育 } 其 { 目的在于
再造**权威**。

这就像*血液*在动物体内循环那样，*权威*在社会躯体中循环。

*没有教育，绝不会有真正的社会。
没有自由主义习俗，绝不会有明智的权威。*

Los defensores del Republicanismo Bastardo, no advierten que su Sociedad representa un Cono en posición inversa =

LAS COSTUMBRES sobre la autoridad	en la verdadera República	LA AUTORIDAD sobre las costumbres

Pocos habrá que no hayan visto un Pan de Azúcar: y deben haber observado que ni los Niños pretenden que se mantenga de PUNTA.

EL AMOR PROPIO

(por eso se ha hablado de él, al principio)

alucina = como una *pequeña luz,* cerca del ojo, impide ver GRANDES LUCES a distancia: y ensordece, a las insinuaciones de la razón = como un ruido agudo, junto a la oreja, impide percibir la armonía de un concierto. El ojo ve músicos e instrumentos moviéndose; pero el oído no percibe ni sonidos ni concordancias.
Aplíquense esta comparación los que se burlan de la República.

Están en el mundo: no se rían de él, porque se reirán de sí mismos: traten de desengañar a los que, en lugar de corregirse, quieren corregir la naturaleza.

¡Empezar una CONSTITUCION POLITICA!

en nombre de Dios Todo Poderoso, autor y legislador de las Sociedades.... HUMANAS....

¡y creer que con este encabezamiento, se convierte un pueblo en otro.... DE REPENTE!....

Pensemos.

En nombre de Dios...................... es el *in nomine Patris* de la misa:
Todo Poderoso y Autor................ es un *retazo del Catecismo:*
Legislador de las Sociedades......... no será *de las que conocemos, porque* Dios no les ha mandado *destrozarse a su nombre:*
humanas.................................... está de más, porque sólo los hombres hacen pactos.

Una Constitución es obra del *Libre albedrío*: si, cada vez que usamos de él, debiéramos implorar la ayuda de Dios, todo el tiempo se nos iría en

捍卫假冒的共和主义的人们没有注意到，他们的社会是倒锥体形的 ==

习俗			权威
影响	在真正的共和国		影响
权威			习俗

人们大多见过糖塔；人们应该注意到，就连孩子也不想对立。

自尊自爱
（因此，从一开始就谈到了这一点）

目眩 == 犹如近在眼前的**小光点**使人看不到远处的**大光球**：听不进理性的
声音 == 犹如耳边一声尖叫使人听不到协奏曲的和声。眼睛看到音乐家和
乐器在动，但耳朵听不到声音及和声。
嘲笑共和制的人用了这一比喻。

　世上有这么一些人：他们不嘲笑共和制，因为他们嘲笑自己：他们尽
力使那些不检讨自己而指责大自然的人改弦易辙。

323

以全能的上帝——**人类**……社会的创始人、缔造者的名义
开始**实施宪政**！
并认为从此可使一个民族……**即刻**……换新颜！

我们来考虑一下：

以上帝的名义…………………是做弥撒时说的"以天父的名义"：
"全能的"和创始人…………是*教义要理*的片断：
社会的缔造者…………………不是*我们所认识的社会*，因为上帝没有以它
　　　　　　　　　　　　　的名义下令社会自我毁灭；
人类……………………………这个词是多余的，因为只有人才达成一致。

宪法是*随心所欲*的产物：我们如果每次应用宪法时都要恳求上帝帮助的话，
就得老要请求*恩准*，我们自己也就失去了价值：我们得使我们的行为符合

pedir *licencias,* y no habría mérito en nuestras obras: reglemos nuestra conducta por el *entendimiento* que Dios nos ha dado, y cada acción será una imploración *virtual* de sus auxilios.

En vano invocamos a Dios, si no hacemos lo que Dios nos manda = que es

Pensar antes de *obrar*

y

empezar las obras por el *principio*

¡Declarar la INDEPENDENCIA!
diciendo

que el País no es, NI SERA JAMAS! propiedad $\left\{\begin{array}{l}\text{de una } \textit{persona} \\ \text{de una } \textit{familia} \\ \text{ni de una } \textit{jerarquía?}\end{array}\right.$

¡ante *Familias y Jerarquías* que se creen dueños, no sólo del suelo sino de sus habitantes!... con herederos forzosos instituidos por las leyes!
—¡y hacer garante de la declaración a una persona, que espera la formalidad *del nombramiento,* para empezar a ejercer las funciones de REY CONSTITUCIONAL! (con deseos, *tal vez...* y *sin tal vez...* de hacerlas hereditarias)

¡Contar para el *sostén de la Independencia,*

Con *Esclavos,* de cuyo trabajo subsisten las Jerarquías!— ¡Con *Libertos,* exentos del trabajo, para hacer trabajar!— ¡Con *descendientes de Libertos,* y otros de igual condición!...

que ven como una PRERROGATIVA! el no poder ser vendidos,
y como una FORTUNA! el no tener voluntad!...

¡Parece plan para un Romance?

y la fórmula recuerda

el Item *dejo* y Item *mando* de los testamentos.

porque

para obligar a los pueblos presentes a obrar *contra sus sentimientos,* es menester ser más fuerte que la Costumbre—y para disponer de la voluntad de los Pueblos futuros, es menester haber perdido el juicio.

Si estas Constituciones alcanzan a la Posteridad, es regular que, las futuras Clases Influyentes, al ver los *Encabezamientos* y las *Declaraciones,* crean que, nuestros Congresos se componían de Clérigos y Abogados MORIBUNDOS que, en su delirio, se figuraban el altar en medio de un archivo, y al Acólito haciendo las veces de Escribano.

上帝给我们下达的旨意，每次行动都得*切实*恳求上帝的帮助。

我们如果不按上帝下达的旨意做，乞求上帝亦徒劳。==

行动前想一想，

并

按原则办事。

宣告**独立**时

说

国家现在不是、**将来永远也不会是** ⎰ *个人的* ⎱
⎰ *家族的* ⎱ 私有财产！
⎰ *统治集团的* ⎱

摆在自视为主人的*家族*和*统治集团*面前的，不仅是土地还有土地上的居民……还有法律规定的当然继承人！——家族和统治集团成了宣布等着正式*任命*开始行使**宪政国王职权**（也许想……也许不想……使这一职权能继承）者的担保人！

独立的支柱还有

奴隶；统治集团得靠他们的劳动生存！——还有*自由民*（即获得了自由的奴隶——译者注）；他们不用再从事强制性劳动，但统治集团还得靠他们干活！——还有*自由民及其相同处境者们的后代*！……

这被视为一种**特权**！他们不能像

财产那样被自由买卖！但没有主见！……

好像是要写一部传奇故事！

这种做法使人想起了

遗嘱中的"放弃"项和"委托"项，

因为

想要强迫现在的人干其不愿干的事，必须不顾习俗强制其干活——想要使未来的人自愿干活，必然是精神失常了。如果这宪法传至后代，未来的权势阶级看到*开头*和*说明*文字时肯定会认为，我们的议会是由垂死的牧师和律师组成的；牧师在一秘密祭坛上胡言乱语，让辅祭代替法庭书记。

EPI—EPILOGO[6]

COMERCIO

La Libertad lo ha sacado de Quicios
El Consumo la pondrá en sus Límites

CULTOS

La Imaginación los ha multiplicado
La Reflexión   los reducirá.

COLONIAS!!!

Si Europeos y Americanos no se recogen a pensar,

la colonización
como unos y otros la entienden, } será fatal { al continente
y
al contenido =

al Continente, si no se prepara el LUGAR,
al Contenido, si no se disponen los OCUPANTES =

el País ahora *inhabitado*, se hará INHABITABLE
los Colonos, ahora *toscos*, se harán INTRATABLES

TODO { por haber faltado al ORDEN
y
por no haber consultado la CONVENIENCIA

El globo pertenece a sus habitantes: y con tanto derecho posee, el uno como el otro, el lugar donde ha nacido. Sin haber estudiado *Física*, todos conocen la ley de la impenetrabilidad; pero es menester haber pensado

326

---

[6] *Significaría [si se usara] Sobre-sobre discurso: lo digo en Griego, sin saber el Griego, como muchos dicen en Latín lo que no entienden; pero no diré.... POR DECIRLO ASI, porque ya lo he dicho así. Esta expresión de tranquilla, debía haber desaparecido, hace tiempo, como han desaparecido* { el salvo yerro
y los ceros a la izquierda } *de que*
usaban nuestros Padres. El por decirlo así, recuerda la mujer que gritaba desde su ventana... el Santo Oleo que estoy sin habla (Nota del autor).

跋二[⑨]

贸易

自由夸大了贸易；
消费限制了自由。

宗教信仰自由

想像夸大了宗教信仰自由，
思考限制了宗教信仰自由。

移民

欧洲人和美洲人如果不好好地想一想的话，

双方所理解的移民 } 对 { 大陆 和 移民 } 都是极其糟糕的 ==

大陆如果不提供**土地**，是极其糟糕的；
移民如果不打算**好好干**，是极其糟糕的。

国土上现在无人*居住*，将变得**无法居住**；
移民们现在十分*粗鲁*，将变得**无法相处**。

这一切皆因 { 没有**秩序** 和 没有**协商一致** }

地球属于其居住者：各人都有权占有其出生的地方。即使没有学过*物理*，人们也都知道"不可入性"这一定律；但为了处理好事物抑或自由支配事物，必须事先好好想一想：*请神*容易送*神*难；将事物挪离某地安置他处前，

[⑨] EPI—EPILOGO（如果使用的话）意为"跋之跋"。我这里使用的是希腊语，尽管我不懂希腊语，正如许多人说拉丁语，尽管他们不懂拉丁语一样。我已经这么说了，就这么着吧，今后我不再这么说了。这种表述方式如同"el salvo yerro y los ceros a la izquierda"的表述方式一样，是我们父辈们使用过的，已经早已不用了，应该消失了。这么说，使回忆起从窗户叫喊的妇女……我仿佛在看一幅不做声的宗教油画。——作者注

mucho para saber *disponer* LAS COSAS O DE LAS COSAS: *dislocar* es fácil, *desalojar* requiere fuerza, y para dar, a las cosas que se quitan de un lugar, otro que les acomode, hay muchas consideraciones que tener—muchos respetos que guardar (*respeto* no quiere decir *veneración* ni *miedo*).—Por *impenetrabilidad*, los Europeos no pueden ocupar el lugar que ocupan los Americanos, y no hay conveniencia propia, ni necesidad de tal urgencia, que les dé el derecho de desalojarlos.

Esas expresiones voladas *dominar, someter, subyugar*, son tan perdonables a la Ignorancia, como indignas de quien ha contraído, con la Educación, la obligación de respetarse. ¿Cuán disonantes no serían en boca de un Ministro! (no digamos en la de un Rey)

Esto no es *adular por temor*. Bien puede cometer Violencias el fuerte, y paliarlas con el nombre de *conquistas*, creyéndose en los tiempos de sus abuelos; pero hay una fuerza superior a la suya = el juicio de los hombres *sensatos, y* el de la *Posteridad*: ocurrirá a la aprobación del *Vulgo* para consolarse del desprecio de la parte *ilustrada*; pero...¡¿qué triste compensación!?

«No ha de quedar un...¡Indio! para que haya seguridad
es menester acabar... con esa canalla!»
(dicen algunos americanos)
expresión apasionada, perdonable en la Ira; en la Calma, no habría términos con qué vituperarla. Si los descendientes de Conquistadores reflexionaran, tratarían de dejar sus apellidos, y harían bien en tomar los de los Indios, para perderse en la masa—y hasta *ingratos* deberían ser, absteniéndose de pronunciar el nombre de Colón: el bueno... el virtuoso Italiano, no vino a matar gente; pero abrió las puertas a unos asesinos, creyéndolos Cristianos.

La PROPIEDAD, que antes se disputaba con *armas*, se disputa hoy con *leyes*: éstas dividen el suelo en tres especies

puestos,
terrenos y
territorios.
La naturaleza da el PUESTO con la existencia

Por *Instinto*, se apoderan los hombres del suelo, a pedazos, para asegurar en ellos su *subsistencia* —por *convención*, se los reparten en porciones, y las llaman TERRENOS— las leyes civiles determinan los límites, declaran la propiedad y la protegen.

Las Naciones, consideradas como Individuos, poseen, en propiedad,

要好好考虑考虑——要非常重视（*重视*不是*敬重*，亦非*敬畏*）——根据*不可人性*这一定律，欧洲人不能占用美洲人占有的土地；他们并不同意、也没有迫切需要获得迁徙的权利。

"占领"、"征服"、"奴役"这样一些刺激性的说法，对愚昧无知者说来可以接受；而对受过教育、被迫接受的人说来则倍感屈辱。大臣口出此言多不合适啊？（更甭说出白国王之口了）。

这倒不是*因为害怕而说的奉承话*。强者完全可以使用暴力，并以为这是在其祖父时代所美其名的"征服"；但有种力量比暴力更强 == *明智者*的判断力和*后代人*的评论：有学识者对平民百姓持有蔑视态度，而*平民百姓*则赞同这一观点以自慰；但……回报是多么令人痛心啊！

（一些美洲人说：）
"一个……印第安人也不要留；为了安全，
必须消灭……这些卑鄙下流之徒！"

这是一种感情用事的说法；盛怒时说说情有可原；冷静下来就不应该谩骂了。征服者们的后代如果能多加考虑的话，就会放弃他们原来的姓氏、欣然启用印第安人的姓氏，以跟人群混为一体。——就连提及哥伦布的名字也应*甚感不快*：他是个好人，……是个正直的意大利人，不是来杀人的；但他为一干杀人凶手打开了大门，还认为他们是基督徒哩。

329

所有权以前用*武器*说话，现在用*法律*说话；法律将土地分成三类：

地段
地块
领土
大自然确定了**地段**。

人们*本能地*分块占有土地，以确保生计——*按惯例*，将其分为若干块，称之为**地块**——民法确定其地界，宣告其所有权并对之加以保护。

国家（我们来将其视为个人）拥有其所占领的土地的所有权——称之

los suelos que ocupan— los llaman TERRITORIOS —y se conservan en ellos por leyes, que ellas mismas han hecho, y reconocen bajo el nombre de *Derecho de Gentes.*

El hombre menos instruido, en asuntos civiles, conoce que no tiene derecho para apropiarse un lugar que otro necesita, y que él no puede ocupar.

Una mediana ilustración basta para saber que, en los países más poblados, cabrían los habitantes que emigran por falta de subsistencia, si en la destinación de las personas, y en el uso de los medios de subsistir hubiera orden.

Acostumbrados los Emigrantes, los unos a extenderse y los otros a estrecharse en su país, vendrán a la América a hacer lo mismo, y al cabo de algún tiempo, se verán en peor estado, por el abuso que los fuertes harán de los débiles, al repartirse las tierras y los auxilios que les den para cultivarlas.

Ya no hay más suelo *grande y habitable* que la América, y por casualidad se halla VACIO, a tiempo en que la *experiencia* [que llamamos Luces del Siglo] enseña lo que debe hacerse, para que los hombres gocen de las comodidades de la vida, *sin deber destruirse para proporcionárselas.*

[*En esto piensan los Especuladores de Colonias*].

A los Americanos toca, como primeros ocupantes, preparar el suelo para recibir, CON DECENCIA, a los Europeos, a los Chinos, y a todo hombre, sea cual fuere su Color, con una diferencia en el modo según la edad. Los Europeos pueden ayudar con indicaciones, porque, entre ellos, hay muchos PENSADORES. Los que no piensan sino en llenar la bolsa, no están para dar consejos— tiempo les falta para sus negocios.

330

INTERNACION DE COLONOS

En la página 55* dejamos a los Colonos en el Muelle—antes que emprendan su marcha para el interior, conviene que los Especuladores vean lo lejos de su empresa.

La perspectiva es lisonjera. Explorar los desiertos de América con gente miserable, espalduda, trabajadora, dócil, que se contenta con poco y no aspira sino a dar gusto al amo, promete, sin duda, grandes ganancias. Pero en el reverso del cuadro se ven escaseces, fatigas, insectos, reptiles, tersianas, disentería = que arrancarán más de un suspiro, por las satisfacciones que se gozaban en medio de la miseria—habrá deserciones—el

---

* El autor se refiere, por supuesto, a la numeración de páginas de la edición limeña de 1842 (N. del Editor).

为**领土**并用法律将其确定下来；法律将其确定后，再由*国际公法*确认。

对民事不太了解的人也知道无权将其他人需要、自己不能占有的土地占为己有。

受过中等教育的人完全明白：如果目的地秩序井然和生存条件很好的话，人口过多的国家居民可以移民国外谋生。

移民在母国时有的外向、活跃、比较强势，有的则内向、沉静、处于弱势，到美洲后通常亦如此，若干时间后会出现比较糟糕的情况：分配土地和用于耕种土地的配套物品时，会恃强凌弱。

只有美洲有大片宜居土地了，而这些土地又正好**闲置**着；经验〔我们称之为时代的启示〕表明应该利用起来，以使人们享有舒适的生活，免得人们为了争享舒适的生活而自相残杀。

[*投机商们是这么认为的。*]

美洲人是最初的占领者，现在轮到他们准备土地**体体面面地**接纳欧洲人、中国人和无论什么肤色的人了，只是在年龄上有所限制。欧洲人能够得到一些咨询方面的帮助，因为他们中有许多**思想家**。只想塞满腰包的人不向人们提供咨询——他们要利用一切时间捞钱哩。

331

将移民运往内地

我们在第 55 页*（作者显然指的是 1842 年利马版的页码——编者注）谈到将移民留在港口码头——投机商根据情况同有关方面商定后，移民们动身前往内地。

前景是令人鼓舞的。前往开发美洲人烟稀少地区的人们都是些忠厚老实、勤劳刻苦、背部宽厚的穷苦人，稍有所获即行满足，只要主人高兴别无他求，这样无疑就会有好结果。但现实情况正好相反：缺这少那、劳累艰辛、虫豸肆虐、蛇蝎侵扰、间日疟、痢疾 == 一些人苦中求乐，只是哀叹不已——一些人则逃离——国家政府组建治安队，由警官指挥——什么

---

* 作者在这里是指 1842 年利马出版的本书的页码。——编者注

Gobierno del país se hará Alguacil a las órdenes de los Comisionados—
y nada impedirá que muchos Emigrados reemigren, en busca del principal Bienhechor, después de haber asesinado a sus Sobrestantes. La Colonia clavará las hachas y se resolverá, en Coloniolas de artes y oficios, que
inundarán los poblados. No se habrá conseguido cultivar los campos; pero se habrán colonizado los apellidos: en breve se verán los Institutos Or-
tológicos y Caligráficos de las Aldeas, llenos de *Esmites* de *Juaites* y de
Cuques, y al cabo de algunos años, la hija de ña Petrona la Pulpera será
madama Granyan. Con esto y con otras cosas, no menos importantes, la
Civilización del país habrá hecho grandes progresos, siguiendo la marcha
majestuosa de su Gobierno y el rápido vuelo de los negocios.

Pero un viejo, que estará sentado al Sol, en la esquina viendo pasar
el cortejo dirá, cabeceando,

no hay peor mal que el que se hace bajo las apariencias del bien.

332

也阻止不了一些移民杀死其监管人后再度向外迁移，寻找他们要找的福地。移民们掷下垦荒工具，决定发挥自己的文化、技艺专长，涌入村镇。他们没有耕种田地，却留下了许多姓氏：很快即开办了村镇正音、书法学校，因为村镇上的人大多发音不准；数年后，杂货店老板娘的女儿成了格拉尼安太太。种种迹象表明，国家的文明程度随着政府的大力倡导和贸易活动的飞速开展有了极大的提高。

但有位在街角晒太阳的老人看着街头一幕幕景象，边摇头边说道：

没有什么比貌似善行更恶的了。

333

FINAL.

Se ha hecho un discurso PRELIMINAR
PRELIMINAR, significa *lo que está a la puerta* =
lo que debe considerarse antes de entrar en materia
Los Pensamientos principales que componen el Preliminar son

334

Se ha hecho una CONCLUSION
CONCLUSION significa *Cerrar con*
Los 15 pensamientos que preceden, se cierran con un número menor de
pensamientos, que reducen la Idea General a un campo menos extenso.

Estos Pensamientos son

Se ha hecho un EPILOGO, que significa *Sobre discurso*. Un número de
pensamientos, todavía menor que el de los que compusieron la *Conclusión*, presenta los pensamientos que deben hacer más fuerza... éstos son

---

* También en este caso y en todos los siguientes, el autor se refiere a la numeración de
páginas de la edición limeña (N. del Editor).

尾　声

我们已经做了**初步**论述。

这**初步**论述就是*尚未正式开始*论述的意思 ==

正式开始论述前应该做的思考。

这初步论述涉及的主要思想是

页（作者在这里及下面述及的页码均为利马版页码——编者注）

我们已写了一段“结束语”。

这**结束语**就是论述判断的*最后结论*。

上文述及了 15 个思想，结束语中论及的思想较少，都是些较小领域的一般性思想。

这些思想是

我们已写了一段“跋一”；这“跋一”就是*关于论述*的文字。其中的思想数目比“结束语”中的要少，但其威力应该更强；……这些思想是：

Se ha hecho Un EPI-EPILOGO
    que significa *Sobre Epílogo*

Para llamar la atención sobre los últimos pensamientos, que deben ser el objeto de la Reflexión:
estos pensamientos son

Y acaba con el siguiente FINAL,

compuesto de las atenciones del día $\left\{\begin{array}{l}\text{atenciones de } \textit{Presente}\\ \text{atenciones de } \textit{Futuro}\end{array}\right.$

Atenciones de Presente $\left\{\begin{array}{l}\text{Pan}\\ \text{Justicia}\\ \text{Enseñanza y}\\ \text{Moderación}\end{array}\right.$

Atenciones de Futuro $\left\{\begin{array}{l}\text{Educación Popular y}\\ \text{Colonización}\end{array}\right.$

En lugar de pensar $\left\{\begin{array}{l}\text{en Comercio}\\ \text{en Colonias}\\ \text{en Cultos y}\\ \text{en Reyes}\end{array}\right.$ pensemos en tener $\left\{\begin{array}{l}\text{Pan}\\ \text{Justicia}\\ \text{Enseñanza y}\\ \text{Moderación}\end{array}\right.$

有权势的阶级……
下层阶级……
国王……
民众…… 82
符合实际的社会思想……85
共和制社会……86
宪政……89
宣告独立……90

我们已写了一段“跛二”；

　　这“跛二”就是*连接*“*跛一*”的文字，

旨在引起对最后几个思想的注意；这些思想应该成为考虑的内容：
这些思想是：

贸易……
宗教信仰自由……
移民…… 91
将移民运往内地……93

最后是下述“尾声”；

其内容是对时期的关注 { 关注*现在*；关注*未来*

关注现在 { 粮食；司法；教育和；调和妥协

关注未来 { 民众教育；移民

不是考虑 { 贸易；移民；宗教信仰自由和；国王们， 而是考虑要有 { 粮食；司法；教育和；调和妥协

PAN

En el país de la abundancia ha llegado a hacerse sentir la escasez. Sería inútil describir el estado de algunos lugares: los que están en ellos, no necesitan ver pintado lo que sienten. El comercio de cosas es una cadena de muchos ramales: no hay habitante que no tire del suyo. Si los hombres pudieran valerse solos, no estarían en Sociedad, y si pudieran entenderse no tendrían Gobierno. *«Gobernar lo menos que se pueda»* es máxima para pueblos viejos = la América es original hasta en su pobreza. Todos saben que lo que no se alimenta no vive; pero no todos conocen las relaciones entre lo físico y lo moral, y muy pocos consideran el imperio de las primeras necesidades = el HAMBRE *convierte los crímenes en actos de virtud, por la obligación de conservarse.* Esta consideración pertenece a los Gobiernos: porque a ellos está confiada la guarda de las leyes—

para EVITAR INFRACCIONES;
más bien que para *castigarlas.*
Hacer ejecutar sentencias son funciones de Alguacil.

Todo miembro de una Sociedad está obligado a ver por ella, porque en ella se ve a sí mismo —y es eminentemente sociable el que, *en cada uno de sus semejantes* ve un Hermano, y su Patria *donde se halla,* porque no puede estar en todas partes.
Ese hombre es el que el Vulgo llama, por desprecio....
COSMOPOLITA!

*«Cuidado con decir que mi tierra es Estéril, porque yo soy
de allí»*
(es Patriotismo!)

*«¿Qué tiene Ud. qué ver con lo que se hace aquí, si Ud. no es
de aquí»*
(es Celo Patriótico!)

El Cosmopolita calla porque *teme,* o porque no puede hacerse entender
pero dice, entre sí,
«no hay cosa más patriota que un tonto:

pero de éstos hay pocos, y las Luces del Siglo acabarán
con ellos»

Al juicio de los Gobiernos, que por instituto deben ser Cosmopolitas, somete, un Cosmopolita, el siguiente arbitrio,
para dar qué comer al hambriento
• • de qué vestir al desnudo
• • posada al peregrino
• • remedios al enfermo
y para distraer de sus penas al triste =

粮　食

富足的国度里感到匮乏了。对一些地方的情况进行描述是没有必要的：生活在这些地方的人不想看到他们感觉到的情况被描述。贸易往来串联起了众多环节：没有居民不对自己的买卖感兴趣。人们如果都能独自行动的话，就不是生活在社会上的了；如果都有自知之明的话，就不需要政府了。"尽可能地少点控制。" 是老年人的格言 == 美洲连贫困都是不一般的。人人都知道不吃不喝就活不了；但并非人人都了解物质和精神之间的关系，而很少的人考虑到根本需要的紧迫性 == **饥饿**使犯罪行*为成了善举，因为不得不以此求生*。考虑这一问题的应该是政府：因为政府有责任维护法律——

要的是**避免犯法**，

而不是*惩罚罪犯*；

执行惩罚是法警的职责。

社会上的所有人都必须了解社会，因为要同社会融为一体——将所有人视为兄弟的人是容易相处的人；他*所在的地方就是祖国*，因为他到处栖身。老百姓轻蔑地称这种到处栖身的人为……

四海为家者！

339

"*之所以能真诚地说出我的土地很贫瘠，是因为我生于斯长于斯。*"

（是爱国主义！）

"*您如果不是这儿的人，会怎么看待这儿所发生的一切呢？*"

（是爱国激情！）

四海为家者默然，因为*害怕*，抑或因为难以理解，但心里说道：

"没有什么人比爱国者更傻了：

但这种人不多，启蒙思想将使他们消失殆尽。"

政府原则上应该是世界性的；这样的政府认为应采取下述措施，

以供给挨饿者食物，

以供给无衣穿者衣服，

以向浪游四方者提供栖身处，

以向病人提供医药，

以使忧伤着愉悦 ==

que son *obras de misericordia,* para toda alma sensible, y
para todo padre de familia... PRECEPTOS

Si de las ocupaciones *más serias!...* si de los asuntos *más elevados!* descendemos, por grados, al Suelo, hallaremos su origen

en el alimento
en el vestido,
en el alojamiento,
en la medicina
y en la distracción:

En ésta especialmente, porque todo lo que hacemos es por *no sentir que vivimos,* y por *no ver lo que somos.*
No sentimos que tenemos Cabeza, sino cuando nos duele.
No vemos toda la extensión de nuestra miseria, sino cuando entramos
en nosotros mismos.

340

En el Sistema Económico actual, las Grandes Propiedades son Brazales, de donde salen las Regueras que van a humedecer los Planteles: lo primero que se desordena, en una Revolución, es la Economía: el Régimen Monárquico hace depender todo de los Grandes = ellos son Señores del Suelo y dueños del trabajo. En ninguna parte entienden mejor sus intereses, los Grandes, que en Inglaterra = Se dejan vestir y vestir a sus criados, mudar el ajuar y adornos de casa, el servicio de mesa, los carruajes, las monturas & c. se suscriben a todo lo que se imprime, y tienen bibliotecas, aunque no lean —todas las mortajas deben ser de un género, por privilegio concedido a una fábrica —y el año 22, de este siglo, se vio un gran Cartel, en los lugares públicos de Londres, anunciando
«ATAUDES DE HIERRO, de nueva invención
para la Alta Nobleza y Caballeros»

Entre las muchas tarjetas de aviso que se reparten por las calles, y cartelitos que se pegan a las paredes, había uno, con las armas de la Corona, que decía
«Fulano de tal, Matachinches de Su Majestad»

Un Zapatero de Viejo, se anunciaba, con grandes letras sobre su puerta por
«Fulano de tal y compañía,
BOTERO DE LA GUARDIA REAL»

Ya que, bajo el nombre de Republicano, conservamos el Régimen Monárquico, protejamos la Industria de los Grandes, para que ellos protejan la de los Chicos, y habrá, en nuestras capitales, menos Tahúres, menos Fulleros, menos Cacos, menos Rateros, y menos Falsificadores.

这是为所有心地善良者和

各家的父亲所做出的*仁慈之举*……**法规**。

我们如果能逐步从高位下行脚踏实地的话，……如果能逐步摆脱要务脚踏实地的话，就会

在食物中，

在衣服中，

在栖身处，

在医药中

和在娱乐中

找到高位和要务之本源了。

    特别是在娱乐中，因为我们所做的一切都是为了*感觉不到我们的生存*和*认不清我们是谁*。

    我们感觉不到我们有头，只有头痛时才感觉得到。

    我们看不到我们的贫困程度，只有我们亲身感受到贫困时才看得到。

在现行的经济制度下，大地产是支流，从支流分流出毛渠，通过毛渠润湿苗圃：革命中首先被打乱的是经济：君主制使一切的一切有赖于大地产主 == 他们是拥有土地的领主，是劳动者的主人。英国大地产主对自己的利益了解得比其他任何地方的大地产主都透 == 自己不穿也得让仆人穿好；更换屋里的陈设、餐具、马车、鞍具等；在所有的印刷品上签名；虽然不读书，但还都设有藏书室 ---- 所有寿衣得是一个品种；这是给予某家工厂的优待 ---- 本世纪1822年伦敦公共场所有一大型广告宣称：

"新发明的铁棺，专供

贵族、绅士。"

沿街散发的小广告和街墙上张贴的广告中有这么一份：上印王室盾徽和下述文字：

"某人，陛下的屠夫。"

有个老鞋匠在自家门上大字书写下述文字，

"某某公司，

国王卫队的制鞋匠。"

我们假借共和制之名行君主制之实；既然如此，我们就得保护大地产主的产业，以使他们保护小地产主的产业；因此，我们的首都将会没有那么多的赌徒、骗子、小偷、扒手和弄虚作假者。

341

ARBITRIO

Los Arbitrios deben tomarse sobre el empleo de las fuerzas, no sobre el valor de las cosas, porque las cosas no valen sino por las fuerzas que se emplean en ellas, para hacerlas producir.

El Comercio es de 3 especies

Con las 1^{ras} producciones = las que da la naturaleza
Con las 2^{das} • = las que dan las artes
Con las 3^{ras} • = las que da el tráfico

El producto de la tierra es seguro, constante, y aumenta en razón del trabajo

El producto de un taller es un interés de fuerzas —constante si se aplican siempre, y progresivo si se aumentan

El producto de una casa es un interés de capital, que sólo por casualidades aumenta: su naturaleza es disminuir

El producto del tráfico es eventual

Los Riesgos están sujetos a cálculo, y aun en los de fuerza mayor, entra la previsión

El producto de la tierra es la mejor hipoteca:
Los animales de consumo le pertenecen

Los animales de servicio y los talleres están en 2do lugar

Las Casas están en el 3ro
El tráfico está en el 4ro
El arbitrio que se propone, se toma sobre el valor de la Industria, en tierras cultivadas o cultivables con pocos gastos.

EJEMPLO

Una persona tiene tierras cultivadas
Le falta con qué fomentar su industria
Está adeudada
Pide espera a sus acreedores
Hipoteca sus tierras
Toma dinero prestado, pagando interés, y trabaja
Entrega los productos de su industria al prestamista, para que los venda, prefiriéndolo por el *tanto* que otro ofrezca
Recibe una parte del valor, para su subsistencia, y para seguir alimentando su industria.
Deja el Resto del dinero, en poder del prestamista por espacio de un año, para que haga uso de él, en beneficio propio, y le concede a más ½ p% de depósito
Cumplido el año, el prestamista distribuye el dinero depositado, entre los acreedores del hacendado, a prorrata de sus créditos

342

措　施

应该采取措施应用动力而不是借助事物的价值，因为不应用动力使事物增值则无价值可言。

贸易有三类

第一类产品 == 大自然提供的产品；

第二类产品 == 人工生产的产品；

第三类产品 == 买卖提供的产品。

土地的收益牢靠、固定，因劳动而增加；

工场的收益是动力生产的利润——如果应用的动力不变，则收益固定不变；而如果增加动力，收益则递增。

房产的收益是种资本利润，只是偶尔会增值：房产的状况会恶化；

买卖的收益是不固定的。

风险取决于对市场的预测，甚至较大动力的应用风险亦需进行预测。

土地的收益最牢靠：

肉畜亦于此列。

役畜和工场处于第二位，

房产为第三位，

买卖为第四位。

花很少费用买卖耕地抑或可耕地时，根据工业的价值采用所提出的措施。

343

例子

某人有耕地；

他缺资金发展工业；

他负债；

他请求债权人延期还债；

他抵押地产；

他接收贷款，支付利息；他从事劳动，

将自己的工业产品交给债主出售，债主享有优先收购权；

他收取部分出售所得维持生活、继续自己的工业生产活动；

他将剩下的钱交给债主，为期一年，由债主支配谋利；存款利息的 50% 以

　　上留给债主；

Sigue de este modo, hasta haber pagado sus deudas, y después, hasta haber amortizado el empréstito

---

Establézcase sobre este modelo un Banco,
que se titule

BANCO INDUSTRIAL DE DEPOSITO Y DESCUENTO

Júntense los Hacendados, que necesiten socorros para fomentar su Industria

Junten a sus acreedores, y obtengan de ellos espera, ofreciéndoles un interés anual

Hipotequen sus haciendas

Levanten, sobre ellas un Empréstito, entre los capitalistas del país, ofreciéndoles el mayor premio corriente en el comercio.

Los Hacendados y sus acreedores como propietarios, y los Prestamistas como acreedores, harán la Compañía del Banco— del cual serán administradores los que la Compañía nombre, por Semestres a turno, sacando el número a suerte.

Las fincas entrarán en el fondo, por la 3ʳᵃ parte de su valor, y la suma que resulte será el máximum del empréstito que se haga sobre ellas.

Los Préstamos, que el Banco haga a los Hacendados, no pasarán, por una sola vez, de la 3ʳᵃ parte del valor hipotecado —que siendo éste la 3ʳᵃ parte del valor real de la finca, vendrá a ser, su novena parte.

344

El hacendado entregará los productos de su hacienda, al Banco, para que los venda, prefiriendo, a los Prestamistas, por el tanto que otro ofrezca— y los Prestamistas concurrirán a la compra, a prorrata* de los capitales que tengan en el Banco.

El Hacendado será el agente de la venta, para obtener el mejor precio.

El Hacendado recibirá íntegro el valor de los frutos del primer año, descontándosele, por el préstamo que se le ha hecho, el mismo interés que se paga a los capitalistas, y a más medio por ciento a beneficio del Banco.

Al año siguiente, el Hacendado cubrirá, si puede, la suma que se le suplió, con los intereses, y recibirá el resto.

Al 3ᶜʳ año deberá dejar una cantidad de dinero (en que se convendrá) para distribuirla entre sus acreedores, a prorrata de sus créditos —siempre pagando al Banco el medio por ciento &c. &c.

De algo servirán estas indicaciones, aunque no sea más que de estímulo a otros, para que piensen en proponer medios de animar la industria; pero deberán tener presente—

1ᵗᵒ Que los Productores se han de consultar para no producir más de lo que se consume.

2ᵈᵒ Que los Secretos, y la Libertad mal entendida de hacer cada uno lo que quiere, en su taller o en su campo, dan, a la casualidad, lo que

---

* Aparece *prorata* en el original (Nota del Editor).

一年到期，债主将存款按所欠债款的比例分发给农场主的债权人。

他继续采用这一方法还债，直至还清债务和贷款。

根据这一模式建立一家银行，
定名
工业储蓄贴现银行

需要救急款发展其工业的农场主们联起手来；

他们跟其债权人联手，债权人应允他们延期还债，提取年利；

他们靠田产从本国资本家处获得贷款，给予资本家最大限度的贸易优惠。

农场主及其债权人是业主，贷款人是债权人；他们联手共建银行公司——经理人员出自公司，由公司任命，每半年一轮换，抽签定人头。

田产可以其价值的三分之一作为基金入股，并据此可获得最高额度的贷款。

银行给农场主的贷款不是一次付清，只先付九分之一。

农场主将其生产的农产品交给银行出售，优先照顾债主，——债权人将按所拥有的银行资本份额共同购买。

农场主担任销售代理人，争取最高价出手；

农场主留取第一年农产品出售的全部款项；

扣除付给资本家的贷款利息，其中 50% 以上给银行。

第二年，如果可能的话，农场主连本带利还债，提取其余贷款。

第三年，应该（经协商）留出一定数额的钱款按贷款比例分别支付给各债权人——每次都得付给银行 50%，等等，等等。

这件事很有意义，对其他人是种激励，促使他们思考振兴工业的方法；但他们应该记住——

第一点，生产者们必须商定：要产、销平衡。

第二点，秘诀和在自己的工场里抑或农田上想干什么就干什么这种被误解的自由，偶尔会取得应该是得自预测的结果——预测使受过教育

debería esperarse del cálculo —hacen del agricultor instruido un optimista, y del ignorante un agorero: el 1ro atribuye sus pérdidas a las circunstancias, y el 2do a lo que le dicen, o a lo que se le antoja decir. En la producción superflua está toda su desgracia.

JUSTICIA

La Ignorancia produce las disputas, y la malicia las eterniza: por ignorancia creen algunos que la malicia prueba talento, y por inadvertencia descubren su error, cuando dicen que *la Ignorancia es Suspicaz,* y que *todo tonto es malicioso.*

La misma diferencia que hay entre *legitimidad* y *legalidad*, hay entre *malicia* y *maldad:* el fondo de las 2 primeras es la LEY, y el de las 2 segundas es el MAL = el origen del mal, que hacemos y nos hacemos, es la IGNORANCIA

Los Abogados defensores atormentan el sentido de las leyes, por salvar a sus clientes, y los Jueces sentencian contra su sentir, porque las leyes son artículos de fe.

No hay cosa que padezca más, en el mundo, que la razón; todos la imploran, y por una vez que la consultan, la violentan mil: la llaman, la hacen hablar, y la despiden tratándola, unas veces de *loca*, porque TODOS dicen lo contrario, y otras de *atrevida*, porque tal Personaje o tal Autor es de distinto parecer.

Las 5 necesidades están, como 5 fuentes, manando centenares de pleitos al día, = en el mercado, en la cocina, en la despensa, en la mesa, por la comida —en el campo, por las cosechas— en las calles con las lecheras, y con sus aparceros los aguadores— con tenderos, sastres y costureras, y con sus procuradoras las lavanderas, por el vestido —Con los amos de casa, con los vecinos y con la policía, por el alojamiento— con los médicos por Visitas, con los boticarios por cuentas de recetas, en las enfermedades —y por distraerse... con cuanto hay, porque todo puede ser objeto de diversión = tantas camorras puede haber en los bailes de Corte, como en las Cáravas.

Unos pleitos se deciden en casa, otros ante el Alcalde de Barrio, otros ante el de Cuartel, ante el de Ciudad, ante el de Distrito o de Provincia, y últimamente ante el de Reino, según el peso de la demanda, y el de los litigantes.

También los Tribunales se han colonizado = las *Audiencias* se han vuelto CORTES, y los *Oidores* VOCALES: las *Sentencias* se CASAN, porque *anular,* es viejo, y el tribunal es de CASACION, no de revista. En breve los muchachos *casarán* vasos en lugar de *quebrarlos*, o los *brecarán* si están aprendiendo Inglés.

No hay 2 cosas que se parezcan más que la Carnicería y el Tribunal: en la 1ra se matan animales gordos, y en el 2do litigantes de *buenas carnes*: el cuchillo en el matadero, y el papel sellado, en el juzgado, son instrumentos de degüello, para desangrar = y así como el pobre animal

的农民成为乐观主义者，而使愚昧无知者成为相信预兆的人：第一点将亏损归因于机遇，而第二点则将亏损归因于预测（或曰随嘴乱说）。祸害尽藏生产过剩中。

司 法

愚昧无知导致争斗，而奸诈则使争斗没完没了：一些人由于愚昧无知，认为奸诈表明才智过人；一些人由于疏忽大意而出错，说*"愚昧无知者多疑"*和*"所有的笨蛋都狡猾奸诈"*时，完全是由于漫不经心而说错了话。

"合法"和*"墨守法规"*之间与*"奸诈"*和*"卑劣"*之间有着同样的区别："合法"和"奸诈"问题涉及到**法律**，而*"墨守法规"*和"卑劣"问题的实质是**邪恶** == 我们的恶行源自**愚昧无知**。

辩护律师为了保全其当事人，要死抠法律条文的含义；而法官则裁定否决他的观点，因为法律是信条。

世上最受折磨的是理性；人人都恳求理性，但求教其一次都要蹂躏其千百次：呼唤理性，让理性说话，但有时又当其为*废话*而摒弃之，因为**所有人**讲的话都与之相反；有时则当其为*无理之言*，因为某位名人抑或某位作家不以为然。

347

五大必需品犹如五口泉眼，每天都要冒出无数的诉讼、争吵，== 在市场上、厨房间、食品贮藏室、餐桌上，因食物引起的诉讼——在农村，因收割庄稼引起的诉讼——在街上跟卖牛奶的妇女争吵；卖水的人跟同伙争吵——因为服装问题跟店员、裁缝抑或女裁缝争吵；洗衣女工跟主管争吵——生病时因处方药品价格问题跟药剂师争吵——而娱乐时……争吵频发，因为任何东西都可用来娱乐 == 宫廷舞会和农民游艺集会上一样都会有无数的争吵。

根据诉讼的重要性和诉讼人的地位，有些诉讼在家就解决了；有些要街长解决；有些要区长解决；有些要市长解决；有些要地区长官解决；有些要省长解决；有些则要国王解决。

法庭也是移植过来的 == *殖民时期*的法庭现在变成了**美洲法庭**；现在的法官：**撤回**判决，因为"废除"是老说法；现在的法庭**撤回**，不复审。仆人很快学会了用英语讲*"打坏了杯子"*。

没有两样东西比"屠宰场"和"法庭"这两者更相像的了：屠宰场里宰杀肥牛，而法庭上有*肥胖的诉讼人*：屠宰场的屠刀和法庭上带有水印的纸是屠宰、使被宰杀对象大出血的工具 == 可怜的牛儿感到屠刀架在脖子上时

brama, al sentir el hierro en el cuello, así el pobre litigante cruje los dientes, al ver que le cobran, por una hoja de papel, el valor de una, de dos o de tres resmas; el pobre buey, feliz en su desgracia, acaba sus días en pocos instantes = el pobre litigante pasa su vida muriendo— a veces encarga a sus hijos que lo acaben de despenar, y mueren ellos en la encomienda: hay Carniceros sensibles, que vuelven la cara, por no ver padecer a su víctima, los ministros de Justicia abren tantos ojos, para que no se les escape: los Carniceros se quejan de los malos pastos, y los Escribanos de la paz de las familias:

más vale una mala composición que un buen pleito,
es el descrédito de la administración de justicia =
y se dice con tanta serenidad, como Sancho Panza decía
allá van leyes donde quieren reyes
sin pensar en lo que decía.

ARBITRIO

Empiécense a atajar estos males en las puertas del Banco. Mande el Congreso... o el Presidente... ya que la Constitución lo hace *medio* Legislador, o ya que él se hace Legislador *entero*, para llenar los bancos de un Código, que nunca se acaba, porque no se empieza... mande que los contratos se hagan ante un Juez especial, semejante al *Juez del estudio* en la Universidad, y en papel *común*; aunque se perjudique un poco el comercio del *sellado* —y que se juzguen las demandas *verbalmente*; aunque se perjudique un poco el *ramo de autos*— y sin apelación a otro juez, que al texto del contrato; aunque se perjudique un poco el ramo de *testimonios de verdad.* Hágase más: permítase, a quien quiera aprovechar de la ocasion, hacer sus contratos ante este Juez, y ventilar sus derechos, *con la boca*, puesto que su contendor no es sordo ni está ausente; aunque se quebrante un poco la costumbre de pagar Relatores, para reducir a 4 renglones los 4 o 5 mil de un escrito de bien probado. Así, los negocios seguirán su curso, la gente tendrá tiempo para buscar su vida, y los jueces irán a dormir, a la larga, en sus camas, en lugar de estar cabeceándose en las sillas del Tribunal, y tener que esperar a que se les pase el calambre para levantarse.

Los que gusten de estar *pareciendo y diciendo*, por años enteros, sin que los *vean* ni los *oigan,* pidiendo términos y prórrogas, jugando a la pelota con los autos en traslados, acusándose rebeldías, interponiendo recursos, impartiendo auxilios, recusando jueces, tachando testigos, jurando no proceder de *malicia*, absolviendo posiciones, etc., etc., que al cabo, y, según se tome, es suplicio o pasatiempo —los que gusten de ello (repítese), tienen carta blanca y puerta abierta para condenarse, fastidiarse o divertirse a su modo.

大声哞哞叫；可怜的诉讼人在看到就凭一张纸要他大出血时牙齿咬得咯吱咯吱响；可怜的牛儿遭殃犹幸运，一会儿就结束了生命 == 可怜的诉讼人虽生犹死——他有时让子女们结束他的生命，让他们老死在土著居民村落；有些心地善良的屠夫动力时会转过脸不忍心看着牛儿受罪；而法官大人则睁大双眼紧盯诉讼人；屠夫们对饲料太差表示不满；而法庭书记们则埋怨家庭和睦；

> "一种不理想的妥协要比理想的诉讼强、"
> 是对司法机关的不信任 ==
> 说这话时冷静沉着，犹如桑乔·潘萨
> 不假思索地说：
> "国王的意愿就是法律"。

————————

措　施

这些弊端很快即见诸银行。议会……抑或总统……控制一切，因为宪法赋予了他立法权，或者说他成了全权立法者，要制定一部完整的法典；这项任务永远也完不成，因为尚未开始。……他下令由一专门法官起草合同；这可能会对正在进行的贸易有所不利——因为规定口头判定需求；这可能会对审讯部门有所伤害——因为规定不向其他法官上诉，而引用合同条文；这可能会对提供证据的部门有所不利。再者，允许任何人随时让这位法官起草合同：口头申诉自己的权利，因为对方不是聋子，且人也在场；即使为了将大量证明文字精简成几句话而对文书的收入有所影响，也无所谓。结果是商业活动照常进行；人们有了时间谋生；而法官则得以直挺挺躺在床上睡大觉，不用再靠在法庭的座椅上打瞌睡，不用再等腿抽筋的劲儿过后才能站起来了。

那些总喜欢在法庭上滔滔不绝说个不停的人，目不他顾，充耳不闻，要求延长时间；审讯时东拉西扯踢皮球；不出席审判；提起上诉；要求救助；反驳法官，指责证人，发誓没有干过坏事，坚称自己无罪，等等，等等；最后是自讨没趣，自寻烦恼抑或只是自娱自乐——那些钟情于此道者十分随兴，自找烦恼，令人生厌，抑或只是按自己的方式消遣娱乐。

ENSEÑANZA.

Enseñar _____ es hacer COMPRENDER

es emplear el *entendimiento,* no hacer trabajar la *memoria*

Llamar el resultado
de las sensaciones = *percepciones*
               las percepciones = *impresiones*
                      y las impresiones = *concepciones*
             = son Ideas felices.

Sensaciones de oído no pueden suplir sensaciones de ojo, ni de otro sentido, y mucho menos producir sus concepciones. Los Sonidos [supongamos] que para el Maestro son Palabras, porque significan, para el Discípulo no pasan de simples sonidos—y si sobre signos, sin significados, se le dan, por significados, otros signos ¿cómo le quedará la cabeza? Los maestros que hacen esto, porque así lo hicieron con ellos, no pecan, porque son inocentes —y los que saben lo que hacen, están absueltos de culpa y pena, por la obligación de conservarse, que, como se dijo hablando del Pan, *convierte los crímenes en actos de virtud.*

350

Ni los Padres ni los Maestros pueden prever lo que los niños serán, y mucho menos el uso que harán de lo que ahora *les enseñan a decir*: pero lo que podrían asegurar ya es que, cuando grandes, han de creer que *saben lo que dicen.*

La Superficialidad se hará moda en la Juventud... costumbre en la virilidad... y ley en la vejez —las palabras en las frases, y las proposiciones en los discursos, se les saldrán de la boca, como se les sale el 49 después de 7 veces 7 —y si se les porque es 49 y no 80, dirán que *porque así es*, que hay verdades que no necesitan demostrarse, y que las SUTILEZAS están desterradas de la buena lógica, y—y... he ahí las *sutilezas* y la *buena lógica* en la palestra, a defender al 49 que pide socorro.

Los niños de hoy serán mañana los subalternos y los oficiales, en los Ejércitos y en las Oficinas, los Regidores, los Diputados, los Jueces, los Ministros, los Plenipotenciarios, los GENERALES! y los PRESIDENTES!! —y si entran a ocupar los puestos, creyendo que la *razón* es PURISMO, Y que cada uno es *dueño de su opinión... adiós República!...* y si ya no existe... *adiós Reino!* porque éstos son los que disponen y ayudan a disponer del país, como de cosa propia.

Cuántos males no puede hacer un Jefe, que cree saber lo que no ha aprendido! ¡que reprende al que le hace observaciones! ¡que lo hace peor por hacer ver que sabe! y lo que es más ¡que hace alarde de su ignorancia, y llama SABIO, por irrisión, al que acompaña su dictamen con razones!

教　育

教育 —————— 是使人**明白事理**，

是开发人的*智力*，不是增强人的*记忆力*；

导致感觉的产生 == *感知*
　　　　　感知 == *感想*
　　　　　　　而感想 == *思想*
　　　　　== 是妥切的想法。

听觉不能代替视觉，也不能代替别的什么感觉，更不能产生什么思想。[我们认为，] 对教师说来，声音就是语言，因为有含义；对学生而言，接受的不是单纯的声音——如果写给学生的一些符号没有含义而另外一些符号又有含义，学生的智力能辨得清吗？老师们这么做，也不能怪他们，因为他们也是这么受的教育；他们是无辜的——那些知道其所作所为的人不应受追责和惩罚，因为他们必须这么做；这就像上文论及粮食时所说"*使犯罪行为成了善举*"。

351

父母和老师都难以预知孩子们将来会是什么样子，更难以预知他们将来会如何使用*现在教给他们的*知识；但可以肯定的是，他们长大后一定是"*知其所学*"。

浅薄是年青人的通病……中年人的习惯……老年人的铁律——出口成章，张口即来，就犹如说那"七七四十九" 一样——如果问他为什么是49而不是80的话，他会说"*因为就是这样*"。有些真理是不用证明的；严密的逻辑也缺乏"**精确性**"。——而……"*精确性*"和"*严密的逻辑*"却竟相捍卫这求救的"49"。

今天的孩子们明天就会成为军队中的下级军官和办公室里的工作人员，就会成为市政会议成员、议员、法官、部长、特命全权大使、**将军**、**总统**！——一旦拥有职位，就会认为理性是纯理论的东西，就都成了"*我说了算*"的主……*共和国，再见*！……如果共和国不存在了，……*就再见吧，王国*！因为共和国和王国都是他们安排建立的，都是他们用来控制国家的，就像控制自家东西那样来控制国家的。

一个自以为什么都懂、责骂向他提意见的人、加倍责骂说他知错犯错的人、大肆炫耀自己的愚昧无知、嘲弄般地称使他的意见具有理性色彩的

Abran los Padres de familia los ojos
para leer, y después para ver
si es cierto o no, que...
hoy no son pudientes los que TIENEN
sino los que SABEN más—
que el RESPETO se debe a los conocimientos, y
el MIEDO   • •   al poder—
y para probárselo reflexionen sobre un acontecimiento de nuestros días.

Si la Francia hubiera estado ocupada por los Gaulos de otro tiempo, en número diez veces mayor que el de los Aliados del norte, éstos... se la habrían repartido, por trozos, y *París*... la gran ciudad de PARIS! sería hoy capital de Provincia. Pero... respetaron el SABER, se contentaron con haber destronado a Napoleón y con los gastos de la guerra.

ARBITRIO.

Establezca el Gobierno una Escuela, en que

se enseñe $\left\{\begin{array}{l}\text{la Lógica}\\\text{el Idioma}\\\text{y el Cálculo}\end{array}\right\}$ por principios:

y como los principios están en las COSAS, con Cosas se enseñará a *Pensar*— Se nombrarán Cosas y Movimientos que se vean, oigan, huelan, gusten y toquen, haciéndolos mirar, escuchar, olfatear, saborear y palpar—Se hará conocer lo que es *Voz* y *Boca*, cómo se forma la una, y cómo se emplean las partes de la otra para pronunciar—Se harán consistir las Letras en el movimiento de la mano, no en apretones y cabellos—Se hará entender que se habla para el oído, y se escribe para el ojo, que se han de poder leer las firmas y los números, que no ha de haber *oes* con ombligo, *cees* con cresta, *erres** con orejas de perro, ni *palos* que el lector tome por *eles* o por *tees*, por *efes* o por *pees*, como le parezca, que en las cantidades no ha de haber *ochos* con cuernos, *ceros* con tripas, ni *treses* sin pescuezo, y que no llamen todo eso la *Inglesa*, porque el Parlamento no ha mandado que se destruya el alfabeto que usa toda la Europa y toda la América, sin contar las demás partes del mundo.

Se enseñará a ver el número en las cosas, y éstas se harán conocer por su color, figura, forma, extensión y propiedades.

Leer no será estropear palabras por ganar tiempo, sino dar sentido a los conceptos: por consiguiente, el que no entienda lo que está escrito, no debe leerlo.

Los maestros serán Españoles, que hablen bien, porque en América no hay región ni lugar a donde ir a aprender el Castellano. Si la lengua se hace INSURGENTE, no hay que esperar de la España reconocimiento de

---

* Aparece *eres* en el original (Nota del editor).

人为哲人的首脑会干出多少坏事啊！

　　　　　　　各家的父母睁开眼吧！

　　　　　　　读读书，而后再看一看

　　　　　　　是不是：……

　　　　　　　当今有钱有势者不是拥有财富者，

　　　　　　　而是知识丰富者——

　　　　　　　应该**尊重**知识；

　　　　　　　应该**担心**权势。——

欲验证此说，请考虑一下我们这个时代所发生的重大事件吧：

　　如果法国是被早先的高卢人——其人数比北方联盟的人数多十好几倍——占领的话，他们会将法国瓜分成无数块，而**巴黎**……伟大的城市**巴黎**如今就只能是座省城了。但北方联盟尊重**知识**，协商一致废黜拿破仑、分担所花军费。

措　施

　　　　　　　政府创建一所学校，

　　教授　　{ 逻辑学　语言　和数学 }　　原理：

353

而由于原理存在事物中，因此习惯于根据事物进行*思考*——为所见到的、听到的、闻到的、尝到的和触摸到的事物和运动定名，对这些事物和运动进行观看、倾听、闻嗅、品尝和触摸——将会知道何谓*声音*、何谓*嘴巴*；将会知道正口型、如何发音说话——将用手（而非拳头或头发）的运动拼写字母——将会明白：说话是给人听的、写字是给人看的，以使人们读懂函件和数字；不能将“o”写成大肚皮似的、将“c”携程大鸡冠似的、将“r”写成狗耳朵似的，读者不能将“palos”中的字母“l”看成“t”、“f”或“p”；不能将数字“8”写得像牛角、将“0”写得像大肚子、将“3”写得没“脖子”；不能称这一切都是英文，因为议会没有下令停止使用整个欧洲和整个美洲（不算世界其他大洲）正在使用的字母和数字。

　　教人认清事物的数目；将根据颜色、外观、形状、大小和特性辨别事物。阅读不是拆字游戏，浪费时间，而是理解其含义；因此，不懂所写文字的含义，就不要阅读。

　　教师应该是西班牙语说得好的西班牙人，因为美洲没有地方去学西班牙语。如果语言也**哗变**的话，不可能指望西班牙会承认美洲的独立；即使

Independencia; aunque se lo *suplicara,* de rodillas la Francia o se lo *mandara* la Inglaterra. *Que busquen madre que los envuelva* [dirá la Academia], y no habrá sino los Bolivianos que se entiendan con sus Padres en Quichua, y—y—y— gracias a los conquistadores que dejaron unos pocos, para trabajar las minas, con encargo de ir castellanizándolos; pero Dios los ha castigado como castigó a los Babelinos.

Los Congresos han declarado que para el año de *tantos,* no será ciudadano el que no sepa leer y escribir = Declare el Gobierno... entrando en el espíritu de la ley... que para el año de *tantos,* no obtendrá empleo público, el que no presente certificado de haber sido examinado y APROBADO *en Lógica,* en su *idioma* y en *matemáticas* hasta tal grado. Los Congresos creyeron, que el que sabe leer busca libros, y que el que sabe escribir nota lo que le interesa.

El buen deseo califica la intención, y ésta disculpa el error —sería inútil detenerse a probarlo. ¿Qué leerá el que no tiene ideas? Excepto unos pocos Romances, que tratan de amores, cavernas y espantos, no hay lectura que se emprenda, sin ideas de la materia. Creer lo contrario, es pensar como aquel pobre campesino, que compraba *anteojos para saber leer,* porque veía ponerse *anteojos para leer.*

La parte económica del arbitrio, no es de este lugar. Pasemos a la 4ta atención del Final que es la

354

MODERACION

y es lo más difícil que se propone.

Sólo los Geómetras y los Tontos no hablan por figuras (decía Rousseau, y decía bien).

Nada se concibe sin comparar; pero el que no tiene retentiva, ni en los objetos presentes ve semejanzas; aunque le estén saltando a los ojos.

La pluma y la regla son *largas*;

y no cabe comparación entre ellas, porque la una no es la otra; no obstante, mide la pluma o la regla con la vara, y dice que tiene una *cuarta*: se lo hacen ver, y dice que las comparaciones y los SIMILES nunca son *exactos*: le preguntan de dónde saca los *símiles,* y responde, que no gusta de *sutilezas* = le preguntan cómo ve *sutilezas* en los argumentos, y vuelve las espaldas: y es que las *comparaciones,* la *exactitud*, los *símiles* y las *sutilezas* se le salen de la boca, como el 49 después del 7 veces 7.

LA SENSIBILIDAD MENTAL

se prueba por la facilidad de comparar

法国哀求抑或英国下令也不行。［西班牙王家语言研究院会说：］"要追根溯源"；而只有玻利维亚人能用克丘亚语跟他们的父母对话；——征服者们留下一些人经营矿业，并让他们向玻利维亚人推广西班牙语；但上帝就像惩戒巴别人那样惩戒了他们。

议会宣布：截至某年，将没有一个公民不会读、不会写 == 政府宣布……根据法律精神，……截至某年，没有通过修辞学、语言和数学测试证明的人将不能被录用担任公职。议会认为，会阅读者寻求书籍，而会写的人则记下他们感兴趣的东西。

美好的愿望表明意向，而意向又为过失辩解——不必花工夫去求证。没有思想的人能读点什么？除了一些描写爱情、洞穴和幽灵的骑士小说外，对问题一无所知，还有什么书可读呢。否定这一看法，就会像那位可怜的农民想的那样：买副眼镜戴上就会阅读了，因为他看到过戴眼镜读书的景象。

这儿不谈措施的经济部分。我们接下来谈"尾声"中的第四个问题，即

调和妥协

说起来容易，做起来难。

只有那些几何学者和蠢材不谈数字（卢梭这样说；说得好）。

没有比较，什么也不明白；但如果没有记忆力，即使映入眼帘的一些事物近在眼前也看不出其有什么相似处。

鹅毛笔和尺子都是长的；

而两者之间没有可比性，因为鹅毛笔不是尺子，尺子不是鹅毛笔；但有人用巴拉尺量度了鹅毛笔和尺子，说长度为 *1/4* 巴拉：展示这一结果后他说比较和**比喻**永远也不会*确切*：人们问他比喻源自何处；他回答说他不喜欢精确性 == 人们问他如何看论争的*精确性*时，他不予理采：但*比较*、*确切性*、*比喻*和*精确性*这些词语就像"七七四十九"那样是常挂嘴边的。

大脑的感觉力

促使人们进行比较。

La PREOCUPACION
deja poco lugar para alojar nuevos juicios
y la PREVENCION... ninguno.

El mismo Rousseau decía
que es preocupación el creerse despreocupado,
Y era porque conocía que tenía preocupaciones:
en esto era despreocupado.

—¿En qué estado se hallarán los que sostienen que la Revolución *debe seguir su curso?...* —¿entendiendo que el *curso es* seguir *insultándose, desterrándose y matándose,* por opiniones? —¿cuando éstas no tienen otro fundamento, que el modo de proceder en la misma empresa?

Comparemos el estado de la Cuestión Política, en América, a un JUEGO, porque no es otra cosa que un JUEGO. *Jugar* es apostar a *quien gana.* ¿—Si porque el contrario me lleva una parada, *lo mato* ¿con quién sigo jugando?... ¿—y si cuando yo gané me hubieran matado... jugaría hoy? —El que no vea que la contienda actual es UN JUEGO, no tiene ojos intelectuales.

¿Qué tiene que ver la Revolución con el JUEGO?
(preguntarán algunos)
Tiene tanto ¡que la enumeración sería larga: y los que hagan la pregunta, no serán todos Geómetras ni Tontos, sino *Preocupados* o *Prevenidos.*
El poder deshacerse de UNA *Preocupación*
es prueba de *gran Sensibilidad.*

y, el poder despojarse de TODA *Preocupación*
es prueba de ser sensible en *sumo grado.*

Sensibilidad Intelectual
es facultad de Pensar.

Piensen los Americanos en su Revolución,
y recojan los materiales de sus Pensamientos

en suelo, producciones, industria, y riqueza—
en situaciones, comercio interior y exterior—
en razas, condiciones, costumbres y conocimientos—
en su GENIO—

先人之见，

很少容得下新意见；
而**偏见**……根本就容不下新意见。

卢梭还说，
先人之见者自认为可以随心所欲了；
这是因为自己有先见之明：
也就无所顾忌了。

那些认为革命*应该正常进行*的人将会处于一种什么样的状态呢？……像有人认为的那样，正常进行就是继续*漫骂、流放*和*杀戮*？　——如果这种认识没有其他根据的话，进行革命的方式依然如故？

我们将美洲的政治问题比做一场**赌博**，因为那只是一场**赌博**。这**赌博**是*赌谁胜*。——如果对手赢了，我就*杀了他*，接下来我还跟谁赌呢？……——而如果因为我赢了，对手就杀了我，……现在我还会在赌吗？——不视当下的争斗为一场**赌博**的人，实乃不具慧眼也。

（有人会问：）
为什么要将革命视为**赌博**呢？
原因太多了，列数不完：而那些提出这一问题的人并非全是几何学者和蠢材，还有持先人之见者和持*偏见*者。

能够摆脱先人之见，
实乃大智慧之明证也。

而能够摆脱**所有**先人之见，
乃极大智慧之明证也。

独具慧眼，
方能进行思考。

美洲人思考他们的革命，
他们
从土地、产品、工业和财富——
从处境、内贸和外贸——
从种族、等级、习俗和知识——
从他们的**性情**——

357

en su deuda interior y exterior, y en sus rentas
y en ESTO verán
sus relaciones con la Europa, y las Pretensiones que deben temer—
sus deberes Paternos y Sociales—
su CONCIENCIA y su HONOR.

poco tiempo les quedará para DORMIR
y menos •   •   •   para PELEAR
los consejos les parecerán pocos
los discursos •   •   cortos
y las mayores precauciones •   •   descuidos.

Los Presidentes, sus Ministros y sus Consejeros,
deben tener este apunte sobre sus bufetes,
y en sus dormitorios, las Sociedades Americanas y la
Defensa de Bolívar,
para llamar el sueño

olviden que son obras de un americano,
o bórrenles el nombre y pónganles
John Krautcher, Denis Dubois o Pietro Pinini,
miembros de todas las Academias, etc. etc.

358

Si el apunte les parece recargado,
Si las Sociedades y la Defensa no tienen nada de nuevo,
Sigan destruyéndose y desacreditándose,
y cuando ya no sepan qué hacerse
llamen a un Rey,
dénle sus poderes y retírense a descansar—
con encargo de llamarlos CUANDO LOS NECESITE:
entretanto,
para asegurar mejor el éxito de la empresa,
los que Gobiernan déjense Gobernar—
sirvan de instrumentos de elevación y de venganza—
déjense sacar porciones de autoridad,
para hacer daños a su nombre,
y conseguirán... tal vez... que
a la llegada del Rey, no haya quien lo reciba

从他们的内债和外债以及岁入——
中汲取思想营养，
并**从中**明白了
他们跟欧洲的关系和他们得担心的野心——
他们应尽的家长责任和社会义务——
他们的**观念**和**荣誉**。

他们用来**睡眠**的时间将会很少，
而用来**争斗**的时间就会更少了。
他们得到的忠告会很少，
他们得到的论述将会很短，
他们原有的高度防范意识将会淡薄。

总统、大臣、顾问们
应该将这一提示放在写字台上，
就寝时要时刻想着美洲社会和
保卫玻利瓦尔。

如果他们认为这提示多余，
如果他们认为说什么社会、什么保卫都是老一套，
那他们就忘了一个美洲人应尽的责任，
就会删掉美洲人的名字，写上
外国研究院的成员：
约翰·克劳切尔、丹尼斯·杜布瓦、
皮埃特罗·皮尼尼、等等。
继续自暴自弃、自毁声誉。
如果不知道怎么办，
就求助于某位国王，
授予他权力，自己回家休息——
什么时候需要了就叫他们：
与此同时，
为了更好地确保公司的业绩，
当政者不再执政——
以示清高，以退为进——
不再领取政府薪金，
以防败坏自己的名声
很可能……导致……
国王驾到时，无人接驾。

————————

Pero...

puede ser... y... por qué no? que llegue a la silla un Presidente que no quiera ser *Anticristo**, o que dé con Ministros que no quieran que lo sea —y que, llevando a mal la conducta de sus Predecesores (sin acriminar sus intenciones, y perdonándoles sus yerros) se propongan atajar el *curso de la Revolución* (que ha dado en CATARATA, y poco le falta para precipitarse en CASCADA)

Supongámoslos animados del espíritu que suscitó la Revolución, y que, resueltos a llevar a efecto la Idea, digan

No queremos que los pensamientos, los trabajos, los bienes y la vida de tantos hombres, se pierdan.

Queremos que haya RE PU BLI CA, a pesar de la *mofa* que hacen de ella, los que dan este nombre al DESORDEN: porque no saben todo lo que se ha pensado, para compendiar el *Bienestar social* en 4 sílabas.

REPUBLICA = *cosa pública*, no quiere decir que todos manden y ninguno obedezca—que se agolpe la gente a las plazas, a pedir *todos a todos*, a gritos, lo que ninguno ha prometido, y matarse sin saber por qué.

La idea de República, *en nuestros días,* es el resultado de muchas combinaciones—es la más simple expresión, a que *el estudio del hombre* ha reducido *todas* las Relaciones Sociales.

Las antiguas Repúblicas eran crías de Soldados, porque todos los derechos se deslindaban con las *armas*: ha llegado el tiempo de entenderse con *Palabras*.

El deseo de *enriquecerse* ha hecho todos los medios *legítimos*, y todos los procedimientos *legales*: no hay cálculo ni término en la Industria— el egoísmo es el espíritu de los negocios, y los negocios la causa de un desorden, que todos creen natural, y de que todos se quejan.

Para tratar del importante negocio del ORDEN, nos ponemos al frente de la nación, y para entendernos, llamamos a consejo a sus Próceres. Las Luces del Siglo no quieren que los Gobiernos se Gobiernen por sus Luces Solas.

Hemos recogido los datos de que se compone
el proyecto de ley que vamos a proponer:

pero antes de extenderlo

SUPLICAMOS A LOS PROCERES

---

* En el original aparece *Antecristo* (N. del Editor).

360

但是，……

可能成为……而……为什么不可能呢？总统当政后不愿成为*基督的死敌*，并任命不想他成为基督死敌的人当部长——对其前任们的行为甚为不满（但不指责他们别有用心，并原谅他们的过错），决定停止*革命进程*（那已经是**倾盆大雨**，很快即将**暴雨成灾**了）。

我们如果激励他们继续革命进程、坚定地实现理想，他们会说：

我们不想让这么多人失去理想、劳动、财产乃至生命。

我们要建立**共和国**；然而有人嘲笑它，给它起了个名字叫"**动乱**"：因为这些人只知道共和国里仅讲*社会福利*。

共和 == *公共事务*；但并不是说人人都下令，而无人听从——不是说人们齐聚广场，大声嚷嚷，相互提要求，谁也不做出承诺；相互残杀，却不知为何。

当今的共和理想是众多因素导致的结果——是*人类知识*以此归纳了*所有社会关系*的最简洁的表述。

古代共和国是士兵创建的，因为所有的权利是*用武器*界定的；现在该*用语言说话*了。

致富的愿望嬗变成了*合法的手段、法定的程序*；而工业发展没有规划、没有目标——唯利是图是商业活动的灵魂，而商业活动又是动乱的成因：所有人都认为这很正常，但又都抱怨不已。

为了**有秩序地**从事重要的贸易活动，我们站在国家的前列；为了对自己有所了解，我们征求著名人士的意见。启蒙思想不愿政府仅仅为了思想而施政。

我们已为将要制定的
法律草案收集了相关资料！

但在开始起草前，
我们要请求著名人士

que hagan, con nosotros, la siguiente reflexión
IMPORTANTISIMA!
en el asunto más *sencillo*, como en el más *complicado*,
a la cual se deben los *aciertos*,
y sin la cual todo se *yerra*,
esta reflexión es que
La atención es UNA e INDIVISIBLE
(*en la conformación de nuestros sentidos está la causa*)
(cada uno tiene su centro)
A esta innegable verdad debe atenderse, para hacer la reflexión que pedimos.

Tengan PACIENCIA, los que creen que el *saber* no consiste en *Pequeñeces*— los que llaman MINUCIAS los Principios, y NIMIEDAD su Exposición— los que, por creer esto, juzgan de la Densidad por el volumen y de la Solidez por el bulto —y permitan que

Los que gustan de *minucias y nimiedades* vean si el que da lecciones sabe enseñar —si el que habla como inteligente en Edificios es Arquitecto, maestro de Obras o simple Sobrestante.

1.er PRINCIPIO

No hay objeto aislado: el más independiente, al parecer, tiene Relaciones—En los esfuerzos que hacemos para aislarlo, está el trabajo de ABSTRAER. En no perder contigüidades ni adyacencias, consiste la capacidad del sentido = esto es lo que, en los juicios, llamamos DISCRECION.

2.do PRINCIPIO

El movimiento más *Libre* tiene *Dependencias* =

la parte moviente,
el todo a que pertenece
el lugar, el tiempo, el modo
y los objetos presentes

} son circunstancias

Si en lo que enseñamos o queremos aprender
falta UNA SOLA relación o circunstancia,

enseñamos o aprendemos MAL—

跟我们一道

对最简单的问题和最复杂的问题

作一**极其重要**的思考！

有这思考就会*准确无误*，

没有这思考就会*一错到底*。

这一思考意味着

考虑具有**完整、不可分割性**。

（原因就在我们所具有的感觉中）

（人人都有自己的目标）。

要进行我们所请求做的思考，就得接受这一无可争辩的真理。

请那些认为*学问*不关注小事的人——那些说原理是**细枝末节**、说对原理的阐述是**微末之言**的人——那些因为有此认识而误认为密度是体积、误认为体积是厚度的人**耐心点**——并请允许

那些喜爱*细枝末节*和*微末之言*的人质疑一下教书的人是不是知道教育吧，，质疑一下讲起建筑来头头是道的人是不是建筑师、施工员抑或工头吧。

第一条原理

世界万物不是孤立存在的：看上去跟其他事物毫无关系的事物其实是有关系的 ———— 想方设法割断其一切联系是**徒劳的**。有连续性和邻接性才会有感觉能力 == 这就是我们理智地称之为的"**明智**"。

第二条原理

最最*自由*的运动也有*相依性* ==

运动的部分 所属的整体 运动的地点、时间、方式 和当前的目的	都是具体情节

我们如果所教的抑或想学的东西没有一种总体关系抑或具体情节，

就教不好抑或学不好——

y si observamos o hacemos observar UNA SOLA,
ni aprendemos ni enseñamos.

En el 1.er caso somos *malos* Maestros o *malos* Estudiantes,
En el 2.do no somos ni Estudiantes ni Maestros.

GOBIERNO!!

es una función compuesta de TODAS las Funciones Sociales
la más Complicada,
la más Delicada,   }   de que pueda encargarse un hombre.
la más Laboriosa
               no puede desempeñarla SOLO,
ni aquellos, a quienes confía una parte de sus cuidados, hallan, en los negocios, *uno,* que exija exclusivamente su atención.
     Su trabajo es *reducir,* porque todo se le ramifica.

Los Ministros Republicanos son { colaboradores, no apoderados, consultores no directores, } de los Presidentes

Los Ministros Reales { *no pueden* mudar Reyes / pero los dominan, *si pueden* }
La Importancia del Ministro está en razón de la nulidad de su Rey.

364

Pero

La duración, del Gobernante Republicano, es abreviable.
Un ministro, de Genio dominante, puede...
         interceptar las Luces que vengan a alumbrar el palacio, o apagarlas cuando las vea en él,
         para que el Gobernante ande *a tientas* y obre *a oscuras—* para mudarlo, cuando le convenga, y probar suerte en las mudanzas— en breves términos, puede hacer fácilmente, según las circunstancias, que se quede al que dé o venga el que prometa.

Sería hacer injuria a los Presidentes, el suponer que ignoran esto; pero
lo que seguramente no advierten es que
no son DISCIPULOS de los Reyes, sino MAESTROS
en el arte de *Gobernar hombres Libres*:
porque se han encargado de proteger y propagar
las LUCES que han de producir las VIRTUDES SOCIALES

我们如果只注意总体抑或只教学生注意整体，
就不是学习，也不是教学了。

第一种情况表明我们是坏教师抑或坏学生；
第二种情况表明我们不是学生，也不是教师。

政　府

承担着一种职能；这一职能包括**所有**一个人能承担的

最复杂
最棘手 }　　的社会职务。
最劳神

　　　　　　一个人承担不了这所有职务；
就是那些负责自己那部分工作的人也在工作中发现，不能只关注自己的
工作。

他们的工作量少了，那是因为事物都分成了若干部分。

　　　　　　　　　　　合作者，但
　　　　　　　　　　　没有代理权；
共和国的部长们是总统的 {　顾问，但
　　　　　　　　　　　不是指导者。

国王的大臣们 { *不能更换国王；*
　　　　　　　但如果可能的话，可以控制他。
大臣的权威生成于国王的无能。

365

　　　　　　　　　　但是，

共和国总统的在位时间是短暂的。
有过人才智的部长能够……

阻止启蒙思想传播到总统府，
抑或如果已经传播到总统府也能够加以消除，
以使总统*方向不明，两眼一抹黑*，不知所措——
以使他随便更换总统，从中渔利——他能够根据情况轻易地
很快让满足他条件的总统留任抑或答应他条件的人上任。

认为总统不知道这种事，也太小瞧他了；但是，
　　　　　没有注意到这种事的，
　　　不是国王的**门徒**，而是**传授**
　　*统治自己民众之术*的教师：
　　　因为他们肩负维护和传播
　　培育社会道德的**启蒙思想**。

Debe haber *Reyes* que deseen ser *Presidentes*,
Y ES RIDICULO
que los *Presidentes* quieran ser *Reyes*.
Los Reyes se han de reír de verse remedar
sin gracia y sin poder;
pero, los que son ilustrados, envidiosos de la suerte de los Presidentes, se vengan sugiriéndoles la idea de *Reinar*, ya que ellos no pueden hacer creer a los Pueblos, que quieren gobernarlos por hacerles bien.

Debe haber Reyes (gracias a las Luces del Siglo) que deseen enseñar el Arte de Gobernar sin Reyes—sin los Congresos que venden Pueblos a los Reyes—y sin los *Zarcillos* de unos y otros, que, no pudiendo ser Validos ni Diputados, se emplean en barrer las gradas del Trono, para comerciar con los favores que recogen en la Basura.

───────

Ciérrense estas reflexiones con una *Observación*, que debe preceder a los *Considerandos*, del Proyecto de Ley que se propone.

Obsérvese que...

los que ayudan a mandar, son AMIGOS *del que manda, porque participan de su condición y corren la misma suerte—los que favorece lo son, porque los manda menos*

No hay simpatía verdadera sino entre IGUALES. *Simpatizan* EN APARIENCIA, *los Súbditos con los Superiores, porque, el que obedece protege las ideas del que manda; pero la antipatía es el Sentimiento natural de la Inferioridad, que nunca es agradable.*

PROYECTO DE LEY

Sobre las 2 atenciones de futuro { Colonización y Educación Popular

COLONIZACION

Considerando

1.º que el género humano... como todo viviente... tiene un derecho, que recibe con la Existencia, para ocupar un lugar en el globo, y defenderlo, para conservarse, por los medios que su Instinto le dicta

应当会有愿意成为总统的国王；

而*总统想成为国王*，

委实荒唐。

国王们看到有人要仿效他们

成为无权、无影响的人，一定会笑掉大牙；

但是，既然总统们难以使民众相信他们进行统治是为其谋福祉的，一些受过教育、同情总统处境的人就建议他实行君主制统治。

（由于有了启蒙思想），应当会有国王愿意教授无国王统治术——无议会（将民众出卖给国王的议会）统治术——无脑满肠肥者（这些人由于成不了宠臣抑或代理人，遂动手撤除国王宝座，用从垃圾堆里拣到的小物件进行交易。）统治术。

————————

以一段*评说*结束上述思考。这段评说应该放在下文所述法律草案的"鉴于"前。

评说道……

那些帮着进行统治的人是统治者的朋友，因为他们跟他同甘共苦、共命运——他所偏爱的人是他的朋友，因为不用对他们做太多的指点。

没有真正的同情，都是同等的人。下级表面上跟上级相互同情、相互体谅、相互支持，因为听命者维护统治者的理想；但反感、不相容是下级固有的、令人不快的情感。

法律草案

关于未来的两件大事 { 移民

和

民众教育 }

移民

鉴于

1. 人类……跟所有的生物一样……享有一种与生俱来的权利：在地球上占有一处地方，并为了保住这处地方，本能地采取一切手段对之加以保护。

2.do que el hombre se distingue, de los demás animales, por 2 sentimientos...: uno de *Compasión*, porque conoce que los animales padecen como él—y otro de *Predilección* por sus Semejantes, porque conoce que, en su compañía, padece *menos* y goza *más*, que estando Solo, o en compañía de otros animales

3.ro que el hombre, en el trato con sus Semejantes, perfecciona sus sentimientos—reduce la *Compasión* y la *Predilección* a un solo sentimiento que llama HUMANIDAD— se lo hace obligatorio—llama la *unión* con sus Semejantes = SOCIEDAD,
los *actos de humanidad* = VIRTUDES SOCIALES,
los *puntos de reunión* = CIUDADES,
y de *Ciudad* deriva un *nombre*, que comprende todas las pruebas de Sociabilidad que un Pueblo da en su conducta = este nombre es CIVILIZACION

[*Permítanse* Exclamaciones *en los Considerandos*]

¡¿Qué lejos está esta *definición*, de la que cada uno da a la palabra CIVILIZADO, cuando la acomoda a las cualidades de que se cree adornado!?

368

Considerando, en 4.to lugar, que los Campos de América están, en gran parte, despoblados, y los pocos habitantes que tiene, apiñados, en desorden, alrededor de los templos, esperando de la Providencia lo que no les ha prometido, miserables en medio de la abundancia, y sin esperanzas de ocupar su *imaginaria* propiedad, en muchos siglos, por falta de dirección—que lo que hace horrorosa la Soledad, es la inhabilidad de hacerla habitable, para vivir en ella, y que la Industria es un compañero que infunde valor, al más apocado.

5.to que los Europeos con exceso de Industria, y los Americanos con exceso de Suelo, gimen bajo las necesidades de la vida, sin poder satisfacerlas, y que asociándose harían su felicidad y prepararían la de sus hijos

6.to que el peso de la familia hace que el pudiente descienda a la pobreza, y el pobre a la miseria, por falta de *orden* o de *Ideas*.

7.mo que las empresas de Colonización por Particulares, no pueden convenir a los Colonos ni al país, porque los especuladores no consultarán otros intereses que los suyos

2. 人在两种情感上有别于其他动物……一种是*同情*，因为人知道动物跟人一样受苦受难——而另外一种是对同类的*钟爱*，因为人知道有同类相伴，比独自一人抑或跟其他动物在一起时会苦难少、愉悦多。

3. 人在跟其同类交往中丰富自己的情感——使*同情*和*钟爱*归结为一种叫做**博爱**的单一情感——使其成为一种强制性的情感——称之为跟其同类的*协调一致* == **社会**。
   博爱行为 == **社会道德**。
   人群集聚的地方 == **城市**
   而从*城市*一词派生出一名词；这一名词体现了一个民族在其行为举止上表现出的社会性 == 这一名词就是**文明**。

   [*请允许我在此插句话：*]

   每个人都根据自己认定的事物所表现出的相关特性给"**文明的**"一词下*定义*；这些定义跟上述"文明"一词的含义相距甚远！

   鉴于

369

4. 美洲地区大部分荒无人烟；少数人分散在一些教堂周围定居，期盼着上帝并未许诺的恩惠，在富饶的环境下过着贫困的生活，若干世纪来由于无人指引未能获取一直*想要得到*的财富——荒山野岭很可怕，想开发住人又无能为力，而工业则是赋予最最胆小怕事者勇气的朋友。

5. 欧洲人有的是工业，美洲人有的是地方。双方都苦于缺乏生活必需品，无法满足要求；双方若联手则能过上幸福生活，并为后代造福。

6. 由于缺乏*秩序*和*理想*，家庭的沉重负担使有钱有势者沦为贫困户、使贫困者沦落至悲惨境地。

7. 私人移民公司 不会考虑移民和国家的要求，因为投机者们只关心自己的利益。

8.vo que si se da libre entrada a cuantos vengan a establecerse en el país, resultará un desorden mayor que el que ha causado la emigración, y a los emigrados un mal peor que el que los aflige = allá son miserables en la edad fuerte, acá lo serán en la vejez

9.no que los Americanos están divididos en 2 bandos: el uno pidiendo que se niegue la entrada a todo Extranjero, y el otro ofreciendo el país a todo el que quiera venir a ocuparlo

10.mo que sólo al Gobierno toca dirigir los establecimientos Industriales, que se hagan en el territorio, porque sólo él debe considerar las conveniencias económicas, civiles, morales y políticas de la Industria, y la condición de los territorios Productores

Considerando esto y lo más que pueda añadirse,
se propone la siguiente
LEY

artículo 1.ro Colonícese el país con sus propios habitantes, dividiéndose en 2 especies de Colonos = Adultos y Párvulos

370

art. 2.do Los Adultos (jóvenes, hombres y viejos) que la Sociedad, por su descuido, ha dejado caer en la miseria, serán considerados = los viejos como carga de la Sociedad = los hombres y los jóvenes serán Colonos. Se dará destino a los hombres que sepan trabajar, y los jóvenes que no quieran ser Colonos, serán destinados a la milicia

art. 3.ro Las Colonias de Adultos se establecerán en las fronteras de los Indios. Los límites serán respetados.

art. 4.to A los Colonos Adultos, se agregarán los Artesanos extranjeros, que quieran seguir la Condición de los nativos

art. 5.to Se asegurará la posesión de la Industria a los artesanos establecidos; no admitiendo otros que vengan a rivalizar con ellos. Si llega algún extranjero, con algo que adelante la industria establecida, se le comprará por cuenta de las Colonias; pero no se le permitirá establecerse en ellas, sino por consentimiento de la Dirección

art. 6.to Cada Provincia o Departamento establecerá su Colonia, con sus habitantes, a su costa, y la dirigirá entendiéndose con la Dirección General

art. 7.mo Las Colonias, ocuparán, en propiedad, las tierras baldías que el Estado les adjudique —y donde no haya baldías, se arrendarán a los propietarios que las tengan sobrantes. Las Colonias no adquirirán la propiedad, sino por contrato con el propietario

art. 8.vo Cada Colonia tendrá su milicia urbana, sostenida a sus expensas —guardará su frontera, y no será movida por el Gobierno

8. 如果移民来多少收多少，自由在国内落户，将会导致比曾引起人口外移的混乱更严重的混乱，将会使外移者的境况比困扰他们的境况更糟 == 在原籍受穷正值壮年，到新家受穷可就是暮年了

9. 美洲人分为两派：一派要求禁止所有外国人入境；另一派则主张敞开国门让所有愿意来的人占用国土。

10. 现在该由政府指导在本国进行工业创建活动了，因为只有政府应该考虑发展工业的经济、社会、道义和政治方面的利益及生产地区的条件。有鉴于此；并尚需做一点补充：

提出下列

法律

第1条 安排本国居民在国内移民；移民分两类 == 成年人和儿童。

第2条 应首先考虑因社会的过错而陷于贫困状态的成年人（青、壮年和老年人）== 老年人成了社会的负担 == 青、壮年应成为移民。使用有劳动技能的壮年人；而将那些不愿移民的年青人送进军营。

第3条 成年人的移民地设在印第安人领地附近。应尊重印第安人领地的疆界。

第4条 还可以让愿意遵循本地人习俗的外国手工业者加入成年移民的行列。

第5条 要确保手工业移民的行业独占权，不允许其他人来跟他们竞争。如果后来的外国手工业者带来产品要定居开业的话，由移民地出资买下他的产品，不准他落户移民地，除非有移民局的批准。

第6条 各省和各地区自行出资，迁移本省、本地区的居民，建立各自的移民地，根据全国移民局的指示进行工作。

第7条 移民地占用政府授予的荒地，并拥有所有权 ---- 没有荒地的地方，则租用土地所有者多余的土地；移民地不拥有所有权，除非跟土地所有者签订所有权契约。

第8条 各移民地要有自己的民团，费用移民地自负 ---- 民团负责保卫移民地的边疆，不归政府调遣。

371

art. 9.ⁿᵒ Las Colonias de niños pobres se establecerán entre los adultos y los poblados, y en ellas se admitirán los niños Europeos, que vengan recomendados por los Gobiernos de su país. No se admitirá ninguno que pase de once años, ni que tenga menos de ocho: y serán considerados como Americanos. Ni su país natal ni sus padres podrán reclamarlos, sino pagando lo que deban, según resulte de la cuenta que se ha llevado con ellos por sus gastos, y por lo que hayan devengado con su trabajo

art. 10.ᵐᵒ Al 4.ᵗᵒ año de establecidas las Colonias de adultos, empezarán a pagar una contribución directa al erario de la nación—y las de Párvulos al cabo de 5.

La parte disciplinal y económica de la Colonización —la especie de Instrucción que deba darse a los niños— y los arbitrios para el establecimiento, piden un tratado. Sólo se advertirá, en cuanto a arbitrios, que, en Bolivia, se creó, el año 25 un Fondo de Beneficiencia, de 15 millones de pesos fuertes, sin perjudicar propiedades.

El que no VE lo que le TOCA está *ciego*
el que no lo SIENTE está *muerto.*

372

第 9 条 将贫困儿童移民地设在成年人移民地和村落之间，允许接收欧洲儿童；这些孩子是他们国家政府托付来的。不接收 11 岁以上、8 岁以下的孩子：他们将被视为美洲人。他们的国家和父母不得要人，除非付清将人带至目的地所花的费用和支付给他们的劳动报酬。

第 10 条 成年人移民地设立后的第四个年头开始向国库缴纳直接税——儿童移民地五年后开始纳税。

　　移民地的规章制度和经济利益——这是应该教给孩子们的那类知识——移民地设立措施的落实需要一纸协议。关于措施，只要注意一下玻利维亚的情况：1825 年玻利维亚设立一慈善基金，资金 150 万银比索，保有所有权。

　　　　　　看不到**相关**事物的人是*睁眼瞎*。
　　　　　　感觉不到相关事物的人是*活死人*。

373

374

BIBLIOGRAFIA

I. OBRAS DE SIMON RODRIGUEZ

OBRAS

«Bolívar» en: Félix R. Fragachán: *Bolívar.* Caracas: Tip. Universal, 1930, páginas sin numerar.

«Bolívar» en: Félix R. Fragachán: *Paso...! a Su Excelencia el Libertador.* Caracas: Tip. Universal, 1933, cubierta, p. 111.

Consejos de amigo, dados al Colegio de Latacunga (Ecuador) por Simón Rodríguez. Introducción y notas: Arturo Guevara. Caracas: Imp. Nacional, 1955. 224 pp.

> Incluido en sus *Obras completas.* Caracas: Universidad Nacional Experimental Simón Rodríguez, 1975, t. II, p. 1-64

Defensa de Bolívar. Prólogo: Eloy G. González. Caracas: Imp. Bolívar, 1916, XII, 176 p.

> Este libro fue publicado también bajo el título *El Libertador del Mediodía de América y sus compañeros de armas, defendidos por un amigo de la causa social.* Está inserto en sus *Obras completas.* Caracas: Universidad Nacional Experimental Simón Rodríguez, 1975, t. II, pp. 189-361.

375

Escritos de Simón Rodríguez. Compilación y Estudio Bibliográfico: Pedro Grases. Prólogo: Arturo Uslar-Pietri. Caracas: Sociedad Bolivariana de Venezuela, 1954-58. 3 vols.

Ideario de Simón Rodríguez. Selección y estudio preliminar: Alfonso Rumazo González. Caracas: Ed. Centauro, 1980. 385 p.

Inventamos o erramos. Selección y prólogo: Dardo Cúneo. Caracas: Monte Avila Editores, 1980. 225 pp. (Biblioteca de Utopías).

Inventamos o erramos. Selección y prólogo: Dardo Cúneo. Caracas: Monte Avila Editores, 1988. 226 pp.

Juramento de Bolívar en el Monte Sacro en 1805. Caracas: Tip. Herrera Irigoyen Ca. [1905?]. Hoja Suelta.

«Juramento del Monte Sacro» en: Manuel Uribe Angel: «El Libertador, su ayo y su capellán» inserto en Varios Autores: *Homenaje de Colombia al Libertador Simón Bolívar en su primer centenario.* 1783-1883. Bogotá: Medardo Rivas, 1884, pp. 72-74.

«Juramento en el Monte Sacro» en: J. V. Marcano Baca: *Mosaico de Lecturas*. Caracas: Fondo Editorial IPASME, 1988, pp. 12-14.

> El mismo texto puede verse en sus *Obras completas*, Caracas: Universidad Nacional Experimental Simón Rodríguez, 1975, t. II, pp. 375-378.

El Libertador del Mediodía de América y sus compañeros de armas, defendidos por un amigo de la causa social. Arequipa: Imp. Pública, 1830. IV, 158 pp.

El Libertador del Mediodía de América y sus compañeros de armas, defendidos por un amigo de la causa social. Prólogo: J.L. Salcedo-Bastardo. Nota bibliográfica: Pedro Grases. Caracas: Ed. de la Presidencia de la República, 1971 XXIII, 158 pp.

> Este libro fue publicado también bajo el título de *Defensa de Bolívar*. Está en sus *Obras completas*. Caracas: Universidad Nacional Experimental Simón Rodríguez, 1975, t. II, pp. 189-361.

Libro homenaje a la memoria de don Simón Rodríguez. Proemio: Rafael Caldera. Prólogos: Germán Carrera Damas y J.A. Cova. Caracas: Ed. del Congreso de la República, 1973. VI, 82, XLII, 117 pp.

> Este libro fue publicado también bajo el título de *Sociedades Americanas* y bajo el título de *Sociedades Americanas en 1828*. Puede verse también en sus *Obras Completas*, Caracas: Universidad Nacional Experimental Simón Rodríguez, 1975, t. I, pp. 257-412.

Luces y virtudes sociales. Concepción, Chile: spi, 1834. 75 pp.

Luces y virtudes sociales. Valparaíso: Imp. de El Mercurio, 1840. 82 pp.

> Incluido en sus *Obras Completas*. Caracas: Universidad Nacional Experimental Simón Rodríguez, 1975, t. II, p. 65-187

Obras completas. Compilación: Pedro Grases. Liminar: J.L. Salcedo Bastardo. Estudio introductorio: Alfonso Rumazo González. Estudio bibliográfico: Manuel Pérez Vila. Caracas: Universidad Nacional Experimental Simón Rodríguez, 1975. 2 vols.

Obras escogidas. Caracas: Bloque de Armas, 1985. 2 vols. (Col. Li bros de la Revista Bohemia, 83).

Observaciones sobre el terreno de Vincocaya con respecto a la empresa de desviar el curso natural de sus aguas y conducirlas por el río Zumbai al de Arequipa. Arequipa: Imp. del Gobierno, 1830. 58 pp.

> Incluido en sus *Obras Completas*, Caracas: Universidad Nacional Experimental Simón Rodríguez, 1975, t. I, pp. 413-470.

«Simón Rodríguez» en: Efraín Subero: *Ideario pedagógico venezolano.* Caracas: Ministerio de Educación, 1968, pp. 23-34 (Col. Vigilia, 10).

Sociedades americanas. Edición facsimilar. Prólogo: J. A. Cova. Caracas: Tip. Vargas, 1950. XLIII, 117 pp.

> Publicado también bajo el título de *Libro homenaje a la memoria de don Simón Rodríguez* y con el mote de *Sociedades americanas en 1828.* Está incluido en sus *Obras completas.* Caracas: Universidad Nacional Experimental Simón Rodríguez, 1975, t. I, pp. 257-412.

Sociedades Americanas en 1828. Cómo serán y cómo podrían ser en los siglos venideros. Arequipa: spi, 1828. 28 pp.

Sociedades Americanas en 1828, Cómo serán y cómo podrían ser en los siglos venideros. Valparaíso: Imp. de El Mercurio, 1840, cubierta, 82 pp.

Sociedades Americanas en 1828. Cómo serán y cómo podrán ser en los siglos venideros. 2ª. ed. aum. Lima: Imp. del Comercio, 1842.117 pp.

Sociedades Americanas en 1828. Cómo serán y como podrán ser en los siglos venideros. Chillán, Chile: Imp. Principal, 1864. 29 pp.

Sociedades Americanas en 1828. Prólogo: Germán Carrera Damas y J.A. Cova. Contratapa: Rafael Caldera. Caracas: Catalá/Centauro, Editores, 1975. XVI, 82, XLII, 117 pp.

> Publicado también bajo el título *Libro homenaje a don Simón Rodríguez* y con el mote de *Sociedades Americanas.* Puede verse también en sus *Obras completas.* Caracas: Universidad Nacional Experimental Simón Rodríguez, 1975, t. I, pp. 257-412

377

TRADUCCIONES

Chateaubriand, Francisco Augusto
Atala o los amores de dos salvajes en el desierto. Traducida de la tercera edición nuevamente corregida por S. Robinson. París: spi, 1801.

> Incluida en sus *Obras Completas.* Caracas: Universidad Nacional Experimental Simón Rodríguez, 1975, t. II, pp. 429-499.

REFERENCIAS A SU VIDA Y SU OBRA

Achury Valenzuela, Darío
Azar e infortunio en don Simón Rodríguez. Bogotá: Ed. Iquiema, 1954. 21 pp.

Acosta Rodríguez, Luis José
Bolívar para todos Visión didáctica del Libertador. Caracas: Ed. del Congreso de la República 1971. 599 pp.

Adam, Félix
Simón Rodríguez. Caracas: Concejo Municipal del Distrito Federal, 1977. 15 pp.

Alvarez Freites, Mercedes
Simón Rodríguez tal cual fue. Vigencia perenne de su magisterio. Caracas: Ed. del Cuatricentenario de Caracas, 1966. 344 pp.

Alvarez Freites, Mercedes
Simón Rodríguez tal cual fue. Vigencia perenne de su magisterio Caracas: Universidad Nacional Experimental Simón Rodríguez, 1977. 344 pp.

Amunátegui, Miguel Luis
Ensayos biográficos. Santiago de Chile: Imp. Nacional, 1893-96. 4 vols.
Ver: «Simón Rodríguez» (t. IV, pp. 227-303).

Amunátegui, Miguel Luis
«Simón Rodríguez» en: Pedro Grases: *Simón Rodríguez: escritos sobre su vida y su obra.* Caracas: Concejo Municipal del Distrito Federal, 1954, cubierta, pp. 2-40

André, Marius
«Emilio y su preceptor» en: Pedro Grases: *Simón Rodríguez: escritos sobre su vida y su obra.* Caracas: Concejo Municipal del Distrito Federal, 1954, cubierta, pp. 40-47

Arroyo Lameda, Eduardo
«Simón Rodríguez» en: *Diccionario biográfico de Venezuela.* Madrid: Garrido Mezquita y Cia., 1953, pp. 1.001-1.002. Firmado E.A.L.

Azpurúa, Ramón
Biografías de hombres notables de Hispanoamérica. Caracas: Imp. Nacional, 1877. 4 vols.
Ver: «Simón Rodríguez» (t. II, pp. 99-101)

Azpurúa, Ramón
Biografías de hombres notables de Hispanoamérica. 2ª. ed. Prólogo: Blas Bruni Celli. Información biográfica adicional: Manuel Pérez Vila. Caracas: Ed. Mario González, 1982. 4 vols.
Ver: «Simón Rodríguez» (t. II, pp. 99-101).

Azpurúa, Ramón

«Simón Rodríguez» en Pedro Grases: *Simón Rodríguez: escritos sobre su vida y su obra.* Caracas: Concejo Municipal del Distrito Federal, 1954, cubierta, pp. 47-48.

Balza Donatti, Camilo

Aspectos venezolanos. Geografía, Historia, Tradición y Cultura. Caracas: Ed. Librería Venezuela, 1955. 159 pp.

<blockquote>Ver: «Don Simón Rodríguez, maestro del Libertador y Quijote de América» (pp. 61-66).</blockquote>

Barrera, Isaac.

«Sociedades Americanas» en: Pedro Grases: *Escritos sobre su vida y su obra.* Caracas: Concejo Municipal del Distrito Federal, 1954, cubierta, pp. 48-50.

Barrios Freites, Manuel

Mosaicos y acuarelas. Barquisimeto: Tip. Nieves, 1963. 94 pp. (Biblioteca de Autores Portugueseños).

<blockquote>Ver: «Los maestros viajeros» (pp. 42-45).</blockquote>

Barrios Mora, J.R.

Compendio histórico de la literatura venezolana. Prólogo: José Humberto Quintero. Caracas: Ed. Nueva Cádiz, 1955. 254 pp.

<blockquote>Se refiere a Rodríguez en las pp. 28-29, 31-35.</blockquote>

379

Barrios Mora, J.R.

«Ideas pedagógicas de Simón Rodríguez» en: Pedro Grases: *Simón Rodríguez: escritos sobre su vida y su obra.* Caracas: Concejo Municipal del Distrito Federal, 1954, cubierta, pp. 51-53.

Blanco Fombona, Rufino. «El Maestro por antonomasia» en: Pedro Grases: *Simón Rodríguez: escritos sobre su vida y su obra.* Caracas: Concejo Municipal del Distrito Federal, 1954, cubierta, pp. 53-58.

Blanco Fombona, Rufino

Mocedades de Bolívar. Caracas: Ministerio de Educación, 1969 /c.1970/216 pp.

<blockquote>Numerosas referencias a Simón Rodríguez.</blockquote>

Bolívar, Simón. *Cartas del Libertador.* Caracas: Fundación Vicente Lecuna, Banco de Venezuela, 1964-70. 8 vols.

<blockquote>Se puede seguir el itinerario de las relaciones entre los dos Simones a través de las misivas que el Libertador remitió a su maestro y de las referencias que sobre su ductor se encuentran en su correspondencia. La famosa *Carta de Pativilca,* enviada por Simón Bolívar a Rodríguez,</blockquote>

el 19 de enero de 1824, desde esa ciudad peruana, al enterarse que su maestro había retornado a Hispanoamérica, misiva que es una de las antológicas de su correspondencia, puede verse en esta obra (t. IV, pp. 36-38).

Bolívar, Simón
Escritos del Libertador. Caracas: Sociedad Bolivariana de Venezuela, 1954-88. 20 vols.

> Se encuentran en esta obra dos versiones de la *Carta de Pativilca.* Verlas en el t. II, Vol. I, pp. 290-292 y en el t. III, Vol. II, pp. 295-297.

Bolívar, Simón
«Salutación a Simón Rodríguez»
en: Pedro Grases: *Simón Rodríguez: Escritos sobre su vida y su obra.* Caracas: Concejo Municipal del Distrito Federal. 1954, cubierta, pp. 1-2.

Bonmatí, Gregorio
Rodríguez. Pieza en cuatro actos. Caracas: FUNDARTE, 1988. 212 pp. (Col. Cuadernos de Difusión, 117).

Boulton, Alfredo
El solar caraqueño de Bello. Caracas: Italgráfica, 1963. 29 pp.

Boulton, Alfredo
El solar caraqueño de Bello
Ofrecimiento: Oscar Sambrano Urdaneta. Caracas: La Casa de Bello, 1978. 58 pp.

380

Bruni Celli, Blas
Actas de puntos y actas de oración. Caracas; Avilarte, 1977. 473 pp.
> Ver: «Reflexiones sobre Simón Rodríguez» (pp. 65-86).

Bruni Celli, Blas
Reflexiones sobre Simón Rodríguez. Caracas: Universidad Nacional Experimental Simón Rodríguez, 1976. 24 pp.

Calcaño, José Antonio
La ciudad y su música. Crónica musical de Caracas. Prólogo: Walter Guido. Bibliografía: Rafael Angel Rivas. Caracas: Monte Avila Editores, 1985. XVI, 515 pp. (Col. Letra y Solfa).

Calzavara, Alberto
Historia de la música en Venezuela. Período Hispánico. Con referencias al teatro y la danza. Caracas: Fundación Pampero, 1987. XIII, 342 pp.

Gracias a las pesquisas que sostienen este libro sabemos ahora que Simón Rodríguez no fue un niño expósito sino el hijo, al igual que su hermano Cayetano Carreño, del sacerdote Alejandro Carreño y de la señora Rosalía Rodríguez Alvarez.

Carbonell, Diego
Bolívar, cien juicios críticos. Prólogo: J.L. Salcedo-Bastardo. Caracas: CORPORIENTE, 1983. Ver: «El Bolívar», de don Simón Rodríguez o Carreño» (pp. 71-76).

Carbonell, Diego
Influencias que se ejercieron en Bolívar. Caracas: Tip. Cultura Venezolana, 1920. 38 pp.

Cardozo, Lubio / Juan Pintó
Diccionario General de la Literatura Venezolana (Autores). Mérida: Universidad de Los Andes, 1974, XIX, 609 pp.
Ver: Rodríguez, Simón (pp. 654-656).

Carreño, Eduardo
Aspectos de venezolanos ilustres. Caracas: Tip. La Nación, 1945. 83 pp. (Cuadernos Literarios de la Asociación de Escritores Venezolanos, 83).
Ver: «El maestro del Libertador» (pp. 13-22).

Carreño, Eduardo
«El maestro del Libertador» en: Pedro Grases: *Simón Rodríguez: escritos sobre su vida y su obra:* Caracas: Concejo Municipal del Distrito Federal, 1954, cubierta, pp. 59-61.

Carreño, Eduardo
Vida anecdótica de venezolanos. Prólogo: Santiago Key Ayala. Caracas: Concejo Municipal del Distrito Federal, 1978. 229 pp.
Sobre Rodríguez ver las p. 14-17

Carrera Damas, Germán
Simón Rodríguez, hombre de tres siglos. Caraças: Concejo Municipal del Distrito Federal, 1971, cubierta, 28 pp.

Carrera Damas, Germán
«Simón Rodríguez, hombre de tres siglos» en: *Libro Homenaje a la memoria de don Simón Rodríguez.* Caracas: Ed. del Congreso de la República, 1973, pp. V-XVI.

Carrera Damas, Germán
«Simón Rodríguez, hombre de tres siglos» en: Simón Rodríguez: *Sociedades americanas en 1828,* Caracas: Catalá/Centauro, Editores, 1975, pp. V-XVI.

381

Carrera Damas, Germán
Validación del pasado. Caracas: Universidad Central de Venezuela, 1975. 230 pp.
Ver: «Simón Rodríguez, hombre de tres siglos» (pp. 23-35).

Caterino, M.A.
El ayo del Libertador del Mediodía de América ante la sociedad actual. Arequipa: Tip. Cáceres, 1890, 30 pp.

Caterino, M.A.
«¡Simón Rodríguez!» en: Pedro Grases: *Simón Rodríguez: escritos sobre su vida y su obra.* Caracas: Concejo Municipal del Distrito Federal, 1954, cubierta, pp. 64-73.

Centenario de la muerte de Simón Rodríguez (1854-1954). Traslado de sus restos, de Lima a Caracas. Caracas: Ministerio de Educación, 1955.

Cova, J.A.
Bocetos de hoy para retratos de mañana. Caracas: Ed. Villegas Venezolana, 1953. 235 pp.
Ver; «Simón Rodríguez (pp. 15-19).

Cova, J.A.
Don Simón Rodríguez, maestro y filósofo revolucionario. Vida y obra del gran civilizador. Caracas; Librería y Editorial Las Novedades/ Impresores Unidos, 1946. 183 pp.

Cova, J.A.
Don Simón Rodríguez, maestro y filósofo revolucionario, primer socialista americano. Vida y obra del gran civilizador. Buenos Aires: Ed. Venezuela, 1947. 190 pp.

Cova, J.A.
Don Simón Rodríguez, maestro y filósofo revolucionario. Vida y obra del maestro del Libertador. Caracas: Jaime Villegas Editor, 1954. 206 pp.

Cova, J.A.
El monólogo de Hamlet. Discursos y conferencias. Caracas: Ed. Villegas, 1956. 190 pp. Ver:
«Elogio de don Simón Rodríguez» (pp. 183-171).

Cova, J.A.
«Simón Rodríguez y Sociedades Americanas» en: Pedro Grases: *Simón Rodríguez: escritos sobre su vida y su obra.* Caracas; Concejo Municipal del Distrito Federal, 1954, cubierta, pp. 73-100.

Chocrón, Isaac
Simón. Teatro. Caracas; Alfadil, 1983. 72 pp. (Col. Orinoco).

Chocrón, Isaac
Clipper/Simón Teatro. Caracas: Alfadil, 1987. 146 pp.
Ver: «Simón» (pp. 76-146).

Díaz González, Joaquín
El Juramento de Simón Bolívar sobre el Monte Sacro. Roma: Scuola Salesiana del Libro, 1958. 132 pp.

Díaz Sánchez, Ramón
Bolívar, el Caraqueño. Guatemala: Mélinton Salazar, Editor, 1971. 386 pp.

Díaz Seijas, Pedro
La antigua y la moderna literatura venezolana. Caracas: Ed. Armitano, 1966. 782 pp.
Sobre Simón Rodríguez consultar las pp. 59-60.

Donoso, Ricardo
«Una figura singular» en: Pedro Grases: *Simón Rodríguez: escritos sobre su vida y su obra*. Caracas: Concejo Municipal del Distrito Federal, 1954, cubierta, pp. 101-108.

Falcón Briceño, Marcos
El Juramento del Monte Sacro y su probable origen. Caracas: Cromotip, 1973. 27 pp.

Falcón Briceño, Marcos
Teresa, la confidente de Bolívar. Historia de unas cartas de la juventud del Libertador. Caracas: Imp. Nacional, 1955. 56 pp.

Falcón Briceño, Marcos
«Teresa, la confidente de Bolívar» en: Varios autores: *Bolívar en Francia*. Caracas: Comité Ejecutivo del Bicentenario de Simón Bolívar, 1984, pp. 49-84.

Feldman, Moisés
La crisis psicológicas de Simón Bolívar. Caracas: Ed. Nuestra Psiquiatría, 1978. 101 pp.
Ver: «Las crisis de la infancia y adolescencia» (pp. 25-49) y «Simón Rodríguez, psicoterapeuta del Libertador» (pp. 51-80).

Feo La Cruz, Manuel
Prosa de mi texto. Valencia: Clima, 1959. 109 pp.
Este libro incluye un artículo sobre Simón Rodríguez

Fernández Heres, Rafael

Memoria de cien años. Caracas: Ministerio de Educación. 1984. 7 vols.

> Sobre Simón Rodríguez consultar el t. I, pp. 81-86.

Fernández Heres, Rafael

Referencias para el estudio de las ideas educativas en Venezuela. Caracas: Academia Nacional de la Historia, 1988. 175 pp. (Biblioteca de la Academia Nacional de la Historia, Col. Estudios, Monografías y Ensayos, 104).

> Ver sobre Simón Rodríguez las pp. 57, 61, 80, 81, 82, 83, 88, 133, 135, 160.

Fernández Heres, Rafael

Vertientes ideológicas de la educación en Venezuela. Discurso de incorporación como Individuo de Número del Licenciado... Caracas; Academia Nacional de la Historia, 1985. 107 pp.

> El mismo trabajo puede verse en su libro *Referencias para el estudio de las ideas educativas en Venezuela.* Caracas: Academia Nacional de la Historia, 1988, pp. 55-133.

Fox, Lucía

Ensayos hispanoamericanos. Caracas: Miguel Angel García e hijo, 1966, 111 pp.

> Ver: «Andrés Bello y Simón Rodríguez», dos maestros de primer orden» (pp. 9-14)

García Bacca, Juan David.

Simón Rodríguez, pensador para América. Prólogo: J.L. Salcedo-Bastardo. Caracas: Ed. de la Presidencia de la República, 1978. 79 pp.

García Bacca, Juan David

Simón Rodríguez, pensador para América. Prólogo: J.L. Salcedo-Bastardo. Caracas: Academia Nacional de la Historia, 1981. 101 pp. (Col. El Libro Menor, 19).

Gil Fortoul, José

Historia constitucional de Venezuela. Caracas: Ministerio de Educación, 1953. 3 vols. (Sus obras completas, I-III).

> Sobre Simón Rodríguez consultar el t. I, pp. 314-321.

Gil Fortoul, José

«Simón Rodríguez» en: Pedro Grases: *Simón Rodríguez: escritos sobre su vida y su obra.* Caracas; Concejo Municipal del Distrito Federal, 1954, cubierta, pp. 108-113.

González, Asdrúbal

Bolívar viaja al eje de la esfera. Prólogo: R.J. Lovera De-Sola. Valencia: Vadell, 1986. 284 pp.

González, Eloy G.

«El gran modelador» en Pedro Grases: *Simón Rodríguez: escritos sobre su vida y su obra.* Caracas: Concejo Municipal del Distrito Federal, 1954, cubierta, pp. 113-117.

Grases, Pedro

La conspiración de Gual y España y el ideario de la Independencia. Caracas: Instituto Panamericano de Geografía e Historia, 1949. 300 pp.

Grases, Pedro

La conspiración de Gual y España y el ideario de la Independencia. Caracas: Ministerio de Educación, 1978. V, 300 pp.

Grases, Pedro

Los escritos de Simón Rodríguez. Caracas: Imp. Nacional, 1953. 16 pp.

Grases, Pedro

«Los escritos de Simón Rodríguez» en: Pedro Grases: *Simón Rodríguez: escritos sobre su vida y su obra.* Caracas: Concejo Municipal del Distrito Federal, 1954, cubierta, pp. 118-127.

385

Grases, Pedro

Investigaciones bibliográficas. Prólogo: Agustín Millares Carlo. Caracas: Ministerio de Educación, 1968. 2 vols. (Col. Vigilia, 13).

> Ver: «Las andanzas de Simón Rodríguez en Latacunga (Ecuador)» (t. I, pp. 131-138)

Grases, Pedro

Nota sobre Simón Rodríguez en Concepción. Caracas: Ed. Sucre, 1956. 7 pp.

> Incluido en sus *Nuevos temas de bibliografía y cultura venezolanas.* 2ª ed. Mérida: Universidad de Los Andes, 1967, pp. 165-170 y en sus *Obras.* Barcelona: Seix Barral, 1981, t. V, pp. 173-176).

Grases, Pedro

Nuevos temas de bibliografía y cultura venezolanas, 2ª ed. Prólogo: Domingo Miliani. Mérida: Universidad de Los Andes, 1967. 404 pp.

> Ver: «Los escritos de Simón Rodríguez» (pp. 119-135); «La primera versión castellana de Atala» (pp. 137-164); «Nota sobre Simón Rodríguez en Concepción» (pp. 165-170) y «Una carta de la esposa de Simón Rodríguez» (pp. 171-174).

Grases, Pedro
Obras
Barcelona: Seix Barral, 1981-86. 15 vols.
> Ver: «La peripecia bibliográfica de Simón Rodríguez» (t. V, pp. 135-170);
> «Una carta de la esposa de Simón Rodríguez» (t. V, pp. 170-173); «Nota
> sobre Simón Rodríguez en Concepción» (t. V, pp. 173-176) y «Las an-
> danzas de Simón Rodríguez en Latacunga» (t. V, pp. 177-182).

Grases, Pedro
La peripecia bibliográfica de Simón Rodríguez. Caracas: Universidad Nacional Experimental Simón Rodríguez, 1979. 47 pp.
> Incluido en sus *Obras.* Barcelona: Seix Barral, 1981, t. V, pp. 135-170.

Grases, Pedro
La primera versión castellana de Atala. Caracas: Cromotip, 1955.
42 pp.

Grases, Pedro
La primera versión castellana de Atala. La Habana: spi, 1956.[17]
pp. Incluido en sus *Nuevos temas de bibliografía y cultura venezolanas.* 2ª ed. Mérida: Universidad de Los Andes, 1967, pp. 137-164.

Grases, Pedro
Simón Rodríguez: escritos sobre su vida y su obra. Recopilación
de Pedro Grases. Caracas: Concejo Municipal del Distrito Federal,
1954, cubierta, 296 pp.

Grisanti, Angel
La instrucción pública en Venezuela. Epoca colonial. La Independencia y primeros años de la República, Epoca actual. Prólogo: Francisco García Calderón. Barcelona: Ed. Araluce, 1933. 197 pp.

Grisanti, Angel
Resumen histórico de la instrucción pública en Venezuela. 2ª. ed.
Epoca Colonial. La Independencia y los primeros años de la Repú-
blica. Epoca actual. Bogotá: Ed. Iqueima, 1950. 253 pp.
> La primera edición de esta obra se publicó bajo el título de *La instruc-
> ción pública en Venezuela.*

Guevara, Arturo
Espejo de Justicia. Esbozo psiquiátrico social de don Simón Rodríguez. Caracas: Imp. Nacional, 1954. 622 pp.

Guevara, Arturo
Espejo de Justicia. Esbozo psiquiátrico social de don Simón Rodríguez. Caracas: Universidad Nacional Experimental Simón Rodríguez,
1977, 575 pp.

Guevara, Arturo

«Vísperas fúnebres» en: Pedro Grases: *Simón Rodríguez: escritos sobre su vida y su obra*. Caracas: Concejo Municipal del Distrito Federal, 1954, cubierta pp. 290-296.

Larrazábal, Felipe

Bolívar. Edición modificada, con prólogo y notas de Rufino Blanco Fombona. Presentación: Julio Febres Cordero. Caracas: José Agustín Catalá, Editor, 1975. 3 vols. Sobre Rodríguez consultar el t. I, pp. 51-52.

Larrazábal, Felipe

«Simón Rodríguez» en: Pedro Grases: *Simón Rodríguez: escritos sobre su vida y su obra*. Caracas: Concejo Municipal del Distrito Federal, 1954, cubierta, pp. 127-128.

Lastarria, José Victorino

«Don Simón Rodríguez» en: Pedro Grases: *Simón Rodríguez: escritos sobre su vida y su obra*. Caracas: Concejo Municipal del Distrito Federal, 1954, cubierta, pp. 128-131.

Latcham, Ricardo

Páginas escogidas. Santiago: Ed. Andrés Bello, 1969. 341 pp.
Ver: «Don Simón Rodríguez» (pp. 89-106).

Latcham, Ricardo

«Pedagogo y peregrino» en: Pedro Grases: *Simón Rodríguez: escritos sobre su vida y su obra*. Caracas: Concejo Municipal del Distrito Federal, 1954, cubierta, pp. 131-146.

Leal, Ildefonso

Nuevas crónicas de historia de Venezuela. Prólogo: José Angel Ciliberto. Caracas: Academia Nacional de la Historia, 1985. 2 vols. (Biblioteca de la Academia Nacional de la Historia, Col. Fuentes para la Historia Republicana de Venezuela, 37-38).
Ver: «Las locuras de don Simón Rodríguez» (t. I, pp. 251-252).

Lecuna, Vicente

Breviario de ideas bolivarianas. Caracas: Cámara de Comercio de Caracas, 1970. XXIX, 318 pp.
Ver: «El Juramento en Roma» (pp. 174-177).

Lecuna, Vicente

Catálogo de errores y calumnias en la historia de Bolívar. New York: The Colonial Press, 1956. 3 vols. Ver: «Don Simón Rodríguez» (t. I, pp. 54-62) y «La educación de Bolívar» (t. I, pp. 63-72).

Lezama Lima, José
  La expresión americana y otros ensayos. Montevideo: Ed. Arca, 1969. 195 pp. Ver: «El romanticismo y el hecho americano» (pp. 54-74).

Liévano Aguirre, Indalecio
  Bolívar. Edición al cuidado de J.A. de Armas Chitty. Prólogo: Carlos Andrés Pérez. Caracas: Ministerio de Educación, 1974. 534 pp.

Liévano Aguirre, Indalecio
  «El maestro» en: Pedro Grases: *Simón Rodríguez: escritos sobre su vida y su obra.* Caracas; Concejo Municipal del Distrito Federal, 1954, cubierta, pp. 154-159.

Liscano, Juan
  «150 años de cultura venezolana» en: Varios autores: *Venezuela independiente.* Caracas: Ed. de la Fundación Eugenio Mendoza, 1962.
    Se refiere a Rodríguez en las pp. 428-435.

Liscano, Juan
  Panorama de la literatura venezolana actual. Caracas: Publicaciones Españolas, 1973. 414 pp.
    Sobre Rodríguez consultar las pp. 27-29, 68, 107, 341.

Lofstrom, William Lee
  La Presidencia de Sucre en Bolivia. Caracas: Academia Nacional de la Historia, 1987. 550 pp. (Biblioteca de la Academia Nacional de la Historia, Col. Estudios, Monografías y Ensayos, 91).
    Hace referencia a la actuación de Rodríguez en Bolivia bajo la presidencia del Mariscal Antonio José de Sucre.

Lozano y Lozano, Fabio
  El maestro del Libertador. Prólogo: Eduardo Posada. París: Librería P. Ollendorf, [1913?]. 291 pp.

Lozano y Lozano, Fabio
  «Sociedades americanas en 1828» en: Pedro Grases: *Simón Rodríguez: escritos sobre su vida y su obra.* Caracas: Concejo Municipal del Distrito Federal, 1954, cubierta, pp. 146-154.

Machado, José Eustaquio
  El día histórico. Prólogo: Ildefonso Leal. Caracas: Oficina Central de Información, 1970. 587 pp.
    Ver: 20 de enero de 1858 (p. 50-51).

Mancini, Jules
  «Don Simón Rodríguez» en: Pedro Grases: *Simón Rodríguez: escritos sobre su vida y su obra,* Caracas: Concejo Municipal del Distrito Federal, 1954, cubierta, pp. 159-164.

388

Masur, Gerhard

Simón Bolívar. Prólogo: J.L. Salcedo-Bastardo. Caracas: Ed. de la Presidencia de la República/Academia Nacional de la Historia, 1987. XXXI, 621 pp.

Mendoza, Cristóbal L.

Temas de historia americana. Caracas: Sociedad Bolivariana de Venezuela, 1963-65. 2 vols.

> Ver: «La lección del Monte Sacro» (t. I, pp. 174-176).

Mijares, Augusto

Lo afirmativo venezolano. 3ra. ed. aum. Prólogo: Pedro Grases. Caracas: Ed. Dimensiones, 1980. 364 pp.

> Ver: «El proyecto de América» (pp. 311-349).

Mijares, Augusto

Hombres e ideas en América. Ensayos. Caracas: Escuela Técnica Industrial, 1940. 230 pp.

> Ver: «Cuando el maestro del Libertador quiso ser el maestro de los niños pobres» (pp. 142-150); «Don Simón Rodríguez, psicólogo» (pp. 151-160) y «La conversión de don Simón Rodríguez» (pp. 161-172).

Mijares, Augusto

La interpretación pesimista de la sociología hispanoamericana. 2ª. ed. aum. Madrid: Afrodisio Aguado, 1952. 249 pp.

Mijares, Augusto. *El Libertador.* Caracas: Fundación Eugenio Mendoza/Fundación Shell, 1964. 586 pp.

Mijares, Augusto

«El maestro de los niños pobres» en: Pedro Grases: *Simón Rodríguez: escritos sobre su vida y su obra.* Caracas: Concejo Municipal del Distrito Federal, 1954, cubierta, pp. 165-168.

Mudarra, Miguel Angel

Cien semblanzas de caraqueños notables. Caracas: Concejo Municipal del Distrito Federal, 1976. 242 pp.

> Ver: «Don Simón Rodríguez» (pp. 37-39).

Mudarra, Miguel Angel

«Simón Rodríguez» en: *Semblanzas de educadores venezolanos.* Caracas: Fondo Editorial IPASME, 1988, pp. 23-26.

Navarro, Nicolás Eugenio

Litigio ventilado ante la Real Audiencia de Caracas sobre domicilio tutelar y educación del menor Simón Bolívar. Año 1795. Caracas: Imp. Nacional, 1955. 64 pp.

> Ver: «Tiempo con Rodríguez-Robinson». (pp. 67-69).

Nucete Sardi, José
«Don Simón Rodríguez y Sociedades Americanas» en: Pedro Grases: *Simón Rodríguez: escritos sobre su vida y su obra*. Caracas: Concejo Municipal del Distrito Federal, 1954, cubierta, pp. 168-170.

Núñez, Enrique Bernardo
Escritores venezolanos. Prólogo: Pedro Felipe Ledezma. Mérida: Universidad de Los Andes, 1974. 219 pp.
> Ver: «La Escuela de 'Primeras Letras' de Don Simón Rodríguez» (pp. 175-181).

O'Leary, Daniel Florencio
Memorias del General O'Leary. Caracas: Ministerio de la Defensa, 1981. 34 vols.
> Ver sobre Rodríguez el t. XXVII, pp. 5-7.

O'Leary, Daniel Florencio
«Simón Rodríguez» en: Pedro Grases: *Simón Rodríguez: escritos sobre su vida y su obra*. Caracas: Concejo Municipal del Distrito Federal, 1954, cubierta, pp. 170-171.

Orrego Lucco, Augusto
«Don Simón Rodríguez» en: Pedro Grases: *Simón Rodríguez: escritos sobre su vida y su obra*. Caracas; Concejo Municipal del Distrito Federal, 1954, cubierta, pp. 171-202.

Peláez, José Manuel
S. Robinson. (Texto) Caracas: Ed. Solistas de Venezuela, 1983. Páginas sin numerar.

Peñalver, Luis Manuel
Vigencia del pensamiento de Simón Rodríguez. Prólogo: Manuel Fermín. Caracas: INCE, 1985. 64 pp.

Pereira Claure, José
Antología enciclopédica bolivariana. Caracas: Librería Editorial Salesiana, 1989. 374 p.
> Sobre Simón Rodríguez ver la p. 53.

Pérez Vila, Manuel
«Contribución a la bibliografía de Simón Rodríguez» en: Simón Rodríguez: *Obras completas*. Caracas: Universidad Nacional Experimental Simón Rodríguez, 1975, t. II, p. IX-XX.

Pérez Vila, Manuel
La formación intelectual del Libertador. Caracas: Ministerio de Educación, 1971. 239 p. (Col. Vigilia, 28).

Pérez Vila, Manuel
Vida de Daniel Florencio O'Leary Primer Edecán del Libertador. Caracas: Imp. Nacional, 1957. 619 pp. (Ediciones de la Sociedad Bolivariana de Venezuela).

Picón Febres, Gonzalo
Don Simón Rodríguez, maestro del Libertador. Prólogo: Eduardo Picón Lares. Caracas: Cooperativa de Artes Gráficas, 1939. 245 pp. (Sus Obras Completas Póstumas, III).

Picón Febres, Gonzalo
«Don Simón Rodríguez» en: Pedro Grases: *Simón Rodríguez: escritos sobre su vida y su obra.* Caracas: Concejo Municipal del Distrito Federal, 1954, cubierta, pp. 201-205.

Picón Salas, Mariano
Comprensión de Venezuela. Prólogo: Guillermo Morón. Cronología y bibliografía: R.J. Lovera De Sola. Caracas: Petróleos de Venezuela, 1987. XXIX, 352 pp.
> Ver: «Cenizas de Simón Rodríguez» (pp. 267-269).

Picón Salas, Mariano
«Don Simón Rodríguez» en: Pedro Grases: *Simón Rodríguez: escritos sobre su vida y su obra.* Caracas: Consejo Municipal del Distrito Federal, 1954, cubierta, pp. 205-207.

Picón Salas, Mariano
Estudios de literatura venezolana. Caracas-Madrid: Ed. Edime, 1961. 315 pp.
> Sobre Rodríguez consultar las pp. 11, 45-46, 133, 147, 192, 202, 226.

Picón Salas, Mariano
«Biografía de Simón Rodríguez» en: Varios autores: *Venezolanos eminentes.* Primera serie. Caracas: Ed. de la Fundación Eugenio Mendoza, 1983. Publicada también bajo el título de *Simón Rodríguez.*

Picón Salas, Mariano
Simón Rodríguez. Caracas: Ed. de la Fundación Eugenio Mendoza, 1953. 58 pp. (Biblioteca Escolar, Col. Biografías, 5).
> Publicada también bajo el título de *Biografía de Simón Rodríguez.*

Picón Salas, Mariano
Suma de Venezuela. Historia y génesis. Lugares y cosas. Creación e imágenes. Introducción: Guillermo Sucre. Notas y Variantes: Cristian Alvarez. Caracas: Monte Avila Editores, 1988. X, 475 pp. (Biblioteca Mariano Picón Salas, II).
> Ver: «Cenizas de Simón Rodríguez» (pp. 188-190).

Polanco Alcántara, Tomás
La ilusión de dos Quijotes. Alonso Quijano, el bueno y Simón Rodríguez. Caracas: Italgráfica, 1986. 45 pp.

Posada, Eduardo
«El maestro del Libertador» en: Pedro Grases: *Simón Rodríguez: escritos sobre su vida y su obra*. Caracas: Concejo Municipal del Distrito Federal, 1954, cubierta, pp. 207-210.

Prieto Castillo, Daniel
Utopía y comunicación en Simón Rodríguez. Caracas: Academia Venezolana de la Lengua 1987. 216 pp. (Col. Logos. VI).

Prieto Figueroa, Luis Beltrán
El magisterio americano de Bolívar Caracas: Monte Avila Editores, 1981. 238 pp.

Prieto Figueroa, Luis Beltrán
La política y los hombres. Caracas: Grafarte, 1968. 249 pp.
Ver: «Los restos de don Simón Rodríguez» (pp. 139-141).

Prieto Figueroa, Luis Beltrán
Principios generales de la educación. Caracas: Monte Avila Editores, 1985, 371 pp. (Col. Las Ideas).
Ver: «La escuela del trabajo, vieja idea: Aportes de Simón Rodríguez» (pp. 225-228).

Reyes Baena, J.F.
«Simón Rodríguez» en Oscar Sambrano Urdaneta: *Educadores Venezolanos*. Caracas: Meneven, 1981, pp. 15-19.

Rial, José Antonio
Bolívar/Arcadio.
Caracas: Monte Avila Editores. 1986. 165 pp. (Col. Teatro).

Rodríguez, Manuel Alfredo
Travesía de Venezuela. Sobre hombres y libros. Caracas: Ed. Centauro, 1982. 288 pp.
Ver: «Simón Rodríguez» (pp. 7-18).

Rodríguez, Ramón Armando
Diccionario biográfico, geográfico e histórico de Venezuela. Alcalá de Henares: Talleres Penitenciarios, 1957. 884 pp.
Ver: «Rodríguez, Simón» (pp. 676-679).

Rojas, Arístides
«Homonimia singular» en: Pedro Grases: *Simón Rodríguez: Escritos sobre su vida y su obra*. Caracas: Concejo Municipal del Distrito Federal, 1954, cubierta, pp. 210-231.

Rojas, Arístides
Leyendas históricas de Venezuela. Caracas: Oficina Central de Información, 1972. 2 vols.
> Ver: «Homonimia singular» (t. II, pp. 217-244).

Rojas, Armando
Ideas educativas de Simón Bolívar. Prólogo: Augusto Mijares. Caracas: Monte Avila, Editores, 1976. 242 pp. (Col. Eldorado).

Rojas, Armando
«El Sócrates de Caracas» en: Pedro Grases: *Simón Rodríguez: escritos sobre su vida y su obra*. Caracas: Concejo Municipal del Distrito Federal, 1954, cubierta, pp. 232-243.

Romero Luengo, Adolfo
Simón Rodríguez. Maracaibo: Tip. El Sol, 1954. 133 pp.

Romero Luengo, Adolfo
Simón Rodríguez, 2a. ed. (Silueta). Maracaibo: Tip. Cervantes, 1955. 119 pp.

Ruiz Rivas, Guillermo
Simón Bolívar más allá del mito. Bogotá: Ed. Tercer Mundo, 1964. 2 vols.

Rumazo González, Alfonso
«Bolívar en París con Simón Rodríguez» en: Varios autores: *Bolívar en Francia*. Caracas: Comité Ejecutivo del Bicentenario de Simón Bolívar, 1984, pp. 176-198.

Rumazo González, Alfonso
«Manuela Sáenz, el amor» en: *Tríptico bolivariano*. Lima: Ed. Antártida, s/f, pp. 217-353.

Rumazo González, Alfonso
Manuela Sáenz, la libertadora del Libertador, 7ª. ed. Caracas-Madrid: Ed. Edime, 1972. 226 pp.

Rumazo González, Alfonso
O'Leary, edecán del Libertador. Caracas: Edime, 1956. 254 pp.

Rumazo González, Alfonso
El pensamiento educador de Simón Rodríguez. Prólogo: J.L. Salcedo-Bastardo. Caracas: Ed. de la Presidencia de la República, 1977. 174 pp.

Rumazo González, Alfonso
Simón Rodríguez, maestro de América. Biografía. Caracas: Ed. de la Universidad Nacional Experimental Simón Rodríguez, 1976. 302 pp.

Rumazo González, Alfonso
«Simón Rodríguez» en Ramón J. Velásquez: *Los Libertadores de Venezuela.* Caracas: Meneven, 1983, pp. 59-66.

Salcedo Bastardo, J.L.
Andrés Bello americano y otras luces sobre la independencia. Caracas: Academia Nacional de la Historia, 1982, 270 pp. (Col. El Libro Menor, 25).
> Ver: «Simón Rodríguez listo para una nueva aventura» (pp. 214-225) y «Seguimos tras tu huella» (pp. 227-234).

Salcedo-Bastardo, J.L.
Bolívar, el nacer constante. Caracas: Ed. Ariel, 1985. 174 pp. (Col. Biografías).
> Ver: «A la personería histórica» (pp. 53-63) y «Al destino político» (p. 65-77).

394

Salcedo-Bastardo, J.L
«Intervención del Dr. J.L. Salcedo Bastardo basada en comentarios al siguiente prólogo suyo dedicado a la edición facsimilar del libro *El Libertador del Mediodía de América y sus compañeros de armas, defendidos por un amigo de la causa social,* por don Simón Rodríguez en:
> Varios autores: *Simón Rodríguez: pensamiento político y educación.* Caracas: Ministerio de Educación, 1971, p. 13-20.

Salcedo-Bastardo, J.L.
El Primer deber Con el acervo documental de Simón Bolívar sobre la educación y la cultura. Caracas: Ed. Equinoccio, 1973. 643 pp.

Salcedo-Bastardo, J.L.
El Primer Deber. 2ª. ed. aum. Con el acervo documental de Simón Bolívar sobre la educación y la cultura. Caracas: Ministerio de Educación, 1984. 696 pp.

Samper, José María
«Simón Rodríguez» en: Pedro Grases: *Simón Rodríguez: escritos sobre su vida y su obra.* Caracas: Concejo Municipal del Distrito Federal, 1954, cubierta, pp. 243.

Sánchez, Manuel Segundo
Obras. Prólogo: Pedro Grases. Caracas: Banco Central de Venezuela, 1964. 3 vols. Ver: «Un rasgo en la vida de don Simón Rodríguez»

(t. II, pp. 90-93) y «Una novela ignorada: el maestro del Libertador» (pp. 94-95).

Saurat, Gilette
Bolívar, el Libertador. Bogotá: La Oveja Negra, 1987. 615 pp.

Siso, Carlos
Estudios históricos venezolanos. Caracas: Ed. Rex, 1955. 101 pp.
> Ver: «Apuntes sobre el 'Bolívar' de Vejarano. La verdad sobre la fuga del niño Simón Bolívar de la casa de su tutor» (pp. 5-40).

Siso Martínez, J.M.
Poetas, saturnianos y maestros. Caracas: Tip. Americana, 1947. 120 pp.
> Ver: «Don Simón Rodríguez, el maestro» (pp. 11 22).

Simón Rodríguez: Pensamiento político y educación. Caracas: Ministerio de Educación, 1971.

Soto, César Humberto
Personajes ilustres de Venezuela. Caracas: Ed. Cecilio Acosta, 1946. 260 pp.
> Ver: «Simón Rodríguez» (pp. 40-46).

Subero, Efraín
Bolívar escritor. Caracas: Cuadernos Lagoven, 1983. 275 pp. (Serie Bicentenario).

Terán, Vicente
Simón Rodríguez, Precursor de la Escuela Activa. Potosí, Bolivia: spi, 1946.

Terán, Vicente
«Simón Rodríguez, Precursor de la Escuela Activa» en: Pedro Grases: *Simón Rodríguez: escritos sobre su vida y su obra.* Caracas: Concejo Municipal del Distrito Federal, 1954, cubierta, pp. 244-280.

Torrealba Lossi, Mario
«Influencia de Simón Rodríguez en la personalidad del Libertador» en: Varios autores: *Visión diversa de Bolívar.* Caracas: Pequiven, 1984, pp. 545-554.

Tosta, Virgilio
Ideas educativas de Venezolanos eminentes. Caracas: Ministerio de Educación, 1953. 166 pp.
> Ver: «Don Simón Rodríguez y sus ideas pedagógicas». (pp. 27-35).

Uribe Angel, Manuel
«El Libertador, su Ayo y su Capellán» en: *Varios autores: Homenaje de Colombia al Libertador en su primer centenario. 1783-1883.* Bogotá: Medardo Rivas, 1884, pp. 72-74.

Uslar Pietri, Arturo
Apuntes para retratos. Caracas: Tip. La Nación, 1952. 107 pp. (Cuadernos Literarios de la Asociación de Escritores Venezolanos, 71).
Ver: «Simón Rodríguez, el desconocido» (pp. 30-34).

Uslar Pietri, Arturo
Educar para Venezuela. Caracas: Ed. Lisbona, 1982. 269 pp.
Ver: «Simón Rodríguez» (pp. 139-148).

Uslar Pietri, Arturo
Fantasmas de dos mundos. Barcelona: Seix Barral, 1979. 284 pp.
Ver: «A la puerta de Chateaubriand» (pp. 124-131).

Uslar Pietri, Arturo
Fachas, fechas y fichas. Caracas: Ed. Ateneo de Caracas, 1982, 223 pp.
Ver: «Simón Rodríguez en 1806» (pp. 94-99).

Uslar Pietri, Arturo
La isla de Robinson. Barcelona: Seix Barral, 1981. 357 pp.

Uslar Pietri, Arturo
Letras y hombres de Venezuela. Madrid-Caracas: Ed. Edime, 1958. 345 pp.
Ver: «Simón Rodríguez, el americano» (pp. 67-95).

Uslar Pietri, Arturo
Medio milenio de Venezuela. Selección y prólogo: Efraín Subero. Caracas: Cuadernos Lagoven, 1986. 431 pp.
Se refiere a Simón Rodríguez en las pp. 93, 172, 233, 247, 260, 320, 360, 365, 382.

Uslar Pietri, Arturo
Las nubes. Caracas: Ministerio de Educación, 1951. 235 pp. (Biblioteca Popular Venezolana, 43).
Ver: «Atala» (pp. 173-175).

Uslar Pietri, Arturo
La otra América. Madrid: Alianza Editorial, 1974. 233 pp. (Col. El Libro de Bolsillo, 553).
Ver: «Educar contra la historia» (p. 180-183).

Uslar Pietri, Arturo
«Simón Rodríguez» en: Guillermo Morón. *25 clásicos venezolanos.* 2ª ed. Caracas: Meneven, 1981, pp. 49-59.

Uslar Pietri, Arturo
Valores Humanos. Caracas: Ed. Lisbona, 1982. 2 vols. Ver: «Simón Rodríguez» (t. I, pp. 113-128).

Vásquez, Emilio
«La pedagogía de Rodríguez» en: Pedro Grases: *Simón Rodríguez: escritos sobre su vida y su obra.* Caracas: Concejo Municipal del Distrito Federal, 1954, cubierta, pp. 281-289.

Vásquez, Emilio
Simón Rodríguez y un elogio del Liberador. Ica, Perú: spi, 1952.

Velásquez, Ramón J.
Los Héroes y la Historia. Caracas: Academia Nacional de la Historia, 1981. XVI, 363 pp. (Biblioteca de la Academia Nacional de la Historia, Col. Estudios, Monografías y Ensayos, 11).
Ver: «La educación de Simón Bolívar». (pp. 3-13).

Yepes Castillo, Aureo
La educación Primaria en Caracas en la época de Bolívar. Caracas; Academia Nacional de la Historia, 1985. 582 pp. (Biblioteca de la Academia Nacional de la Historia, Col. Estudios, Monografías y Ensayos, 57).
Ver: «El paso de Simón Rodríguez por la Escuela Pública de Caracas» (pp. 93-103).